ESSENCIAIS DA GESTÃO

TÍTULO ORIGINAL
Peter F. Drucker on Management Essentials

AUTOR
Peter F. Drucker

CONJUNTURA ACTUAL EDITORA
Sede: Rua Fernandes Tomás, 76-80, 3000-167 Coimbra
Delegação: LEAP CENTER – Espaço Amoreiras
Rua D. João V, n.º 24, 1.03
1250-091 Lisboa – Portugal
e-mail: editoras@grupoalmedina.net

TRADUÇÃO
Pedro Vidal / Lufada de Letras

REVISÃO
Ana Breda

CAPA
FBA, sobre capa original da Harvard Business School Publishing Corporation

PAGINAÇÃO
Patrícia Boleto

IMPRESSÃO E ACABAMENTO
??????????

Junho, 2021

DEPÓSITO LEGAL
000000/21

Biblioteca Nacional de Portugal – Catalogação na Publicação

DRUCKER, Peter F., 1909-2005
Essenciais da Gestão. – (Biblioteca Drucker)
ISBN 978-989-694-627-2
CDU 005

PETER F. DRUCKER

ESSENCIAIS DA GESTÃO

ACTUAL

ÍNDICE

NOTA DO EDITOR

Este livro é um dos vários volumes da Biblioteca de Peter Drucker publicados pela Harvard Business Review Press.

Os ensaios aqui contidos foram escritos entre 1952 e 1976. Quando Peter Drucker os reuniu em 1977, resistiu, como explicou num subsequente volume de ensaios, «à tentação de reescrever», argumentando que era «justo deixar que o leitor decidisse se as opiniões, os preconceitos e as previsões do autor tinham resistido ao teste do tempo».

Cerca de cinquenta anos depois, os leitores poderão achar que a linguagem de Drucker é, por vezes, datada ou inapropriada, e que alguns dos seus argumentos são controversos ou absolutamente desviados. Mas, como editores, também optámos por resistir à tentação de adulterar os textos originais, pois não tínhamos a certeza de sermos sempre capazes de distinguir entre a atualização e a censura. Além disso, achamos que um dos muitos encantos destes ensaios para os leitores contemporâneos, que valorizam a vantagem de uma perspetiva completa que se estenda a todo o período durante o qual Drucker fez previsões, é poderem julgar agora como se conserva admiravelmente presciente e aplicável uma tão grande parte do seu pensamento.

AGRADECIMENTOS

Um agradecimento aos editores por autorizarem a reimpressão do material especificado:

«Fifty Years of Management — A Look Back and a Look Forward», artigo n.º 60—W—46 (parte do relatório «Ten Years' Progress in Management, 1950—1960»). Reimpresso com autorização da American Society of Mechanical Engineers.

«The Delusion of Profits», *Wall Street Journal*, 5 de fevereiro de 1975. Reimpresso com autorização do *Wall Street Journal* © 1976 Dow Jones & Company, Inc. Todos os direitos reservados.

«Managing Capital Productivity», *Wall Street Journal*, 24 de julho de 1975. Reimpresso com autorização do *Wall Street Journal* © 1976 Dow Jones & Company, Inc. Todos os direitos reservados.

«How to Be an Employee», *Fortune*, maio de 1952. Reimpresso com autorização da revista *Fortune*.

PARTE I

O que é a Gestão?

CAPÍTULO UM

Porquê Gestores?

OS GESTORES SÃO O RECURSO BÁSICO da empresa comercial. Numa fábrica completamente automatizada — como já existe nalguns lugares, por exemplo, nas modernas refinarias petrolíferas — poderá haver alguns técnicos e profissionais altamente especializados, mas quase nenhuns operários. Mas há de haver gestores! De facto, haverá muito mais gestores do que aqueles que existiam nas fábricas do passado, cheias de operadores de máquinas semiespecializados. Enquanto um encarregado na linha de montagem supervisiona cinquenta pessoas, os gestores, em fábricas automatizadas, raramente têm mais do que duas ou três pessoas na sua equipa — e cada uma delas tem maior autonomia, mais responsabilidade e muito mais poder de decisão do que o encarregado na tradicional fábrica de produção em massa.

Os gestores são o recurso mais dispendioso na maioria dos negócios — aquele que mais depressa se desvaloriza e também o que mais necessita de constante substituição. Uma equipa de gestão leva anos a ser construída, mas pode ser reduzida num curto período. O número de gestores, bem como o investimento de capital que cada um representa — tanto no investimento de capital social na sua educação (que pode chegar aos 40 000 dólares por cada licenciado), como no investimento direto do empregador na função de gestão (que hoje, nos EUA, varia entre 50 000 e 500 000 dólares por cada função de gestão, dependendo da área de atividade e da função, por exemplo, no laboratório de investigação, no fabrico ou na contabilidade) — estão destinados a aumentar constantemente, tal como no último meio século. Paralelamente a isto, as empresas serão cada vez mais dependentes da capacidade dos seus gestores. Espera-se que o gestor atual, mesmo a um nível bastante baixo, saiba tanto de métodos analíticos como de quantitativos, e também que conheça o comportamento humano; ambas eram matérias «avançadas» há menos de uma geração. Estas exigências duplicaram, sem dúvida, a cada geração; não há razão para esperar um abrandamento dessa tendência durante as próximas décadas.

A forma como os gestores gerem e são geridos determina se os objetivos empresariais serão atingidos. Determina também, em grande medida, até que ponto a empresa gere bem o trabalhador e o trabalho, porque a atitude do trabalhador reflete, acima de tudo, a atitude da sua gestão. Espelha diretamente a competência e a estrutura da gestão. A eficácia dos trabalhadores é determinada, em grande parte, pela forma como são geridos.

Durante o último quarto de século, todos os gestores se submeteram a uma contínua onda de exortações, discursos e programas, nos quais diziam uns aos outros que a sua tarefa era gerir as pessoas abaixo de si, incitavam a dar prioridade a essa responsabilidade e forneciam conselhos e muitos mecanismos dispendiosos para as «comunicações descendentes». Mas ainda estou para me sentar com um gestor, seja qual for a posição hierárquica ou função, que não tenha como primeira preocupação as relações ascendentes e as comunicações para o topo da cadeia. Qualquer vice-presidente acha que as relações com o presidente são o verdadeiro problema. E o mesmo acontece até à base, com o supervisor de primeira linha, o gestor de produção ou o chefe da secretaria, todos com a certeza de que poderiam enturmar-se na sua equipa se o «patrão» ou o chefe de departamento os deixasse em paz.

Isto não é um sinal da perversidade da natureza humana. As relações ascendentes são, adequadamente, a primeira preocupação de um gestor. Ser gestor significa partilhar a responsabilidade pelo desempenho da empresa. Uma pessoa em relação à qual não se espere que assuma esta responsabilidade não é um gestor. E os contribuidores individuais, o engenheiro de pesquisa, o contabilista, o vendedor no terreno, de quem se espera que assumam essa responsabilidade pelos resultados e pelo desempenho da empresa, são, de facto, gestores, apesar de não serem «chefes», de não terem subordinados e de se gerirem a si mesmos.

Ascensão, Declínio e Renascimento de Ford

A história de Henry Ford, a sua ascensão e declínio, e do renascimento da sua empresa graças ao neto, Henry Ford II, foi contada tantas vezes que passou a ser uma lenda. A história é:

- Henry Ford, que começou do zero em 1905, construíra, passados quinze anos, a maior e mais lucrativa empresa fabril do mundo;
- A Ford Motor Company, no início dos anos 20, dominava e quase monopolizava o mercado automóvel americano e detinha uma posição de liderança nos mais importantes mercados do mundo;
- Além disso, acumulara, devido aos seus lucros, reservas monetárias de cerca de mil milhões de dólares;
- Passados poucos anos, em 1927, este negócio aparentemente inexpugnável estava desfeito. Tendo perdido a sua posição de liderança e mal sendo

capaz de sustentar a sua terceira posição no mercado, perdeu dinheiro quase todos os anos durante cerca de duas décadas e continuou a ser incapaz de competir até à Segunda Guerra Mundial;

- Em 1944, Henry Ford II, neto do fundador, então apenas com vinte e seis anos e sem formação ou experiência, assumiu o comando e, num golpe palaciano, expulsou os camaradas do avô, levando para a empresa uma equipa de gestão completamente nova, que salvou a empresa.

Mas normalmente não se percebe que esta história dramática é muito mais do que uma história pessoal de sucesso e fracasso. É, acima de tudo, aquilo a que se poderia chamar uma experiência controlada de má gestão.

O primeiro Ford falhou devido à sua forte convicção de que um negócio não precisava de gestores ou gestão. Acreditava que tudo dependia do dono, acompanhado pelos seus «ajudantes». A única diferença entre Ford e a maioria dos seus empresários contemporâneos, tanto nos EUA como no estrangeiro, é que Henry Ford mantinha indefetivelmente as suas convicções. A forma como as aplicava — por exemplo, despedindo ou afastando qualquer dos seus «ajudantes», independentemente da capacidade que tivesse, de se atrever a comportar-se como «gestor», a tomar uma decisão ou a agir sem ordens de Ford — apenas pode ser vista como o teste a uma hipótese que acabou por falhar redondamente.

De facto, o que torna a história da Ford única, mas também importante, é que Ford podia testar a hipótese, em parte por ter vivido muito tempo e em parte por ter mil milhões de dólares para apoiar as suas convicções. O fracasso de Ford não foi o resultado da sua personalidade nem do seu temperamento, mas sobretudo da sua recusa em aceitar que os gestores e a gestão eram necessários e fundamentais para as tarefas e funções, e não como «delegações» do «patrão».

GM — O Contrateste

No início dos anos 20, enquanto Ford estava decidido a provar que os gestores não eram necessários, Alfred P. Sloan, Jr., o recentemente nomeado presidente da General Motors, testou a tese oposta. A GM, nessa altura, foi quase esmagada pelo colosso da Ford Motor Company e mal conseguiu sobreviver, mesmo na segunda posição de liderança. Pouco mais do que uma especulação financeira, alinhavada a partir de pequenas companhias automóveis que estiveram à venda por não conseguirem aguentar a competição da Ford, a GM não tinha um carro campeão de vendas na sua linha, nenhuma organização de vendas nem força financeira. Era permitida autonomia a cada um dos anteriores proprietários, o que na verdade significava que lhes era permitido gerir mal o seu anterior negócio. Mas Sloan refletiu sobre o negócio e a estrutura da GM e converteu os seus barões indisciplinados numa equipa de gestão. Em cinco anos, a GM tornara-se líder da indústria automóvel americana e assim se manteve.

Vinte anos após o sucesso de Sloan, o neto de Henry Ford pôs novamente à prova a hipótese de Sloan. Por essa altura, a Ford Motor Company estava quase falida: todos os mil milhões de dólares em capital que detivera no início dos anos 20 foram gastos, desde então, a pagar défices. Assim que o jovem Henry Ford II chegou ao poder em 1946, empenhou-se em fazer pela sua companhia aquilo que Sloan fizera pela GM duas décadas antes. Criou uma estrutura e uma equipa de gestão. Em cinco anos, a Ford Motor Company recuperou o seu potencial de crescimento e lucro, tanto no país como no estrangeiro. Tornou-se a principal concorrência da General Motors e até a ultrapassou no mercado europeu, com rápido crescimento.

A Lição da História da Ford

A lição que retiramos da história da Ford é que a gestão e os gestores estão ao serviço do negócio empresarial, do seu órgão específico e da sua estrutura básica. Temos de admitir, com a maior das certezas, que uma empresa não pode dispensar a gestão. Ninguém pode argumentar que a gestão executa a tarefa do proprietário por procuração. Ela é necessária não apenas porque a tarefa é demasiado exigente para poder ser feita por uma só pessoa, mas porque gerir uma empresa é essencialmente diferente de gerir a propriedade individual.

Henry Ford não conseguiu ver a necessidade de ter gestão e gestores, porque acreditava que uma grande e complexa atividade empresarial «evolui» organicamente a partir da pequena loja de bairro. Claro que Ford começou por baixo; mas o crescimento implica mais do que uma mudança de dimensão. Em determinado ponto, a quantidade transformou-se em qualidade. Em determinado ponto, Ford já não dirigia «o seu negócio». A Ford Motor Company tornara-se uma *empresa de negócios*, ou seja, uma organização que exige estrutura e princípios diferentes — uma organização que exige gestores e gestão.

Legalmente, a gestão ainda é vista como súbdita da propriedade. Mas a doutrina atual, que tem vindo a evoluir aos poucos, diz que a gestão precede e supera a propriedade, pelo menos nas grandes empresas. Até uma propriedade total (100% da empresa) carece de uma gestão cabal. Se o dono não subordina as suas vontades à gestão da empresa, a sua propriedade — legalmente ilimitada — será reduzida, quando não retirada.

Esta ideia foi provavelmente cunhada como doutrina legal pela Força Aérea norte-americana no início dos anos 50, para se lidar com Howard Hughes e a Hughes Aircraft Company. Hughes era o único proprietário da empresa. Recusava deixar que os gestores profissionais a dirigissem e insistia em ser ele a fazê-lo, tal como Ford, trinta anos antes, dirigira a Ford Motor Company. Por isso, a Força Aérea, o principal cliente da empresa, fez um ultimato a Hughes: ou colocava as suas ações num fundo e deixava que uma gestão profissional o substituísse ou deixavam a empresa ir à falência e forçavam a sua expulsão. Hughes manteve-se proprietário através de uma das suas fundações, mas abdicou inteiramente do controlo.

O caso seguinte diz também respeito a Howard Hughes. Alegou-se que, enquanto proprietário único de uma das principais companhias aéreas da América, a TWA, subordinava os interesses da TWA aos de outras companhias suas. Para um proprietário, este é um comportamento perfeitamente legítimo; supostamente, faz com a sua propriedade aquilo que lhe apetecer. Mas a gestão da TWA processou Hughes em 150 milhões de dólares por prejuízos. O caso foi resolvido apenas em 1973 no Supremo Tribunal — tendo ganhado em dois tribunais de instância inferior — devido a um aspecto técnico; o Supremo Tribunal decidiu que o assunto era da competência do Gabinete de Aeronáutica Civil, sobre o qual os tribunais comuns não tinham jurisdição. Mas o princípio de que mesmo o proprietário tem de agir como gestor, pelo menos numa grande companhia, não foi questionado.

Geneticamente, por assim dizer, a gestão não evoluiu a partir de uma pequena firma gerida pelo seu proprietário, em resultado do seu crescimento. Desde o início, a gestão foi concebida para empresas grandes e complexas.

A grande ferrovia americana, que cobria vastas distâncias — e que se debateu com a complexa interação entre a tarefa de engenharia (construir a rede de carris), a financeira (obter grandes somas de capital) e a de carácter político (obter autorizações, concessões de terras e subsídios) —, foi o primeiro empreendimento «gerido». Na verdade, a estrutura de gestão concebida pouco depois da guerra civil para a primeira ferrovia americana de longa distância e transcontinental mantém-se praticamente inalterada. Na Europa continental, mais ou menos pela mesma altura, a gestão foi concebida para os primeiros bancos fundados expressamente para serem bancos nacionais, e não locais. No longínquo Japão, os construtores dos chamados «Zaibatsu» (os grandes grupos empresariais) do período Meiji — a Mitsui, a Sumitomo e os sucessores da Iwasaki na Mitsubishi — adaptaram as práticas tradicionais japonesas e criaram um sistema de gestão adaptado às empresas grandes e complexas.

Foi apenas trinta ou quarenta anos mais tarde, algures na viragem do século, que o conceito de gestão foi transferido das empresas que começaram grandes para as empresas que se tornaram grandes. Por volta dessa altura, Andrew Carnegie e John D. Rockefeller, Jr. introduziram a gestão nas indústrias do aço e do petróleo, respetivamente. Um pouco mais tarde, Pierre S. du Pont reestruturou a empresa da família (E. I. du Pont de Nemours & Co.) atribuindo-lhe uma gestão, de forma a possibilitar o seu crescimento e, ao mesmo tempo, a preservar o seu controlo por parte da família. A estrutura de gestão que Pierre du Pont construiu no seu negócio de família entre 1915 e 1920 tornou-se, passados alguns anos, o ponto de partida para a estrutura da General Motors de «gestão profissional», depois de os du Pont terem adquirido o controlo do esgotado e praticamente falido gigante automóvel, e colocado Alfred P. Sloan na presidência.

A Gestão como uma «Mudança de Estado»

A passagem de um negócio em que o «chefe» consegue dirigir com «ajudantes» para uma empresa comercial que exige uma gestão é aquilo a que os físicos chamam uma «mudança de estado», tal como a mudança do estado líquido para o sólido. É o salto de um estado de matéria, de uma estrutura fundamental, para outro. O exemplo de Sloan mostra que a mudança pode ocorrer dentro de uma mesma organização. Mas a reestruturação de Sloan na GM também revela que a tarefa apenas pode ser realizada se conceitos e princípios básicos e se a visão individual mudarem radicalmente.

Poderemos comparar o negócio que o primeiro Ford tentou dirigir e o negócio que Sloan concebeu enquanto dois diferentes tipos de organismo — o inseto, que está envolvido numa dura e forte carapaça, e o animal vertebrado, com um esqueleto. O biólogo inglês D'Arcy Thompson mostrou que os animais suportados por uma carapaça dura só podem atingir uma determinada dimensão e complexidade. Para lá dela, um animal terrestre tem de possuir um esqueleto. No entanto, o esqueleto não evoluiu geneticamente a partir da carapaça do inseto; é um órgão diferente, com antecedentes diferentes. De modo semelhante, a gestão torna-se necessária quando uma atividade atinge determinada dimensão e complexidade. Mas, embora substitua a estrutura de «carapaça» do proprietário, a gestão não é sua sucessora. É, em vez disso, sua substituta.

Quando é que um negócio atinge a fase em que tem de mudar da «carapaça» para o «esqueleto»? A linha encontra-se algures entre os trezentos e os mil empregados. Mais importante, talvez, é o aumento da complexidade do negócio; quando uma variedade de tarefas tem de ser executada em cooperação, sincronização e comunicação, o negócio precisa de gestores e de gestão. Caso contrário, as coisas ficam fora de controlo; os planos não passam à ação; ou, pior, diversas partes dos planos avançam a velocidades diferentes, em tempos diferentes e com objetivos e finalidades diferentes, e as boas graças do «patrão» tornam-se mais importantes do que o desempenho. Neste ponto, o produto poderá ser excelente, as pessoas capazes e dedicadas; o chefe poderá ser — e é frequentemente — um homem com grandes capacidades e com muita influência. Mas o negócio começará a enfraquecer, a estagnar, e depressa entrará em declínio, a menos que mude para a estrutura de «esqueleto», isto é, de gestores e gestão.

Henry Ford não queria gestores. Resultado: geriu mal, dirigiu mal e organizou mal, limitando e dando cabo do pessoal de gestão. A única escolha de uma instituição é entre a boa e a má gestão. Os gestores são inevitáveis, uma vez que a tarefa da gestão não pode ser evitada. Se é ou não bem feita, determinará em larga medida se a empresa irá sobreviver e prosperar ou declinar e acabar por cair.

CAPÍTULO DOIS

Gestão: As Suas Raízes e o Seu Nascimento

DURANTE OS ÚLTIMOS CINQUENTA anos, a sociedade em todos os países desenvolvidos tornou-se uma sociedade de instituições. Cada grande tarefa social, quer seja de desempenho económico ou de cuidados de saúde, de educação ou de proteção do ambiente, de busca de novos conhecimentos ou de defesa, está hoje entregue a grandes organizações, concebidas para a perpetuidade e dirigidas pelas suas gestões. O desempenho da sociedade moderna — senão mesmo a sobrevivência de cada indivíduo — depende cada vez mais do funcionamento destas instituições.

Há apenas 75 anos, uma sociedade assim seria algo inconcebível. Na sociedade dos anos 1900, a família atuava em cada país como o agente, um órgão para a maioria das tarefas sociais. As instituições eram poucas e pequenas. A sociedade dos anos 1900, mesmo nos países mais institucionalizados, continuava a parecer a planície do Kansas. Havia uma eminência, o governo central, que se destacava no horizonte — não por ser grande, mas por não haver mais nada à sua volta. O resto da sociedade estava difundida por inúmeras moléculas: pequenas lojas, pequenas escolas, profissionais individuais — médicos ou advogados — com práticas solitárias, os agricultores, os artesãos, as lojas de retalho de bairro, e assim sucessivamente. Havia os inícios dos grandes negócios, mas apenas os inícios. E aquelas que eram consideradas empresas gigantescas parecer-nos-iam hoje realmente muito pequenas.

A gigantesca Standard Oil Trust, de Rockefeller, a empresa-polvo[1] que tanto assustou os avós dos americanos contemporâneos, foi dividida em catorze partes pelo Supremo Tribunal dos EUA, em 1911. Trinta anos depois, em vésperas da entrada da América na Segunda Guerra Mundial, cada uma destas catorze «filhas» da Standard Oil tinham-se tornado, pelo menos, quatro vezes maiores do que o «polvo» que o Supremo Tribunal separara — em emprego, em capital,

[1] Empresa-polvo: organização cuja influência, ou controlo, tem uma capacidade de longo alcance, tentacular. [*N. da R.*]

em vendas; no fundo, em todos os aspectos. No entanto, entre estas catorze, havia apenas três importantes companhias petrolíferas: a Jersey Standard, a Mobil e a Standard of California. As outras onze eram entre pequenas e médias, desempenhando um papel menor na economia mundial e limitado na economia dos EUA.

Embora os negócios tenham crescido nestes setenta anos, as instituições cresceram muito mais. Antes de 1914, não havia nenhuma universidade no mundo que tivesse mais de 6000 alunos — e apenas uma mão-cheia tinha mais de 5000. Hoje, uma universidade de 6000 alunos é minúscula; há mesmo quem duvide de que seja viável. Do mesmo modo, o hospital passou de uma instituição marginal, onde os pobres iam morrer, a centro de cuidados de saúde, um gigante por direito próprio — e também uma das instituições sociais mais complexas. Os sindicatos, os institutos de investigação e muitos outros cresceram de forma semelhante, até atingirem dimensões e complexidades gigantescas.

No princípio dos anos 1900, a população de Zurique mandou construir uma esplendorosa Câmara Municipal que, acreditava, serviria todas as necessidades futuras da cidade. Na verdade, foi amargamente atacada como uma extravagância grosseira, uma megalomania. Na Suíça, o governo cresceu bem menos do que em qualquer outro país do mundo. Seja como for, a Câmara Municipal de Zurique há muito que deixou de ser a casa de toda a administração da cidade. Os seus escritórios ocupam agora pelo menos dez vezes mais espaço do que há 75 anos quando o edifício da Câmara parecia ser esplêndido, até mesmo extravagante.

A Sociedade dos Empregados

Os cidadãos dos países desenvolvidos estão geralmente empregados. Trabalham para uma das instituições. Dependem das instituições para ganhar a vida. Recorrem às instituições à procura das suas oportunidades. Socorrem-se das instituições para aceder ao seu estatuto e à sua função na sociedade, bem como para o seu sucesso pessoal.

Os cidadãos de 1900, quando eram empregados, trabalhavam em pequenos negócios familiares; um pequeno espaço comercial com um ou dois empregados; na casa de família; e assim por diante. E, claro, a grande maioria das pessoas nesses dias, à exceção dos países mais industrializados — como a Grã-Bretanha ou a Bélgica —, trabalhava no campo.

A nossa sociedade tornou-se uma sociedade empregadora. No início dos anos 1900, as pessoas questionavam: «O que fazes?» Hoje tendem a perguntar: «Para quem trabalhas?»

E a gestão é o órgão específico desta nova conjuntura, seja numa empresa ou universidade, hospital ou serviço miliar, laboratório de pesquisa ou agência governamental. Se as insitutições querem funcionar, a gestão deve ser posta em prática.

A palavra *management* é particularmente difícil. Em primeiro lugar, é americana e dificilmente poderá ser traduzida para outra língua, mesmo para o inglês britânico. Denota uma função, mas também a pessoa que a exerce. Denota uma posição e um cargo social, mas também uma disciplina e área de estudo.

Mas, mesmo dentro do uso americano, *management* não é um termo adequado, pois as instituições que não sejam empresas, por regra, não falam de gestão nem de gestores. As universidades e os serviços públicos têm reitores e administradores, tal como os hospitais. As Forças Armadas têm comandantes. Outras instituições falam de executivos e assim por diante.

Apesar disto, todas estas entidades têm em comum a prática da gestão, a tarefa da gestão, o trabalho da gestão. Em todas elas existe um grupo de pessoas cuja função é «gerir», e que tem o poder legal e a responsabilidade para o fazer enquanto gestores. Em todas elas existe uma mesma tarefa: garantir que a entidade funciona. E em todas elas isto exige um trabalho específico: estabelecer objetivos, metas e prioridades; e por aí fora. Todas estas entidades precisam da gestão. Em todas elas, a gestão é o órgão adequado, eficaz.

No fundo, a instituição é em si mesma uma ficção. É uma representação da realidade, mas não uma realidade social. Quando esta ou aquela entidade governamental institui uma regra ou toma uma decisão, sabemos perfeitamente que alguém lá dentro criou a regra ou tomou a decisão e agiu enquanto parte do seu órgão efetivo. Quando dizemos que a General Electric encerrou uma fábrica, não é, naturalmente, a General Electric que decide e atua, é um grupo de gestores dentro da empresa.

Georg Siemens, que fez do Deutsche Bank a principal instituição financeira do continente europeu entre as décadas de 1870 e 1880, disse uma vez: «Sem gestão, um banco é um monte de lixo, pronto a ser liquidado.» Sem instituição não há gestão; mas sem gestão, não há instituição. A gestão é o órgão da instituição moderna, cujo desempenho determina o funcionamento e mesmo a sobrevivência da instituição.

A Gestão É Profissional

Sabemos ainda que a gestão é independente da propriedade, do cargo ou do poder. É uma função objetiva e deverá ser fundamentada a partir da responsabilidade e desempenho. É profissional — a gestão é uma função, uma disciplina, a tarefa a realizar; e os gestores são os profissionais que praticam esta disciplina, executam as funções e cumprem estas tarefas. Já não é relevante que o gestor seja o proprietário; a propriedade não tem impacto na principal tarefa que é gerir.

Da Sociedade Empresarial à Sociedade Pluralista

A sociedade, no mundo ocidental, *era* empresarial — há setenta e cinco anos. Na altura, a empresa era, na verdade, a mais poderosa de todas as instituições, até mais do que alguns governos. Contudo, desde a viragem do século, a importância da empresa decresceu gradualmente — não por o sector empresarial se ter tornado mais pequeno ou mais fraco, mas porque outras instituições cresceram muito mais depressa. A empresa já não é a instituição mais importante da sociedade; outras instituições cresceram ao ponto de serem igualmente ou mais importantes. A sociedade tornou-se pluralista.

Nos Estados Unidos, na década de 70, nenhum homem de negócios se compara em poder ou visibilidade com os magnatas de 1900, como J. P. Morgan, John D. Rockefeller ou — um pouco mais tarde — Henry Ford. Poucas pessoas, atualmente, sabem sequer os nomes dos principais Presidentes Executivos das maiores empresas da América; os nomes dos magnatas eram palavras familiares. Nem a maior empresa, hoje, se pode comparar em poder ou riqueza a estes magnatas que podiam tornar o governo norte-americano refém.

O poder empresarial foi deslocado. Atualmente, nenhuma empresa — na verdade, nenhuma empresa na história americana — tem uma fração do poder de uma grande universidade. Ao conceder ou negar a admissão ou um título académico, a universidade concede ou nega acesso a trabalhos e salários. Esse poder nenhuma empresa — nem nenhuma outra instituição — alguma vez teve na história americana. Na verdade, a nenhuma instituição do passado seria permitido tal poder.

Nos Estados Unidos de 1900, praticamente a única carreira acessível aos jovens e aos mais ambiciosos era numa empresa. Hoje, existem inúmeras oportunidades, cada uma prometendo um salário semelhante (ou mais elevado) e um progresso tão rápido como numa carreira empresarial.

Por volta da viragem do século, o Produto Interno Bruto que não proviesse da agricultura resultava da economia das empresas privadas. As instituições de serviços não-empresariais, a começar pelo governo, eram responsáveis por não mais de 10% do Produto Nacional Bruto não agrícola dos Estados Unidos até à Primeira Guerra Mundial. Hoje, enquanto a agricultura se torna em grande parte empresarial, mais de metade do Produto Interno Bruto é enviado ou resulta de instituições de serviços que não são empresas, nem responsáveis pelo seu desempenho económico.

Bem mais de um terço do Produto Nacional Bruto nos Estados Unidos vai hoje diretamente para os governos — federal, estaduais e locais. Outros 3% a 5% vão para escolas não públicas, ou seja, privadas ou paroquiais, incluindo os colégios e as universidades não-governamentais. Outros 5% do PIB, ou seja, dois terços do total da despesa dos serviços de saúde, são duplamente não-governamentais e não-empresariais. Além de tudo isto, há uma grande variedade de atividades não lucrativas, responsáveis talvez por 2% a 5% do Produto

Interno Bruto. A este soma-se 50%, ou até talvez 60%, do PIB que não vai para o sector empresarial, mas antes para instituições de serviço público.

Na verdade, embora a nova geração de radicais possa falar da sociedade das grandes empresas, as suas ações revelam uma grande consciência de que a empresa não é a instituição dominante. Todos os períodos de agitação pública desde o final das guerras napoleónicas começaram com revoltas contra os negócios. Mas a rebelião contra a autoridade que atingiu os países desenvolvidos nos anos 60 centrou-se nas instituições — especialmente a universidade — mais estimadas pelos radicais de ontem, os quais eram, por assim dizer, os «bons tipos» da organização há trinta ou quarenta anos.

As instituições não-empresariais, de serviço público, não precisam menos de gestão do que as empresas — precisam de mais.

Há uma preocupação crescente com a gestão em instituições não-empresariais.

Entre os melhores clientes das grandes empresas de consultoria de gestão americanas, nestes dez ou quinze anos, têm estado agências governamentais como o Departamento da Defesa, a Câmara de Nova Iorque ou o Banco Central de Inglaterra. Quando o Canadá, no final dos anos 60, criou um serviço militar unificado, com exército, marinha e força aérea, a primeira conferência de generais e almirantes canadianos não foi sobre estratégia; foi sobre gestão. As ordens da Igreja Católica estão empenhadas em estudos de organização e desenvolvimento empresarial, com os jesuítas à cabeça.

Cada vez mais estudantes em cursos avançados de gestão não são executivos empresariais, mas executivos de hospitais, das Forças Armadas, dos governos autárquicos e estaduais e das administrações escolares. A Harvard Business School ministra até um curso de gestão avançada, cada vez mais popular, para reitores universitários.

A gestão das instituições não-empresariais será, na verdade, uma preocupação crescente. A sua gestão poderá vir a tornar-se o problema de gestão central — simplesmente porque a ausência de gestão da instituição de serviço público é uma debilidade gritante, quer seja no município, na companhia das águas ou na universidade.

E, no entanto, *a gestão empresarial é o paradigma*. Qualquer livro sobre gestão, como este, tem de colocá-la no seu centro.

O foco tem de estar na Gestão Empresarial

Uma das razões é a história. O empreendimento empresarial foi a primeira das instituições modernas a emergir. Desde o início, ou seja, desde o surgimento das ferrovias enquanto grandes empresas no final do século XIX, o empreendimento empresarial foi, inegavelmente, uma instituição nova e diferente, e não uma excrescência das anteriores, como nos casos do departamento público, da universidade, do hospital e das Forças Armadas. Claro que existia a preocupação com a gestão nestas instituições, mas, até há pouco tempo, era esporádica e incerta, sendo adotada como resolução para algum problema e ficando confinado a ele. Porém, o trabalho da gestão na empresa e na indústria foi desde o começo expressamente genérico e contínuo.

Outra razão pela qual o estudo da gestão tem sido primariamente um estudo da gestão empresarial é que até agora só a esfera económica serve para medir tanto a alocação de recursos como os resultados das decisões. A rentabilidade não é uma medida perfeita; ninguém sequer foi capaz de a definir, e ainda assim é uma medida, apesar de todas as suas imperfeições. Nenhuma outra instituição tem medidas. Tudo o que têm são opiniões — que dificilmente serão uma base adequada para a disciplina.

A razão mais importante para este foco na gestão empresarial é que ela é a história de sucesso deste século. Ela atuou dentro da sua própria esfera. Forneceu bens e serviços económicos numa extensão inimaginável pela geração de 1900. E atuou independentemente de guerras mundiais, depressões económicas e ditaduras.

A conquista da gestão empresarial permite-nos hoje prometer — talvez prematuramente (e decerto grosseiramente) — a abolição da abjeta pobreza que tem sido o destino da humanidade ao longo do tempo. Em larga medida, deve-se à gestão empresarial o facto de as sociedades avançadas da atualidade poderem suportar financeiramente a massificação do ensino superior. As empresas produzem ao mesmo tempo os meios económicos para suportar este dispendioso empreendimento e oferecem empregos em que o conhecimento se pode tornar produtivo e ser pago. O facto de hoje considerarmos uma falha social e uma imperfeição da sociedade as pessoas terem as suas oportunidades e empregos segundo a classe e o nascimento — quando ainda há pouco tempo isto era algo natural e aparentemente indissociável da condição humana — é resultado do nosso desempenho económico, ou seja, do desempenho da gestão empresarial. Num mundo que, politicamente, está cada vez mais fragmentado e obcecado com o nacionalismo, a gestão empresarial é uma das poucas instituições capazes de transcender as fronteiras nacionais.

A empresa multinacional junta num projeto comum pessoas de muitos países, com diferentes línguas, culturas, tradições e valores, e une-as a um propósito. É das poucas instituições em todo o mundo que não é nacionalista na sua visão universal, nos seus valores e nas suas decisões; é um órgão comum a uma economia mundial que, para já, carece de uma política mundial, isto é, de uma comunidade política transnacional ou de instituições políticas transnacionais.

É também à gestão empresarial que a nossa sociedade recorre cada vez mais para a liderança a respeito da qualidade de vida. Na verdade, aquilo que soa como uma áspera crítica à gestão empresarial tende frequentemente a ser o resultado de elevadas, talvez irrealistas, expectativas, baseadas no desempenho passado da gestão empresarial. «Se podem fazer tão bem, porque é que não fazem melhor?», é esta a mensagem subjacente.

Neste livro discutir-se-á o desempenho nas instituições de serviços não--empresariais e sublinharei uma e outra vez que gerir as instituições de serviços será provavelmente a fronteira da gestão durante o resto deste século. Mas o fundamento de qualquer tarefa de gestão terá de ser a gestão empresarial.

A emergência da gestão poderá ser o acontecimento mais importante do nosso tempo, muito mais do que todos aqueles que fazem manchetes nos jornais. Raramente, se é que alguma vez, uma nova entidade, um novo grupo de liderança, uma função central, surgiram tão depressa como a gestão desde a viragem do século. Raramente, na história da humanidade, uma nova instituição se mostrou indispensável tão depressa. Ainda com menos frequência uma nova instituição surgiu com tão pouca oposição, tão pouca perturbação, tão pouca controvérsia. E nunca uma nova instituição abrangeu o globo como aconteceu com a gestão, varrendo fronteiras de raça e credo, língua e tradição, no período de vida de muitos homens que ainda vivem e trabalham.

A sociedade desenvolvida da atualidade, sem aristocracia, sem grandes latifundiários, mesmo sem capitalistas nem magnatas, depende, para a liderança, dos gestores das suas maiores instituições. Depende do seu conhecimento, da sua visão e da sua responsabilidade. Nesta sociedade, a gestão — as suas tarefas, as suas responsabilidades, as suas práticas — é central: como necessidade, como contribuição essencial e como matéria de estudo e conhecimento.

As Raízes e a História Inicial da Gestão

Alguns escritores parecem acreditar que o «boom da gestão» dos anos que se seguiram ao pós-Segunda Guerra Mundial inventou, ou pelo menos descobriu, a gestão. A gestão, quer como prática, quer como área de pensamento e estudo, tem uma longa história. As suas raízes remontam há quase duzentos anos.

Poder-se-ia dizer que a gestão foi descoberta antes de haver gestão. Os grandes economistas ingleses, de Adam Smith (1723–1790) a David Ricardo (1772–1823) e a John Stuart Mill (1806–1873), incluindo o seu sucessor e antagonista Karl Marx (1818–1883), não conheciam a gestão. Para eles, a economia era impessoal e objetiva. Como o expoente moderno da tradição clássica, o anglo-americano Kenneth Boulding (n. 1910)[2], disse: «A economia trata do comportamento dos bens e não do comportamento dos homens.» Ou como com Marx, as leis impessoais da história eram vistas como dominantes. O homem pode apenas adaptar-se. O homem pode apenas adaptar. O homem pode, no máximo, otimizar o que a economia torna possível; no mínimo, ele trava as forças da economia e gasta recursos. O último dos grandes economistas clássicos ingleses, Alfred Marshall (1842–1924), de facto, acrescentou a gestão aos fatores de produção, terra, trabalho e capital; mas foi uma concessão

[2] Morreu em 18 de março de 1993, após a elaboração deste texto. [*N. do E.*]

a contragosto. A gestão continuava a ser, mesmo para Marshall, um fator extemporâneo, e não central.

Desde o início houve uma perspetiva diferente, que colocava o gestor no centro da economia e que realçava a tarefa da gestão em tornar os recursos produtivos. J. B. Say (1767–1832), talvez o mais brilhante economista de França — ou, já agora, da Europa continental —, foi um seguidor de Adam Smith e um propagandista de *A Riqueza das Nações* no seu país. Mas, nas suas obras, o centro não são os fatores de produção. É o *entrepeneur* — uma palavra que Say criou —, que transforma os recursos menos produtivos em investimentos mais produtivos, criando, assim, riqueza. Say foi seguido pelos «socialistas utópicos» da tradição francesa, em especial François Fourier (1772–1837), e pelo génio excêntrico, o conde de Saint-Simon (1760–1825). Nessa altura, não havia grandes organizações nem gestores, mas tanto Fourier como Saint-Simon antecipavam desenvolvimentos e «descobriram» a gestão antes de realmente ter nascido. Saint-Simon, em particular, viu a emergência da organização, e viu a tarefa de tornar os recursos produtivos e de construir estruturas sociais. Viu as tarefas da gestão.

Foi devido à sua insistência na gestão como uma força separada e distinta, que pode atuar independentemente dos fatores de produção e das leis da história, que Marx denunciou veementemente os franceses, apelidando-os de forma insignificante como «utópicos». Mas foram os franceses — e, acima de todos, Saint-Simon — quem, com efeito, estabeleceu as teorias e os conceitos básicos segundo os quais todas as economias socialistas foram efetivamente concebidas. Por muito que os russos invoquem hoje o nome de Marx, o seu antepassado é Saint-Simon.

Também na América a gestão foi precocemente entendida como crucial. O célebre «Relatório sobre as Manufaturas», de Alexander Hamilton (1757–1804), começa por Adam Smith, mas realça em seguida o papel construtivo, resoluto e sistemático da gestão. Ele via na gestão, mais do que nas forças económicas, o motor do desenvolvimento económico e social; e a organização enquanto portadora do progresso económico. Seguindo-o, Henry Clay (1777–1852), com o seu famoso «sistema americano», produziu aquilo a que se poderá chamar matriz do desenvolvimento económico sistemático.

Um pouco mais tarde, um industrial escocês, Robert Owen (1771–1858), tornou-se realmente no primeiro gestor. Na sua fábrica têxtil em Lanark, Owen, na década de 1820, foi o primeiro a tratar os problemas da produtividade e da motivação, da relação do trabalhador com o trabalho, do trabalhador com a empresa e do trabalhador com a gestão — ainda hoje questões centrais da gestão. Com Owen, o gestor emerge enquanto pessoa e não enquanto abstração, como, por exemplo, em Say, Fourier, Saint-Simon, Hamilton e Clay. Mas demorou muito tempo até Owen ter sucessores.

O Surgimento da Organização em Larga Escala

Em primeiro lugar, teve de se dar a ascensão da organização em larga escala. Ocorreu simultaneamente — por volta de 1870 — em dois lugares. Na América do Norte, a ferrovia transcontinental emergiu como um problema de gestão. No continente europeu, o «banco universal» — empresarial na finalidade, nacional no âmbito e com múltiplas filiais — tornou as estruturas e os conceitos tradicionais obsoletos, exigindo gestão.

Uma das respostas foi dada por Henry Towne (1844–1924) nos Estados Unidos, mais precisamente no seu artigo «O Engenheiro como Economista». Towne traçou aquilo que se poderia designar como o primeiro programa de gestão, ao levantar questões básicas: efetividade *vs.* eficiência; organização do trabalho *vs.* organização da comunidade fabril, ou seja, os trabalhadores; valor introduzido no mercado e pelo cliente *vs.* realização técnica. Towne introduz a preocupação sistemática com a relação entre as tarefas e o trabalho da gestão.

Na Alemanha, mais ou menos pela mesma altura, Georg Siemens (1839–1901), ao transformar o Deutsche Bank na principal instituição financeira da Europa continental, foi o primeiro a conceber uma gestão de topo efetiva, o primeiro a pensar em termos de tarefas de gestão de topo e o primeiro a ocupar-se dos problemas básicos das comunicações e da informação nas grandes empresas.

No Japão, Eiichi Shibusawa (1840–1931), o estadista Meiji transformado em líder empresarial, foi o primeiro, nas décadas de 1870 e 1880, a levantar questões fundamentais relativamente à relação entre a empresa comercial e o propósito nacional e entre as necessidades empresariais e a ética individual. Estudou sistematicamente a formação para a gestão. Shibusawa considerava em primeiro lugar o gestor profissional. Neste século, a ascensão do Japão à liderança económica funda-se, em grande parte, no pensamento e no trabalho de Shibusawa.

Algumas décadas depois, nos anos anteriores e seguintes à viragem do século, as principais perspetivas sobre a gestão moderna estavam moldadas. Mais uma vez, ocorreram desenvolvimentos independentes em muitos países.

Na década de 1880, Frederick W. Taylor (1856–1915), o engenheiro autodidata americano, iniciou o estudo do trabalho. Hoje em dia está na moda menosprezar Taylor e vituperar a sua psicologia ultrapassada, mas ele foi o primeiro homem na história da humanidade que não tomou o trabalho como um dado adquirido; em vez disso, considerou-o e estudou-o. A sua interpretação continua a ser o fundamento básico. E, embora Taylor, na sua análise ao trabalhador, fosse claramente um homem do século XIX, começou pelos objetivos sociais e não pelos de engenharia ou lucro. Aquilo que levou Taylor ao seu trabalho, onde manteve sempre a motivação, foi, em primeiro lugar, o desejo de libertar o trabalhador da carga de trabalho pesada, destruidora do corpo e da alma. E havia ainda a esperança de quebrar a Lei de Ferro dos salários dos economistas conceituados (incluindo Marx), que condenava o trabalhador à insegurança económica e a suportar a pobreza. A esperança de Taylor — largamente cumprida nos países desenvolvidos — consistia em possibilitar que um trabalhador tivesse uma forma de vida decente, aumentando a produtividade do trabalho.

No mesmo período, em França, Henri Fayol (1841—1925), diretor de uma mina de carvão, que era uma grande empresa para a época, foi o primeiro a pensar a estrutura de uma organização e a desenvolver a primeira teoria racional de organização das empresas: o princípio funcional. Na Alemanha, Walter Rathenau (1867–1922), que se formou numa grande empresa [o equivalente alemão à General Electric Company, a AEG, fundada pelo seu pai, Emil (1838–1915), mas desenvolvida em grande parte sob a supervisão de Georg Siemens], perguntava: «Qual é o lugar de uma grande empresa numa sociedade e nação modernas? Que impacto tem em ambas? E quais as suas contribuições fundamentais e as suas responsabilidades fundamentais?» A maioria destas questões sobre as responsabilidades sociais das empresas foi pela primeira vez colocada e pensada por Rathenau nos anos anteriores à Primeira Guerra Mundial. Também na Alemanha, pela mesma altura, a nova disciplina *Betriebswissenschaft*, literalmente a «ciência da empresa», foi desenvolvida por homens como Eugen Schmalenbach (1873–1955). As ciências da gestão que se desenvolveram desde então — contabilidade de gestão, pesquisa de operações, teoria da decisão, e assim por diante — são em grande parte extensões, embora, na maioria, inconscientes, da *Betriebswissenschaft* desses anos. E, na América, Hugo Muensterberg (1863–1916), nascido na Alemanha, foi o primeiro a tentar aplicar as ciências sociais e comportamentais e, em especial, a psicologia à organização e à gestão modernas.

CAPÍTULO TRÊS

Gestão: Um Olhar Sobre o Passado e Sobre o Futuro

ENTRE OS PRECURSORES DA gestão no século XIX encontra-se Rober Owen, que continua a sobressair pela sua visão profunda e pela coragem das suas convicções. Continua a ser considerado, 150 anos após o seu modelo experimental em New Lanark — a fábrica têxtil escocesa que faliu e que se transformou em poucos anos num negócio altamente bem-sucedido e num modelo de relações humanas e de organização fabril —, um dos melhores e mais «progressistas» gestores. Mas houve também Saint-Simon, o francês contemporâneo de Owen, que reconheceu pela primeira vez a importância do empreendedor na criação de riqueza. Surgiram, na segunda metade do século, os japoneses. Confrontados com a necessidade de se distinguirem do Ocidente nas técnicas e na economia e interessados em manter os valores sociais e culturais da sua antiga e rica tradição, os japoneses foram os primeiros a pensar seriamente sobre a responsabilidade social e a *função* do gestor. E, no final do século, Henry Towne pôs a ênfase na contribuição do conhecimento para a criação de riqueza e na partilha da experiência de gestão.

Estes pioneiros tiveram, sem dúvida, influência.

Owen estava tão à frente do seu tempo que não teve imitadores: New Lanark foi uma sensação; nunca se tornou um exemplo. Durante alguns anos, foi uma atração turística, mas, embora houvesse muitos príncipes e cabeças coroadas entre os visitantes, o autor não ouviu falar de um único empresário que tivesse ido lá para ver o que Owen estava a desenvolver.

Saint-Simon, em contrapartida, foi extremamente eficaz. Até hoje, a filosofia e a estrutura básicas da gestão no continente europeu preservam a sua marca, especialmente a sua ênfase na diferença entre o *entrepeneur*, ou seja, o detentor do risco financeiro, e o gestor. Na verdade, embora o nome de Saint-Simon seja um anátema para qualquer marxista convicto, a indústria russa está organizada segundo os seus conceitos, mais do que pelos de Karl Marx. De modo semelhante, Towne teve uma profunda influência sobre a estrutura básica da gestão e da empresa nos Estados Unidos. Poderá ter sistematizado apenas aquilo que já existia, mas a verdade é que a estrutura da gestão americana espelha, ainda hoje, o conceito de Towne de que a função da empresa comercial é usar o conhecimento sistemático para criar valor económico. Os japoneses, finalmente, poderão ter tido maior impacto, ao permitirem que um país não ocidental se tornasse moderno e industrial, mantendo-se, no essencial, um país não ocidental. Com tradição e cultura próprias, não só acabaram com o monopólio ocidental no avanço técnico e económico, como criaram as bases do desenvolvimento económico atual. Em muitos aspectos, especialmente na sua construção, o mundo moderno é criação japonesa.

E, no entanto, esta é mais a pré-história da gestão do que a sua história propriamente dita. Em todos estes pioneiros, identificamos elementos em falta: a compreensão de que a «gestão» existia como uma área distinta, de que «gerir» era um tipo de trabalho distinto e de que os «gestores» eram um grupo e uma função distintos. Hoje em dia, quando lemos as suas opiniões, ficamos espantados. Mas agora sabemos algo que os seus contemporâneos não sabiam; lemos nestas obras algo que simplesmente não estava nelas. Cada um destes pioneiros encontrou uma pepita de ouro puro, mas deitou-a fora, desconhecendo o seu valor.

Os Sete Temas Básicos da Gestão

Esta nova visão, este novo conceito de gestão, surgiu por volta de 1910. Entre 1910 e 1920, a década da Primeira Guerra Mundial, os grandes temas da gestão são alcançados. Cada um dos sete temas básicos do estudo da gestão foi desenvolvido na altura. E quase tudo o que fizemos desde então, tanto na teoria como na prática, é apenas uma variação e uma extensão dos temas pela primeira vez ouvidos durante essa década.

A gestão, enquanto disciplina, tipo de trabalho e função específicos na sociedade e na economia, foi desenvolvida, quase inteiramente, nos cinquenta anos seguintes.

Os *Princípios e Métodos da Gestão Científica*, de Taylor, surgiram em 1911. Juntamente com o seu famoso discurso perante uma Comissão do Congresso, converteria, um ano depois, aquilo que fora uma técnica numa interpretação organizada, sistemática e ensinável ao estudo do trabalho e da sua organização racional. Quase ao mesmo tempo, Elihu Root, ao reorganizar o exército dos Estados Unidos, e Henri Fayol, ao reorganizar uma companhia mineira francesa, instituíram a contrapartida ao estudo de Taylor da tarefa individual dentro de uma força de trabalho. Estabeleceram o estudo sistemático da organização para determinar quais as tarefas a serem executadas. E, mais ou menos ao mesmo tempo, os alemães, especialmente Schmalenbach, desenvolveram a *Betriebswissenschaft*, nomeadamente, o estudo sistemático das transações individuais que, em conjunto, constituem os resultados económicos totais de uma empresa.

Estas três perspetivas encaravam isoladamente a empresa e a sua gestão. Mas, depois de 1910, desenvolvemos também, pela primeira vez, estudos que olhavam para a empresa e para a gestão na sociedade e na economia. Em 1911, na mesma altura em que surgiam os *Princípios e Métodos da Gestão Científica*, de Taylor, na Áustria, Schumpeter publicava a sua *Teoria do Desenvolvimento Económico*, onde se levantava a questão do papel da gestão numa economia moderna e em expansão. «Descobertas» recentes como inovação, marketing ou planeamento a longo prazo eram antecipadas neste livro. Antes da Primeira Guerra Mundial, o alemão Walther Rathenau foi o primeiro a preocupar-se com o impacto das grandes empresas e com a responsabilidade da gestão na sociedade moderna. A sua preocupação teve eco nos Estados Unidos, nos últimos anos da Primeira Guerra Mundial, com Henry Gantt.

A questão do indivíduo na unidade fabril e a organização industrial foram dos primeiros temas de gestão a ser tratados — eram as principais preocupações de Owen. No entanto, foram os últimos a ser discutidos pelo pensamento da gestão moderno, não voltando a ser levantados até à Primeira Guerra Mundial. Elton Mayo, então na Austrália, foi talvez quem os discutiu de forma mais eficaz.

São estes os principais temas da gestão desde então:

- o estudo sistemático do trabalho;
- o estudo sistemático da organização;
- o estudo sistemático do esforço e dos resultados;
- a economia da gestão e empresarial;
- a análise da gestão, ou seja, a contabilidade da gestão;
- a posição social e a responsabilidade da gestão;
- as relações sociais de uma sociedade industrial e o lugar que o indivíduo nela ocupa.

Os Novos Temas

Estes temas foram desenvolvidos de forma bastante independente, mantendo-se, até hoje, essencialmente separados. Cada um deles fez grandes avanços, em especial durante a última década.

Poderão estas diferentes teorias continuar diferentes durante muito mais tempo? Ou estaremos a aproximar-nos rapidamente do ponto em que precisaremos daquilo que não alcançámos até agora, isto é, de uma disciplina unificada de gestão?

Não há dúvida de que teremos de aprender — e aprender depressa — a considerar estas diferentes interpretações não como disciplinas diferentes, nem sequer como diferentes pontos de vista, mas simplesmente como diferentes peças da mesma caixa de ferramentas, cada uma das quais necessária para realizar o trabalho.

E, assim, qualquer gestor — acima de tudo, qualquer estudante que aspire a tornar-se gestor — terá de aprender a usar todas estas análises à gestão como ferramentas suas.

Mas existem também novas tarefas para as quais estas ferramentas não serão suficientes, podendo nem ser apropriadas. Quais são essas tarefas? Talvez consigamos separá-las em grandes categorias.

O Problema da Gestão de Topo: Começar a Explorá-la

Primeiro, encontramo-nos subitamente confrontados com o facto de termos sempre tomado a *gestão de topo* como adquirida, ao ponto de pouco sabermos sobre ela.

Atualmente, o nosso conhecimento da gestão de topo, ou seja, o nosso conhecimento do órgão unificador, determinante e decisivo da empresa e da gestão é ainda mais confuso. Nos tradicionais argumentos focados na função da empresa na economia e na sociedade — a preocupação de Rathenau com a responsabilidade social e a preocupação de Schumpeter com a economia da gestão e da empresa —, apenas se encontra a gestão de topo. A empresa é praticamente vista como uma extensão da gestão de topo. Hoje sabemos que as coisas não são assim tão simples. Uma organização, mesmo que seja uma pequena empresa, é muito mais do que a extensão da gestão de topo. Sabemos, por exemplo, que tomar uma decisão não é o principal problema na função de tomada de decisão da gestão de topo. Nem mesmo chegar aos «factos» dessa decisão. O problema básico é como tornar a decisão efetiva na empresa.

Mas, por outro lado, os estudos que lidam isoladamente com a empresa e a gestão, que remontam a Taylor, Fayol e Schmalenbach, respetivamente, não consideram sequer a gestão de topo. São estáticos, da mesma forma que uma lâmina microscópica de tecido celular é estática. Isto, claro, confere-lhes o grande poder analítico que possuem. Mas significa que são incapazes de distinguir entre as decisões que significam a vida ou a morte para uma empresa e aquelas que têm que ver com eficiências marginais. Estas análises demonstram que mesmo as organizações mais saudáveis podem sucumbir em resultado do mau funcionamento da mais pequena e menos supervisionada das operações. Aquilo que ignoram por completo é que mesmo a organização mais saudável, em que tudo funciona adequadamente, não pode sobreviver, e muito menos ter sucesso, se não tiver um órgão governativo separado e efetivo. Por outras palavras, ignoram a gestão de topo.

A função, a organização e o trabalho das pessoas à frente da empresa é o continente inexplorado da gestão.

É, ao mesmo tempo, a questão mais importante, tanto na prática, como na teoria. Que há razões para estarmos insatisfeitos com o nosso atual estado de conhecimento é algo que ninguém, acho, contestará. Pelo menos, não conheço nenhuma gestão de topo de uma grande empresa — nem nos Estados Unidos, nem na Europa ou no Oriente — que não se encontre num estado de contínua reorganização, de contínuo questionamento, de contínua insatisfação com aquilo que sabemos e podemos fazer hoje em dia.

Há uma questão na área da gestão de topo que é de particular importância: *a seleção dos sucessores dos gestores de topo.* É precisamente devido ao grande sucesso da gestão que esta se tornou uma questão crítica, pois fez com que a gestão de uma grande empresa passasse a ser um recurso e um poder socioeconómico que vai muito além da empresa individual. Muito mais dos que os dividendos dos acionistas, o preço das ações ou até os postos de trabalho dos empregados a questão charneira é: quem deverá suceder aos elementos que se ocupam da gestão de topo?; por que critério deverão ser selecionadas e por quem?; de que forma e através de que processo?; quem as responsabilizará e quem as removerá se não estiverem à altura? É duvidoso que alguém, quer na gestão prática ou na gestão teórica, consiga dar respostas satisfatórias a estas perguntas.

Problemas Internos

O próximo grupo de tarefas lida com os problemas internos básicos da empresa e da gestão. Em primeiro lugar, há que ter consciência do *problema da possibilidade de gestão.*

Existem, com toda a certeza, limites para lá dos quais uma empresa se torna demasiado grande e complexa para ser gerida. Estes limites poderão ser reconfigurados através de novos desenvolvimentos, como a informação organizada e sistemas de decisão na empresa, de pesquisa empresarial sistemática e da organização sistemática das atividades autogovernadas dentro da grande empresa. Mas existirá também um limite para isto.

Além disso, há a questão de saber se todos os tipos de atividade e de negócio pertencem realmente à grande empresa comercial.

A empresa comercial é apenas um dos grandes centros de poder que cresceram na sociedade moderna. O governo moderno e os sindicatos tornaram-se importantes centros de poder. Mas o sector empresarial é distinto, na medida em que coexistem unidades grandes e pequenas, competindo lado a lado.

Esta é, obviamente, uma força única — talvez tão importante para a conservação de uma sociedade livre como a compreensão de que a sociedade não tem de explodir na inevitável guerra de classes entre os muitos necessitados e os poucos ricos. Mas pressupõe também alguma compreensão sobre qual o tipo de atividade mais bem realizada dentro de uma grande empresa e aquilo que será melhor deixar para uma pequena. Também isto é um problema de possibilidade de gestão. Do mesmo modo, só podemos por agora formular uma questão, sem conseguir sequer defini-la adequadamente, quanto mais responder-lhe.

Outra área importante é da *tomada de decisão*. Durante os últimos trinta anos, este tornou-se um foco fundamental de pesquisa e reflexão. Pela primeira vez, acreditamos que a tomada de decisão pode ser tornada racional até certo ponto. Pelo menos, conseguimos definir os seus elementos não-racionais.

Um dos problemas que continuamos a ter pela frente — que não pode ser tratado a par das visões tradicionais da gestão — é o da distinção entre «decisão» e «decisão». Não falamos da «decisão» de dois e dois serem quatro; chamamos-lhe «resposta certa». Numa grande parte da teoria da decisão moderna, em especial quando aplicada a decisões de gestão, falamos de «decisões» quando, na verdade, existe apenas uma resposta certa. Isto aplica-se a todos os problemas em que a tarefa é restaurar ou manter a operação a um nível preestabelecido. São decisões de rotina — estas, compreendemo-las. Mas compreendemo-las precisamente porque não são decisões.

Depois, há todo um conjunto de decisões que diria pertencerem à gestão, na medida em que lidam com a alocação dos recursos existentes, em especial de pessoas. Aqui, não existe uma resposta certa, há sempre risco. Mas existe uma série de soluções ideais, cada uma delas com um risco definível ou um equilíbrio de riscos. Aqui, pertencem obviamente todas as decisões sobre níveis e localização do inventário, que são os exercícios favoritos dos «cientistas de gestão» quantitativos. E, mais uma vez, estas não são verdadeiras decisões. Também não são, em geral, as decisões que fazem a diferença entre a sobrevivência e a morte de uma empresa.

Mas pouco sabemos sobre as *decisões empresariais*. Não há uma resposta certa. Não existe sequer um nível de respostas ideais. Existe apenas a capacidade de correr o risco certo — a capacidade, por outras palavras, de inovar e mudar a tendência, mais do que segui-la ou antecipá-la. Também esta requer disciplina mental estrita e rigorosa. Mas é um tipo de decisão muito diferente, exigindo diversos tipos de «factos» e tendo um impacto muito diferente dos das decisões de rotina ou empresariais. Acima de tudo, a única decisão verdadeiramente crítica existe quando o objetivo não é eliminar o risco, nem sequer minimizá-lo, mas antes tornar a empresa capaz de assumir maiores riscos — e os acertados.

Finalmente, ainda dentro desta área das tarefas internas básicas dentro da empresa, temos de juntar a «ciência da gestão» — que lida com coisas — à «ciência da gestão» — que lida com pessoas. A menos que consigamos integrar num único processo de análise, num único conceito reflexivo e num único ato de decisão a compreensão dos fenómenos objetivos e impessoais — ou seja, físicos — e a compreensão e a preocupação com as pessoas — o seu desenvolvimento, as suas necessidades e desejos, a sua dignidade e personalidade —, não teremos disciplina de gestão. Não podemos ter uma separação, não podemos proceder à engenharia do processamento de dados através de um computador sem refletir sobre quem vai fazer que uso dos dados e porquê. Não podemos, inversamente, refletir sobre o papel, a função e a posição de um indivíduo na organização sem referência à contribuição objetiva, económica e impessoal e ao desempenho. Até agora, não conseguimos fazer isto — estas duas «ciências» continuam separadas, senão mesmo incompatíveis.

Problemas Sociais e Políticos

Uma interpretação unificada é necessária para as novas grandes tarefas a respeito dos *problemas sociais e políticos da empresa e da gestão.*

Durante os últimos trinta anos, a visão de Towne de há quase um século — a de que o conhecimento é o recurso criador de riqueza — deu frutos. Em todo o lado, o indivíduo profissionalmente preparado tornou-se a verdadeira «força de trabalho», em custo e em número, já para não falar do seu contributo. O «trabalhador» de ontem, com quem Owen foi o primeiro a preocupar-se e cujo trabalho Taylor foi o primeiro a analisar, está rapidamente a tornar-se uma coisa do passado na indústria moderna. O trabalho está, cada vez mais, a ser realizado por pessoas com educação superior, contribuindo com conhecimento e trabalhando com os seus intelectos.

Tendemos a pensar em duas classes na sociedade industrial, ou seja, no «patrão» e nos «trabalhadores». Esta ideia não só é perigosa, como se está a tornar completamente falaciosa. A sociedade industrial moderna é essencialmente composta por profissionais que trabalham como não-patrões e como não-trabalhadores, pertencentes à classe média, e que se veem como «parte da gestão» sem serem «patrões» e como «trabalhadores» sem se considerarem «proletários» ou explorados.

Esta é a realidade social do século XX — e o seu problema social. Economicamente, estas pessoas não são um problema; nesse sentido, podemos dizer que ultrapassámos a «questão social» do século XIX. Sabemos, pelo menos, que não pode ser resolvida através de qualquer dos métodos do século XIX. Mas pode ser resolvida através do desenvolvimento económico do século XX, baseado no elevado investimento no conhecimento e nas pessoas que o levam para o trabalho.

Contudo, a posição destas pessoas ainda não é completamente compreendida. Não sabemos sequer como geri-las, ou seja, como fazer com que o seu conhecimento, os seus esforços e a sua contribuição se tornem efetivos no desempenho total. Este é um problema que poucos fundadores da gestão poderiam ter previsto, surgindo apenas por terem sido tão bem-sucedidos. Mas este é mais difícil, ou pelo menos muito mais subtil do que algum com que tenham lidado.

Há mais uma, e igualmente importante, consequência desta tremenda mudança na estrutura social da sociedade industrial. A «produtividade» começa a ter um significado diferente e a exigir teorias e conceitos completamente diferentes. Temos tido, em especial nos últimos quinze anos, muitos «centros de produtividade» por todo o mundo. Daqui em diante, precisaremos de «centros de efetividade»: isto é, esforços organizados para tornar efetivos e produtivos os novos trabalhadores, o trabalhador do conhecimento, o profissional de classe média empregado.

Esta é também uma tarefa para a análise e o cuidadoso estudo do trabalho. Mas é um trabalho diferente, e tanto o estudo como as ferramentas terão de variar, porque a produtividade dos trabalhadores manuais consistia num aumento da produção por hora ou por dólar gasto na organização da sua tarefa e da sua movimentação. Para os «trabalhadores do conhecimento», a questão reside menos na forma como produzem do que em saber se dirigem as suas atenções para o produto «certo». É a sua efetividade, mais do que a sua eficiência, que caracteriza a sua contribuição económica. E a própria eficiência no caso do trabalhador do conhecimento é menos uma questão de o indivíduo fazer mais, e mais uma questão de o grupo fazer melhor. Estas são coisas novas. Até aqui, nenhum de nós, quer sejamos americanos, russos, europeus, japoneses, sabia como fazer isto.

A respeito do trabalho típico, característico e criador de riqueza numa sociedade industrial, estamos exatamente na situação em que estávamos antes de Taylor quanto ao trabalho manual. Precisamos de um novo Taylor, embora diferente. Não um engenheiro a olhar para o ser humano enquanto dispositivo mecânico bem concebido, mas um «pensador de sistemas» que olhe para os seres humanos enquanto partes vivas, orgânicas e mutáveis de um todo efetivo — em que a efetividade consiste, sobretudo, em fazer as coisas realmente importantes, em vez de desperdiçar tempo e energia a fazer coisas que não contribuam para o desempenho e os resultados. Aqui está uma das principais fronteiras.

O Problema da Autoridade da Gestão

E, depois, há a grande questão política da *legitimidade da gestão*. Em que fundamento a gestão baseia a sua autoridade? Que essa gestão não é e não precisa de ser baseada na exploração e na força — por outras palavras, que a interpretação marxista da história não é «científica», quanto mais «inevitável» —, mesmo os marxistas de hoje provavelmente sabem. Mas, para um grupo de liderança, não chega não ser explorador nem usurpador. Precisa de uma base para o seu poder. Precisa de um código de responsabilidade e de um foco de responsabilização.

Não é muito relevante se a propriedade e o controlo foram realmente secundarizados, ou se continua a existir controlo por propriedade na indústria moderna. O facto é que a gestão, como função, se separou do título legal da detenção da propriedade. A gestão tem de ser desempenhada profissional e objetivamente, atuando mais a favor da empresa do que dos proprietários, independentemente de esta ser «posse» de um indivíduo, do governo ou das anónimas multidões de milhões que têm uma participação diluída na empresa, através de apólices de seguros ou de futuras pensões. É também bastante irrelevante a quantidade de poder que a gestão realmente possui, pois não há dúvida de que tem de ter uma quantidade considerável de autoridade para executar a sua função, mesmo na interpretação mais estrita da autoridade e da responsabilidade de gestão.

Além disso, esse poder tem de estar sempre ancorado num valor social, num conceito ético e numa responsabilização racional, de ser um poder social e politicamente legítimo. Precisamos de gestão, sobre isso não há discussão. Sabemos também que a gestão é apenas um grupo de pessoas com poder numa sociedade moderna — em nítido contraste com a crença, comum há trinta anos, de que a gestão deveria, ou poderia, ser a «elite do poder».

Mas não sabemos como a autoridade da gestão poderá ser enraizada, como poderá ser limitada e onde é que esses limites deverão ser estabelecidos. Eis uma questão central para o estudante de Gestão — essencialmente, uma tarefa de teoria política, mas que não pode ser interpelada sem uma grande quantidade de conhecimento e de compreensão da gestão, das suas preocupações, do seu funcionamento, da sua economia, organização e filosofia.

O Universo da Gestão a Explodir

Há uma razão inteiramente diferente, e talvez mais convincente, para que estejamos no final de um período de setenta anos durante o qual interpretações diferentes do estudo da gestão podiam, vantajosamente, ser seguidas: *A gestão tornou-se mundial.* É precisa ainda mais naqueles países que não têm uma tradição de gestão, nos países «subdesenvolvidos», primordialmente de tradição não-ocidental e com população não-europeia.

No Ocidente, a gestão era uma função e um órgão que se desenvolveu bastante tarde no processo do desenvolvimento económico. Certamente, a consciência de uma tal função cresceu tardiamente — como aconteceu também com o grupo de liderança dos «gestores». Contudo, nos países subdesenvolvidos a gestão é o recurso central do desenvolvimento e os gestores são o motor.

A gestão é, há muito tempo, uma função e disciplina supranacionais. Faz agora sessenta anos, em resultado da Primeira Guerra Mundial, que dois homens fundaram o Movimento da Gestão Internacional: um americano, Herbert Hoover, o engenheiro de minas que se fez estadista; e um checo, Thomas Masaryk, o filósofo e historiador, também estadista.

Mas até há pouco tempo, a gestão era vista como um fenómeno dos países «desenvolvidos». E, em termos gerais, apesar da exceção do Japão, era vista como estando confinada ao mundo «ocidental», ou seja, principalmente a países povoados por nações de ascendência europeia.

Escusado será lembrar que não é o que acontece hoje em dia. Talvez este seja o maior acontecimento na curta história da gestão. É também aquele que implica a maior exigência sobre o nosso conhecimento da gestão e sobre a dedicação dos gestores.

Acima de tudo, exige uma consideração sólida à gestão enquanto disciplina e à ação de gerir enquanto tipo de trabalho. Temos hoje, por todo o mundo, uma elevada procura por trabalhos de gestão. Os números são tremendos e estas pessoas possuem capacidade, conhecimento e integridade de alto nível.

Estes últimos setenta anos foram os primeiros da gestão, os anos durante os quais desenvolvemos o reconhecimento da disciplina, da função e do trabalho, bem como as primeiras perspetivas no sentido da compreensão racional e da competência profissional. Foram também os anos em que desenvolvemos a formação em Gestão. Na verdade, a primeira escola a ser chamada «Escola de Administração Empresarial», a Harvard Business School, celebrará em breve o seu septuagésimo aniversário.

Esta infância e adolescência da gestão está agora a chegar ao fim. Quando mais não seja, o tremendo desafio de um mundo submerso na crescente onda das expectativas humanas exige-nos uma visão unificada à gestão e o desenvolvimento de algo que possa ser aprendido e ensinado e, sobretudo, que possa ser admirado e uma inspiração.

A «gestão» é o catalisador que torna possível o rápido e livre desenvolvimento económico e social garantindo a dignidade humana. A alternativa já não é a sociedade primitiva sem desenvolvimento — e talvez com um ocasional vislumbre de liberdade e dignidade humana. A alternativa é um rápido desenvolvimento económico alcançado através do terror, da tirania, da degradação da pessoa como se fosse uma não-entidade nesta sociedade desumana da máquina.

O apelo mundial ao desenvolvimento económico é, em larga medida, o resultado da concretização da gestão. Mas esta conquista também transformou a gestão e, sobretudo, as tarefas a desempenhar. Aquilo que agora é preciso não pode ser satisfeito apenas pela excelência técnica, nem pela responsabilidade moral ou pelas relações humanas. A partir de agora, a «ciência da gestão» e a «gestão científica», a «economia da gestão» e as «relações humanas» terão de ser unificadas tanto na teoria como na prática da gestão.

CAPÍTULO QUATRO

As Dimensões da Gestão

AS EMPRESAS COMERCIAIS — e também as instituições de serviço público — são órgãos da sociedade. Não existem para si mesmas, mas para realizarem uma determinada finalidade social e para satisfazerem uma necessidade específica da sociedade, da comunidade ou do indivíduo. Não são fins em si mesmos, mas meios. A questão certa não é «O que são?», é antes «O que devem fazer e quais são as suas tarefas?».

A gestão, por seu lado, é o órgão da instituição. Não tem uma função nem existência em si. A gestão separada da instituição que serve não é gestão.

Aquilo que as pessoas entendem por burocracia, e que pertinentemente condenam, é uma gestão que se auto representa erradamente como um fim, e à instituição como um meio. Esta é a doença degenerativa a que as gestões estão expostas, especialmente, aquelas que não submetidas à disciplina do teste de mercado. Prevenir esta doença, detê-la e, se possível, curá-la deverá ser o primeiro objetivo de qualquer gestão efetiva — mas também de qualquer livro sobre gestão.

A pergunta «O que é gestão?» vem em segundo lugar: primeiro, temos de definir a gestão através das suas tarefas.

Existem três tarefas, igualmente importantes, mas essencialmente diferentes, que a gestão tem de realizar para fazer com que a instituição de que está encarregue funcione e contribua:

- realizar a finalidade e a missão específicas da instituição, quer seja uma empresa comercial, um hospital ou uma universidade;
- tornar o trabalho produtivo e o trabalhador bem-sucedido;
- gerir os impactos sociais e as responsabilidades sociais.

Finalidade e Missão: a Primeira Dimensão

Uma instituição existe com um objetivo e missão comuns, uma função social específica. Nas empresas comerciais, isto traduz-se por desempenho económico.

Em relação à primeira tarefa, sobre o desempenho específico, as instituições empresariais e não-empresariais diferem; em relação a todas as outras tarefas, são semelhantes. Mas apenas as empresas têm o desempenho económico como sua missão específica. Faz parte da definição de uma empresa existir em função do desempenho económico. Em todas as outras instituições — hospital, igreja, universidade ou Forças Armadas —, a economia é uma limitação. Na empresa comercial, o desempenho económico é a razão e a finalidade.

A ênfase deste livro está na empresa comercial e na tarefa do desempenho económico. Embora não sendo de forma alguma a única a refletir-se na sociedade, é uma tarefa prioritária, pois todas as outras tarefas sociais — educação, cuidados de saúde, defesa e avanço do conhecimento — dependem do excedente dos recursos económicos, ou seja, dos lucros e outros proventos, que apenas um desempenho económico bem-sucedido pode produzir. Quanto mais satisfações destas desejarmos, e quanto mais as valorizarmos, mais dependemos do desempenho económico da empresa comercial.

A gestão empresarial deve sempre, em todas as ações e decisões, colocar o desempenho económico em primeiro lugar. Apenas pode justificar a sua existência e a sua autoridade através dos resultados económicos que produz. Uma gestão empresarial falha se não conseguir produzir resultados económicos; falha se não fornecer bens e serviços desejados pelo consumidor a um preço que este esteja disposto a pagar; falha se não melhorar ou conservar a capacidade de produção de riqueza ou os recursos económicos que lhe são confiados. E isto, independentemente da economia, da estrutura política ou da ideologia de uma sociedade, significa responsabilidade pela rentabilidade.

A primeira definição de gestão empresarial é que é um órgão económico, o órgão especificamente económico de uma sociedade industrial. Cada ato, cada decisão, cada deliberação de gestão tem o desempenho económico como sua primeira dimensão.

Trabalho Produtivo e Trabalhador Bem-sucedido: a Segunda Dimensão

A segunda tarefa é tornar o trabalho produtivo e o trabalhador bem-sucedido. A empresa comercial (ou qualquer outra instituição) possui apenas um verdadeiro recurso: as pessoas. Executa tornando os recursos humanos produtivos. Alcança o seu desempenho através do trabalho. Tornar o trabalho produtivo é, assim, uma função essencial. Mas, ao mesmo tempo, estas instituições são cada vez mais, na sociedade atual, os meios que os seres humanos têm para ganhar a vida, através dos quais se encontra acesso ao estatuto social, à comunidade e ao sucesso individual e à satisfação. Portanto, tornar o trabalhador bem-sucedido é cada vez mais importante e é uma medida do desempenho de uma instituição. É uma tarefa crucial da gestão.

Organizar o trabalho de acordo com a sua lógica é apenas o primeiro passo. O segundo, mais difícil, é tornar o trabalho adequado para seres humanos — e a sua lógica é radicalmente diferente da lógica do trabalho. Tornar o trabalhador bem-sucedido implica uma consideração do ser humano como um organismo com propriedades, capacidades e limitações fisiológicas e psicológicas, e um modo de ação distinto. Implica considerar que o recurso humano é feito por pessoas e não por coisas, e como tendo — ao contrário de qualquer outro recurso — personalidade, cidadania, controlo sobre o trabalho, tanto em quantidade como em qualidade, o que exige responsabilidade, motivação, participação, satisfação, incentivos e recompensas, liderança, estatuto e função.

A gestão, e só a gestão, consegue satisfazer estes requisitos, pois os trabalhadores, quer façam a manutenção de máquinas, quer sejam vice-presidentes executivos, deverão encontrar satisfação na realização do seu trabalho ou tarefa, ou seja, dentro da empresa — e a gestão é o órgão que ativa a empresa.

Impactos Sociais e Responsabilidades Sociais: a Terceira Dimensão

A terceira tarefa da gestão consiste nos impactos sociais e nas responsabilidades sociais da empresa. Nenhuma das nossas instituições existe por si, nem é um fim em si mesma. Cada uma delas é um órgão da sociedade e existe para ela. A empresa não é exceção. A empresa livre não pode ser justificada como sendo boa para o negócio; só pode ser justificada como sendo boa para a sociedade.

A primeira instituição a emergir, a primeira instituição do Ocidente, foi o mosteiro beneditino do século VI. Contudo, não foi fundado para servir a comunidade e a sociedade; pelo contrário, foi fundado para servir exclusivamente os seus membros e para os ajudar a encontrar o caminho da salvação. Assim, São Bento removeu o seu mosteiro da sociedade para o deserto. Não estava particularmente receoso de que os seus monges cedessem às tentações do mundo, uma vez que via um perigo maior: que se preocupassem com o mundo, que assumissem a sua responsabilidade, que tentassem fazer o bem e fossem forçados a assumir a liderança.

Ao contrário do mosteiro beneditino, cada uma das nossas instituições existe para contribuir para a sociedade, para satisfazer não-membros. A empresa existe para fornecer bens e serviços aos clientes, e não empregos a trabalhadores e gestores, nem sequer para distribuir dividendos pelos acionistas. O hospital não existe para bem dos médicos e dos enfermeiros, mas para bem dos pacientes, cujo único desejo é saírem curados do hospital e nunca mais voltarem. A escola não existe para bem dos professores, mas para bem dos alunos. Uma gestão que esquece isto é errada.

Nenhuma instituição pode, portanto, existir fora da comunidade e da sociedade como o mosteiro beneditino tentou, sem sucesso. Psicológica, geográfica, cultural e socialmente, as instituições têm de fazer parte da comunidade.

Para executar a sua tarefa, para produzir bens e serviços económicos, a empresa comercial tem de ter impacto nas pessoas, nas comunidades e na sociedade. Tem de ter poder e autoridade sobre as pessoas (por exemplo, os empregados, cujas próprias finalidades e propósitos não são definidos pela empresa, nem dentro dela). Tem de ter impacto na comunidade como vizinha, como fonte de trabalhos e de receita fiscal, mas também como geradora de desperdícios e poluentes. E cada vez mais, na nossa sociedade plural, tem de acrescentar à sua preocupação fundamental pelas quantidades de vida, ou seja, bens e serviços económicos, a preocupação pela qualidade de vida, isto é, pelo ambiente físico, humano e social do homem moderno e da comunidade moderna.

Esta dimensão da gestão é intrínseca ao trabalho dos gestores de *todas* as instituições. Universidade, hospital e departamento público, todos têm igualmente impactos, têm igualmente responsabilidades — e, em geral, têm tido muito menos consciência delas, têm tido muito menos preocupação com as suas responsabilidades humanas, sociais e comunitárias do que as empresas. Contudo, procuramos cada vez mais na gestão empresarial a liderança em termos de qualidade de vida. Gerir os impactos sociais está, assim, a tornar-se uma importante tarefa e uma terceira importante dimensão da gestão.

Estas três tarefas têm de ser feitas sempre ao mesmo tempo e dentro da mesma ação de gestão. Nem sequer se poderá dizer que uma das tarefas predomina ou exige maior capacidade ou competência. É verdade que o desempenho empresarial vem em primeiro lugar — é o objetivo da empresa e a razão da sua existência —, mas se o trabalho e o trabalhador forem mal geridos, não haverá desempenho empresarial, por muito bom que o diretor executivo possa ser na gestão do negócio. O desempenho económico alcançado por uma gestão errada do trabalho e dos trabalhadores é ilusório e realmente destrutivo do capital, mesmo a prazo bastante curto. Esse desempenho elevará os custos ao ponto em que a empresa deixará de ser competitiva; ao criar ódio e hostilidade entre classes, será impossível a empresa operar. E gerir mal os impactos sociais acabará por destruir o apoio social à empresa e, com isso, a própria empresa.

Cada uma destas três tarefas tem a sua prioridade. Gerir uma empresa é prioritário, porque ela é uma instituição económica, mas tornar o trabalho produtivo e os trabalhadores bem-sucedidos tem importância precisamente porque a sociedade não é uma instituição económica e recorre à gestão para a realização de crenças e valores básicos. Gerir os impactos sociais da empresa tem importância visto que nenhum órgão consegue sobreviver fora do corpo que serve — e a empresa é um órgão da sociedade e da comunidade.

Também nestas áreas não existem ações ou resultados que não sejam de toda a empresa (ou universidade, hospital, departamento público). Não existem resultados nem decisões «funcionais». Existe apenas investimento e risco empresariais; lucro e prejuízo empresariais; ação ou inércia empresariais; decisão e informação empresariais. Não é uma fábrica que polui; é a Consolidated Edison de Nova Iorque, a Union Carbide Corporation, a indústria do papel ou os esgotos da cidade.

Contudo, o trabalho e o esforço são sempre específicos. Existe uma enorme tensão entre duas realidades: a do desempenho e a do trabalho. Resolvê-la, ou pelo menos torná-la produtiva, é a tarefa constante da gestão.

A Dimensão Temporal

Há uma complexidade presente em todo o problema, em toda a decisão, em toda a ação da gestão — em termos estritos, não é uma quarta tarefa da gestão, mas antes uma dimensão adicional: o tempo.

A gestão tem sempre de considerar tanto o presente como o futuro; tanto o curto como o longo prazo. Um problema de gestão não é resolvido se forem alcançados lucros imediatos, pondo em risco a saúde e mesmo a sobrevivência da empresa. Uma decisão de gestão é irresponsável se arriscar um desastre num ano a bem de um futuro grandioso. O caso, muito comum, do grande líder em gestão que produz espantosos resultados económicos enquanto dirige a companhia, mas que, em seguida, não deixa nada para trás a não ser um buraco sem fundo é um exemplo de atuação de gestão irresponsável e de fracasso no equilíbrio do presente com o futuro. Os resultados económicos imediatos são, na verdade, fictícios e conseguidos despendendo capital. Em todos os casos em que o presente e o futuro não são simultaneamente satisfeitos, em que as suas exigências não são harmonizadas ou pelo menos equilibradas, o capital, ou seja, o recurso de produção de riqueza é ameaçado, prejudicado ou destruído.

Hoje em dia, estamos particularmente cientes da dimensão do impacto a longo prazo das decisões económicas de curto prazo em torno do ambiente e dos recursos naturais. Mas o problema da harmonização entre o presente e o futuro existe em todas as áreas e, especialmente, naquelas relacionadas com pessoas.

A dimensão temporal é intrínseca à gestão, porque a gestão se preocupa com decisões para a ação. E a ação visa sempre resultados no futuro. Qualquer pessoa cuja responsabilidade é agir — e não pensar ou saber — empenha-se no futuro.

Há duas razões pelas quais a dimensão temporal tem uma especial importância na tarefa da gestão e é de particular dificuldade. Em primeiro lugar, faz parte do progresso económico e tecnológico que o tempo para a concretização e escrutínio de uma decisão seja continuamente aumentado. Edison, na década de 1880, precisou de cerca de dois anos entre o início do trabalho laboratorial em torno da ideia e o início das operações na fábrica-piloto. Hoje, poderia bem demorar quinze anos aos sucessores de Edison. Há meio século, esperava-se que uma nova fábrica ficasse paga em dois ou três anos; hoje, com um investimento de capital por trabalhador de vinte vezes o de 1920, o período de recuperação atinge frequentemente os dez ou doze anos. Uma organização humana, como a equipa de vendas ou o grupo de gestão, poderá levar ainda mais tempo a construir e a compensar.

A segunda característica peculiar da dimensão temporal é que a gestão tem de viver sempre no presente e no futuro.

Um líder militar também conhece ambos os tempos. Mas, tradicionalmente, é raro ter de viver os dois simultaneamente. Durante o tempo de paz, não conhece o «presente»; o presente era apenas uma preparação para a futura guerra. Durante a guerra, conhece apenas o «futuro» mais próximo; está preocupado em ganhar a guerra. Tudo o resto é deixado para os políticos. Isto já não acontece numa era em que guerras frias, novas guerras e ações policiais poderão ser a mais importante razão para a crise de liderança militar e moral que afeta hoje todas as Forças Armadas. Os atuais militares não vivem em «paz» nem em «guerra»; vivem numa espécie de «defesa», que é um estado de preparação muito semelhante às guerras tradicionais, mas que não visa «ganhar», antes evitar um conflito real. Em resultado, os objetivos militares e o planeamento militar, no sentido tradicional, já não se aplicam. Ambos assumiam um conflito agudo entre o presente e o futuro e não a profunda ambiguidade do mundo político e militar moderno.

Mas a gestão tem sempre de fazer as duas coisas: manter o bom desempenho da empresa no presente — senão não haverá empresa capaz dele no futuro; e prepará-la para o desempenho, crescimento e mudança do futuro. Caso contrário, destruiu capital — isto é, a capacidade de recursos para produzir riqueza futura.

A única coisa que sabemos acerca do futuro é que será diferente. Poderão existir grandes leis da história, grandes correntes de continuidade que operem durante épocas. Mas, dentro dos períodos temporais da decisão e da ação conscientes — anos e não séculos —, dentro dos quais os gestores de qualquer instituição operam, a incerteza do futuro é aquilo que importa. A continuidade a longo prazo não é relevante; e, de qualquer modo, apenas pode ser discernida em retrospetiva e apenas pela contemplação da história, pela forma como esta resultou.

Para o gestor, o futuro é descontinuidade. E, por muito diferente que seja, o futuro apenas pode ser alcançado a partir do presente. Quanto maior for o salto no desconhecido, mais forte terá de ser a base para a descolagem. A dimensão temporal concede à decisão de gestão as suas características especiais. É o ato no qual o gestor integra o presente e o futuro.

Administração e Empreendedorismo: Outra Dimensão

Há outra dimensão no desempenho da gestão: o gestor tem sempre de *administrar*. Tem de gerir e melhorar aquilo que já existe e que já é conhecido. Mas também tem de ser um *empreendedor*. Tem de reorientar recursos de áreas de baixos ou decrescentes resultados para áreas de resultados altos ou crescentes. Tem de descartar o ontem e considerar ultrapassado aquilo que já existe e que já é conhecido. Tem de criar o amanhã. Gerir abarca sempre ambos: a preocupação em aproveitar ao máximo aquilo que já existe e criar um amanhã muito diferente, que torne obsoleto o que já existe.

Numa empresa real, os mercados, as tecnologias, os produtos e os serviços existem. As instalações e o equipamento estão presentes. O capital foi investido e tem de ser servido. As pessoas estão empregadas e têm funções específicas, e assim por diante. A tarefa *administrativa* do gestor é *otimizar* o resultado destes recursos.

Isto, dizem-nos habitualmente, sobretudo os economistas, significa *eficiência*, ou seja, fazer melhor aquilo que já está a ser feito. Eficiência significa foco nos custos. Mas a execução ideal deverá focar-se na *efetividade*. A efetividade foca-se nas oportunidades para produzir receita, para criar mercados e para mudar as características económicas dos produtos e dos mercados existentes. Não pergunta «Como fazemos isto ou aquilo melhor?», pergunta «Que produtos realmente produzem resultados económicos extraordinários ou são capazes de produzi-los?». Depois, pergunta: «Portanto, que resultados e esforços da empresa deverão ser alocados de modo a produzirem resultados extraordinários, em vez dos resultados "normais" que toda a eficiência alguma vez poderá produzir?»

Tal não menospreza a eficiência. Mesmo a empresa mais saudável não consegue sobreviver, quanto mais ter sucesso, se for eficiente a fazer as coisas erradas, ou seja, se lhe faltar efetividade. Nenhuma quantidade de eficiência conseguirá fazer com que uma fábrica de carruagens sobreviva.

A efetividade é o fundamento do sucesso; a eficiência é uma condição mínima para a sobrevivência *depois* de o sucesso ter sido atingido. A eficiência preocupa-se em fazer as coisas bem, a efetividade em fazer as coisas boas.

A eficiência preocupa-se com a contributo do esforço em *todas* as áreas de atividade. A efetividade, contudo, começa com a compreensão de que na empresa, como em qualquer outro organismo social, 10% ou 15% dos fenómenos — como os produtos, as encomendas, os mercados ou as pessoas — produzem 80% ou 90% dos resultados. Os outros 85% a 90% dos fenómenos, por muito que sejam executados de forma eficiente, apenas produzem custos (que são sempre proporcionais às transações, ou seja, à atividade).

A primeira tarefa administrativa do gestor é, assim, tornar efetivo o pequeno núcleo de atividades que valem a pena, que são capazes de ser efetivas. Ao mesmo tempo, ele neutraliza (quando não abandona) a enorme penumbra das transações: produtos das atividades de gabinete, trabalho de pesquisa ou esforços de vendas, as quais, por muito bem feitas que sejam, não oferecem resultados extraordinariamente elevados (quer representem as oportunidades realizadas do passado, meras atividades, quer esperanças e expectativas não realizadas, ou seja, os erros passados).

A segunda tarefa administrativa é guiar a empresa até à completa realização do seu potencial. Mesmo a empresa mais bem-sucedida trabalha a uma baixa eficiência quando comparada com o seu potencial — os resultados económicos que poderiam ser obtidos se os esforços e os recursos fossem posicionados para produzir o máximo resultado de que são intrinsecamente capazes.

Esta tarefa não é inovação; na realidade, considera a empresa tal como ela é e pergunta: «Qual é o *ideal teórico*? O que inibe a sua realização? Onde estão os fatores limitadores e restritivos que refreiam a empresa e a privam do completo retorno dos seus recursos e esforços?»

Um procedimento básico — aqui apresentado apenas a título de ilustração — é colocar a questão: «Que *mudanças relativamente pequenas* no produto, na tecnologia, no processo, no mercado, e outros melhorariam significativamente ou alterariam as características económicas e os resultados desta empresa?» (Isto é semelhante à análise de vulnerabilidade dos modernos sistemas de engenharia.)

No fabrico do aço, estas vulnerabilidades — os fatores que colocam os resultados económicos da indústria do aço muito abaixo do potencial teórico da indústria e do processo — poderão ser, por exemplo, a necessidade, dentro da tecnologia atual, de gerar temperaturas altas três vezes, para depois proceder três vezes a um arrefecimento por submersão. A coisa mais dispendiosa de produzir são as temperaturas, quer seja o frio ou o calor. Na comunicação de massas, a vulnerabilidade económica da imprensa está na necessidade da entrega pessoal de um produto barato, como o jornal diário ou a revista. A televisão tem muito menos impacto para a maioria dos produtos, mas como há uma disponibilização em massa através do aparelho eletrónico, o custo por mensagem é muito inferior — apesar do elevado custo de produzir um anúncio e passá-lo 30 segundos em horário nobre —, de forma que os resultados económicos são mais vantajosos para o anunciante. Nos seguros de vida, para dar mais um exemplo, o elevado custo da venda individual é uma importante vulnerabilidade. Uma forma de ultrapassar esta vulnerabilidade e de realizar o potencial da empresa de um modo mais completo poderá ser ou a venda estatística — eliminação dos dispendiosos esforços de venda pessoal — ou o enriquecimento do canal de vendas, por exemplo, através da venda de planos financeiros (incluindo todos os outros instrumentos de investimento) em vez de apenas o seguro de vida.

Estes exemplos foram citados para mostrar que uma mudança relativamente pequena não tem de ser necessariamente fácil de realizar. De facto, podemos não saber como fazê-la. Mas continua a ser pequena, pois a empresa permanecerá essencialmente tal como é no momento; contudo, terá resultados económicos diferentes. E embora as ilustrações mostrem claramente que estas mudanças poderão exigir inovação, não são, em si mesmas, inovações. São primordialmente modificações da empresa existente.

Fazer a empresa de amanhã começa com a convicção de que esta será, e deverá ser, diferente. Mas também começa — por necessidade — com a empresa de hoje. Fazer a empresa de amanhã não pode partir de uma inspiração genial; requer análise sistemática e um duro e rigoroso trabalho *hoje* — e isso significa que seja feito pelas pessoas na empresa atual e a operar a partir de dentro.

A tarefa específica do empreendedorismo na empresa é a de torná-la capaz de enfrentar o futuro, de se transformar numa empresa diferente. É tarefa específica do empreendedorismo na empresa atual permitir que a que já hoje existe — e, especialmente, que já hoje tem sucesso — mantenha o seu sucesso no futuro.

Poder-se-ia dizer que o sucesso não pode ser mantido para sempre. As empresas são, afinal de contas, criações do homem que não têm uma real permanência. Mesmo as empresas mais antigas são criações de séculos recentes. Mas um empreendimento comercial deve continuar, além do período de vida do indivíduo ou da geração, a ser capaz de produzir as suas contribuições para a economia e para a sociedade. A perpetuação de uma empresa é uma tarefa central do empreendedorismo — a capacidade de o fazer poderá ser o teste mais distintivo e definitivo de uma gestão.

O Trabalho de um Gestor

Cada uma destas tarefas e dimensões tem as suas próprias aptidões, ferramentas e exigências. Mas a tarefa de gestão total requer a sua integração, o que também exige trabalho específico e a sua ferramenta específica. A ferramenta é a gestão; o trabalho é gerir os gestores.

As tarefas — desempenho económico; tornar o trabalho produtivo e o trabalhador bem-sucedido; gerir os impactos e as responsabilidades sociais; e fazer tudo isto num equilíbrio entre as exigências presentes e as exigências futuras — são coisas em que o público em geral está envolvido. O público não se preocupa — e apenas tem um interesse vago — com aquilo que os gestores têm de fazer para cumprir as suas tarefas. Está antes preocupado com o desempenho. Mas os gestores terão de se preocupar com os meios para a realização das suas tarefas; terão de se preocupar com as suas tarefas de gestão, com o trabalho dos gestores, com as competências de que necessitam e com a sua organização.

Qualquer livro de gestão que não comece com as tarefas a serem desempenhadas não entende a gestão. Um livro desses vê a gestão como algo em si mesma e não como um meio para um fim. Não consegue compreender que a gestão existe apenas na contemplação do desempenho. Trata a gestão como uma realidade independente, sendo esta um órgão de que deriva a existência, a identidade e a justificação da função que serve. O foco deverá estar nas tarefas.

Começar a discussão da gestão pelo trabalho do gestor ou pela sua organização — como a maioria dos livros de gestão faz — é a interpretação do tecnocrata, que cedo degenera em burocrata. E mesmo assim é má tecnocracia, pois, como será realçado uma e outra vez neste livro, o trabalho, as tarefas e a organização da gestão não são absolutos, mas sim determinados e moldados pelas tarefas a realizar. «A estrutura segue a estratégia» é uma das visões fundamentais que adquirimos nos últimos vinte anos. Sem compreender a missão, os objetivos e a estratégia da empresa, os gestores não serão dirigidos, as organizações não serão desenhadas, as tarefas da gestão não serão produtivas.

CAPÍTULO CINCO

Os Desafios da Gestão

DESDE O FINAL DA SEGUNDA GUERRA MUNDIAL até ao início dos anos 70, o mundo inteiro experimentou aquilo a que os japoneses chamaram «explosão da gestão». Existiam sete fundamentos conceptuais para a explosão da gestão: (1) gestão científica do trabalho como chave para a produtividade; (2) descentralização como princípio básico da organização; (3) gestão do pessoal como a forma ordenada de encaixar as pessoas nas estruturas organizacionais (o que incluía categorias como descrições de tarefas, avaliações, administração de pagamentos e salários, mas também «relações humanas»); (4) desenvolvimento dos gestores para fornecer hoje as necessidades de gestão de amanhã; (5) responsabilização da gestão como base para a tomada de decisão; (6) marketing; (7) planeamento a longo prazo.

Cada um destes fundamentos era aplicado com sucesso muito antes do *boom* da gestão, que, por outras palavras, apenas refinou, acrescentou, modificou — mas criou pouco. Tornou acessível a gestores em toda a parte aquilo que, até então, fora um segredo bem guardado. Tornou prática geral o que, até ali, tinha sido uma rara exceção.

A Necessidade de Novo Conhecimento nas Áreas Fundacionais

Nos finais dos anos 60 ou início dos anos 70, tornara-se claro que o conhecimento em que se baseava a explosão da gestão já não bastava. Mesmo na maioria das áreas fundacionais surgiam necessidades de conhecimento novo, particularmente a respeito da produtividade, da conceção e estrutura da organização e da gestão das pessoas. A gestão científica já não conseguia fornecer produtividade acrescida. Em todos os países existia uma crise de produtividade que resultava em graves pressões inflacionistas.

Em retrospetiva, torna-se evidente que os grandes aumentos de produtividade do período pós-Segunda Guerra Mundial na Europa Ocidental e no Japão eram apenas parcialmente o resultado de melhor gestão. A principal causa era o movimento de grandes números de pessoas de áreas e empregos de baixa produtividade, como, por exemplo, a agricultura de subsistência marginal na Sicília, em Espanha e nas regiões montanhosas do norte do Japão, para empregos de alta produtividade na indústria. Sem uma tal migração maciça, os ganhos de produtividade destas áreas de crescimento teriam sido, provavelmente, bastante modestos. Mas estas migrações terminaram. Na Europa Ocidental, o limite de capacidade de absorção de trabalhadores de fora foi claramente atingido. No Japão, já não há muita população dedicada à agricultura marginal. A partir de agora, os ganhos de produtividade nestes países terão de ser alcançados tornando os trabalhadores mais produtivos nos empregos existentes.

Ao mesmo tempo, as exigências de desempenho económico que apenas podem ser satisfeitas através de uma produtividade mais elevada estão a escalar. Por exemplo, todos «sabiam» (e muitos ainda acreditam) que a abundância iria reduzir em muito a exigência de desempenho económico. Assim que conhecêssemos uma forma de produzir bens materiais, a exigência sobre a função económica na sociedade iria, com certeza, diminuir. Em vez disso, somos confrontados com uma onda crescente de expectativas. Quando o presidente Kennedy cunhou esta expressão no início dos anos 70, estava a pensar no crescimento explosivo das exigências de recompensas e satisfações económicas por parte dos pobres, dos países subdesenvolvidos do mundo. Mas a abundância libertou uma semelhante onda crescente de expectativas entre os pobres dos países desenvolvidos, quer fossem afroamericanos ou camponeses sicilianos. E mesmo os abastados estão a escalar as suas exigências de desempenho económico mais depressa do que a sua capacidade de desempenho. Os jovens com educação, contrariamente aos cabeçalhos da imprensa, dão poucos sinais de uma exigência inferior em relação aos bens e serviços económicos tradicionais. Mostram, além disso, um apetite insaciável por novos serviços e satisfações — de educação, de cuidados de saúde, de habitação, ou de lazer.

Igualmente nova, e talvez ainda mais dispendiosa, é a exigência quanto ao ambiente. Também ele era um luxo até agora.

Cada uma destas novas expectativas e exigências requer esforços económicos maciços, pois absorvem recursos económicos a uma escala fenomenal. Cada uma delas pressupõe, acima de tudo, um excedente económico além de tudo aquilo que a economia alguma vez produziu. Satisfazer estas exigências requer, por outras palavras, um nível de produtividade muito mais elevado.

Sabemos o que é necessário. Primeiro, a perspetiva tradicional foca-se apenas num fator de produtividade: o trabalho. Mas a produtividade é o resultado do equilíbrio entre os três fatores da produção: terra, trabalho e capital. Mesmo relativamente à produtividade do trabalho, apenas demos o primeiro passo com a análise de partes individuais do trabalho. Temos de compreender os princípios da produção para juntar o trabalho no processo mais produtivo, e temos de harmonizar os próprios requisitos e lógicas, muito diferentes, do trabalho e do trabalhador.

Além da Descentralização

A descentralização é o melhor princípio de organização — *quando se adequa*. Mas as especificações para a sua aplicação são consideravelmente estritas. Adequa-se à empresa para a qual foi originalmente concebida: a manufatura, com mercados distintos para linhas de produto distintas. Não se adequa perfeita ou adequadamente senão a poucas empresas fora da manufatura. E não se adequa a empresas de manufatura como as indústrias de processamento (por exemplo, alumínio ou aço), onde o mesmo processo produz uma variedade de produtos com uma infinidade de mercados sobrepostos.

Em resultado da nossa experiência, estamos à procura de novos — e, até agora, largamente experimentais — princípios de conceção: o grupo de trabalho; a descentralização simulada; a organização de sistemas. Até agora, estão longe de ser satisfatórios. Mas o seu surgimento denota a grande necessidade de novos modelos de conceção da organização.

Sabemos que o modelo que a explosão da gestão tomou como universal é apenas parcial e que, de facto, já não é o modelo dominante. A explosão da gestão foi, em todas as áreas, baseada no trabalho feito nas empresas fabris, que tinham um produto ou uma linha de produtos que operavam num mercado nacional interno e que, predominantemente, utilizavam trabalho manual. O modelo, por outras palavras, era a General Motors.

Cada vez mais, as instituições dominantes geridas e organizadas, mesmo na área empresarial, não são empresas fabris; também não são aquelas que se focam num produto e operam num único país ou mercado; nem empresas que empreguem primariamente trabalho manual. São atividades nas indústrias de serviços — empresas da banca ou do retalho e outras entidades, como hospitais e universidades. São empresas de multiprodutos, multitecnologias e multimercados. São empresas multinacionais. E, cada vez mais, os recursos humanos centrais não são trabalhadores braçais — especializados ou não-especializados —, mas trabalhadores do conhecimento: presidentes executivos, mas também programadores informáticos; engenheiros, técnicos clínicos, administradores de hospitais, vendedores e contabilistas; professores e toda a classe média educada, que se tornou o centro de gravidade populacional em todos os países desenvolvidos. Por outras palavras, o modelo de ontem torna-se cada vez menos pertinente. Contudo, até agora, não temos um novo modelo.

Da Gestão de Pessoal à Liderança das Pessoas

Finalmente, sabemos que teremos de ir para lá da gestão de pessoal. Temos de aprender a liderar as pessoas e não a contê-las.

As nossas perspetivas tradicionais caem em três categorias. Por um lado, são filantrópicas: o desejo de olhar pelas necessidades, pela habitação, pelos cuidados de saúde, pelo bem-estar das pessoas. Por outro, são procedimentais: conduzir de forma ordenada as tarefas recorrentes ligadas ao emprego das pessoas. Em grande medida, finalmente, as perspetivas tradicionais visam evitar e remediar problemas — veem as pessoas, acima de tudo, como potenciais ameaças.

As perspetivas tradicionais são necessárias, mas não são suficientes. Além delas, teremos de aprender a olhar para as pessoas como recursos e oportunidades e não como um problema, um custo e uma ameaça. Temos de aprender a liderar em vez de gerir, a dirigir em vez de controlar.

As Novas Exigências

Enquanto, em áreas importantes, as velhas teorias e o velho conhecimento foram suplantados, as exigências surgiram em diferentes áreas, que no início da explosão da gestão não foram reconhecidas, quanto mais estudadas. Alguns dos pressupostos fundamentais em que a explosão da gestão se baseou — os pressupostos de todo o trabalho sobre gestão no último século — estão a ser postos em causa por novos desenvolvimentos que exigem nova visão, novo trabalho e novo conhecimento.

O Gestor Empreendedor

Durante três quartos de século, a gestão significou fundamentalmente gerir a empresa estabelecida, corrente. O empreendedorismo e a inovação, embora mencionados em muitos livros de gestão, não foram vistos como centrais entre 1900 e os dias de hoje. A partir daqui, a gestão terá de se preocupar cada vez mais com a criação, além da otimização. Os gestores terão de se tornar empreendedores, terão de aprender a construir e a gerir organizações inovadoras.

Enfrentamos um período de inovação como aquele em que a moderna economia industrial nasceu, na última metade do século XIX. Depois, entre o final da guerra civil americana e o estalar da Primeira Guerra Mundial, a cada quinze a dezoito meses aparecia uma invenção determinante. Cedo floresceram novas atividades empresariais e indústrias totalmente inovadoras. Praticamente todas as indústrias que hoje consideramos «modernas», incluindo a aviação e a eletrónica, cresceram a partir dessas invenções do final do século XIX e princípio do século XX. O crescimento económico até ao período de reconstrução da Segunda Guerra Mundial ocorreu sobretudo através de tecnologias completamente desenvolvidas na altura da Primeira Guerra Mundial e também pelas quatro grandes indústrias construídas segundo essas tecnologias: aço, automóvel, agricultura de precisão e química orgânica. Agora, enfrentamos outro período de grande mudança tecnológica, em que o ímpeto do desenvolvimento económico e industrial virá das indústrias baseadas em novas tecnologias do século XX e no seu desenvolvimento.

Em nítido contraste com o século XIX, grande parte da nova tecnologia terá de ser desenvolvida e, acima de tudo, aplicada em e por empresas já existentes. No final do século XIX, o arquétipo era o inventor, um Edison ou um Alexander Graham Bell, que trabalhava sozinho, quando muito com alguns assistentes. Mesmo então, a aplicação bem-sucedida de uma invenção levava muito rapidamente ao surgimento de uma empresa. Mas não era a empresa que tinha de gerar o novo. Hoje em dia, a empresa existente (geralmente, a grande empresa) terá de procurar a inovação — pela simples razão de que tanto as pessoas com formação, como o dinheiro necessário para desenvolver criações estão concentrados em organizações existentes e geralmente grandes. Assim, a gestão terá de dirigir, ao mesmo tempo, uma organização de gestão existente e uma nova organização inovadora.

A necessidade de inovação social poderá ser ainda maior do que a de inovação técnica. A inovação social foi tão importante para as mudanças sociais e económicas como a inovação técnica. Todas as necessidades da nossa sociedade — de um rápido desenvolvimento socioeconómico nos países em desenvolvimento; das nossas grandes cidades; ambientais; de produtividade na educação e nos cuidados de saúde — são oportunidades para a inovação social por parte das empresas e dos gestores de empresas.

São oportunidades para o empreendedor e, como tal, apresentam desafios e fazem exigências ao conhecimento, à capacidade e ao desempenho da gestão.

Gestão Multi-institucional

A explosão da gestão foi do tipo *empresarial* e a maioria do trabalho de gestão do século anterior centrou-se em gerir empresas.

Contudo, agora sabemos que todas as nossas instituições precisam de gestão.

Há poucos anos, isto seria uma heresia. Dirigir uma empresa e administrar uma instituição de serviços públicos, por exemplo, um hospital, eram vistos como polos opostos. A missão e o propósito de uma instituição fazem de facto uma diferença básica. Nada terá menor probabilidade de curar as maleitas de gestão da instituição de serviço público do que a tentativa de mudar a sua gestão à imagem da empresa — mas também uma firma de investimento banqueiro exige uma gestão diferente da de uma fábrica de aço ou de uma loja de retalho. E o gestor de uma instituição de serviço público enfrenta as mesmas tarefas do gestor de uma empresa: desempenhar a função a bem da qual a instituição existe; tornar o trabalho produtivo e o trabalhador bem-sucedido; gerir os impactos sociais da instituição e realizar as suas responsabilidades sociais. Estas são tarefas de gestão. As instituições de serviço público enfrentam igualmente o desafio da inovação e têm de gerir crescimento, diversidade e complexidade. E sabemos, como já foi dito, que é necessária uma gestão central para que uma instituição não-empresarial, de serviços, seja gerível e gerida para o desempenho.

Conhecimento e Trabalhador do Conhecimento

Nas próximas décadas, uma tarefa primordial da gestão nos países desenvolvidos será a de tornar o conhecimento produtivo. O trabalhador manual pertence ao passado — e tudo aquilo por que possamos lutar é uma ação de retaguarda. O recurso fundamental mais básico, o investimento primordial, mas também o custo central de uma economia desenvolvida está nos trabalhadores do conhecimento, que põem em prática aquilo que aprenderam através de uma educação sistemática. Isto é, são os conceitos, as ideias e as teorias, mais do que a pessoa que aplica um esforço manual ou músculo.

Taylor aplicou conhecimento ao trabalho para tornar o trabalhador manual produtivo. O seu engenheiro industrial foi um dos primeiros trabalhadores do conhecimento empregados no processo de manufatura. Mas o próprio Taylor nunca colocou a questão: «O que constitui a "produtividade" em relação ao engenheiro industrial que aplica a "gestão científica"?» Graças ao trabalho dele, poderíamos definir aquilo que é a produtividade em relação ao trabalhador manual; continuamos a não conseguir responder ao que é a produtividade em relação a um engenheiro industrial ou em relação a qualquer trabalhador do conhecimento. Há poucas coisas tão inúteis e tão pouco produtivas como um departamento de engenharia que, com grande desembaraço, empenho e elegância recusa os desenhos de um produto que não se consegue vender. Por outras palavras, a produtividade, em relação ao trabalhador do conhecimento, é principalmente qualidade.

Uma coisa é clara: tornar o conhecimento produtivo provocará mudanças na estrutura do emprego, nas carreiras e nas organizações tão drásticas como aquelas que ocorreram na fábrica a partir da aplicação da gestão científica ao trabalho manual. A entrada no mundo laboral — ou seja, o trabalho que, pela primeira vez, introduz o homem ou a mulher com elevada educação no mundo do trabalho e da experiência — terá de mudar drasticamente para permitir que o trabalhador do conhecimento se torne produtivo, pois é claro que o conhecimento não pode ser produtivo a menos que os trabalhadores descubram quem são, para que tipo de trabalho são adequados e como trabalham melhor. No trabalho do conhecimento não pode haver separação entre planeamento e ação. Hoje em dia, os ingressos na vida ativa não tornam, geralmente, isto possível. Baseiam-se no pressuposto — válido, até certo ponto, para o trabalho manual, mas bastante desapropriado para o trabalho do conhecimento — de que um especialista externo, como o engenheiro industrial, ou o especialista em estudo do trabalho, consegue determinar objetivamente a melhor e única solução para qualquer tipo de trabalho ser feito. Para o trabalho do conhecimento, isto não é simplesmente verdade. Poderá haver uma melhor maneira, mas é fortemente condicionada pelo indivíduo e não é inteiramente determinada pelas características físicas, nem mentais, da tarefa. É também temperamental.

Gestão Multinacional e Multicultural

É preciso que a gestão empresarial seja multinacional. Economicamente, o mundo, em especial o mundo desenvolvido, tornou-se um único mercado. E os países pobres, subdesenvolvidos, apenas se distinguem dos desenvolvidos pela sua incapacidade em comprar o que gostariam. Em termos das suas exigências, dos seus apetites e dos seus valores económicos, o mundo inteiro tornou-se um centro comercial global, por muito politicamente dividido que possa estar. A empresa multinacional otimiza recursos produtivos, oportunidades de mercado e talentos além das fronteiras nacionais, e entre elas constitui assim uma resposta normal, de facto necessária, à realidade económica.

Mas todos estes desenvolvimentos introduzem uma complexidade na gestão muito além daquela com que as anteriores gerações tiveram de lidar. Para a gestão é também uma cultura e um sistema de valores e de crenças e torna-se um meio através do qual uma dada sociedade torna produtivos os seus próprios valores e crenças. A gestão poderá muito bem ser considerada a ponte entre uma civilização globalizada e uma cultura que expressa diferentes tradições, valores, crenças e heranças. A gestão deve tornar-se o instrumento através do qual a diversidade cultural ajudará a servir os propósitos comuns da humanidade. Ao mesmo tempo, a gestão está cada vez mais a deixar de ser praticada dentro dos confinamentos de uma única cultura, lei ou soberania nacional, mas *multinacionalmente.* Na verdade, a gestão está a tornar-se uma instituição — até aqui, quase a única — de uma economia mundial.

A gestão, sabemos agora, tem de tornar produtivos os valores, as aspirações e as tradições dos indivíduos, da comunidade e da sociedade para um propósito produtivo comum. Se a gestão não conseguir tirar proveito da herança cultural de um país e de um povo, será improvável que ocorra algum desenvolvimento social e económico. Esta é, evidentemente, a grande lição do Japão — e o facto de ter conseguido, há um século, cultivar as suas tradições de comunidade e de valores para os novos fins de um moderno Estado industrializado explica a razão pela qual teve sucesso, enquanto todos os outros países não-ocidentais estavam ainda tão longe disso. A gestão terá de ser considerada, ao mesmo tempo, uma científica e humanitária, uma afirmação de descobertas que podem ser objetivamente testadas e validadas e, simultanemanete, um sistema de crenças e experiência.

Dentro de um país, em especial do país industrializado, a empresa está a perder o seu estatuto excecional, conforme reconhecemos que é o protótipo da forma típica, universal e social da instituição organizada, que exige gestão. Contudo, além da fronteira nacional, a empresa está rapidamente a adquirir o mesmo estatuto excecional que já não possui dentro do país desenvolvido individual. Ademais, a empresa está rapidamente a tornar-se a exceção, e a única instituição que expressa a realidade de uma economia mundial e de uma sociedade do conhecimento global.

Temos de aprender, tanto na instituição como na administração, a harmonizar a necessidade de uma gestão unificada entre fronteiras nacionais, que existe numa economia mundial comum, e a necessidade de diversidade cultural.

A Gestão e a Qualidade de Vida

Como a nossa sociedade está a tornar-se uma sociedade de organizações, todas as instituições, incluindo as empresas, terão de ser responsáveis pela qualidade de vida e terão de tornar os valores, as crenças e os propósitos sociais básicos num objetivo central das suas atividades quotidianas, e não numa responsabilidade social que restrinja ou que esteja fora das suas principais funções. As instituições terão de aprender a compatibilizar a qualidade de vida com as suas principais tarefas. Num negócio empresarial, isto significa que a obtenção de qualidade de vida terá de ser vista como uma oportunidade de negócio, a ser alcançada pela gestão.

Tal aplicar-se-á à realização do indivíduo. A organização é hoje o nosso ambiente social mais visível. A família é mais privada do que comunitária — não que isso a torne menos importante; já a comunidade está cada vez mais na organização. Será tarefa da gestão fazer com que os valores e as aspirações do indivíduo contribuam para a energia e o desempenho da organização. Não será simplesmente suficiente contentarmo-nos — como tem acontecido tradicionalmente com as relações industriais e mesmo pessoais — com a satisfação, ou seja, com a ausência de descontentamento. Talvez uma forma de dramatizar isto seja dizer que poderemos, dentro de mais dez anos, estar menos preocupados com o desenvolvimento da gestão como um meio de adaptar o indivíduo às exigências da organização e muito mais com o desenvolvimento da gestão para adaptar a empresa às necessidades, aspirações e potencial do indivíduo.

Sabemos também que a gestão cria desenvolvimento económico e social, que é o *resultado* da gestão.

Sempre que tivermos contribuído apenas com os fatores económicos da produção, especialmente o capital, não teremos conseguido desenvolvimento. Nos poucos casos em que fomos capazes de gerar energias de gestão, gerámos também um rápido desenvolvimento. O desenvolvimento, por outras palavras, é uma questão de energias humanas e não de riqueza económica; por sua vez, a geração e a direção de energias humanas são a tarefa da gestão. A gestão é o motor, e o desenvolvimento é a consequência.

Contudo, mais importante ainda do que as novas tarefas é o novo papel da gestão. A gestão está a tornar-se rapidamente no recurso central dos países desenvolvidos e a necessidade básica daqueles que estão em vias de desenvolvimento. Deixando de ser uma preocupação específica da empresa, ou seja, a instituição económica da sociedade, a gestão e os gestores estão a tornar-se órgãos distintivos da sociedade desenvolvida. Aquilo que a gestão é e aquilo que os gestores fazem torna-se uma questão de preocupação pública, e não apenas para os especialistas. A gestão estará cada vez mais preocupada com a expressão de crenças e valores básicos e com a realização de resultados mensuráveis. Testemunhará cada vez mais a qualidade e o nível de vida de uma sociedade.

Muitas novas ferramentas e técnicas de gestão terão de ser aprendidas. Existem muitas novas e difíceis tarefas, mas a mudança mais importante para a gestão é que as aspirações e os valores, e a própria sobrevivência da sociedade nos países desenvolvidos, dependerão do desempenho, da competência, do compromisso e dos valores dos seus gestores: a tarefa da próxima geração é tornar produtivas para o indivíduo, para a comunidade e para a sociedade as novas instituições organizadas do nosso novo pluralismo. E essa é, acima de tudo, a tarefa da gestão.

PARTE II

O que é um Gestor?

CAPÍTULO SEIS

Os Gestores e o Seu Trabalho

O QUE CARACTERIZA UM GESTOR? E o que define um gestor?

As palavras *manager* e *management* são, no mínimo, escorregadias. Não são traduzíveis para mais nenhuma língua. Estes conceitos diferem tanto no inglês britânico como no americano e, mesmo nos Estados Unidos, o seu sentido está longe de ser claro.

A palavra *manager* não tem um equivalente exato, nem em alemão, nem em francês, nem em espanhol, nem em italiano ou em russo; contudo, as palavras usadas nestas línguas são tão imprecisas e vagas como *manager* em americano. Quando se pergunta às pessoas o que querem dizer com *manager*, responderão «chefe». Mas quando o letreiro sobre uma banca de engraxar sapatos diz *John Smith, Manager*, toda a gente (pelo menos na América) sabe que isto significa que o Sr. Smith não é o chefe ou o proprietário, mas um empregado com um mínimo de autoridade e um salário pouco acima dos daqueles que engraxam os sapatos.

No início da história da gestão, um gestor era definido como alguém «responsável pelo trabalho de outras pessoas». Isto servia a finalidade expressa da altura, visto que distinguia a função do gerente da função do «dono». Tornava claro que gerir era um tipo de trabalho específico, que poderia ser analisado, estudado e melhorado sistematicamente. A definição focava-se na organização essencialmente nova, grande e permanente que estava a emergir para desempenhar as tarefas económicas da sociedade.

Contudo, a definição não é de forma alguma satisfatória. De facto, nunca foi. Desde o princípio, havia pessoas na empresa, muitas vezes em posições de responsabilidade, que eram claramente da gestão e, no entanto, não geriam, ou seja, não eram responsáveis pelo trabalho das outras pessoas. O tesoureiro de uma companhia, a pessoa responsável pelo fornecimento e o uso do dinheiro na empresa, poderá ter subordinados e, nesse sentido, ser gestor nos termos da definição tradicional. Mas, claramente, o tesoureiro faz a maior parte do trabalho de tesouraria, trabalha com os subscritores da companhia, com a comunidade financeira, e assim por diante. É mais um «contribuidor individual» do que um gestor, mas é um membro da gestão de topo.

Além disso, a definição foca-se mais nas ferramentas para a tarefa do que na tarefa em si. O responsável pela pesquisa de mercado numa companhia poderá ter um grande número de pessoas a responder perante si e, por isso, ser um gestor no sentido tradicional. Mas, na realidade, não faz qualquer diferença para a sua função e contribuição se tem muito, pouco ou nenhum pessoal. A mesma contribuição em termos de pesquisa e análise de mercado poderá muito bem ser feita por um indivíduo perante quem ninguém responde. Poderá mesmo fazer uma maior contribuição quando não é obrigado a gastar uma grande parte do seu tempo com os subordinados e com trabalho deles. Se assim for, poderá tornar a pesquisa de mercado mais efetiva na sua empresa, compreender melhor os seus associados na gestão e introduzir mais firmemente nas decisões de negócio básicas e na definição da empresa aquilo que «a nossa empresa é e deverá ser».

Em linha com a definição tradicional de um gestor enquanto uma pessoa «responsável pelo trabalho dos outros», deveríamos falar de um «gestor de pesquisadores de mercado». Em vez disso, falamos sempre de um «gestor de pesquisa de mercado». Esta utilização comum está certa no entendimento intuitivo das responsabilidades inerentes ao que é e ao que deverá ser a posição de gestor, e como a pessoa que ocupa a posição deverá ser avaliada.

A definição tradicional foi-se tornando cada vez mais imprópria e uma barreira à gestão e organização efetivas e ao verdadeiro desempenho.

O grupo que cresce mais rapidamente em qualquer organização, em especial na empresa comercial atual, é o das pessoas que gerem, no sentido em que contribuem para os resultados da empresa. No entanto, claramente que não se trata de gestores, pois não são chefes e responsáveis pelo trabalho de outras pessoas. O grupo que cresce mais rapidamente na empresa comercial atual são contribuidores profissionais de todos os tipos, que trabalham sozinhos (talvez com um assistente e um secretário) e que, ainda assim, têm impacto na capacidade produtora de riqueza da empresa, na orientação da sua atividade e no seu desempenho.

Essas pessoas não se encontram apenas no trabalho de pesquisa, embora tenham aí emergido como um grupo distinto. O químico sénior no laboratório tem uma grande responsabilidade e toma decisões importantes, muitas das quais irreversíveis no seu impacto, mas o mesmo acontece com a pessoa que desenha e reflete sobre a organização da companhia e concebe tarefas de gestão. Também aqui se encontra o contabilista de custos sénior, que determina a definição e alocação dos custos: ao definir as formas de avaliar a gestão, o contabilista de custos, com efeito, decide em grande parte se um certo produto será mantido ou abandonado. Na mesma categoria estão as pessoas encarregadas do desenvolvimento e da manutenção dos padrões de qualidade dos produtos de uma companhia, as pessoas que trabalham na distribuição, através da qual os produtos chegam ao mercado, e o diretor de publicidade, que poderá ser responsável pela política básica de promoção de uma empresa, pela sua mensagem publicitária, pelos meios de comunicação que usa e pela aferição da eficácia dessa publicidade.

A definição tradicional é responsável pelo facto de os contribuidores profissionais individuais representarem um problema no seio da estrutura e para si mesmos, na medida em que o cargo, o salário, a função e as oportunidades deste contribuidor ficam confusos, ambivalentes e causam insatisfação e fricção. Contudo, o número destes profissionais de carreira está a aumentar rapidamente.

É preciso haver uma maior flexibilidade na nomeação de pessoas para o grupo de gestão — para grupos de trabalho, equipas e outras unidades organizacionais que não se encaixam no conceito tradicional de uma «organização em linha», ou seja, uma organização na qual um dos membros é o chefe, ao passo que os outros são subordinados.

Os gestores, no sentido tradicional, terão de ser capazes de se movimentar para situações em que não existem superiores, na verdade, para situações em que serão os «juniores» em relação aos não-gestores numa equipa ou grupo de trabalho. Inversamente, os profissionais de carreira sem função nem título de gestão no sentido tradicional terão de conseguir ser líderes de equipa ou líderes de grupos de trabalho. A separação tradicional entre gestores e não-gestores torna-se cada vez mais um obstáculo e algo desapropriado.

A Nova Definição de Gestor

É necessário e urgente que reflitamos sobre aquilo que define realmente um gestor e sobre aquilo que deverá ser considerado gestão.

A primeira tentativa de resolver o problema, feita no início dos anos 1950, suplementava a definição de gestor com uma nova definição de «contribuidor profissional individual», com «vias paralelas de oportunidade» para ambos. Isto tornava possível pagar adequadamente a uma pessoa pelo trabalho «profissional», não tornando um salário mais elevado dependente da promoção a um cargo de «gestão», ou seja, a uma posição de responsabilidade pelo trabalho de outros.

Contudo, esta fórmula não resolvia completamente o problema. As companhias que a adotaram diziam que o contribuidor profissional individual ficava apenas ligeiramente menos insatisfeito do que antes. O contribuidor profissional continua convencido de que as verdadeiras oportunidades para o progresso existem apenas, ou pelo menos sobretudo, dentro da estrutura administrativa e que ninguém tem de se tornar «chefe» para «progredir». Acima de tudo, a separação do mundo da gestão em dois grupos serve para realçar a inferioridade daqueles que fazem o seu trabalho em comparação com os que são responsáveis pelo trabalho dos outros. A ênfase continua a estar no poder e na autoridade, e não na responsabilidade e na contribuição.

Fora dos EUA, o problema poderá ser ainda pior. No Japão, não existem quaisquer oportunidades de carreira para o contribuidor individual. A senioridade força um japonês a tornar-se administrador — em resultado disso, por exemplo, os melhores jornalistas são forçados a deixar de escrever, e os melhores cientistas dos laboratórios de pesquisa acabam por tornar-se «gestores de investigação» e deixam o trabalho de campo.

Qualquer análise que não comece a partir da definição tradicional, mas que olhe para o próprio trabalho, chegará à conclusão de que a definição tradicional de gestor como responsável pelo trabalho de outros realça uma característica secundária, e não primária.

Como veremos, podemos definir o trabalho de um gestor para planear, organizar, integrar e medir. Os profissionais de carreira — por exemplo, um pesquisador de mercado que trabalhe sozinho ou um contabilista de custos sénior — também têm de planear, organizar e medir os seus resultados em relação aos seus objetivos e expectativas. Têm também de integrar o seu trabalho no de outros indivíduos dentro da unidade da qual fazem parte. Acima de tudo, se quiserem ter resultados, têm de se integrar «lateralmente», ou seja, com as pessoas de outras áreas e funções que têm de aplicar o seu trabalho.

Evidentemente que os gestores têm de integrar o seu trabalho «para baixo», ou seja, no trabalho das pessoas que respondem perante eles — aquilo que a definição tradicional realça. Para atingir resultados, as áreas de relacionamento mais importantes em que os gestores têm de integrar o trabalho da sua unidade serão, contudo, laterais, isto é, com as pessoas em relação às quais não têm controlo de gestão.

A essência da tarefa do supervisor de primeira linha, na fábrica ou no escritório, é a gestão das pessoas que respondem perante si. As relações ascendentes ou laterais são secundárias a esse nível. Contudo, o uso comum não considera o supervisor ou gestor de primeira linha. Falamos dos supervisores como «membros da gestão», implicando que deveriam ser gestores, mas realmente não o são, ou que o são apenas marginalmente. A razão, claro, é que não se espera habitualmente que os supervisores de primeira linha, quer seja na fábrica quer no escritório, assumam grande responsabilidade pela sua contribuição e resultados. Espera-se que cumpram segundo os objetivos estabelecidos para eles por outros — na típica fábrica de produção em massa é isso que possivelmente poderão ou deverão fazer. Isto torna o trabalho do supervisor ambíguo e difícil. Mas o facto de termos relutância em chamar gestor ao supervisor, apesar de a tarefa se encaixar melhor na definição tradicional do que a tarefa das pessoas que detêm posições mais elevadas e muito mais importantes na hierarquia executiva, apenas demonstra que a definição acentua o secundário e não o principal.

Assim sendo, será apropriado realçar que o primeiro critério para identificar as pessoas dentro da organização que têm funções de gestão não é o de comandar pessoas. *É a responsabilidade pela contribuição. A função, e não o poder, tem de ser o critério distintivo e o princípio organizador.*

Mas o que deveremos chamar a estas pessoas? Muitas organizações têm experimentado novas definições ou têm tentado dar um novo significado a velhos termos. Talvez a melhor coisa a fazer não seja cunhar um novo termo, mas seguir o uso popular, que fala de «grupo de gestão». No interior do grupo de gestão, haverá pessoas cuja função inclui a função de gestão tradicional, a responsabilidade pelo trabalho de outros. Haverá uns que não desempenham esta responsabilidade dentro da sua tarefa específica. E haverá um terceiro grupo que é de algum modo ambíguo e intermédio, pessoas cuja missão é a de um líder de equipa ou comandante de um grupo de trabalho, ou pessoas que combinem a função de conselheiro da gestão de topo e a «consciência» de uma empresa numa certa área, com responsabilidade supervisora e administrativa sobre o pessoal numa determinada área. Esta não é uma solução clara, quanto mais perfeita. Em todas as organizações, há verdadeiros especialistas, e embora não sejam trabalhadores burocráticos, também não se veem a si mesmos como fazendo parte da gestão. Querem continuar a ser especialistas e não estão, fundamentalmente, muito preocupadas com o todo do qual fazem parte. O seu compromisso é para com a sua competência técnica ou profissional, e não para com a sua organização. O psicólogo que trabalha no departamento de pessoal vê-se a si mesmo como profissional, ou seja, como um membro do mundo dessa especialidade académica particular e não como um executivo desta ou daquela companhia (ou mesmo como um membro da faculdade desta ou daquela universidade). E o mesmo acontece com o especialista em computadores.

Inversamente, em muitas tradições diferentes da americana, há pessoas que aceitam completamente a responsabilidade pela sua contribuição, mas que não são consideradas gestoras, nem parte da gestão, apesar de poderem ser responsáveis pelo trabalho dos outros. Um exemplo é o *Meister* alemão, o trabalhador altamente especializado que ascendeu à liderança através do seu ofício, o qual é, na maioria dos casos, o verdadeiro «chefe» dentro da sua área de atividade, e que, no entanto, se considera a si mesmo como um trabalhador especializado, e não como um gestor. Corresponde, em muitos aspectos, ao suboficial das Forças Armadas, o primeiro-sargento, com muitos anos de serviço, que numa dada área, por exemplo, o fornecimento, é o verdadeiro «chefe», mas que nunca se tornará oficial, nem espera vir a sê-lo.

Embora seja vago, definir o grupo de gestão pela função e pela responsabilidade permite-nos perceber a relação entre o gestor e a carreira profissional.

O Profissional de Carreira

Os profissionais de carreira — e, particularmente, os especialistas — precisam de um gestor. O seu principal problema é a relação da sua área de conhecimento e competência com o desempenho e os resultados de toda a organização. Os profissionais de carreira têm assim um importante problema de comunicação. Não podem ser efetivos a menos que aquilo que produzam seja o que as outras pessoas recebem. Isto exige que os utilizadores daquilo que produzem percebam aquilo que estão a tentar dizer e fazer. Mas, pela natureza da sua tarefa, serão tentados a utilizar a sua própria linguagem técnica. Na verdade, em muitos casos, são fluentes apenas na sua linguagem técnica. É tarefa do gestor fazer com que os especialistas percebam que não podem tornar-se efetivos a menos que sejam compreendidos e que não poderão ser compreendidos se não tentarem encontrar as necessidades, os pressupostos e as limitações dos seus «clientes», isto é, as outras pessoas (também, frequentemente, especialistas nas suas próprias áreas) no interior da organização. É o gestor que tem de traduzir os objetivos da organização para a linguagem do utilizador visado. É do gestor, por outras palavras, que os especialistas dependem para a integração da sua produção no trabalho dos outros.

No entanto, embora os profissionais de carreira precisem de um gestor para serem efetivos, ele não é o chefe. O gestor é o seu «guia», a sua «ferramenta» e o seu «ajudante de marketing». O gestor é o canal através do qual os profissionais de carreira e, particularmente, os verdadeiros especialistas podem dirigir o seu conhecimento, o seu trabalho e as suas capacidades para resultados conjuntos, através dos quais, por sua vez, descobrem as necessidades, as capacidades e as oportunidades da empresa de que são membros.

De certa forma, os verdadeiros profissionais de carreira serão e deverão ser «superiores» dos gestores. É tarefa dos profissionais de carreira ensinar à gestão, elevar a sua visão, mostrar novas oportunidades, novos horizontes e padrões mais exigentes. Nesse sentido, deverá esperar-se que os profissionais de carreira sejam os seniores nas suas relações com os gestores. Se não assumirem a responsabilidade de liderança dentro da sua área de especialização e conhecimento, não serão verdadeiros profissionais de carreira. Serão, em vez disso, «técnicos» subordinados.

Título, Função e Salário do Profissional de Carreira

Os espinhosos problemas de título, função e salário dos gestores e dos profissionais de carreira não podem ser completamente resolvidos. Mas poderão ser privados, numa medida substancial, da sua capacidade de perturbar e extraviar.

Tradicionalmente, tem havido apenas uma linha de progresso nas organizações: um trabalhador poderia adquirir maior salário e estatuto tornando-se gestor. Em resultado disso, muitas pessoas que mereciam reconhecimento e recompensa não os recebiam; ou, para lhes serem dados reconhecimento e recompensa, as pessoas que nem queriam nem eram competentes a gerir eram colocadas em posições de gestão.

Este sistema é desadequado à realidade da organização atual e, em especial, da atual empresa comercial. As pessoas deveriam ter a liberdade para se moverem de um tipo de atividade para outro conforme fossem progredindo. Devíamos, por isso, ter um sistema de cargos e títulos que diferenciasse claramente entre a função de uma pessoa e o seu estatuto dentro da organização.

Nas Forças Armadas, a separação entre a patente e a função há muito que é uma rotina. Se um militar for Major, isso estabelece a sua patente, mas não nos diz se ele comanda um batalhão — ou seja, um gestor — ou se trabalha no Pentágono como investigador — ou seja, como contribuidor profissional individual. A sua patente é de Major, contudo o seu título funcional, comandante de batalhão ou especialista de comunicações, descreve a sua função.

Poderá fazer sentido chamar executivos a todos os membros do grupo de gestão e ter apenas quatro títulos dentro de uma organização: executivo júnior, executivo, executivo sénior e executivo corporativo. Assim, poderia ter-se um sistema de títulos que atravessasse a distinção entre posições de gestão e de não-gestão. Então, poderíamos descrever a posição de uma pessoa, fosse engenheiro sénior — tratamento térmico, ou gestor — controlo de custos, e separar assim título da função. Um tal sistema terá maior probabilidade de resultar do que um sistema que tenta construir «escadas paralelas».

A definição tradicional de gestor implica também que este, sendo o superior, deverá ganhar mais dinheiro do que os trabalhadores que respondem perante si e que são considerados «inferiores». Tal faz sentido na linha de montagem e no trabalho burocrático. É também apropriado para os trabalhadores do conhecimento juniores que não são ainda profissionais de carreira e de quem não se espera que assumam responsabilidade total pelos seus objetivos e contribuições. Mas faz pouco sentido para os verdadeiros profissionais, os que são considerados líderes no seu campo dentro de uma empresa ou os que marcam o ritmo na área em que atuam. Para eles, as regras acertadas são as que se aplicam aos «concretizadores», seja nas artes seja nos desportos.

Ninguém acha estranho que um jogador de basebol ganhe mais dinheiro do que o seu treinador, ou mesmo que o gestor da equipa. Ninguém fica surpreendido por a prima-dona ganhar mais por uma atuação do que aquilo que o diretor da ópera irá ganhar durante um ano inteiro. Toda a gente compreende que o atleta de topo ou a cantora destacada precisa de um gestor — e, contudo, as suas contribuições são diferentes e justificam um pagamento diferenciado, em resultado de que aquele que é organizacionalmente «subordinado» recebe mais dinheiro do que o «superior», isto é, o gestor.

Há mesmo um precedente empresarial ilustrativo disto. Quando Pierre S. du Pont e Alfred P. Sloan, Jr. tentaram, pela primeira vez, em 1920, dar ordem ao caos da General Motors Company, estabeleceram o mesmo limite salarial para os chefes das divisões operativas e para o presidente, Pierre du Pont. Mas, a pedido próprio, Sloan recebia substancialmente menos como vice-presidente operativo, perante quem os chefes de divisão respondiam. O gestor de uma unidade composta por profissionais de carreira ou especialistas iria receber, claro, mais dinheiro do que a maioria dos trabalhadores dessa unidade, mas não deveria ser considerado invulgar, e muito menos indesejável, que uma das duas «estrelas» do grupo recebesse mais dinheiro do que o gestor. Pode aplicar-se este exemplo também ao pessoal de vendas: será de esperar que um vendedor extraordinário ganhe mais dinheiro do que o gestor de vendas regional. Isto deverá aplicar-se no laboratório de pesquisa e em todas as outras áreas onde o desempenho dependa da competência, do esforço e do conhecimento individual.

Não deverá existir distinção entre membros do grupo de gestão que sejam gestores e aqueles que são profissionais de carreira nas exigências que lhes são feitas. Os gestores distinguem-se dos outros profissionais apenas por terem uma dimensão extra na sua responsabilidade e desempenho. A diferença entre o gestor de pesquisa de mercado, com uma equipa de cinquenta pessoas, e o pesquisador de mercado que executa a mesma tarefa sem qualquer pessoal é em meios e não na contribuição, e muito menos na função. Ambos estarão sujeitos à mesma exigência. Ambos são «gestão» e «gestores».

Qual É a Tarefa da Gestão?

Um gestor tem duas tarefas específicas. Mais ninguém na empresa comercial cumpre estas tarefas, e todos os que estão encarregues delas trabalham como gestores.

O gestor tem a tarefa de criar um verdadeiro todo que é maior do que a soma das suas partes; uma entidade produtiva que produz mais do que os recursos que lhe são dados. Uma analogia é a do maestro de uma orquestra sinfónica cujo esforço, visão e liderança dão vida a instrumentos individuais que por si só são ruído. Mas o maestro tem a pauta do compositor e apenas a interpreta. O gestor é, ao mesmo tempo, compositor e maestro.

A tarefa exige que o gestor convoque e aplique todas as forças que estejam ao seu alcance — sobretudo nos recursos humanos — e neutralize quaisquer fraquezas. Esta é a única forma de criar um verdadeiro «todo».

Isto exige que o gestor equilibre e harmonize as três principais funções da empresa comercial: gerir um negócio, gerir os gestores, os trabalhadores em funções e o trabalho. Uma decisão ou ação que satisfaça uma necessidade numa destas funções enfraquecendo o desempenho numa outra enfraquece toda a empresa. Uma e mesma decisão ou ação deverá ser sempre sólida nas três áreas.

A tarefa de criar um verdadeiro todo exige também que o gestor, em todas e em cada uma das ações, considere simultaneamente o desempenho e os resultados da empresa como um todo e as diversas atividades necessárias para atingir um desempenho sincronizado. Talvez seja aqui que a comparação com o maestro da orquestra se aplique melhor. Um maestro tem sempre de ouvir, ao mesmo tempo, a orquestra como um todo e, por exemplo, o segundo oboé. De modo semelhante, um gestor tem de considerar sempre o desempenho geral da empresa e, por exemplo, a atividade de pesquisa de mercado necessária. Ao elevar o desempenho do todo, o gestor cria âmbito e desafio para a pesquisa de mercado; ao melhorar o desempenho da pesquisa de mercado, o gestor torna possíveis melhores resultados gerais da empresa. O gestor tem de colocar continuamente perguntas duplas de uma só vez: qual o melhor desempenho empresarial necessário e o que exige de cada atividade? E: que atividades são mais capazes de melhorias e que resultados as tornarão possíveis?

A segunda tarefa específica dos gestores é harmonizar, em cada decisão e ação, as exigências do futuro imediato e de longo prazo. Os gestores não podem sacrificar nenhuma delas sem porem em perigo a empresa. Deverão, por assim dizer, manter o nariz no chão enquanto levantam os olhos para o céu. Ou, para variar a metáfora, não poderão dar-se ao luxo de dizer «na altura veremos o que fazer», nem «são os próximos cem anos que contam». Não têm só de preparar-se para atravessar pontes distantes — têm de construí-las muito antes de lá chegarem. E se um gestor não acautelar os próximos cem dias, não existirão os próximos cem anos; na verdade, poderão nem existir os próximos cinco anos. Independentemente daquilo que os gestores fizerem, terá de ser eficaz na prontidão, bem como em objetivos e princípios básicos de longo alcance. E quando não conseguirem harmonizar as duas dimensões temporais, deverão, pelo menos, equilibrá-las. Os gestores deverão calcular cuidadosamente o sacrifício que impuserem no futuro a longo prazo da empresa para protegerem os seus interesses imediatos, ou o sacrifício que fizerem hoje em nome do amanhã. Os gestores têm de limitar o mais possível cada um destes sacrifícios e deverão reparar prontamente os prejuízos que impuserem. Um gestor vive e age em duas dimensões temporais e é responsável pelo desempenho de toda a empresa e pela sua componente.

O Trabalho do Gestor

Todos os gestores fazem muitas coisas além da gestão e poderão gastar muito tempo com elas. Um gestor de vendas faz análise estatística ou acalma um cliente importante. Um encarregado repara uma ferramenta ou preenche um relatório de produção. Um gestor de produção concebe uma nova disposição para a fábrica ou testa novos materiais. O presidente de uma empresa reflete sobre os pormenores de um empréstimo bancário ou negoceia um grande contrato — ou gasta horas a dar a cara por um jantar de homenagem a antigos empregados. Todas estas coisas pertencem a uma função particular. Todas são necessárias e têm de ser bem feitas.

Mas não se confundem com as tarefas que todos os gestores têm de desempenhar independentemente da atividade ou função, cargos ou posições; trabalho que é comum a todos os gestores e que lhes é peculiar. A melhor prova é que podemos aplicar à tarefa do gestor a análise sistemática da gestão científica. Conseguimos isolar o trabalho que essa pessoa faz porque se trata de um gestor ou de uma gestora e podemos dividi-lo nas suas operações básicas constituintes. Consequentemente, uma pessoa pode aperfeiçoar-se como gestor, ou gestora, melhorando o desempenho destes movimentos constituintes.

Destas operações básicas existem cinco no trabalho do gestor. Em conjunto, resultam na integração de recursos num organismo vivo em crescimento.

Um gestor, em primeiro lugar, *estabelece objetivos*: determina quais deverão ser os objetivos; determina as metas em cada uma das áreas dos objetivos; decide o que tem de ser feito para as alcançar; e torna os objetivos efetivos comunicando-os às pessoas cujo desempenho é necessário para que sejam atingidos.

Em segundo lugar, um gestor *organiza*: analisa as atividades, decisões e relações necessárias; classifica o trabalho; separa-o em atividades realizáveis; divide ainda mais as atividades em tarefas concretizáveis; agrupa estas unidades e tarefas numa estrutura organizacional; e seleciona pessoas para a gestão dessas unidades e para as tarefas a realizar.

Em seguida, um gestor *motiva e comunica*. Forma uma equipa a partir dos responsáveis por várias tarefas, por via de uma ou de várias formas: através das práticas que gere; através das relações das pessoas geridas; através de incentivos e recompensas pelo trabalho bem-sucedido; através da política de promoções; e através da comunicação constante, tanto do gestor para com os subordinados, como dos subordinados para com o gestor.

O quarto elemento básico no trabalho do gestor é a *tarefa de medição*. Ele estabelece marcos mensuráveis — e há poucos fatores tão importantes para o desempenho da organização e para todos que dela fazem parte. Um gestor garante que existem medidas disponíveis para todos os elementos da organização; que as medidas se focam no desempenho de toda a organização e que, ao mesmo tempo, se focam no trabalho do indivíduo, ajudando-o a concretizá-lo. Um gestor analisa o desempenho, avalia-o e interpreta-o. E mais uma vez, como em qualquer outra área do seu trabalho, os gestores comunicam tanto o significado das medições como os seus resultados aos superiores, bem como aos subordinados.

Finalmente, um gestor *desenvolve as pessoas*. O facto de os subordinados se evoluírem bem ou mal no seu trabalho depende diretamente da forma como um gestor gere. Ele orienta bem ou mal; liberta o potencial ou reprime-o; reforça a sua integridade ou corrompe-a; treina os funcionários para serem retilíneos e fortes, ou deforma-os.

Todos os gestores fazem estas coisas — sabendo ou não. Um gestor pode fazê-las bem, ou terrivelmente mal, mas fá-las sempre.

Cada uma destas categorias pode ser ainda mais dividida em subcategorias e cada uma das subcategorias poderá ser discutida num livro específico. O trabalho do gestor, por outras palavras, é complexo, e cada uma destas categorias exige diferentes qualidades e qualificações.

Estabelecer objetivos, por exemplo, é um problema de equilíbrios: um equilíbrio entre resultados de negócio e a realização dos princípios em que um gestor acredita; entre as necessidades imediatas da empresa e as do futuro; entre fins desejáveis e meios disponíveis. Estabelecer objetivos exige assim capacidade analítica e sintética.

Organizar também exige capacidade analítica, pois requer o uso mais económico de escassos recursos. Mas lida com seres humanos; e, assim, situa-se também sob o princípio da justiça e integridade. Tanto a capacidade analítica como a integridade são igualmente determinantes para o desenvolvimento das pessoas.

Contudo, capacidade exigida para motivar e comunicar é predominantemente social. Em vez de análise, é preciso integração e síntese. A justiça domina como princípio, a economia é secundária. E a integridade tem muito maior importância do que a capacidade analítica.

Medir requer, mais uma vez, e sobretudo, capacidade analítica. Mas exige também que as medições sejam usadas para tornar possível o autocontrolo. Usá-las para controlar as pessoas a partir do exterior e de cima, ou seja, para as dominar, é abusar delas. É a violação regular deste princípio que explica, em grande medida, que a avaliação seja a área mais fraca no trabalho do gestor atual. E sempre que as medições sejam usadas de forma abusiva como ferramenta de «controlo» (sempre que, por exemplo, as medições sejam usadas como arma de uma polícia secreta interna que fornece auditorias e avaliações críticas do desempenho de um gestor ao chefe sem enviar uma cópia duplicada ao gestor), continuarão a ser a área mais fraca no desempenho do gestor.

Estabelecer objetivos, organizar, motivar e comunicar, medir e desenvolver as pessoas são categorias formais e classificadoras. Apenas a experiência de um gestor lhes pode dar vida de forma concreta e significativa. Mas, como são formais, aplicam-se a todos os gestores para que possam avaliar a sua própria competência e desempenho, e trabalharem sistematicamente na melhoria de si mesmos e do seu trabalho como gestores.

Ser capaz de estabelecer objetivos não faz de ninguém um gestor, tal como a capacidade para dar um pequeno nó num espaço minúsculo não faz de ninguém cirurgião. Mas, sem a capacidade de estabelecer objetivos, não é possível ser-se um gestor como deve ser, tal como não é possível ser-se um bom cirurgião sem a capacidade de dar nozinhos. E, tal como a capacidade de um cirurgião para dar nós melhora, fazendo dele um melhor cirurgião, um gestor que melhora as suas competências e o seu desempenho em todas as cinco categorias torna-se melhor gestor.

Informação: a Ferramenta do Gestor

O gestor tem uma ferramenta específica: a informação. Um gestor não «manipula» as pessoas; em vez disso, motiva, orienta, organiza para que façam o seu trabalho. A única ferramenta para fazer tudo isto é a palavra falada ou escrita, ou a linguagem dos números. Não importa se a tarefa do gestor é a engenharia, a contabilidade ou as vendas. Para ser efetivo, um gestor tem de ter as capacidades de ouvir e ler e as de falar e escrever. Os gestores precisam de ter capacidade para levar o seu pensamento às outras pessoas, bem como a capacidade de descobrir aquilo que as outras pessoas perseguem.

De todas as capacidades necessárias, aquelas que o gestor atual menos possui são ler, escrever, falar e calcular. Basta olhar para aquilo que é conhecido como «linguagem política» nas grandes companhias para ver a que ponto somos iletrados. A melhoria não é uma questão de aprender a ler mais depressa ou a falar em público. Os gestores têm de aprender a conhecer a língua, a compreender o que são as palavras e o que significam. Talvez mais importante, têm de adquirir respeito pela linguagem como a nossa mais preciosa dádiva e legado. O gestor tem de compreender o sentido da velha definição de retórica como «a arte que atrai o coração do homem para o verdadeiro conhecimento». Sem a capacidade de motivar através da palavra escrita e falada ou do número revelador, um gestor não pode ser bem-sucedido.

Como o Gestor Usa o Tempo

Toda a gente tem o problema do tempo; de todos os recursos, é o mais escasso, o mais perecível e o mais fugidio. Mas o gestor tem de resolver os problemas comuns.

Os gestores passam a vida a correr atrás de uma qualquer panaceia brilhante que resolva os seus problemas de tempo: um curso de leitura rápida, a proibição de relatórios com mais de uma página, uma limitação automática de entrevistas a quinze minutos. Todas estas panaceias são uma pura aldrabice e, no fim, uma perda de tempo. No entanto, é possível orientar os gestores para uma alocação inteligente do tempo.

Os gestores que sabem fazê-lo atingem resultados através do planeamento. Estão dispostos a pensar antes de agir. Gastam uma grande parte do tempo a refletir sobre as áreas em que os objetivos deverão ser fixados e mais ainda a refletir sistematicamente sobre o que hão de fazer em relação aos problemas atuais.

A maioria dos gestores gasta boa parte do seu tempo — em pequenos períodos separados — a tentar avaliar o desempenho e a qualidade das pessoas que trabalham sob a sua supervisão. Quem usa bem o tempo não faz isso; avaliam, ao invés, o seu pessoal uma vez por ano. Em resultado de poucas horas de trabalho, têm então as respostas para todas as decisões — a respeito do salário de alguém, da sua promoção ou das suas funções laborais — em que o seu juízo é exigido.

Os que fazem uma melhor gestão do tempo não se prendem com as alterações à engenharia dos seus produtos. Reúnem-se uma vez por ano — talvez durante alguns dias — e estabelecem, com os seus departamentos de vendas e de fabrico, a política básica, os objetivos e as regras para as necessárias modificações, determinando então a que ponto deverão ir — e atribuem essa função antes da realização da tarefa. Do seu ponto de vista, não é um elogio dizer: «Conseguimos ultrapassar esta crise de inventário, graças à experiência que adquirimos no ano passado.» Se tiverem uma crise recorrente, gastam tempo a descobrir o que a provoca, para evitar a sua repetição. Isto pode ser moroso, mas, a longo prazo, poupa tempo.

Aqueles que aproveitam bem o tempo empregam muito mais horas na comunicação ascendente do que na descendente. Tendem a ter boas comunicações descendentes, mas parecem obtê-las sem esforço, como um produto secundário. Não falam com os seus subordinados acerca dos seus problemas, mas sabem como fazer com que os seus subordinados falem dos deles. Estão dispostos, por exemplo, a gastar uma boa parcela do seu tempo com as cartas semestrais dos funcionários aos executivos, na qual cada subordinado estabelece os seus objetivos e planos, bem como a forma esperam ser ajudados pelo seu superior. Poderão passar um dia inteiro, durante os seis meses, com cada um dos seus dez ou doze subordinados a percorrer cuidadosamente a carta do gestor — e, em resultado disso, não terão de se preocupar muito com as suas comunicações descendentes.

O gestor que utiliza bem o tempo gasta boa parte dele a considerar os problemas do chefe e a pensar na forma de contribuir para o seu sucesso, bem como da atividade conjunta e da empresa. Por outras palavras, um gestor assume a responsabilidade pela tarefa do patrão — considerando-a parte das suas. Desta forma, esse gestor parece não ter necessidade de tempo para resolver os problemas decorrentes do desfasamento entre objetivos e pontos de vista.

O Recurso do Gestor: Pessoas

O gestor trabalha com um recurso específico: as pessoas. E o ser humano é um recurso único, que requer qualidades peculiares por parte de quem queira trabalhar com ele.

Porque os seres humanos não podem ser «trabalhados». Uma relação entre duas pessoas nunca é uma relação entre uma pessoa e uma «coisa» a ser usada enquanto «recurso» passivo. Legalmente, o escravo era uma «posse», ou seja, uma coisa. Mas a escravatura afetava tanto o senhor como o escravo. Está na natureza de uma relação humana que esta mude ambas as partes — quer sejam marido e mulher, pai e filho, ou gestor e pessoa gerida.

Um ser humano não é «trabalhado»; um ser humano é «desenvolvido». E a direção que este desenvolvimento toma decide se o ser humano — quer como pessoa, quer como recurso — se tornará mais produtivo ou se deixará de ser produtivo. Isto aplica-se, como nunca será demais realçar, não apenas ao homem ou à mulher que está a ser gerido ou gerida, mas também ao gestor. O facto de um gestor desenvolver, ou não, os subordinados na direção certa, de os ajudar a crescer e a tornarem-se pessoas realizadas e mais ricas determinará diretamente da sua capacidade para se auto-desenvolver, crescer ou enfraquecer; de se tornar mais rico ou mais pobre, de evoluir ou deteriorar.

Poderão aprender-se certas competências quando se gerem pessoas, por exemplo, a competência para liderar uma reunião ou conduzir uma entrevista. Poderão ser estabelecidas práticas conducentes ao desenvolvimento — na estrutura da relação entre gestor e subordinado, num sistema de promoções, nas recompensas e incentivos de uma organização. Mas, no final de contas, desenvolver pessoas continua a exigir uma qualidade básica do gestor que não pode ser criada pelo fornecimento de competências ou pelo realçar da importância da tarefa: exige integridade de carácter.

Hoje em dia, há uma tremenda insistência em se gostar das pessoas, em as ajudar, em dar-se bem com elas. São qualificações de um gestor. Estas, por si só, nunca serão suficientes. Em qualquer empresa de sucesso, há um chefe que não gosta das pessoas, não as ajuda, não se dá bem com elas. Frio, desagradável, exigente, muitas vezes este chefe desenvolve mais pessoas do que qualquer outro. Chefes como estes suscitam, em geral, mais respeito do que uma pessoa agradável. Reivindicam um trabalho exigente tanto a si próprios como aos seus subordinados. Estabelecem elevados padrões e esperam que sejam seguidos. Consideram aquilo que está certo e nunca quem está certo. E, embora geralmente sejam brilhantes, nunca julgam nos outros o brilho, mas antes a integridade. O gestor a quem faltam estas qualidades de carácter — por muito simpático, prestável ou amistoso que possa ser, por muito competente ou brilhante — é uma ameaça que deverá ser qualificado como alguém «incapaz de ser gestor».

Poderá ser argumentado que todas as ocupações — médico, advogado, merceeiro — exigem integridade, mas há uma diferença. O gestor vive com pessoas que gere, decide qual será o seu trabalho, dirige-o, forma-as, avalia-as e, muitas vezes, decide o seu futuro. A relação entre vendedor e comprador, profissional e cliente exige transações honradas. Contudo, ser um gestor é mais como ser um pai ou um professor. E, nestas relações, as transações honradas não são suficientes; a integridade pessoal é essencial

Podemos agora responder à pergunta: é preciso ser um génio ou, pelo menos, ter um talento especial para se ser gestor? Ser gestor é uma arte ou uma intuição? A resposta é: «Não.» Aquilo que um gestor faz pode ser analisado sistematicamente. Aquilo que um gestor tem de ser capaz de fazer pode ser aprendido (embora, talvez, nem sempre ensinado); contudo, há uma qualidade que não pode ser aprendida, uma qualificação que o gestor não pode adquirir, mas que tem de trazer consigo — não é génio, é carácter.

O Que Faz um Gestor?

Normalmente, define-se como gestor alguém encarregue de outras pessoas ou do seu trabalho. Isto é muito limitado. A primeira responsabilidade de um gestor é ascendente, isto é, para a empresa, porque ele é um órgão fundamental. No entanto, quer as relações ascendentes como as descendentes são essenciais para o desempenho de um gestor: as relações com os superiores e com os outros gestores, e as relações e as responsabilidades para com os subordinados.

Outra definição — embora esta seja geralmente mais implícita do que explícita — é a de que a importância define o gestor. Mas, na empresa moderna, nenhum grupo é mais essencial do que outro. O operário de máquinas e o profissional de laboratório ou na sala de desenho são tão necessários para que a empresa funcione como o gestor. É esta a razão pela qual todos os membros da empresa têm de ter visão de gestão. Não é a importância, mas a função que diferencia os vários grupos dentro da empresa.

Aquilo que define mais comummente um gestor é a posição e o salário, o que não só é errado, como destrutivo. Mesmo hoje, encontramos incidentalmente os chamados trabalhadores profissionais que têm salários superiores à maioria dos gestores; há construtores de modelos na indústria automóvel, por exemplo, cujo salário anual ultrapassa os 35 000 dólares e que, mesmo assim, são considerados trabalhadores, quando, na verdade, são membros da unidade de discussão salarial sindical. E a menos que paguemos aos contribuidores profissionais adequadamente, lhes dêmos oportunidades de promoção como contribuidores individuais e consigamos dar-lhes o estatuto, a dignidade e o respeito de verdadeiros profissionais, simplesmente não seremos capazes de gerir os seus números sempre crescentes.

No seu conjunto, a ideia de que o cargo e o salário definem o gestor não passa de uma analogia falaciosa entre o proprietário individual de ontem e o gestor da empresa comercial de hoje.

Um gestor apenas pode ser definido pela sua função e contribuição. A função que distingue o gestor acima de todas as outras é aquela que ninguém, a não ser ele, pode desempenhar. A única contribuição que se espera que o gestor possa exclusivamente fazer é dar aos outros visão e capacidade para o seu desempenho. São a visão e a responsabilidade moral que, em última análise, definem o gestor.

CAPÍTULO SETE

Gestão por Objetivos e Autocontrolo

Qualquer empresa comercial deverá construir uma verdadeira equipa e fundir os esforços individuais num esforço comum. Cada membro da empresa contribui com algo diferente, mas todos deverão trabalhar para um objetivo comum. Os seus esforços têm de puxar todos na mesma direção e as suas contribuições deverão encaixar para produzir um todo — sem fossos, sem fricção, sem duplicação desnecessária de esforço.

O desempenho empresarial exige assim que cada tarefa seja dirigida para os objetivos da atividade como um todo. Cada tarefa da gestão deverá, assim, estar focada no sucesso comum. O desempenho que se espera do gestor terá de ser derivado dos objetivos de desempenho da empresa e os seus resultados deverão ser avaliados pela contribuição que fazem para o sucesso da empresa. Os gestores deverão conhecer e compreender aquilo que os objetivos empresariais deles exigem em termos de desempenho, e os seus superiores deverão saber qual a contribuição a exigir e a esperar deles — e deverão julgá-los de acordo com isso. Se estas exigências não forem satisfeitas, os gestores estão mal orientados. Os seus esforços são desperdiçados. Em vez de trabalho de equipa, há fricção, frustração e conflito.

A gestão por objetivos exige um esforço importante e instrumentos especiais, porque na empresa comercial os gestores não são automaticamente dirigidos para um objetivo comum. Pelo contrário, pela sua própria natureza, a empresa contém três poderosos fatores que geram desvios: o trabalho especializado da maioria dos gestores; a estrutura hierárquica da gestão; e as diferenças na visão e no trabalho que resultam do isolamento dos vários níveis de gestão.

Uma das histórias favoritas contadas nas reuniões de gestão é a dos três talhadores de pedra. Perguntaram-lhes o que estavam a fazer. O primeiro respondeu: «Estou a ganhar a vida.» O segundo continuou a martelar, enquanto dizia: «Estou a fazer o melhor trabalho de corte de pedra do condado inteiro.» O terceiro ergueu o olhar com um brilho visionário e disse: «Estou a construir uma catedral.»

O terceiro homem é, evidentemente, o verdadeiro «gestor». O primeiro sabe aquilo que quer retirar do trabalho e consegue fazê-lo. Provavelmente será capaz de cumprir «um bom dia de trabalho por um bom dia de salário». Mas não é um gestor e nunca será.

O segundo homem é que é um problema. A mestria no trabalho é essencial; sem ela, nenhum trabalho floresce; de facto, uma organização desmoraliza se não pedir aos seus membros a mais escrupulosa mestria de que forem capazes. Mas há sempre o perigo de que os verdadeiros trabalhadores, os verdadeiros profissionais, possam acreditar que estão a alcançar algo, quando, na realidade, apenas estão a polir pedras ou a recolher notas de rodapé. A mestria deverá ser encorajada na empresa comercial; contudo, deverá estar sempre relacionada com as necessidades do todo.

A maioria dos gestores em qualquer empresa comercial está, como no caso do segundo homem, preocupada com o trabalho especializado. É verdade que o número de gestores funcionais deverá ser sempre mantido no mínimo e que deverá haver o maior número possível de gestores «gerais», que gerem uma empresa integrada e que são diretamente responsáveis pelo seu desempenho e resultados. Mesmo com a aplicação mais estrita deste princípio, a grande maioria dos gestores permanecerá em tarefas funcionais. Isto aplica-se particularmente aos mais jovens.

Os hábitos de um gestor e, portanto, a sua visão e os seus valores serão, por norma, formados através do trabalho funcional e especializado que fizerem. Então, é essencial que os especialistas funcionais desenvolvam elevados padrões de mestria profissional e que se esforcem para ser «os melhores talhadores de pedra do condado» — porque o trabalho sem padrões elevados é desonesto, corrompe os gestores e os subordinados. A ênfase e a ânsia de mestria produzem inovações e avanços em todas as áreas da gestão. Os gestores deverão ser encorajados a fazer «gestão de pessoal profissional» para dirigir «a fábrica mais atualizada», para realizar uma «pesquisa de mercado verdadeiramente científica», para instalar «o sistema de contabilidade mais moderno» ou para alcançar a «engenharia perfeita».

Mas esta busca de mestria profissional em trabalho funcional e especializado é também um perigo. Tende a desviar a visão e os esforços do gestor dos objetivos da empresa. O trabalho funcional torna-se um fim em si mesmo. Em muitíssimas circunstâncias, o gestor funcional deixa de medir o seu desempenho em função da sua contribuição para a empresa, mas apenas pelo seu critério profissional de mestria. O gestor funcional tende a enaltecer os subordinados pela sua mestria profissional, a premiá-los e a promovê-los de acordo com ela. Mas ressentem-se das exigências que lhes são feitas em nome do desempenho da empresa, achando que são interferências na «boa engenharia», na «produção contínua» ou nas «vendas contundentes». O gestor funcional legitima o desejo de que a mestria profissional se torne, a menos que seja contrabalançada, uma força centrífuga que destrói a empresa e a converte numa confederação lassa de impérios funcionais, onde cada um se preocupa apenas com o seu ofício, conservando ciosamente os seus «segredos» e apostando em alargar o seu domínio em vez de construir a empresa.

Este perigo será fortemente intensificado pelas mudanças tecnológicas que estão a ocorrer. O número de especialistas com elevada formação e que trabalham nas empresas comerciais está destinado a aumentar tremendamente e, dessa forma, o nível de mestria profissional destes especialistas. A tendência para tornar o ofício ou função num fim em si mesmo será ainda mais vincada do que agora. Mas, ao mesmo tempo, a nova tecnologia exigirá uma colaboração muito mais próxima entre especialistas e exigirá que os gestores funcionais, mesmo do nível de gestão mais baixo, vejam a empresa como um todo e compreendam aquilo que se exige deles. A nova tecnologia precisará, simultaneamente, do ímpeto para a excelência na mestria profissional e da orientação consistente por parte dos gestores a todos os níveis no sentido de um objetivo comum.

A estrutura hierárquica da gestão agrava o perigo. Aquilo que o «chefe» faz e diz, mesmo as suas observações mais casuais, hábitos e maneirismos, tende a surgir aos seus subordinados como calculado, planeado e significativo.

«Tudo o que se ouve por aqui é conversa sobre relações humanas; mas quando o chefe te chama ao gabinete é sempre porque os custos são muito elevados; e, quando se trata de promover alguém, os prémios vão sempre para aqueles que preenchem melhor os formulários da contabilidade.» Esta é uma das cantigas mais comuns, com infinitas variações, em todos os níveis da gestão. Conduz a um fraco desempenho — mesmo no corte de custos —, o que expressa também perda de confiança e falta de respeito pela empresa e respetiva gestão.

No entanto, o gestor que assim dirige erradamente os seus subordinados não pretende fazê-lo, embora seja um problema universal. Tomemos como exemplo Bob Michalak, um gestor de nível superior numa fábrica de aço. Considera genuinamente as relações humanas como a tarefa mais importante dos gestores da sua fábrica. Mas fala acerca do controlo de custos por sentir que tem de se afirmar perante os seus homens como um «homem prático», ou por achar que mostra familiaridade com os seus problemas ao falar na sua linguagem. Realça os formulários da contabilidade apenas porque o aborrecem tanto a ele como aos seus homens — ou porque não quer ter mais problemas com o supervisor de custos. Mas, para os seus subordinados, estas razões mantêm-se ocultas; tudo o que veem e ouvem é a questão dos custos, a ênfase nos formulários.

A solução para este problema requer uma estrutura de gestão que foque, ao mesmo tempo, o olhar do gestor e do chefe naquilo que a tarefa — e não o chefe — exige. Realçar o comportamento e as atitudes — como aconselha uma boa parte da literatura de gestão — não resolve o problema. Em vez disso, o mais provável será agravá-lo ao tornar os gestores desconfortáveis nas suas relações. Na verdade, qualquer pessoa familiarizada com as empresas atuais viu situações em que a tentativa de um gestor para evitar uma direção errada através de uma modificação no seu comportamento converteu uma relação relativamente satisfatória num pesadelo de embaraço e incompreensão. O gestor fica tão desconfortável que acaba por perder todas as relações com os seus subordinados. E, por sua vez, os subordinados reagem com: «Deus nos ajude, o espertalhão leu um livro; costumávamos saber o que era esperado de nós e agora temos de adivinhar.»

Diferenças nos Níveis de Gestão

A direção errada que pode resultar da diferença de compreensão e função entre os vários níveis de gestão é ilustrada por esta história. Chamo-lhe «o mistério da porta da casa de banho avariada».

O recentemente nomeado supervisor de custos de uma ferrovia no Noroeste reparou, quando percorria as contas, em somas extraordinariamente grandes que eram gastas todos os anos na substituição de portas de casa de banho nas estações de passageiros. Descobriu que as portas de casa de banho nas pequenas estações deveriam manter-se fechadas, sendo a chave apenas obtida através de pedido ao funcionário da bilheteira. Por razões económicas, o funcionário apenas tinha uma chave para cada porta — um presidente há muito falecido decretara esta medida económica e gabara-se de assim poupar à companhia duzentos dólares de uma só vez. Assim, de cada vez que um passageiro se ia embora e não devolvia a chave — o que estava sempre a acontecer —, o funcionário ficava com uma porta fechada entre mãos e sem possibilidade de a abrir. Mandar fazer uma nova chave — custava vinte cêntimos — era visto como uma «despesa»; e os funcionários apenas podiam realizar despesas com a aprovação do superintendente de Serviços de Passageiros, na sede da companhia, o que levava seis meses. Contudo, as «reparações de emergência» podiam ser feitas por iniciativa do funcionário, saindo do seu bolso. Não podia existir uma emergência mais clara do que uma porta de casa de banho avariada — e todas as pequenas estações tinham um machado!

Isto poderá parecer o cúmulo do absurdo. Mas todas as empresas têm as suas «portas de casa de banho avariadas», as suas orientações erradas, as suas políticas, procedimentos e métodos que realçam e premeiam comportamentos errados e que penalizam ou inibem os comportamentos certos. Na maioria dos casos, os resultados são mais graves do que uma conta de vinte mil dólares anuais em portas de casa de banho.

Este problema também não pode ser resolvido através de atitudes e comportamento, pois está enraizado na estrutura da companhia, nem através de uma «melhor comunicação»; de facto, a comunicação pressupõe uma compreensão e linguagem comuns e é precisamente isso que costuma faltar.

Não é por acaso que a velha história dos cegos que encontram um elefante na estrada é tão popular entre o pessoal da gestão, visto que cada nível de gestão vê o mesmo «elefante» — a empresa — de um ângulo diferente. O encarregado da produção, como o cego que sentiu a perna do elefante e que achou que tinha uma árvore no seu caminho, tende a ver apenas os problemas de produção imediatos. A gestão de topo — o cego que sente a tromba e que decide que uma serpente lhe barra o caminho — tende a ver a empresa apenas como um todo; vê os acionistas, os problemas financeiros, tudo aquilo numa série de relações e números altamente abstratos. A gestão operativa — o cego que sente a barriga do elefante e acha que está junto a uma ribanceira — tende a ver as coisas funcionalmente. Cada nível precisa da sua visão particular; não poderia cumprir o seu trabalho sem ela. Contudo, estas visões são tão diferentes que as pessoas dos diferentes níveis, ao falarem sobre a mesma coisa, não o percebem — ou, como frequentemente acontece, acham que estão a falar da mesma coisa, quando, na realidade, estão em polos opostos.

Uma gestão efetiva tem de dirigir a visão e os esforços de todos os gestores para um objetivo comum. Tem de garantir que os gestores individuais compreendem que resultados lhes são pedidos. Tem de assegurar que os superiores compreendem aquilo que se espera de cada um dos seus gestores subordinados. Tem de motivar cada gestor para maximizar os esforços na direção certa. E, embora encorajando elevados padrões de mestria profissional, tem de torná-los meios para o fim do desempenho da empresa, e não fins em si mesmos.

Quais Deverão Ser os Objetivos de um Gestor?

Cada gestor, do «chefão» ao supervisor de produção ou ao chefe de escritório, precisa de objetivos expressos de forma clara. Estes devem envolver a performance que cada trabalhador de cada unidade deverá apresentar. Deverão estabelecer qual a contribuição que cada gestor e o que cada unidade do gestor deverá fazer para ajudar as restantes unidades a alcançarem os seus objetivos. Finalmente, deverão expressar a contribuição que o gestor pode esperar das outras unidades para a realização dos seus próprios objetivos. Por outras palavras, a ênfase deverá, desde o início, ser colocada no trabalho de equipa e nos seus resultados.

Estes objetivos deverão derivar sempre das metas da empresa comercial. Numa companhia, achei praticável e efetivo fornecer ao supervisor uma descrição detalhada não apenas dos seus próprios objetivos, mas também dos da companhia e do departamento de fabrico. Apesar de a empresa ser tão grande que tornava a distância entre a produção do supervisor individual e os resultados totais da companhia absolutamente astronómica, o resultado foi um aumento significativo da produção. Na verdade, é isto que deverá acontecer se estivermos a falar a sério quando dizemos que o supervisor «faz parte da gestão», pois assumir a responsabilidade pelo todo faz parte do trabalho do gestor — que, ao talharem a pedra, estão a «construir a catedral».

Os objetivos de todos os gestores deverão expressar a sua contribuição para a realização das metas da companhia em *todas as áreas* da atividade. Obviamente, nem todos os gestores fazem uma contribuição direta para todas as áreas. A contribuição que o marketing faz para a produtividade, por exemplo, poderá ser muito pequena. Mas, se não se esperar que um gestor e a sua unidade contribuam para quaisquer das áreas que afetam significativamente a prosperidade e a sobrevivência da empresa, este facto deverá ser claramente mencionado, uma vez que os gestores devem compreender que os resultados da empresa dependem de um equilíbrio de esforços e de resultados em determinadas áreas. Isto é necessário, simultaneamente, para fornecer um âmbito completo à competência técnica de cada função e especialidade e para evitar a construção de impérios e invejas territoriais entre as várias funções e especialidades. É também necessário para prevenir uma ênfase excessiva em qualquer área essencial.

Obter esforços e objetivos equilibrados de todos os gestores em todos os níveis e em todas as áreas deverá ser também essencial tanto em considerações de curto como de longo prazo. E, claro, todos os objetivos deverão sempre conter, ao mesmo tempo, os objetivos empresariais tangíveis e os intangíveis para a organização da gestão e o desenvolvimento, desempenho e atitude dos trabalhadores e responsabilidade pública. Tudo o resto será de visão curta e impraticável.

Gestão por «Impulsos»

Uma gestão adequada exige um realce equilibrado nos objetivos, em especial por parte da gestão de topo. Elimina a comum e prejudicial má prática empresarial: a gestão por «crises» e «impulsos».

Poderá haver empresas em que não se oiça o pessoal da gestão a dizer: «A única forma de se conseguir fazer aqui alguma coisa é através de um impulso.» No entanto, a «gestão por impulso» é mais a regra do que a exceção. E toda a gente sabe, e aparentemente espera, que as coisas entrem em colapso naquelas três semanas depois de o impulso terminar. O único resultado de um «impulso económico» será provavelmente que os estafetas e as datilógrafas sejam despedidos e que os executivos que ganham 35 000 dólares sejam forçados a fazer um aquele trabalho de 150 dólares por semana ao escreverem as suas próprias cartas. E, no entanto, muitas gestões não retiraram a conclusão óbvia de que os impulsos não são, afinal de contas, a forma ideal de atuar.

Mas, além e acima da sua falta de efetividade, a gestão por impulso dirige mal. Coloca toda a ênfase numa fase da tarefa com o inevitável detrimento de tudo o resto.

«Durante quatro semanas cortámos inventário», sintetizou um veterano (e calejado) da gestão por crises. «Depois, tivemos quatro semanas de corte de despesas, seguidas de quatro semanas de negociações com trabalhadores. Só tivemos tempo de adiar o serviço ao cliente e o atendimento durante um mês. E depois o inventário regressa onde estava quando começámos. Nem temos de tentar fazer o nosso trabalho. Tudo de que a gestão fala, tudo em que pensa, tudo aquilo que prega é o número do inventário da última semana, ou das queixas do cliente desta semana. Como fazemos o resto do trabalho, nem sequer querem saber.»

Numa organização que gere por impulsos, as pessoas ou negligenciam as suas tarefas para seguir o presente impulso ou organizam-se silenciosamente numa sabotagem coletiva do impulso para fazerem o seu trabalho. Em qualquer dos casos, tornam-se surdas aos alertas de perigo. E, quando surge verdadeiramente a crise, quando toda a gente devia estar a largar tudo e a juntar-se, tratam-na como mais um caso de histeria criada pela gestão.

A gestão por impulso é sinal concreto de confusão. É uma admissão de incompetência. É sinal de que a gestão não sabe planear. Mas, acima de tudo, é sinal de que a companhia não sabe o que esperar dos seus gestores — de que, não sabendo como orientá-los, desorienta-os.

Como Deverão Ser Estabelecidos os Objetivos dos Gestores e por Quem?

Por definição, os gestores são responsáveis pela contribuição do seu setor para uma unidade superior e, eventualmente, para toda a empresa. O desempenho da gestão visa mais para cima do que para baixo. Isto significa que as metas da tarefa de cada gestor devem ser definidas pela contribuição que este, ou esta, faz para o sucesso da unidade maior de que faz parte. Os objetivos de trabalho dos gestores de vendas distritais deverão ser definidos pela contribuição que eles e as suas forças de venda distritais têm de fazer para o departamento de vendas. Os objetivos do gestor-geral de uma divisão descentralizada deverão ser definidos pela contribuição que a sua divisão tem de fazer para os objetivos da companhia-mãe.

Isto exige que todos os gestores desenvolvam e estabeleçam os próprios objetivos para as suas unidades. A gestão mais elevada deverá, com certeza, reservar o poder de aprovar ou desaprovar estes objetivos, mas o seu desenvolvimento faz parte da responsabilidade de um gestor; na verdade, é a primeira responsabilidade de um gestor. Significa, também, que cada gestor deverá participar responsavelmente no desenvolvimento dos objetivos de uma unidade mais elevada de que a sua unidade faz parte. «Dar ao gestor a sensação de participar» (para usar uma das frases preferidas do calão das «relações humanas») não chega. Ser gestor exige a assunção de uma genuína responsabilidade.

Precisamente porque as suas finalidades deverão refletir objetivamente as necessidades da empresa, e não meramente aquilo que os gestores individuais desejam; terão de concordar em comprometer-se com os objetivos. Deverão conhecer e compreender os derradeiros objetivos da empresa, o que é esperado deles e porquê, em relação a que é que serão avaliados e como. Terá de existir uma «convergência de ideias» com toda a gestão de cada unidade, que apenas pode ser conseguida quando cada um dos gestores possa refletir sobre os objetivos da unidade e possa, por outras palavras, ser levado a participar ativa e responsavelmente no trabalho de as definir. E apenas se os profissionais com funções de gestão a um nível mais baixo participarem desta forma é que os gestores de topo saberão o que esperar deles e quais as exigências exatas a fazer.

Isto é tão importante que alguns dos gestores mais eficazes que conheço vão um passo mais longe: mandam cada um dos seus subordinados escrever uma «carta ao gestor», duas vezes por ano. Nesta carta ao seu superior, cada um define os objetivos do trabalho do seu superior e do seu próprio trabalho, tal como os vê. Por exemplo, a gestora Jane Smith estabelece os padrões de desempenho que acredita que lhe estão a ser aplicados. Depois, lista as coisas que deverá fazer para atingir esses objetivos e as coisas que, na sua unidade, acredita serem os maiores obstáculos. Enumera as coisas que o seu superior e a companhia fazem para a ajudar e aquelas que a impedem. Finalmente, apresenta o que propõe fazer durante o ano seguinte para alcançar os seus objetivos. Se o seu superior aceitar esta declaração, a «carta ao gestor» torna-se o guião segundo o qual a gestora opera.

Este dispositivo revela, como nenhum outro, como é fácil as observações imponderadas ou casuais, mesmo do melhor «chefe», confundirem e desorientarem. Uma grande empresa usou a «carta ao gestor» durante dez anos. No entanto, quase todas as cartas continuam a listar como objetivos e padrões aspectos que espantam por completo o superior a quem a carta é dirigida. E sempre que o superior pergunta: «O que é isto?», a resposta é: «Não se lembra daquilo que me disse na primavera passada quando nos encontrámos no elevador?»

A «carta ao gestor» revela também as inconsistências que possam existir nas exigências feitas a um gestor pelo seu superior e pela companhia. O superior pede velocidade e alta qualidade quando apenas uma ou outra é praticável? E qual o compromisso necessário no interesse da companhia? O superior pede iniciativa e decisão dos seus gestores, mas também que obtenham aprovação antes de fazerem alguma coisa? O superior pede ideias e sugestões, mas nunca as usa nem discute? A empresa espera que um milagre da engenharia esteja disponível de imediato sempre que algo corre mal na fábrica e, no entanto, esquiva-se a todos os seus esforços para a concretização de novos desenhos? Espera que um gestor mantenha elevados padrões de desempenho, mas proíbe o mesmo gestor de se livrar dos trabalhadores fracos? Cria as condições sob as quais as pessoas dizem: «Consigo realizar o trabalho desde que evite que o chefe saiba o que estou a fazer?»

Estas situações são comuns. Corroem o espírito e o desempenho. A «carta ao gestor» não conseguirá evitá-las. Mas, pelo menos, trá-las ao de cima, mostra onde têm de ser realizados compromissos, ponderados objetivos, estabelecidas prioridades e mudados comportamentos.

Como este dispositivo ilustra: gerir os gestores exige esforços especiais, não apenas para estabelecer uma direção comum, mas para eliminar as direções erradas. A compreensão mútua nunca poderá ser atingida por «comunicações para baixo», nunca pode ser criada por conversa. Apenas pode resultar das «comunicações para cima». Exige, ao mesmo tempo, a disponibilidade do superior para ouvir e uma ferramenta especialmente concebida para que os profissionais com funções de gestão a um nível mais baixo sejam ouvidos.

Autocontrolo através de Medições

A maior vantagem da gestão por objetivos talvez seja tornar possível que os gestores controlem o seu desempenho. O autocontrolo significa motivação mais forte: o desejo de fazer melhor em vez de apenas o suficiente para continuar. Significa objetivos de desempenho mais elevados e uma visão mais alargada. Mesmo que a gestão por objetivos não fosse necessária para dar à empresa uma só direção a seguir e imprimir esforço à equipa de gestão, seria necessária para possibilitar uma gestão por autocontrolo.

Até agora, nem sequer falei de «controlo»; falei de «medições». Foi intencional, porque «controlo» é uma palavra ambígua. Significa a capacidade de nos dirigirmos a nós mesmos e ao nosso trabalho. Poderá também significar domínio de uma pessoa por outra. Os objetivos são a base do «controlo» na primeira aceção; mas nunca deverão tornar-se a base do «controlo» na segunda, pois isso derrotaria o seu propósito. Na verdade, uma das principais contribuições da gestão por objetivos é permitir-nos substituir a gestão por domínio pela gestão por autocontrolo.

Dificilmente será posto em causa no sector empresarial americano que a gestão por autocontrolo seja desejável. A sua aceitação sublinha todo o discurso de «empurrar as decisões para baixo, para o nível mais baixo possível» ou de «pagar às pessoas pelos resultados». Mas praticar uma gestão por autocontrolo exige mais do que a aceitação do conceito como algo certo e desejável: requer novas ferramentas e medidas de longo alcance no pensamento e nas práticas tradicionais.

Para serem capazes de controlar o próprio desempenho, os gestores precisam de conhecer melhor as suas metas. Deverão ser capazes de medir o seu desempenho e resultados em relação à meta. Deverá, na verdade, ser uma prática invariável fornecer aos gestores medições claras e comuns em todas as áreas de uma empresa. Estas medições não terão de ser rigidamente quantitativas, nem têm de ser precisas. Mas têm de ser claras, simples e racionais. Terão de ser relevantes e dirigir a atenção e os esforços para onde devem ir. Têm de ser fiáveis — pelo menos até ao ponto onde a sua margem de erro é reconhecida e compreendida. E têm de ser, por assim dizer, óbvias, compreensíveis, sem interpretações complexas ou uma discussão filosófica.

Cada gestor deverá ter a informação necessária para medir o seu desempenho e deverá recebê-la com a devida antecedência, de forma a fazer as modificações necessárias para atingir os resultados desejados. E esta informação deverá ir para o gestor e não para o superior, sendo um meio de autocontrolo e não uma ferramenta de controlo vertical.

Isto assume particular relevo nos dias que correm, quando a nossa capacidade para obter informação está a crescer rapidamente, graças ao progresso tecnológico na recolha e síntese de informação. Até agora, a informação sobre factos importantes não era simplesmente alcançável ou poderia ser recolhida apenas demasiado tarde, acabando por ter unicamente um interesse histórico. Esta anterior incapacidade para produzir informação quantificável não era, ainda assim, uma maldição simples, pois enquanto dificultava um autocontrolo efetivo, também travava o controlo efetivo dos gestores a partir de cima; na ausência de informação com a qual pudessem ser controlados, tinha de lhes ser permitido trabalhar como achassem melhor.

A nossa nova capacidade de produzir informação mensurável tornará possível um autocontrolo efetivo; e, se assim for usada, levará a um tremendo avanço na efetividade e no desempenho da gestão. Mas, se abusarmos desta nova capacidade para impor controlo sobre os gestores a partir de cima, a nova tecnologia infligirá um mal incalculável ao desmoralizar a gestão e ao diminuir gravemente a efetividade dos gestores. E deverá também haver o cuidado de manter os controlos dentro de uma perspetiva geral adequada; caso contrário, os gestores dirigirão as suas unidades não para obter o melhor desempenho, mas para obter o melhor efeito da informação sobre a medição de controlo.

Isto não deverá ser confundido com a defesa de baixos padrões de desempenho, nem com a ausência de controlo. Pelo contrário, a gestão por objetivos e autocontrolo é primeiramente um meio para obter padrões mais elevados do que aqueles que encontramos hoje na maioria das companhias, e todos os gestores deverão ser estritamente responsabilizados pelos resultados do seu desempenho.

Mas aquilo que os gestores fazem para atingir estes resultados deverá ser controlado por eles. E deverá ser compreendido que comportamento e métodos são proibidos pela empresa, considerados falta de ética, profissionalismo ou solidez. Porém, dentro destes limites, os gestores devem ser livres de decidir aquilo que devem fazer, e se tiverem toda a informação relativamente às suas operações poderão ser responsabilizados pelos resultados.

O Uso Adequado de Relatórios e Procedimentos

A gestão por autocontrolo exige repensar o nosso uso de relatórios, procedimentos e formulários.

Os relatórios e os procedimentos são ferramentas necessárias, mas poucas podem ser tão facilmente mal utilizadas, e poucas poderão provocar tantos danos, uma vez que os relatórios e os procedimentos, quando mal-usados, deixam de ser ferramentas e passam a ser nefastos.

Existem três más utilizações de relatórios e procedimentos. A primeira é a crença muito comum de que os procedimentos são instrumentos de moralidade. Não são; o seu princípio é exclusivamente o da economia. Nunca decidem o que deverá ser feito, mas antes o que deverá ser feito de forma expedita. Os problemas da conduta apropriada nunca podem ser «procedimentados» (de certeza a palavra mais horrorosa do calão do burocrata); inversamente, a conduta adequada nunca poderá ser estabelecida por procedimento.

A segunda má utilização é considerar os procedimentos como um substituto do julgamento. Os procedimentos podem resultar apenas quando o julgamento já não é exigido, ou seja, na situação repetitiva para a qual já foi fornecido e testado. A nossa civilização sofre de uma crença supersticiosa no efeito mágico dos formulários impressos, e a superstição é mais perigosa quando nos leva a tentar lidar com o excecional, o não rotineiro, através de um procedimento. De facto, é o teste de um bom procedimento que permite identificar rapidamente as situações que, mesmo num processo habitual, não se encaixam nele e exigem tratamento e tomadas de decisão.

Mas a má utilização mais comum de relatórios e procedimentos é enquanto instrumento de controlo a partir de cima. Isto é particularmente verdade em relação àqueles que visam fornecer informação à gestão de topo — os «formulários» da vida empresarial quotidiana. Como apenas um de milhares de exemplos, vejamos de novo o caso de Bob Michalak, o gestor da fábrica de aço. Tem de preencher vinte formulários para fornecer a contabilistas, engenheiros ou serviços de pessoal no escritório central, com informação de que ele próprio não precisa. Em resultado disso, a sua atenção é desviada da tarefa em si. As coisas que lhe perguntam ou que é chamado a fazer para efeitos de controlo acabam por lhe parecer reflexos daquilo que a empresa quer dele, tornam-se a essência do seu trabalho; embora ressentindo-se, ele tende a a aplicar-se mais nessas coisas do que no seu próprio trabalho. Eventualmente, também o seu chefe acaba por ser mal orientado, se não hipnotizado, pelo procedimento.

Há alguns anos, uma grande companhia de seguros iniciou um ambicioso programa para a «melhoria da gestão». Com este fim em vista, construiu uma rede de escritórios centrais, dedicada a tarefas como a renovação de apólices, de acordos, custos de vendas, métodos de vendas, e assim por diante. Esta organização fez um excelente trabalho — a gestão de topo aprendeu imenso sobre como dirigir uma companhia de seguros. Mas o desempenho real tem vindo a piorar — os gestores que estão no terreno gastam cada vez mais tempo a preencher relatórios e cada vez menos a fazer o seu trabalho. Ainda pior, depressa aprenderam a subordinar o desempenho a uma «boa apresentação». Não foi apenas o desempenho que ficou destroçado — o espírito sofreu ainda mais. A gestão de topo e os seus especialistas passaram a ser vistos por estes gestores como inimigos a quem iludir ou, pelo menos, a quem manter o longe possível.

Histórias semelhantes existem *ad infinitum* — em todas as indústrias e em companhias de qualquer dimensão. Os relatórios e os procedimentos deverão ser mantidos no mínimo e apenas usados quando servirem para poupar tempo e trabalho. Deverão ser o mais simples possível.

Um dos nossos grandes presidentes executivos contou-me a seguinte história: há trinta anos comprou para a sua empresa uma pequena fábrica independente em Los Angeles. A fábrica tinha um lucro de 250 000 dólares por ano; e foi comprada nessa base. Enquanto visitava a fábrica com o proprietário original — que permanecera na fábrica como gestor —, o presidente perguntou-lhe: «Como é que determinam os vossos preços de venda?» «É fácil», respondeu-lhe o anterior dono, «acertamos dez cêntimos por milhar abaixo daquilo que a vossa companhia faz». «E como é que controlam os custos?». «É fácil», foi a resposta, «sabemos quanto pagamos pela matéria-prima, trabalho e produção que temos de obter pelo investimento». «E como é que controlam as vossas despesas gerais?», foi a última pergunta. «Não nos preocupamos com isso.»

Bem, pensou o presidente, com certeza que conseguiremos poupar muito dinheiro se introduzirmos os nossos meticulosos controlos. Um ano depois, o lucro da fábrica caíra para 125 000 dólares; as vendas tinham-se mantido e os preços também, mas a introdução de procedimentos complexos comera metade do lucro.

Todas as empresas deveriam verificar regularmente se precisam de todos os relatórios e procedimentos que usam. Pelo menos de cinco em cinco anos, todos os formulários deveriam ser testados. Uma vez tive de recomendar uma medida ainda mais drástica para clarificar uma situação em que os relatórios e os formulários, exuberantes como a chuva na floresta amazónica, ameaçavam sufocar a vida de uma empresa de equipamentos há muito estabelecida. Sugeri que todos os relatórios fossem suspensos durante dois meses e que só fizessem regressar aqueles que os gestores continuassem a pedir depois de terem vivido sem este período sem eles. Isto levou uma redução de três quartos no número de relatórios e formulários.

Os relatórios e os procedimentos deverão focar-se apenas no desempenho necessário para atingir resultados em áreas essenciais. «Controlar» tudo é não controlar nada, e tentar controlar o irrelevante é sempre dar uma má orientação.

Finalmente, os relatórios e os procedimentos deverão ser a ferramenta da pessoa que os preenche. Nunca se deverão tornar a medida do desempenho dessa pessoa. Se a Jane Smith preenche formulários, nunca deverá ser julgada pela qualidade dos formulários de produção que preenche — a menos que seja a escriturária encarregue desses formulários. Deverá ser sempre julgada pelo seu desempenho produtivo e a única forma de garantir isso é que ela não preencha formulários, não faça relatórios, a não ser aqueles de que ela própria precisa para alcançar o desempenho.

Uma Filosofia de Gestão

O que o negócio empresarial precisa é de um princípio de gestão que contribua para a força e responsabilidade individuais e, ao mesmo tempo, permita uma direção comum de visão e de esforço, que enforme o trabalho de equipa e harmonize os objetivos do indivíduo com o bem-estar comum.

O único princípio que o poderá permitir é a gestão por objetivos e autocontrolo. Torna o bem-estar comum no objetivo de todos os gestores. Substitui o controlo a partir do exterior pelo mais estrito, minucioso e efetivo controlo a partir do interior. Motiva os gestores para a ação não porque alguém lhes diz para fazerem algo ou os convence a fazê-lo, mas porque as necessidades objetivas da sua tarefa o exigem. Os gestores agem não porque alguém quer, mas porque eles próprios decidem que têm de fazê-lo — por outras palavras, agem livremente.

A palavra «filosofia» é proferida com toda a descontração hoje em dia nos círculos de gestão. Li mesmo uma dissertação, assinada por um vice-presidente, sobre a «filosofia de manuseamento das requisições de compra» (tanto quanto consegui perceber, «filosofia» significava aqui que as requisições de compra tinham de ser em triplicado). Mas a gestão por objetivos e autocontrolo poderá ser legitimamente chamada uma «filosofia» de gestão. Baseia-se num conceito da tarefa de gestão. Baseia-se numa análise das necessidades específicas do grupo de gestão e dos obstáculos que enfrenta. Baseia-se num conceito da ação, da motivação e do comportamento humanos. Finalmente, aplica-se a todos os gestores, independentemente do seu nível e função, e a qualquer empresa comercial, grande ou pequena. Garante o desempenho ao converter necessidades específicas em objetivos pessoais. E esta é uma liberdade genuína, a liberdade segundo a lei.

CAPÍTULO OITO

Da Gestão Intermédia à Organização do Conhecimento

NO INÍCIO DOS ANOS 50 do século XX, quando o computador e a automação faziam os cabeçalhos, a morte iminente da gestão intermédia era largamente anunciada. Em 1980, havia um certo número de especialistas que nos dizia que a gestão intermédia iria desaparecer. Todas as decisões seriam tomadas pelo computador ou pela gestão de topo, com base num «sistema de informação total».

Poucas previsões foram invalidadas tão depressa. No preciso momento em que essas previsões estavam a ser generalizadamente publicitadas, começou a explosão da gestão intermédia. E prosseguiu durante vinte anos. Na verdade, poderíamos chamar aos anos 50 e 60 a era da gestão intermédia. Nenhum outro grupo da força de trabalho, em todos os países desenvolvidos, cresceu tão depressa.

Seguem-se alguns exemplos da indústria, ou seja, do sector económico onde a automação foi mais aplicada e onde os computadores se tornaram tão habituais, pelo menos nas grandes companhias, como as chaminés a deitar fumo foram há algumas gerações. Uma das grandes fabricantes automóveis norte-americanas construiu recentemente uma grande fábrica para possibilitar a produção de um novo modelo automóvel. Foi a primeira grande fábrica da empresa desde 1949, quando uma unidade semelhante, concebida para um volume de produção idêntico, foi inaugurada. O número de empregados efetivos, tanto fabris como de escritório, é quase um terço do da antiga fábrica — o resultado, contudo, de aumentos normais da produtividade e não de uma mudança do processo para a automação. O grupo da gestão de topo na nova fábrica é praticamente do mesmo tamanho. Mas o grupo da gestão intermédia, ou seja, o grupo que recebe mais do que um supervisor geral e menos do que o gestor-geral da fábrica, é quase cinco vezes do tamanho do grupo de gestão intermédia da fábrica de 1949.

Uma outra companhia industrial — produtora de um vasto leque de componentes industriais — cresceu, entre 1950 e 1970, de um volume de vendas de 10 milhões de dólares para 100 milhões. Em termos de unidades de crescimento, quintuplicou. Durante este período de rápida expansão, o grupo de gestão de topo cresceu de três para cinco pessoas. Os empregos convencionais cresceram de 1000 para 4000. Os cargos de gestão intermédia, mais uma vez definidos pelo salário, cresceram de 14 para 235 — ou seja, quase dezassete vezes mais —, e isto não inclui o pessoal de vendas.

Na realidade, estes exemplos subestimam a taxa de crescimento da gestão intermédia. Durante o período em que se esperava que desaparecesse, o centro de gravidade e de crescimento económico deslocou-se para indústrias que têm um rácio muito mais elevado de gestores intermédios ao seu serviço do que as indústrias que dominavam o cenário empresarial em 1950. O símbolo do dinamismo económico na economia dos Estados Unidos de 1970 já não era a General Motors. Era a IBM. E na IBM, ou em qualquer outro fabricante de computadores, o grupo intermédio é muito maior do que nas indústrias transformadoras tradicionais, como a do automóvel ou a do aço. O mesmo se aplica às companhias farmacêuticas, que tão rapidamente cresceram nos vinte anos entre 1950 e 1970.

Fora das indústrias transformadoras, o crescimento foi ainda mais rápido, e particularmente pronunciado nas instituições não-empresariais. O protótipo é o hospital.

A gestão de topo no hospital — pelo menos como é definida — não cresceu. Ainda existe o administrador hospitalar, talvez com um assistente, num grande hospital. Nos hospitais comunitários existem membros do conselho de direção e um diretor clínico. O emprego não-especializado contabilizado em número de empregados por paciente por dia desceu mais do que subiu. É na cozinha, na manutenção e nas outras áreas não-especializadas que os hospitais se tornaram de algum modo menos intensivos em mão de obra. Mas os cargos intermédios — técnicos, engenheiros, psicólogos e trabalhadores sociais — explodiram. Cresceram, pelo menos, quatro vezes mais — em alguns hospitais que recebem internos (hospitais-escola) ainda mais depressa.

A Correção Necessária

O crescimento acelerado ultrapassa sempre a meta. Está destinado a ser desordenado e dispendioso. Há pessoal a mais porque está na moda esta ou aquela atividade, quer seja necessária quer não. Há excesso de pessoal porque os tempos estão bons e é mais fácil aceder aos pedidos para mais pessoal do que resistir-lhes. E, num tal período de crescimento explosivo, ninguém presta grande atenção à organização do trabalho. No entanto, crescimentos de tal magnitude devem ser mais qualitativos do que quantitativos. Se o trabalho e a sua organização não forem estudados e modificados, seguem-se o desperdício, a duplicação de esforços e a obesidade organizacional.

A explosão da gestão intermédia teria de conduzir, como qualquer outra explosão, a uma «depressão da gestão intermédia». Ao primeiro recuo económico significativo, teve de haver uma grave correção. Esta surgiu nos Estados Unidos com a recessão de 1970–71, apesar de a reação ter sido morna: consistiu num súbito encurtamento do recrutamento universitário para posições de gestão e profissionais, com muito poucos despedimentos de pessoal da gestão intermédia já empregado (com exceção das indústrias particularmente pressionadas da aviação e da defesa).

Uma tal reação, por muito dolorosa, é fundamentalmente saudável. Claro que ocorre sempre demasiadamente depressa. Mas, pelo menos, obriga a gestão a refletir sobre o que é o trabalho e do que é que precisa. Essa reflexão é particularmente importante a respeito do trabalho da gestão intermédia. Existem poucas áreas onde o excesso de pessoal provoque tanto prejuízo como no grupo da gestão intermédia. Custa muito mais do que dinheiro. Custa desempenho e motivação.

O Perigo do Excesso de Pessoal

O trabalho do conhecimento — isto é, o trabalho específico dos gestores intermédios — deverá ser sempre exigente. Deverá ser sempre seco e, se pecar, deverá ser sempre por defeito. Uma organização com excesso de pessoal na gestão intermédia destrói a motivação, a realização, a concretização e a satisfação. No final, destrói o desempenho.

A explosão da gestão intermédia e o resultante excesso de pessoal, em especial nas companhias maiores, corroeram de facto o moral e a motivação. O excesso de pessoal é a principal razão para a insatisfação e o desencantamento de muitos dos jovens gestores intermédios, dos gestores e dos profissionais de carreira, que as empresas, os governos, os sistemas educativos e os hospitais recrutaram em tão grandes números durante os anos 50 e 60. São bem pagos e bem tratados, mas não há tarefas suficientes para eles fazerem, não é suficientemente desafiante, não há contribuição nem realização suficientes, e há negócio a mais. Há demasiados corpos a «interagir» uns com os outros, em vez de fazerem o seu próprio trabalho. Quando se pede aos jovens universitários capazes, por exemplo, os licenciados mais brilhantes das mais importantes faculdades de Gestão americanas, que expliquem a sua crescente preferência por um emprego numa pequena companhia, ou na administração de uma cidade de tamanho médio, dizem sempre: «Pelo menos, vou ter algo para fazer.»

A primeira lição é manter os postos intermédios ligeiros. «O que é preciso realmente fazer?», é a primeira pergunta. E a segunda, e igualmente importante, é: «O que é que já não precisa de ser feito e tem de ser diminuído ou cortado?» A primeira lição é a *necessidade de controlo de peso.*

Em particular, isto significa que uma nova atividade de gestão intermédia deverá, em regra, ser sancionada apenas se uma antiga for cortada ou, pelo menos, desbastada. O orçamento da gestão intermédia tem de ser constantemente vigiado para se ter a certeza de que as pessoas com bom desempenho são alocadas oportunidades, negócios e concretização do futuro, em vez de se ocuparem com problemas, agitações e defesas do passado.

Contudo, aquilo que precisa de ainda mais reflexão e atenção é o trabalho da gestão intermédia e a sua organização: a expansão dos cargos intermédios não produziu apenas uma mudança qualitativa — foi ela própria produzida por uma mudança na natureza da função da gestão intermédia.

A gestão intermédia, é seguro dizê-lo, continuará a expandir-se. Mas o futuro crescimento terá de ser dirigido, controlado, gerido. Terá de ser baseado numa compreensão da natureza mutável da gestão intermédia e da resultante necessidade de mudança na função, no relacionamento e na estrutura.

Onde Ocorreu o Crescimento

A gestão intermédia de há quarenta anos não desapareceu. Pelo contrário, cresceu e muito substancialmente. Existem hoje, proporcionalmente, mais gestores de fábrica, mais gestores de vendas distritais e mais gestores de filiais bancárias do que antes da Segunda Guerra Mundial.

Mas o verdadeiro crescimento dos empregos de pessoal de cargo intermédio tem sido entre os engenheiros fabris e os especialistas de processos; os contabilistas e os analistas de mercado; os especialistas de publicidade e promoção. Há uma série de funções que, há uma geração, mal eram conhecidas. Os novos gestores intermédios são os profissionais do conhecimento.

O gestor intermédio tradicional é essencialmente um comandante de homens e mulheres. O novo gestor intermédio é essencialmente um fornecedor de conhecimento. O gestor intermédio tradicional tem autoridade descendente sobre os subordinados. O novo gestor intermédio tem responsabilidades laterais e ascendentes, ou seja, em relação às pessoas sobre as quais não tem autoridade de comando.

Acima de tudo, o trabalho dos gestores intermédios tradicionais era, em grande parte, rotineiro. Não tomavam decisões, faziam cumpri-las. No máximo, implementavam as decisões e adaptavam-nas às condições locais. A sua tarefa era manter em funcionamento um sistema que não tinham concebido, nem que se esperava que alterassem.

Isto está na base da definição tradicional de gestor enquanto alguém que é mais responsável pelo trabalho dos outros do que pelo seu. Está também na base da tradicional estrutura social da gestão fora dos EUA e do Japão, especialmente na Europa.

Nos Estados Unidos e no Japão, a gestão de topo tem sido tradicionalmente recrutada na gestão intermédia, ou seja, entre as pessoas que fizeram carreira na empresa. Nos países europeus, não era esse o padrão. Em Inglaterra havia — e até certo ponto ainda há — um tremendo fosso entre os gestores e «a direção», ou seja, a gestão de topo. Mesmo nos grandes grupos, a direção, até há pouco tempo, recrutava pessoas que nunca tinham cumprido funções de gestão operacional, quando não ia buscar pessoas que nunca tinham trabalhado numa empresa, como distintos antigos funcionários públicos. Na Holanda, a gestão de topo, mesmo nas grandes companhias geridas profissionalmente, raramente vem do terreno. Nas grandes empresas francesas, todas as posições da gestão de topo e sénior são tipicamente ocupadas por licenciados nas *Grandes Écoles*. A maioria deles, em especial as pessoas da gestão de topo, faz a sua carreira no governo e depois muda-se diretamente para cargos de gestão superior nas empresas. Os gestores operacionais que surgem nas empresas são normalmente considerados como não estando à altura dos cargos mais elevados, mesmo que tenham cursos superiores. Os alemães tendem a estabelecer uma linha vincada entre *Führung*, isto é, gestão de topo, e *Leitung*, gestão operacional.

O Impacto da Decisão no Novo Gestor Intermédio

Mas, como os novos empregados intermédios são profissionais do conhecimento, as suas ações e decisões pretendem ter um impacto direto e importante na empresa, na sua capacidade de desempenho e na sua direção.

Seguem-se alguns exemplos bastante recorrentes.

O gestor de produto em unidades como o negócio de sabão ou detergente da Procter & Gamble, o setor alimentar da Unilever, ou da rádio e da televisão da Philips, na Holanda, faz parte da gestão intermédia por cargo e retribuição. O gestor de produto não tem autoridade de comando. O trabalho é executado por pessoas que respondem perante os seus respetivos chefes funcionais, o gestor de produção, o gestor de vendas, o diretor dos laboratórios químicos e de desenvolvimento, e assim por diante. Mas o gestor de produto é responsabilizado pelo desenvolvimento, pela introdução e pelo desempenho de um produto no mercado. O gestor de produto também: decide de forma abrangente se um novo produto deverá de facto ser desenvolvido; decide quais deverão ser as suas especificações; determina o seu preço; decide onde e como será testado no mercado; e decide os objetivos de vendas. O gestor de produto não tem qualquer autoridade de comando e não pode emitir uma ordem, mas controla diretamente um determinante do desempenho e do sucesso de um produto de consumo da marca, da publicidade e do orçamento da promoção.

O engenheiro de controlo de qualidade numa companhia de ferramentas mecânicas também não tem autoridade de comando nem subordinados. Mas o engenheiro de controlo de qualidade decide o desenho e a estrutura do processo de fabrico ao estabelecer padrões de controlo de qualidade que, em grande parte, decidem os custos do processo de fabrico e o desempenho da fábrica. O gestor de produção, ou o gestor da fábrica, toma de facto as decisões; mas o engenheiro de controlo de qualidade pode vetá-las.

O contabilista fiscal também não tem comando, não pode dar ordens e, muitas vezes, não tem subordinados a não ser uma secretária. Contudo, com efeito, o contabilista fiscal tem o poder de veto mesmo sobre as decisões da gestão de topo, dando opiniões sobre as consequências fiscais de um rumo de ação que, frequentemente, determina tanto aquilo que uma companhia pode fazer, como também aquilo que uma companhia deve fazer.

O gestor de produto da Procter & Gamble, o engenheiro de qualidade e o contabilista fiscal não são gestores de «linha». Mas também não são «pessoal». A sua função não é aconselhar, nem ensinar. Fazem trabalho «operacional». Contudo, têm impacto de gestão de topo, apesar de não serem, nem pelo cargo, nem pela compensação, nem pela função, gestores de topo.

Claro que não podem tomar algumas das decisões essenciais — o que é a nossa atividade e aquilo que deverá ser; quais são os seus objetivos; quais são e devem ser as prioridades; onde alocar recursos de capital essenciais e pessoas. Mas, mesmo a respeito destas decisões, contribuem com o conhecimento essencial, sem o qual as decisões determinantes não podem ser tomadas, pelo menos com efetividade. E as decisões determinantes não podem tornar-se efetivas a menos que estes novos gestores intermédios as insiram no nosso conhecimento e trabalhem segundo a própria responsabilidade e autoridade. Antes, foi argumentado que os profissionais do conhecimento são gestores apesar de ninguém responder perante si. Agora, vemos que, nos seus impactos e responsabilidades, *são* gestão de topo, apesar de se poderem situar cinco ou seis níveis organizacionais abaixo.

A Organização do Conhecimento

A gestão intermédia não desapareceu, como estava previsto. Na verdade, nem sequer o gestor intermédio tradicional desapareceu. Mas a gestão intermédia de ontem está a ser transformada na *organização do conhecimento* de amanhã.

Isto exige a reestruturação das tarefas individuais, mas também a reestruturação da organização e do seu desenho. Na organização do conhecimento, a tarefa, até aos mais baixos níveis profissionais ou de gestão, tem de se focar nos objetivos da companhia. Tem de se focar na contribuição, o que significa que tem de ter os seus próprios objetivos. Tem de ser organizada de acordo com a atribuição. Tem de ser pensada e estruturada de acordo com o fluxo de informação para, e a partir da posição individual. E tem de ser colocada na estrutura de decisão. Não pode continuar a ser desenhada, como acontecia com a gestão intermédia tradicional, apenas no sentido da autoridade descendente. Em vez disso, tem de ser reconhecida como multidimensional.

Tradicionalmente, as tarefas de gestão intermédia eram estreitamente concebidas. A primeira preocupação tem sido com os limites da autoridade da gestão intermédia. Na organização do conhecimento, em vez disso, teremos de perguntar: «Qual é a maior contribuição possível que esta tarefa pode dar?» O foco terá de mudar da preocupação com a autoridade para com a ênfase na responsabilidade.

A Necessidade de uma Clara Autoridade de Decisão

A organização do conhecimento exige autoridade de decisão inequívoca, e uma reflexão clara sobre a quem pertence a decisão. A organização do conhecimento é muito mais complexa do que a simples organização em «linha» que vem substituir. A menos que a autoridade de decisão seja expressa de forma clara, a organização do conhecimento tornar-se-á confusa.

Esta organização também está desenhada para que se tomem mais riscos. Operar já não é uma «rotina» em que as normas são claras. É uma organização de tomadas de decisão e não uma que tenha apenas a função de manter o mecanismo a funcionar a uma determinada velocidade e com vista a resultados conhecidos. Portanto, as coisas correrão mal e de formas inesperadas. E a menos que a autoridade para mudar a decisão esteja inserida na própria decisão, há de resultar um mau funcionamento.

Uma importante companhia farmacêutica decidiu introduzir sete novos produtos num ano — o dobro daquilo que costumava introduzir anualmente. Uma elaborada estratégia multinacional foi desenvolvida em demoradas sessões ao longo do ano, com grupos de trabalho reunidos, provenientes de todas as funções, níveis e principais territórios. Alguns produtos deveriam ser introduzidos primeiro nos mercados europeus, alguns no mercado americano, outros junto dos clínicos gerais, outros junto de especialistas ou dos hospitais. Porém, quando os produtos foram introduzidos, os que tinham sido considerados os mais fracos foram, inesperadamente, os que se venderam melhor. Mas os dois produtos supostamente mais fortes conheceram problemas imprevistos, que abrandaram significativamente o seu crescimento. Ao desenvolverem a estratégia, ninguém perguntara: «Se as coisas não resultarem como planeado, quem será responsável por modificar o plano?» Em resultado disso, houve infindáveis relatórios, estudos e reuniões — e nenhuma ação. No final, a companhia perdeu grande parte do benefício das suas realizações. Os dois produtos que revelaram um sucesso inesperado não receberam o apoio necessário para explorar a sua aceitação pela profissão médica. Os concorrentes intervieram com imitações aproximadas, tornando-se assim capazes de recolher a maior parte da colheita. Os testes clínicos e os esforços de marketing que conheceram dificuldades inesperadas deveriam ter sido drasticamente cortados ou aumentados. Toda a gente percebia isso, mas ninguém tinha autoridade para tomar essa decisão.

Na organização do conhecimento da nova gestão intermédia, qualquer programa, qualquer projeto e qualquer plano tem de responder à pergunta:

«Quem tem a autoridade para mudar o plano?» E isto conduzirá a uma muito maior devolução de autoridade ao pessoal intermédio do que alguma vez a gestão intermédia americana conheceu. Mesmo os gestores de produção precisarão de mais, e não de menos, autoridade na organização do conhecimento. Os gestores de linha deverão também fazer parte da decisão e perceber aquilo que esta implica. Deverá ser-lhes atribuída uma autoridade proporcional à sua responsabilidade — e esta não é autoridade de conhecimento, mas autoridade de comando. Ou, se numa determinada área não lhes puder ser concedida a autoridade de comando que a sua tarefa — e o seu pessoal — exige, deverá ser perfeitamente claro onde reside a autoridade de comando.

O Papel da Gestão de Topo na Organização do Conhecimento

Na organização do conhecimento, a gestão de topo já não pode assumir que os «operacionais» fazem aquilo que lhes é dito. Tem de aceitar que os quadros médios tomam decisões genuínas. Mas a organização operacional também já não deve assumir que pode realizar a sua tarefa sem ter em conta a gestão de topo. Terá de compreender as decisões da gestão de topo. Na verdade, a gestão intermédia na organização do conhecimento deve ter a responsabilidade de «educar» os gestores de tipo, que terão de compreender aquilo que a organização do conhecimento tenta fazer, é capaz de fazer e onde detecta as maiores oportunidades, as principais necessidades e os principais desafios para a empresa. Finalmente, a gestão intermédia deverá insistir em que a gestão de topo tome decisões sobre aquilo que a empresa é e aquilo que deverá ser, em termos de objetivos, estratégias e prioridades. Caso contrário, os quadros intermédios não conseguirão cumprir o seu trabalho.

A gestão de topo precisa de conhecer a organização do conhecimento e de a compreender. Precisa de estabelecer comunicação com ela. O pressuposto tradicional de que as pessoas na gestão de topo conhecem a tarefa do gestor intermédio porque passaram por ela já não irá ser válido. Mesmo em relação às pessoas que ascenderam à gestão de topo através da organização da gestão intermédia não se pode esperar que tenham sido diretamente expostas a mais do que a uma pequena amostra do trabalho funcional da organização do conhecimento. E algumas das mais importantes áreas da gestão intermédia já não funcionarão como uma preparação, um teste, para posições de gestão de topo.

Na verdade, os homens e as mulheres mais capazes nessas áreas nem sequer irão desejar integrar o trabalho da gestão de topo, preferindo manter-se na sua especialidade. O especialista em computadores quer, em regra, permanecer dentro da especialização e trabalhar na informação e na tecnologia de informação. Igualmente, a maioria dos investigadores quer permanecer no ramo da investigação, tanto em campos físicos como técnicos, pesquisa humana ou investigação económica.

Os gestores intermédios na organização do conhecimento já não podem ser tomados como garantidos e tratados com condescendência como pessoas que, afinal de contas, apenas executam tarefas rotineiras e implementam decisões e ordens comandadas pelos gestores de tipo. Se quiser ser efetiva, a gestão de topo terá de estabelecer um trabalho de equipa e comunicações nos dois sentidos com a organização do conhecimento.

O «público» mais importante na organização do conhecimento para a gestão de topo — e aquele que mais precisa de uma relação com a gestão de topo — são os mais jovens e altamente especializados trabalhadores de conhecimento. São os que têm menor probabilidade de compreender aquilo que a gestão de topo está a tentar fazer, menor probabilidade de ver a empresa como um todo, menor probabilidade de se focarem nos objetivos e no desempenho da empresa. Contudo, devido ao seu conhecimento, há probabilidade de terem impacto no início das suas carreiras. Em qualquer empresa, de qualquer dimensão ou complexidade, o grupo da gestão de topo precisa de organizar a sua relação com estes profissionais de conhecimento mais jovens.

Cada membro da equipa da gestão de topo deverá sentar-se algumas vezes por ano com um grupo de jovens trabalhadores do conhecimento e dizer-lhes: «Não tenho agenda. Não há nada que vos queira dizer. Estou aqui para ouvir. É vossa função dizerem-me aquilo que acham que nós, na gestão de topo, precisamos de saber acerca do vosso trabalho e como pensam que poderemos torná-lo mais produtivo. É vossa função dizerem-me onde veem problemas e oportunidades para esta empresa, aquilo que nós, na gestão de topo, fazemos para ajudar no vosso trabalho e o que é que fazemos que vos atrapalha. Devo insistir apenas numa coisa: que façam o *vosso* trabalho de casa e que levem a sério a vossa responsabilidade de informar e educar.»

Mas, na organização do conhecimento, é já tarefa da gestão de topo mobilizar, organizar, colocar e dirigir o conhecimento. O pessoal do conhecimento — e isso significa os gestores e os profissionais de carreira da atual organização — não podem ser vistos e tratados como inferiores. São intermédios no cargo, no salário e na autoridade. Mas são juniores e mais colegas do que subordinados.

«Gestão» significa, em última instância, a substituição do vigor e do músculo por pensamento, de lendas e superstições por conhecimento, e de força por cooperação. Significa a substituição da obediência ao cargo por responsabilidade e da autoridade do poder pela autoridade do desempenho. A organização do conhecimento é, portanto, aquilo que a teoria, o pensamento e as aspirações da gestão sempre foram. Mas agora a organização do conhecimento está a tornar-se um facto consumado. A tremenda expansão dos empregos de gestão desde a Segunda Guerra Mundial converteu os quadros intermédios em profissionais de conhecimento — ou seja, pessoas pagas para pôr o conhecimento em marcha e para tomar decisões, baseadas no seu conhecimento, com impacto na capacidade de desempenho, nos resultados e nas futuras direções de toda a empresa. A tarefa de tornar estas pessoas do conhecimento, em quadros intermédios, verdadeiramente efetivas e concretizadoras ainda mal começou. É uma tarefa central da gestão dos gestores.

CAPÍTULO NOVE

Contratação para a Excelência

OS GESTORES EFETIVOS TORNAM A FORÇA PRODUTIVA. Sabem que não podem construir com base na fraqueza. Para obter resultados, usam todas as forças disponíveis — dos associados, dos superiores e as suas. Tornar a força produtiva é a única finalidade das organizações.

O gestor encontra como primeiro problema a contratação. O gestor efetivo preenche as posições e promove com base naquilo que um homem ou uma mulher consegue fazer, tomando decisões de contratação não para minimizar as fraquezas, mas para maximizar a força. Diz-se que o presidente Lincoln, quando lhe contaram que o general Grant, o seu novo comandante-chefe, gostava de beber, respondeu: «Se soubesse qual era a marca que bebe, mandava um barril a alguns dos outros generais.» Depois de uma infância passada na fronteira do Kentucky e do Illinois, Lincoln saberia tudo acerca do álcool e dos seus perigos. Mas, entre todos os generais da União, apenas Grant se mostrara consistentemente capaz de vencer campanhas. A nomeação de Grant foi o ponto de viragem da guerra civil. Foi uma nomeação efetiva porque Lincoln escolheu o seu general pela sua capacidade de vencer batalhas e não pela ausência de uma fraqueza.

No entanto, Lincoln aprendeu isso à sua custa. Antes de ter escolhido Grant, nomeara, sucessivamente, três ou quatro generais cujas principais qualificações eram a ausência de grandes fraquezas.

Em nítido contraste, Robert E. Lee nomeara as tropas da Confederação segundo as suas forças. Cada general era um homem com óbvias e monumentais fraquezas. Mas estas debilidades eram consideradas por Lee — e com razão — como irrelevantes. Cada um deles tinha uma área de verdadeira força e era apenas essa força que Lee utilizava e tornava efetiva.

Um dos seus generais, diz a história, ignorara as ordens e alterara completamente os planos de Lee — e não foi a primeira nem a última vez. Lee, que normalmente controlava o seu temperamento, explodiu num acesso de raiva. Depois de ter acalmado, um dos seus ajudantes perguntou respeitosamente:

«Por que razão não o dispensais do seu comando?» Diz-se que Lee olhou em redor completamente espantado, fitou o ajudante e disse: «Que pergunta absurda... Ele é bom.»

O Recrutamento Efetivo Procura Construir com Base na Força, Não para Evitar Fraquezas

Um executivo mais preocupado com aquilo que uma pessoa não consegue fazer do que com aquilo que consegue fazer e que, portanto, tenta mais evitar a fraqueza do que tornar a força efetiva será provavelmente um fraco executivo. Um tal executivo provavelmente verá a força nos outros como uma ameaça. Mas nenhum executivo alguma vez sofreu por causa de um subordinado forte e efetivo.

Os executivos efetivos sabem que os seus subordinados são pagos para o desempenho, não para agradar aos superiores. Não importa quantas birras tem um soprano ou um tenor temperamental, desde que atraia o público.

Os executivos efetivos nunca perguntam: «Como é que ele se dá comigo?» A sua pergunta é: «Com o que contribui?» E também: «O que é que faz invulgarmente bem?» Procuram a excelência numa área importante e não o desempenho que simplesmente existe por toda a parte. O executivo que não pergunta primeiro o que pode aquela pessoa fazer terá de se contentar com muito menos do que aquilo com que essa pessoa seria capaz de contribuir. O executivo está assim a aceitar antecipadamente um mau desempenho. O chefe verdadeiramente «exigente» — e todos os executivos efetivos são chefes exigentes, de uma maneira ou de outra — começa sempre por saber aquilo que uma pessoa deveria ser capaz de fazer bem — e depois pede a essa pessoa que o faça.

Construir contra a fraqueza frustra o propósito da organização. Mas uma organização pode ser construída de tal modo que as fraquezas se tornem uma falha pessoal fora, ou pelo menos ao lado, do trabalho e da realização. Um bom contabilista fiscal, por exemplo, John Jones, poderá ser grandemente prejudicado pela sua incapacidade de se relacionar com as pessoas; mas, numa organização, poderá ser colocado num gabinete próprio e protegido do contacto com os outros: a sua força pode ser tornada efetiva e a sua fraqueza irrelevante. O executivo que compreende que é da sua competência permitir que John Jones faça o seu trabalho de contabilidade não tem ilusões acerca da capacidade de Jones para se dar com as pessoas.

Tudo isto é óbvio. Então, por que razão nem sempre é feito?

A principal razão é que a tarefa imediata do executivo não é colocar um homem ou uma mulher; é preencher um lugar. A tendência é, portanto, começar pela tarefa e depois procurar alguém para a cumprir. Torna-se assim muito fácil ir à procura do «mal menor» — a pessoa que menos deixe a desejar. E isto, invariavelmente, resulta em mediocridade.

A amplamente anunciada «cura» para isto é estruturar postos de trabalho para se encaixarem nas personalidades disponíveis. Mas esta cura é pior do que a doença — exceto talvez numa organização muito pequena e simples. Os postos de trabalho têm de ser objetivos, determinados pela tarefa e não pela personalidade.

Uma das razões é que cada mudança na definição, na estrutura e na posição de um posto de trabalho dentro de uma organização provoca uma reação em cadeia. Os postos de trabalho numa organização são interdependentes e inter-relacionados. Não se pode mudar o trabalho e a responsabilidade de toda a gente só porque é preciso substituir uma única pessoa num único posto de trabalho: resulta numa dezena de pessoas a serem desenraizadas e empurradas para acomodar uma única pessoa.

Mas existe uma razão mais subtil para a insistência em postos de trabalho impessoais e objetivos: é a única forma de fornecer à organização a diversidade humana de que precisa. Estruturar postos de trabalho para se adequarem à personalidade quase certamente conduz ao favoritismo e à conformidade. Nenhuma organização pode suportar qualquer deles. Precisa de equidade e justiça impessoal ou, então, perderá o seu bom pessoal ou destruirá o seu incentivo.

Evitar a Armadilha de Contratar para Satisfazer a Personalidade

Como fazem então os executivos efetivos a contratação pela força sem caírem na armadilha oposta de construírem postos de trabalho para se adequarem à personalidade?

Em termos gerais, seguem três regras:

1) Não partem do princípio de que os postos de trabalho são criados pela natureza ou por Deus. Sabem que foram concebidos por pessoas altamente falíveis. E estão por isso sempre atentos contra o posto de trabalho «impossível».

Estes postos de trabalho são comuns. Normalmente, parecem extremamente lógicos no papel, mas não podem ser preenchidos. Tenta-se um candidato qualificado após outro. Nenhum se sai bem. Seis meses ou um ano depois, o posto de trabalho derrotou o candidato. Porquê? Foi provavelmente criado para acomodar uma pessoa invulgar e desenhado para as suas idiossincrasias. Geralmente, exige uma mistura de temperamentos raramente encontrados numa única pessoa. Um posto de trabalho assim torna-se «inexequível».

A regra é simples: qualquer posto de trabalho que tenha derrotado dois ou três candidatos em sucessão, apesar de cada um deles ter bom desempenho em funções anteriores, deverá ser considerado inapropriado para seres humanos. Terá de ser repensado.

Todos os textos sobre marketing concluem, por exemplo, que a gestão das vendas pertence, com a publicidade e a promoção, ao mesmo executivo de marketing. A experiência de grandes fabricantes de bens de consumo de marca e comercializados em massa tem mostrado, contudo, que este posto de trabalho é impossível. Uma tal empresa precisa de elevada efetividade tanto na venda no terreno, isto é, na deslocação de bens, como na publicidade e na promoção, na deslocação de pessoas. Estas exigem diferentes personalidades, raramente encontradas numa única pessoa.

O executivo efetivo certifica-se assim de que o posto de trabalho é bem concebido. E, se a experiência sugerir outra coisa, o executivo efetivo não vai à procura de um génio para fazer o impossível, mas, em vez disso, redesenha o posto de trabalho. Este executivo sabe que o teste da organização não é o génio. É a sua capacidade para conseguir que as pessoas comuns alcancem um desempenho incomum.

2) A segunda regra para contratar a partir da força é tornar cada tarefa exigente e grande. Uma tarefa deve desafiar as pessoas a fazerem sobressair as suas forças.

Isto não é, contudo, a política da maioria das grandes organizações. Estas tendem a tornar a tarefa pequena — o que faria sentido apenas se as pessoas fossem concebidas e desenhadas para um desempenho específico num determinado momento. No entanto, não temos apenas de preencher postos de trabalho à medida que as pessoas chegam. As exigências de qualquer tarefa acima das mais simples estão também sujeitas a mudanças e, muitas vezes, abruptamente. O «encaixe perfeito» torna-se então rapidamente o encaixe defeituoso. Mas, se a tarefa for, logo à partida, grande e exigente, permitirá que o titular esteja à altura das novas exigências de uma situação que se modificou.

Esta regra aplica-se em particular ao primeiro emprego de uma pessoa, pois é aí que as suas forças deverão ter uma oportunidade para encontrar a sua plena expressão. Para uma principiante como Jane Jones, por exemplo, são estabelecidos no seu primeiro emprego os padrões pelos quais ela se guiará e avaliará durante o resto da sua carreira. Até ter ingressado no seu primeiro emprego de adulta, nunca tinha tido uma oportunidade de desempenho. Tudo o que podemos fazer na escola é mostrarmo-nos promissores. O desempenho apenas é possível no trabalho real, quer seja num laboratório de investigação, no ensino, na empresa ou num serviço público. Tanto para uma principiante como Jane como para o resto da organização, os seus colegas e superiores, a coisa mais importante a descobrir é o que ela consegue de facto fazer.

É igualmente importante para ela descobrir, o mais cedo possível, se está de facto no lugar ou mesmo no tipo de trabalho certos. Uma jovem que tem a força adequada a uma organização poderá ser totalmente desadequada a outra, a qual, do exterior, parece ser a mesma.

Isto não se aplica apenas a diferentes tipos de organização. Ainda estou para ver duas grandes empresas que tenham os mesmos valores e que realcem as mesmas contribuições. Um membro feliz e produtivo da faculdade de uma universidade poderá ficar perdido, infeliz e frustrado noutra.

Os jovens em primeiros empregos deverão, a certo ponto, colocar a seguinte questão: «Estarei no trabalho certo, no sítio certo?» Mas não poderão fazer esta pergunta, quanto mais responder-lhe, se o emprego inicial for insignificante, muito fácil e concebido para compensar a sua falta de experiência, em vez de trazer à superfície aquilo que conseguem fazer.

O jovem com um trabalho demasiado insignificante para desafiar ou testar as suas capacidades ou vai embora ou fica até se tornar uma pessoa amarga, cínica e pouco produtiva. Os executivos queixam-se de que muitos jovens, homens e mulheres, a arder de entusiasmo se tornam em fósforos queimados. Estes executivos só podem censurar-se a si próprios: abafaram o fogo ao tornar a tarefa demasiado pequena.

3) O executivo efetivo sabe que, para obter força, tem de suportar as fraquezas.

O executivo efetivo perguntará assim: «Este candidato tem força *numa* área importante? E é esta força relevante para a tarefa? Se esta pessoa alcança a excelência nesta área, isso fará uma diferença significativa?» Se a resposta for «sim», o executivo nomeará o candidato.

Os executivos efetivos são sobretudo intolerantes com este argumento: «Não posso dispensar o Jack Jones; ficaria em dificuldades sem ele.» Aprenderam que existem apenas três explicações para uma «pessoa indispensável» como Jack Jones. É na verdade incompetente e só consegue sobreviver se for cuidadosamente escudado de exigências; a sua força é mal utilizada para sustentar um superior fraco; ou a sua força é mal utilizada para adiar a resolução de um problema sério, senão para disfarçar a sua existência.

Em cada uma destas situações, a «pessoa indispensável» *deverá ser deslocada* — e depressa. Caso contrário, apenas serão destruídas quaisquer forças que possa possuir.

Um executivo de topo decidiu deslocar automaticamente qualquer pessoa cujo chefe descrevesse como indispensável. «Isso significa», dizia o executivo, «que tenho um superior fraco ou um subordinado fraco — ou ambos. Em qualquer dos casos, quanto mais cedo descobrirmos, melhor».

Geralmente, deverá ser uma regra inquebrantável promover a pessoa que, pelo teste do desempenho, esteja mais bem qualificada para o posto de trabalho que preenche. Todos os argumentos em contrário — «Ela é indispensável...», «Ele não será aceite pelas pessoas daqui...», «Nunca pomos aqui ninguém sem experiência no terreno...» — não deverão receber grande consideração. Não é apenas a tarefa que merece a melhor pessoa; a pessoa com um desempenho provado ganhou a oportunidade. Preencher as oportunidades e não os problemas não só torna a organização mais efetiva, como também gera entusiasmo e dedicação.

Inversamente, é dever do executivo remover qualquer pessoa — em especial, qualquer gestor — que falhe consistentemente o desempenho de elevada distinção. Deixar que esse fracasso perdure corrompe os outros. É profundamente injusto para com os seus subordinados e para com toda a organização. Acima de tudo, é uma crueldade sem sentido para com essa pessoa. Pessoas em tal situação — especialmente gestores — sabem que são desadequadas, mesmo que não o confessem.

Os superiores têm responsabilidade pelo trabalho dos outros. Têm também poder sobre as carreiras dos outros. Tornar as forças produtivas é, portanto, muito mais do que um aspecto essencial da efetividade; é um imperativo moral, uma responsabilidade de autoridade e posição. Os superiores devem às suas organizações tornar a força de cada subordinado o mais produtiva possível. Mas devem aos seus subordinados, como seres humanos, ajudá-los a tirar o máximo de proveito de qualquer força que possuam. As organizações devem servir os indivíduos através das suas forças, independentemente das suas limitações e fraquezas.

Como Gerir o Chefe

Ainda não encontrei um gestor, quer fosse numa empresa, no governo ou em qualquer instituição, que não me dissesse: «Não tenho grande dificuldade em gerir os meus subordinados. Mas como hei de gerir o meu chefe?» Na verdade, é fácil: é tornar as forças do chefe produtivas.

Isso não é feito bajulando o chefe. O executivo efetivo aceita que o chefe é humano (algo que os subordinados mais jovens acham difícil de fazer). O chefe é humano e, portanto, tem forças e também limitações. Tentar construir a partir das fraquezas do chefe é tão frustrante e entorpecedor como tentar construir a partir das fraquezas de um subordinado. Então, o executivo efetivo pergunta: «O que é que o meu chefe pode fazer realmente bem?», «O que é que ele fez realmente bem?», «O que posso oferecer-lhe para poder ter bom desempenho?», «O que é que precisa de saber para usar a sua força?». O executivo efetivo não se preocupa muito com aquilo que o chefe não consegue fazer.

O executivo efetivo sabe também que o chefe, sendo humano, tem formas de ser efetivo e procura essas formas. Todos somos especialistas nas outras pessoas e vemo-las muito mais claramente do que elas se veem a si mesmas. Tornar o chefe efetivo é assim, geralmente, bastante fácil. Mas exige que se construa a partir da força, para tornar as fraquezas irrelevantes. Poucas coisas tornam os executivos tão efetivos como construir a partir das forças do seu superior.

PARTE III

O que é uma Empresa?

CAPÍTULO DEZ

O que é uma Empresa?

UMA EMPRESA COMERCIAL é criada e gerida por pessoas e não por forças. As forças económicas estabelecem limites para aquilo que a gestão pode fazer. Criam oportunidades para a ação da gestão. Mas, por si mesmas, não determinam o que uma empresa é ou o que faz. Nada poderia ser mais ridículo do que a afirmação frequentemente repetida de que «A gestão apenas adapta a empresa às forças de mercado». A gestão não só tem de encontra-las, como de criá-las.

Outra conclusão é que uma empresa não pode ser definida nem explicada em termos de lucro. Quando se lhe pergunta o que é uma empresa, o típico homem ou mulher de negócios provavelmente responderá: «Uma organização para obter lucro.» O economista típico é capaz de dar a mesma resposta. Esta resposta não só é falsa, como também é irrelevante.

A teoria económica prevalecente do comportamento e empreendimento empresarial, a maximização do lucro — que é simplesmente uma forma complicada de reformular o velho ditado de comprar barato e vender caro —, poderá explicar adequadamente a forma de operar de um empreendedor particular, mas não consegue explicar como opera, ou deverá operar, qualquer empresa comercial. O conceito de maximização do lucro, de facto, não tem sentido.

Os economistas contemporâneos percebem isto, mas tentam salvar o teorema. Joel Dean, um dos mais brilhantes e frutuosos economistas empresariais contemporâneos, continua a manter o teorema. Mas é assim que o define:

A teoria económica assume o pressuposto fundamental de que maximizar os lucros é o objetivo básico de qualquer firma. Mas, em anos recentes, a maximização dos lucros tem sido extensivamente condicionada pelos teóricos como só se aplicando ao longo prazo; como tendo mais em conta o lucro do gestor do que o lucro do proprietário; como incluindo o lucro não-financeiro enquanto tempo acrescido de descanso para os executivos stressados e para aqueles com quem têm relações mais amistosas entre os níveis executivos dentro da empresa;

e considerações especiais como a limitação da concorrência, a manutenção do controlo da gestão, a prevenção de exigências salariais e a antecipação de acusações antimonopolistas. O conceito tornou-se tão geral e difuso que parece incluir a maioria dos objetivos da vida humana.

Esta tendência reflete uma compreensão crescente por parte dos teóricos de que muitas empresas, em especial as grandes, não operam segundo o princípio da maximização do lucro em termos de custos e receitas marginais.[3]

Um conceito que se tornou «tão geral e difuso que parece incluir a maioria dos objetivos da vida humana» não é um conceito. É uma outra forma de dizer: «Não sei e não compreendo.» Um teorema que apenas pode ser conservado declarando quase tudo como sendo uma exceção decerto deixou de ter sentido e utilidade.

O perigo no conceito de maximização do lucro é o que faz com que a rentabilidade pareça um mito. Qualquer pessoa que observe a discrepância entre a teoria da maximização do lucro e a realidade tal como retratada por Joel Dean terá razão em concluir que a rentabilidade não interessa — a conclusão a que John Kenneth Galbraith chegou em *The New Industrial State*.[4]

Contudo, o lucro e a rentabilidade são cruciais — mais para a sociedade do que para o negócio privado. No entanto, a rentabilidade não é o propósito, mas sim um fator limitativo, da empresa comercial e da atividade empresarial. O lucro não é a explicação, nem a causa, nem a lógica do comportamento empresarial ou das decisões empresariais, mas o teste da sua validade. Se, em vez de pessoas de negócios, fossem arcanjos a sentar-se nas cadeiras dos diretores, continuariam a ter de estar preocupados com a rentabilidade, apesar da ausência total de interesse pessoal em fazer lucro. Isto aplica-se com igual força àqueles que estão longe de ser indivíduos cordiais — os comissários que administram as empresas comerciais da União Soviética, dirigindo-as com uma margem de lucro mais elevada do que os «malvados» capitalistas do Ocidente.

O primeiro teste a qualquer empresa não é a maximização do lucro, mas a realização de lucros suficientes para cobrir os riscos da atividade económica e, assim, evitarem o prejuízo.

A raiz da confusão é a crença errada de que o motivo das pessoas nas empresas — o chamado motivo do lucro — é uma explicação do seu comportamento ou o seu guia para a ação certa. Existir algo como o motivo do lucro é altamente duvidoso. Foi inventado pelos economistas clássicos para explicar a realidade económica que a sua teoria do equilíbrio estático não conseguia explicar. Nunca existiu qualquer evidência da existência do motivo do lucro. Há muito que descobrimos a verdadeira explicação para os fenómenos da mudança e do crescimento económicos, para os quais o motivo do lucro foi o primeiro a ser avançado.

---

[3] DEAN, Joel, *Managerial Economics* (Prentice-Hall, 1951), p. 28.

[4] GALBRAITH, John Kenneth, *The New Industrial State* (Houghton Mifflin, 1967). [Edição portuguesa: *O Novo Estado Industrial*, trad. Inês Brandão (D. Quixote, 1973) (*N. do T.*)]

É irrelevante para uma compreensão do comportamento, do lucro e da rentabilidade empresariais se existe, ou não, um motivo do lucro. Se Jim Smith está na empresa para ter lucro, apenas lhe diz respeito a ele e ao seu livro de memórias. Não nos diz aquilo que Jim Smith faz, nem qual é o seu desempenho. Não ficamos a saber nada sobre o trabalho dos prospetores à procura de urânio no deserto do Nevada se nos disserem que estão a tentar ganhar uma fortuna. Não ficamos a saber nada do trabalho de especialistas cardíacos se nos disserem que estão a tentar ganhar a vida, ou mesmo que estão a tentar beneficiar a humanidade. O motivo do lucro e a sua consequência, a maximização dos lucros, são da mesma forma irrelevantes para a função e para o propósito de uma empresa e para a tarefa de a gerir.

De facto, o conceito é pior do que irrelevante: é prejudicial. É uma importante causa da incompreensão da natureza do lucro na nossa sociedade e da enraizada hostilidade ao lucro, as quais se encontram entre as mais perigosas doenças de uma sociedade industrial. É largamente responsável pelos piores erros da política pública, que se baseiam diretamente na falta de compreensão da natureza, função e propósito da empresa comercial. E é em grande parte responsável pela crença prevalecente em que existe uma contradição intrínseca entre o lucro e a capacidade de uma companhia para fazer uma contribuição social. Na verdade, uma companhia só poderá fazer uma contribuição social se for altamente rentável. Afirmo-o diretamente: uma empresa falida não será provavelmente um bom sítio para se trabalhar, nem será um membro desejável da comunidade — independentemente de alguns sociólogos atuais parecerem acreditar no contrário.

O Propósito de uma Empresa

Saber o que é uma empresa obriga-nos a começar pelo seu propósito, que deverá residir fora da empresa. De facto, deverá situar-se na sociedade, uma vez que uma empresa comercial é um órgão da sociedade. Existe apenas uma definição válida do propósito de uma empresa: *criar um cliente.*

Os mercados não são criados por Deus, pela natureza, nem pelas forças económicas, mas pelas pessoas que gerem uma empresa. A necessidade que uma empresa satisfaz poderá ter sido sentida pelos clientes antes de lhes ter sido oferecido o meio de satisfazê-la. Poderá ter dominado as vidas dos clientes e preenchido todos os seus momentos de vigília, mas manteve-se uma necessidade potencial até que a ação das pessoas da empresa a converteram numa procura efetiva. Só então passam a existir clientes e mercado. A necessidade poderá não ter sido sentida pelos potenciais clientes; as pessoas — os potenciais clientes — não sabiam que queriam fotocopiadoras ou computadores até estes se tornarem disponíveis. Poderá não ter existido qualquer necessidade até a ação da empresa a criar — através de inovação, crédito, publicidade ou habilidade para vender. Em qualquer dos casos, é a ação empresarial que cria o cliente.

O cliente determina o que é uma empresa. É apenas o cliente, através da sua vontade de pagar por um bem ou serviço, que converte os recursos económicos em riqueza, as coisas em mercadorias. Aquilo que a empresa pensa produzir não é de primeira importância — em especial para o futuro da empresa e para o seu sucesso. Aquilo que os clientes pensam que estão a comprar, aquilo que consideram ser valor é decisivo — determina aquilo que uma empresa é, aquilo que produz e também se irá prosperar. E aquilo que os clientes compram e consideram valioso nunca é o produto; é sempre a utilidade, ou seja, aquilo que um produto ou serviço faz por eles. E aquilo que constitui o valor para os clientes está longe, como veremos, de ser óbvio.

Os clientes são o alicerce de uma empresa e mantêm a sua existência. São eles que dão os empregos. Para fornecer as faltas e as necessidades dos consumidores, a sociedade confia recursos geradores de riqueza à empresa comercial.

As Duas Funções do Empreendedorismo

Como o seu propósito é criar um cliente, a empresa comercial tem duas — e apenas estas duas — funções básicas: marketing e inovação. O marketing e a inovação produzem resultados; tudo o resto são «custos».

O marketing é a função distintiva, única, da empresa. Uma empresa fica à parte de todas as outras organizações humanas pelo facto de *fazer o marketing* de um produto ou serviço. Nem a igreja, nem o exército, nem a escola, nem o Estado fazem isso. Qualquer organização que forneça através do marketing um produto ou serviço é uma empresa. Qualquer organização em que o marketing esteja ausente ou seja incidental não é uma empresa e nunca deverá ser dirigida como se o fosse.

O primeiro homem no Ocidente a ver claramente o marketing como uma função única e central da empresa comercial e a criação do cliente como a tarefa específica da gestão foi Cyrus H. McCormick (1809–1884). Os livros de história apenas mencionam que inventou uma ceifadora mecânica, mas inventou também as ferramentas básicas do marketing moderno: pesquisa e análise de mercado, o conceito de posição de mercado, políticas de preço, vendedor de serviços, fornecimento de peças, serviço ao cliente e crédito a prestações. Já fizera tudo isto em 1850, mas só passados cinquenta anos é que começou a ser largamente replicado, mesmo no seu próprio país.

A revolução da economia americana a partir de 1900 foi, em grande parte, uma revolução do marketing. No entanto, o marketing criativo, agressivo e pioneiro ainda é muito raro na empresa americana, cuja atitude típica para com esta função, há cinquenta anos, era «o departamento de vendas estabelecerá aquilo que a fábrica produz». Hoje, é cada vez mais: «A nossa tarefa é produzir aquilo de que o mercado precisa.» Por muito deficiente que seja na execução, a atitude em si mudou a nossa economia tanto quanto qualquer outra das inovações técnicas deste século.

O marketing é tão básico que não pode ser considerado uma função separada (isto é, uma competência ou um trabalho separados) no interior da empresa, ao nível de outros como o fabrico ou o pessoal. O marketing exige trabalho separado e um grupo distinto de atividades. Mas é, primeiro, uma dimensão central de toda a empresa. É o todo da empresa visto da perspetiva do seu resultado, ou seja, do ponto de vista do cliente. A preocupação e a responsabilidade pelo marketing deverão, assim, permear todas as áreas da empresa.

Entre as companhias industriais americanas, o praticante ilustre da interpretação a partir do marketing poderá bem ser a IBM; e a IBM é também o melhor exemplo do poder do marketing. A IBM não deve a sua ascensão meteórica à inovação tecnológica, nem à liderança do produto. Chegou tarde à área informática, sem competência tecnológica, nem conhecimento científico. Contudo, enquanto os líderes tecnológicos dos dias iniciais dos computadores, como a Univac, a GE e a RCA, estavam focados no produto e na tecnologia, os vendedores de cartões perfurados [*punch-card*] que dirigiam a IBM perguntavam: «Quem são os clientes? O que é para eles o valor? Como é que compram? Em suma, de que é que precisam?» Em consequência, a IBM dominou o mercado.

Das Vendas ao Marketing

Apesar da ênfase no marketing e da sua interpretação, esta função continua a ser mais retórica do que real em demasiadas empresas. O «consumerismo» prova isso mesmo, pois aquilo que ele exige da empresa é que faça verdadeiro marketing. Exige que a empresa comece pelas necessidades, pelas realidades e pelos valores do cliente; que defina o seu objetivo como sendo a satisfação das necessidades dos clientes; que baseie a sua recompensa na sua contribuição para o cliente. O facto de, após vinte anos de retórica de marketing, o consumerismo se ter tornado um poderoso movimento popular prova que não houve muito marketing a ser praticado. O consumerismo é a «vergonha do marketing».

Mas o consumerismo é também a oportunidade do marketing, porque forçará as empresas a tornarem-se focadas no mercado nas suas ações, bem como nas suas declarações.

Acima de tudo, o consumerismo deveria denunciar a confusão que em grande parte explica a razão pela qual tem havido tão pouco marketing. Quando os gestores falam de marketing, em geral querem referir-se ao desempenho organizado de todas as funções de venda. Isso não deixa de ser vender. Continua a começar com «os nossos produtos». Continua a procurar o «nosso mercado». O verdadeiro marketing começa pela demografia dos clientes, pelas suas realidades, pelas suas necessidades, pelos seus valores. Não pergunta «O que é que queremos vender?»; pergunta «O que é que os clientes querem comprar?». Não diz: «É isto que o nosso produto ou serviço faz»; diz: «Estas são as satisfações, os valores e as necessidades que os clientes procuram.»

Na verdade, o marketing e as vendas são antitéticos e não sinónimos, nem sequer complementares.

Poderá sempre partir-se do princípio de que haverá uma necessidade para se vender. Mas o objetivo do marketing não é tornar as vendas supérfluas; antes, é conhecer e compreender os clientes tão bem que o produto ou o serviço corresponde tão bem que se vende a si próprio.

Idealmente, o marketing deveria resultar em clientes que estão prontos para comprar. Tudo o que deveria ser preciso seria tornar o produto ou o serviço disponível, isto é, logística em vez de vendas, e distribuição estatística em vez de promoção. Poderemos estar muito longe deste ideal, mas o consumerismo é uma clara indicação de que o mote certo para a gestão empresarial deveria ser, cada vez mais, «das vendas ao marketing».

A Empresa como o Órgão do Crescimento e do Desenvolvimento Económico

O marketing, por si só, não faz uma empresa comercial. Numa economia estática não existem empresas comerciais. Nem sequer existem homens de negócios. O intermediário de uma sociedade estática é um corretor, cuja compensação é uma comissão, ou um especulador, que não cria valor.

Uma empresa comercial apenas pode existir numa economia em expansão ou, pelo menos, numa que considere a mudança ao mesmo tempo natural e aceitável. E a empresa é o órgão específico do crescimento, da expansão e da mudança.

A segunda função de uma empresa é, portanto, a *inovação* — o fornecimento de satisfações económicas diferentes. Não é suficiente que a empresa forneça apenas bens e serviços económicos: deverá providenciar bens e serviços melhores e mais económicos. Não é necessário que uma empresa se torne maior; mas é essencial que se torne constantemente melhor.

A inovação poderá resultar num preço mais baixo — o dado com que o economista se tem preocupado mais, pela simples razão de que é o único que pode ser manuseado com ferramentas quantitativas. Mas o resultado também poderá ser um produto novo e melhor, uma nova comodidade ou a definição de uma nova necessidade.

A inovação mais produtiva é um produto ou um serviço *diferente*, que crie um novo potencial de satisfação, mais do que uma melhoria. Tipicamente, este produto novo e diferente custa mais — contudo, o seu efeito global é tornar a economia mais produtiva.

O medicamento antibiótico custa muito mais do que a compressa fria, que era aquilo que o médico tinha para lutar contra a pneumonia. O computador custa muito mais do que uma máquina de calcular ou uma perfuradora automática, uma máquina de escrever muito mais do que uma caneta, uma fotocopiadora muito mais do que uma impressora manual ou mesmo do que uma copiadora a *stencil*. E, se e quando obtivermos uma cura para o cancro, custará mais do que um funeral de primeira classe.

Assim, o preço do produto é apenas uma medida do valor de uma inovação ou do processo económico global. Podemos relacionar o preço com a unidade produzida, isto é, o preço de um medicamento com a poupança que produz em dias de internamento hospitalar e em anos acrescentados de vida de trabalho. Mas mesmo isto é dificilmente apropriado. Precisamos realmente de uma medida de valor. Que valor económico a inovação dá ao cliente? O cliente será o único a poder julgar, e apenas o cliente conhece a sua realidade económica.

A inovação poderá ser a descoberta de novos usos para velhos produtos. Um vendedor que conseguisse vender frigoríficos a esquimós para impedir que a comida congelasse seria tão inovador como alguém que desenvolvesse processos completamente inovadores ou inventasse um produto. Vender frigoríficos aos esquimós para evitar que a comida fique demasiado fria é, na realidade, criar um produto. Tecnologicamente, claro que existe apenas o mesmo produto; mas, economicamente, há uma inovação.

Acima de tudo, inovação não é *invenção*. É mais um termo de economia do que de tecnologia. As inovações não tecnológicas — inovações sociais ou económicas — são pelo menos tão importantes como as tecnológicas.

No entanto, por muito importante que o motor a vapor tenha sido como invenção, houve duas inovações não tecnológicas que tiveram igual importância na ascensão da economia moderna: a mobilização do poder de aquisição através do crédito bancário e a aplicação da matemática probabilística aos riscos físicos da atividade económica, ou seja, os seguros. A inovação da responsabilidade limitada e o subsequente desenvolvimento da companhia privada de responsabilidade limitada foram de igual importância. Também as compras a crédito (ou, como os britânicos lhe chamam, mais corretamente, contrato de aquisição) tiveram igual impacto. O que torna possível pagar pelos meios para aumentar a produção segundo os futuros resultados do investimento. E, assim, permitiu ao agricultor americano do século XIX que comprasse os instrumentos que o tornaram produtivo e que os pagasse, depois de obter uma maior colheita, a menor custo. Além disso, isto torna também a compra a crédito um poderoso dínamo do desenvolvimento económico nos atuais países pobres e subdesenvolvidos.

Na organização da empresa comercial, a inovação, tal como o marketing, já não pode ser considerada uma função separada. Não está confinada à engenharia nem à pesquisa, estendendo-se por todas as áreas, por todas as funções e por todas as atividades da empresa. Não pode ser confinada à produção empresarial. A inovação na distribuição tem sido tão importante como a inovação na produção, tal como a inovação numa seguradora ou num banco.

A liderança na inovação em relação a produtos e serviços tem estado tradicionalmente focada numa atividade funcional que não é responsável por mais nada. Isto tem acontecido particularmente em empresas com engenharia ou tecnologia química pesadas. Numa companhia seguradora, também poderá haver um departamento especial encarregado da responsabilidade de liderar o desenvolvimento de novos tipos de cobertura; e poderá muito bem haver outros departamentos desses, encarregados da inovação na organização de vendas, na administração de apólices ou nos acordos de compensação. No entanto, poderá haver outro grupo a trabalhar em inovação no investimento dos fundos da companhia. Todas estas são atividades da companhia de seguros.

Mas a melhor maneira de organizar uma inovação sistemática e dirigida é como uma atividade empresarial e não como uma tarefa funcional. Ao mesmo tempo, cada unidade de gestão de uma empresa deverá ser responsável pela inovação e definir objetivos inovadores. Deverá ser responsável por contribuir para a inovação no produto ou no serviço da companhia; além disso, deverá esforçar-se conscientemente por avançar a arte na área em particular em que estiver envolvida: vendas ou contabilidade, controlo de qualidade ou gestão de pessoal.

A inovação poderá ser definida como a tarefa de atribuir aos recursos humanos e materiais uma nova e maior capacidade de produção de riqueza. A inovação é particularmente importante para os países em desenvolvimento. Estes países têm os recursos; são pobres porque lhes falta a capacidade de tornar esses recursos produtores de riqueza. Podem importar a tecnologia, mas terão de produzir as suas próprias inovações sociais para fazer funcionar a tecnologia importada.

Ter percebido isto foi a grande força dos fundadores do Japão moderno, há um século. Mantiveram deliberadamente o seu país dependente da tecnologia do Ocidente — uma dependência que se manteve até há muito pouco tempo —, mas canalizaram as suas energias e as do seu povo para inovações sociais que permitiriam ao seu país tornar-se uma forte sociedade e economia moderna, conservando, contudo, o carácter e a cultura distintamente japoneses.

A inovação é, portanto, crucial para o desenvolvimento económico — na verdade, é sobretudo uma tarefa do empreendedorismo.

Os gestores terão de converter as necessidades sociais em oportunidades para negócios lucrativos — uma definição de inovação. Hoje, é preciso realçá-lo, quando estamos tão conscientes das necessidades da sociedade, das escolas, dos sistemas de cuidados de saúde, das cidades e do ambiente. Estas necessidades não são assim tão diferentes daquelas que o empreendedor do século XIX converteu em indústrias em crescimento — o jornal e o carro elétrico; o arranha-céus em aço e o manual escolar; o telefone e os produtos farmacêuticos. As novas necessidades exigem, de modo semelhante, empresas inovadoras.

A Utilização Produtiva de Recursos Geradores de Riqueza

A empresa tem de utilizar recursos geradores de riqueza para cumprir o seu propósito de criar um cliente. Tem, por isso, a missão de utilização produtiva destes recursos. É esta a função administrativa das empresas. No seu aspecto económico, chama-se produtividade.

Toda a gente, nestes últimos anos, fala de produtividade. Não é novidade que uma maior produtividade — melhor utilização dos recursos — é, ao mesmo tempo, essencial para padrões de vida mais elevados e o resultado da atividade empresarial. E temos de compreender agora que a «maldição» da economia moderna, a inflação descontrolada, é uma doença causada pela produtividade desadequada. Mas, na verdade, sabemos muito pouco sobre produtividade; de facto, ainda não somos capazes de medi-la.

A produtividade significa o equilíbrio entre *todos* os fatores da produção que resultarão na maior produção com o mínimo de esforço. Isto é muito diferente da produtividade por trabalhador e por hora de trabalho; na melhor das hipóteses, reflete-se distante e vagamente nesses padrões tradicionais.

Estes padrões continuam a ser baseados no princípio do século XVIII de que o trabalho manual é, em última análise, o único recurso produtivo; o único verdadeiro esforço. Esse padrão continua a exprimir a falácia mecanicista — em que Marx, para permanente invalidação da economia marxista, foi o último a cair —, segundo a qual toda a realização humana poderia eventualmente ser medida em unidades de esforço muscular. A produtividade acrescida numa economia moderna nunca é alcançada pelo esforço muscular. É sempre o resultado de dispensar o trabalho muscular, de substituir o trabalhador manual por outra coisa. Um desses substitutos é, evidentemente, o equipamento capital, ou seja, a energia mecânica.

Pelo menos tão importante, embora passando despercebido até há pouco tempo, é o aumento da produtividade alcançado pela substituição do trabalho manual, especializado ou não-especializado, pelo conhecimento, resultando na transformação dos trabalhadores manuais em trabalhadores do conhecimento, como os gestores, os técnicos e os profissionais.

Uma pequena reflexão mostrará que o ritmo da formação de capital, a que os economistas dão tanta atenção, é um fator secundário. Alguém tem de planear e desenhar o equipamento — uma tarefa conceptual, teórica e analítica — antes de poder ser instalado e usado. O fator básico no desenvolvimento de uma economia deverá ser o ritmo de «formação de cérebros», o ritmo a que um país produz pessoas com imaginação e visão, educação e capacidades teóricas e analíticas.

No entanto, o planeamento, a conceção e a instalação de equipamento capital é apenas uma parte do aumento da produtividade através da substituição do músculo pelo cérebro. Pelo menos tão importante é a contribuição feita através da troca direta do carácter do trabalho, passando daquele que exige trabalho manual, especializado ou não, de muitas pessoas, para aquele que exige análise teórica e planeamento conceptual, sem qualquer investimento em equipamento capital.

Esta contribuição tornou-se evidente na década de 1950, na análise do fosso de produtividade entre a indústria americana e a europeia. Houve estudos — por exemplo, o da Stanford Research Institute e o da Organization for Economic Cooperation (OEC) — que mostravam claramente que o diferencial de produtividade entre a Europa Ocidental e os Estados Unidos não era uma questão de investimento de capital. Em muitas indústrias europeias, a produtividade chegava a situar-se dois terços abaixo da indústria correspondente americana, apesar de o investimento de capital e o equipamento serem iguais. A única explicação era a menor proporção de gestores e técnicos e a má estrutura organizacional da indústria europeia, com a sua dependência da capacidade manual.

Em 1900, a companhia industrial típica nos Estados Unidos provavelmente não gastaria mais do que 5 ou 8 dólares em pessoal de gestão técnico e profissional por cada 100 dólares em salários de operários. Hoje, existem muitas empresas industriais em que os dois itens da despesa são iguais — apesar de o salário operário ter subido proporcionalmente muito mais depressa. Fora da indústria fabril, dos transportes e das minas, por exemplo, na distribuição, nas finanças, nos seguros e nas indústrias de serviços (ou seja, em dois terços da economia americana), o aumento na produtividade tem sido primordialmente causado pela substituição do trabalho manual pelo planeamento, do músculo pelo cérebro, do suor pelo conhecimento.

As maiores oportunidades para aumentar a produtividade encontram-se certamente no próprio trabalho do conhecimento e, especialmente, na gestão. O vocabulário da empresa — sobretudo na contabilidade — em relação à produtividade tornou-se tão obsoleto quanto enganador. Aquilo a que o contabilista chama trabalho produtivo consiste em trabalhadores manuais a tomarem conta de máquinas, o que é na realidade o trabalho menos produtivo. Aquilo a que os contabilistas chamam trabalho não produtivo — todas as pessoas que contribuem para a produção sem estarem a tomar conta de uma máquina — é uma embrulhada. Inclui trabalho manual pré-industrial, de baixa produtividade, como varredores; algum trabalho de elevada competência e produtividade, como fabricantes de ferramentas; novo trabalho industrial de elevada competência, como eletricistas de manutenção; e pessoal industrial de elevado conhecimento, como supervisores, engenheiros industriais e pessoal do controlo de qualidade. Finalmente, aquilo que o contabilista agrupa ao molho no pináculo — o próprio termo cheira a desaprovação moral — contém o recurso mais produtivo: os gestores, os investigadores, os planeadores, os *designers*, os inovadores. Porém, poderá também conter elementos puramente parasitários, senão destrutivos, sob a forma de pessoal altamente pago, apenas necessário por causa de uma organização deficiente, pobreza de espírito ou objetivos confusos — ou seja, por causa da gestão.

Precisamos de um conceito de produtividade que considere juntamente todos os esforços que entram na produção e que os expresse em relação ao seu resultado, em vez de um que assuma que o trabalho é o único esforço produtivo. Mas mesmo um tal conceito — embora seja um grande passo — continuará a ser desadequado se a sua definição de esforço estiver confinada às atividades mensuráveis, como custos visíveis e diretos, ou seja, de acordo com a definição de «esforço» do contabilista. Existem fatores de impacto substancial, senão decisivo, sobre a produtividade que nunca se tornam números de custo visíveis.

Primeiro, há o conhecimento, o nosso recurso mais produtivo, se for adequadamente aplicado, mas também o mais dispendioso, e totalmente improdutivo, se for mal aplicado. Os trabalhadores do conhecimento são, por necessidade, trabalhadores de elevado custo. Tendo passado muitos anos na escola, representam também um elevado investimento social.

Depois, há o tempo, o nosso recurso mais perecível. O facto de as pessoas e as máquinas serem utilizadas continuamente, ou apenas metade do tempo, fará diferença na sua produtividade. Não há nada menos produtivo do que estagnar equipamento extensivo essencial ou desperdiçar o tempo de pessoas bem pagas e capazes. Igualmente improdutivo será encaixar no tempo mais esforço produtivo do que lá poderá confortavelmente caber — por exemplo, a tentativa de dirigir três turnos numa fábrica congestionada; ou a perda de tempo com equipamento velho e delicado.

O tempo mais produtivo — ou menos — é o dos próprios gestores. No entanto, de todos os fatores de produtividade, é o menos conhecido, o menos analisado e o menos gerido.

A produtividade é também uma função de mistura do produto, o equilíbrio entre várias combinações dos mesmos recursos. Como todos os gestores deverão saber, os diferenciais nos valores de mercado de várias combinações raramente são proporcionais aos esforços na realização das mesmas; frequentemente, mal se consegue perceber qualquer relação entre ambos. Uma companhia que produz um volume constante de bens, com os mesmos materiais e exigências de competência e uma quantidade constante de trabalho direto ou indireto, poderá gerar fortunas ou entrar em insolvência, dependendo da mistura de produtos. Obviamente, isto representa uma considerável diferença na produtividade dos mesmos recursos — mas não uma que surja nos custos, nem que possa ser detetada na análise de custos.

Existe também um fator importante a que chamaria «mistura de processos». É mais produtivo para uma empresa comprar ou fazer, montar o seu produto ou contratar no exterior o processo de montagem, comercializar sob a sua marca e por distribuição própria ou vender a retalhistas independentes, usando as suas marcas? Em que é que a empresa é boa? Qual é a utilização mais produtiva do seu conhecimento específico, da sua capacidade, da sua experiência, da sua reputação?

A gestão não pode fazer tudo, nem uma empresa deverá necessariamente empenhar-se naquelas atividades que parecem objetivamente ser as mais lucrativas. Cada gestão tem capacidades e limitações específicas. Sempre que tenta ir além delas, provavelmente falha, independentemente de poder ser intrinsecamente lucrativo para a empresa.

As pessoas competentes a dirigir empresas altamente estáveis não serão capazes de se ajustar a uma empresa volátil ou em rápido crescimento. As pessoas que cresceram numa companhia em rápida expansão correrão o risco, como mostra a experiência, de destruir a empresa, caso esta entre num período de consolidação. As pessoas competentes a dirigir uma empresa com base na pesquisa a longo prazo provavelmente não se sairão bem com a alta pressão da venda de novidades ou de mercadorias da moda. A utilização das capacidades específicas da companhia e da sua gestão e a observância dessas limitações específicas são importantes fatores de produtividade. Os conglomerados poderão otimizar a produtividade do capital, mas terão uma produtividade bastante baixa — e resultados intrinsecamente maus — noutras áreas igualmente importantes.

Finalmente, a produtividade é afetada pela estrutura organizacional e pelo equilíbrio entre as várias atividades dentro da empresa. Se a ausência de uma organização clara fizer com que os gestores desperdicem o seu tempo a tentar descobrir o que devem fazer em vez de o fazerem, o recurso mais escasso da companhia estará a ser gasto. Se a gestão de topo estiver apenas interessada na engenharia (talvez por ser aí que todos os gestores de topo têm a sua origem), embora a empresa precise de prestar especial atenção no marketing, irá ter falta de produtividade; o prejuízo resultante será maior do que aquele que poderia ser causado por uma queda na produção por trabalhador por hora.

Estes fatores são adicionais aos que os contabilistas e os economistas geralmente consideram, nomeadamente, a produtividade do trabalho, do capital e dos materiais. São, contudo, igualmente importantes.

Portanto, não só precisamos de definir a produtividade de forma a abarcar todos estes fatores que a afetam, como precisamos também de estabelecer objetivos que tenham em conta esses fatores. Temos de desenvolver padrões de medida para avaliar o impacto na produtividade da substituição do capital por trabalho e de ambos pelo conhecimento — e meios para distinguir entre a gestão de topo criativa e parasitária e para calcular o impacto na produtividade da utilização do tempo, da mistura do produto, da mistura do processo, da estrutura organizacional e do equilíbrio das atividades.

Não só a gestão individual precisa de conceitos e medidas adequadas para a produtividade, como também a economia. A sua ausência constitui o maior fosso na nossa estatística económica e debilita seriamente toda a política económica. Frustra as nossas tentativas tanto para lutar contra a depressão como contra a inflação.

As Funções do Lucro

O lucro não é uma causa, mas sim um resultado — o resultado da empresa no marketing, na inovação e na produtividade. É um resultado necessário, que serve funções económicas essenciais. O lucro é, em primeiro lugar, o teste do desempenho — o único teste efetivo, como os comunistas na Rússia cedo descobriram, quando tentaram aboli-lo no início dos anos 20 (embora lhe tivessem astutamente chamado fundo de capital e evitassem a palavra «proibida» — lucro — até bem dentro da década de 1950).

O lucro tem uma segunda função igualmente importante. É o prémio pelo risco da incerteza. A atividade económica, na medida em que é uma atividade, foca-se no futuro; e a única coisa certa em relação ao futuro é a sua incerteza, os seus riscos. Diz-se que a própria palavra «risco» significa «ganhar o pão de cada dia» em árabe. É através da assunção do risco que os empresários ganham o seu pão de cada dia. Como a atividade empresarial é económica, tenta sempre provocar mudança. Corrói sempre a base em que assenta; torna os riscos existentes mais arriscados e cria outros.

O futuro da atividade económica é longo; pode levar quinze ou vinte anos até que decisões básicas se tornem completamente efetivas e que o importante investimento compense. Há cem anos que se sabe que «estender o desvio económico» é um pré-requisito para o progresso económico. Contudo, embora nada saibamos acerca do futuro, sabemos que os seus riscos aumentam em progressão geométrica quanto mais nos empenharmos nele.

O lucro, e só o lucro, pode fornecer o capital para os empregos de amanhã, tanto para *mais* empregos, como para *melhores* empregos.

Aumentar o investimento para criar empregos é também uma definição de progresso económico.

Os contabilistas e os engenheiros não vivem melhor do que os seus avôs que trabalhavam em quintas por trabalharem mais esforçadamente. Trabalham com muito menos esforço. Nem merecem uma vida melhor por serem melhores pessoas do que os avôs. São o mesmo género de ser humano que os avôs, bisavôs e trisavôs. Os atuais contabilistas ou engenheiros podem receber muito mais e, contudo, trabalhar muito menos, porque o investimento de capital neles e nos seus trabalhos é infinitamente maior do que aquele que financiou o trabalho dos seus avôs. Em 1900, quando os avôs deles começaram, o investimento de capital por agricultor americano era, no máximo, de 5000 dólares. Para criar o trabalho do contabilista ou do engenheiro, a sociedade investe primeiro pelo menos 50 000 dólares em capital e despesas na escola e na educação. E, depois, o empregador investe mais 25 000 a 50 000 dólares por emprego. Todo este investimento que torna possível empregos ao mesmo tempo adicionais e melhores tem de ter origem no excedente da atividade económica, ou seja, nos lucros.

E, finalmente, o lucro paga as satisfações económicas e os serviços de uma sociedade, dos cuidados de saúde à defesa e da educação à ópera. Todos têm de ser pagos a partir do excedente da produção económica, ou seja, a partir da diferença entre o valor produzido pela atividade económica e o seu custo.

As pessoas nas empresas, hoje em dia, tendem a ser apologéticas acerca do lucro. Isto é um reflexo do lamentável trabalho que têm feito a explicar o lucro — acima de tudo, a si próprias —, pois não há justificação nem lógica para o lucro, quando se fala dos disparates do motivo do lucro e da maximização do lucro.

Não é necessária nenhuma desculpa pelo lucro como uma necessidade da economia e da sociedade. Pelo contrário, aquilo pelo qual os empresários se deveriam sentir culpados, aquilo pelo que deveriam sentir necessidade de pedir desculpa, é pelo fracasso em produzir um lucro apropriado para que as funções económicas e sociais se possam desenvolver, o que o lucro, e só o lucro, pode conseguir.

Walther Rathenau (1867–1922), o executivo, estadista e filósofo social alemão que pensou mais profundamente do que qualquer outro ocidental do seu tempo acerca da responsabilidade social do sector empresarial, propôs a substituição da palavra «lucro» por «responsabilidade». É evidente que o lucro não constitui o todo; mas é a primeira responsabilidade. A empresa que não consiga produzir um lucro adequado põe em perigo tanto a integridade dos recursos que estão ao seu cuidado, como a capacidade da economia para crescer. Não corresponde à confiança.

Quando mais não seja, a empresa comercial precisa de um *mínimo* de lucro: o lucro exigido para cobrir os seus riscos futuros, o lucro exigido para permitir que se mantenha em atividade e intacta a capacidade de produção de riqueza dos seus recursos. Este lucro mínimo requerido afeta o comportamento e a decisão empresariais — ambos ao estabelecer limites e ao testar a sua validade. A gestão precisa de um objetivo de lucro pelo menos igual ao lucro mínimo requerido e de referências para medir o seu desempenho de lucro em relação a esta exigência.

Então, o que é gerir uma empresa? Deduz-se — da análise da atividade empresarial como a criação de um cliente através do marketing e da inovação — que gerir uma empresa deverá ter sempre o carácter do empreendedorismo. Há necessidade de desempenho administrativo, mas segue objetivos de empreendedorismo. A estrutura segue a estratégia.

Gerir uma empresa deverá também ser uma tarefa criativa e não adaptativa. Quanto mais a gestão cria condições económicas ou as modifica — em vez de, passivamente, se adaptar a elas —, mais gere a empresa.

Mas a análise da natureza de uma empresa mostra também que a gestão, embora seja testada apenas pelo desempenho, é uma atividade racional. Concretamente, isto significa que uma empresa deverá estabelecer objetivos que expressem aquilo que é desejável atingir, em vez de (como implica o teorema da maximização do lucro) garantir a acomodação possível. Uma vez que os objetivos tenham sido fixados, focando toda a equipa naquilo que é desejável, pode ser levantada a questão de que concessões têm de ser feitas. Isto exige que a gestão decida qual é a atividade em que a empresa está empenhada e em qual deveria estar empenhada.

CAPÍTULO ONZE

Realidades da Empresa

OS GESTORES NÃO ATRIBUÍREM nem tempo, nem reflexão suficientes ao futuro é uma queixa universal. É um tema recorrente no seu dia de trabalho e nos artigos e livros de gestão.

É uma queixa válida. Os gestores deveriam dedicar mais tempo e reflexão ao futuro da sua empresa. Também deveriam dedicar mais tempo e reflexão a muitas outras coisas, por exemplo, às suas responsabilidades sociais e comunitárias. Mas tanto eles como as suas empresas pagam caro por estas negligências. A negligência do futuro é apenas um sintoma; os executivos menosprezam o amanhã porque não conseguem ultrapassar o hoje, e também isso é um sintoma. A verdadeira doença é a ausência de qualquer alicerce de conhecimento e sistema para lidar com as tarefas económicas nas empresas.

A tarefa de hoje ocupa, em regra, todo o tempo do gestor; porém, raramente é bem feita. Poucos gestores ficam impressionados com o próprio desempenho nas tarefas imediatas. Sentem-se presos numa «corrida de ratos» e geridos por quem quer que lhes calhe na rifa. Sabem que os programas intensivos que tentam «resolver» este ou aquele problema «urgente» raramente alcançam resultados certos e duradouros. E, no entanto, saltam de um programa intensivo para o próximo. Ainda pior: sabem que os problemas se repetem, por muitas vezes que sejam «resolvidos».

Antes de pensar em lidar com o futuro, um gestor tem, assim, de ser capaz de enfrentar os desafios de hoje em menos tempo e com maior impacto e permanência. Para isto é necessária uma ponderação sistemática sobre o trabalho de hoje.

Três Dimensões da Tarefa Económica

Existem três dimensões na tarefa económica: (1) a presente empresa tem de ser tornada efetiva; (2) o seu potencial tem de ser identificado e realizado; (3) tem de ser transformada numa empresa diferente, para um futuro diferente. Cada tarefa exige um trato distinto e cada uma coloca diversas questões e apresenta diferentes conclusões. Contudo, são inseparáveis. As três têm de ser realizadas ao mesmo tempo: hoje. As três têm de ser realizadas com a mesma organização, os mesmos recursos de pessoas, conhecimento e dinheiro e o mesmo processo de empreendimento. O futuro não será feito amanhã; está a ser feito hoje e, em grande parte, pelas decisões e ações tomadas a respeito das tarefas presentes. Inversamente, o que está a ser feito para provocar o futuro afeta diretamente o presente. As tarefas sobrepõem-se. Exigem uma estratégia unificada. Caso contrário, não podem ser feitas.

Realizar qualquer destas tarefas, quanto mais as três em conjunto, exige uma compreensão das verdadeiras realidades da empresa como um sistema económico, da sua capacidade para o desempenho económico e da relação entre recursos disponíveis e resultados possíveis. Senão, não há alternativa à «corrida de ratos». Esta compreensão tem de ser desenvolvida separadamente para cada empresa. Contudo, os pressupostos e as expectativas que a suportam são largamente comuns. As empresas são diferentes, mas a atividade é muito semelhante, independentemente da dimensão e da estrutura, dos produtos, da tecnologia e dos mercados, da cultura e da competência da gestão. Há uma realidade empresarial comum.

Existem, na verdade, dois conjuntos de generalizações que se aplicam, muitas vezes, à maioria das empresas: uma, a respeito dos resultados e dos recursos de uma empresa; a outra, a respeito dos seus esforços. Em conjunto, levam a um certo número de conclusões relativamente à natureza e à direção da tarefa do empreendedorismo.

A maioria destes pressupostos parecerá plausível, talvez mesmo familiar, para a maioria das pessoas das empresas, mas poucas juntam estes pressupostos num todo coerente. Poucas retiram deles conclusões de ação, por muito que cada posição individual concorde com a sua experiência e conhecimento. Em consequência, poucos gestores baseiam neles as suas ações, os seus próprios pressupostos e expectativas.

Resultados e Recursos Existem Fora da Empresa

Nem os resultados, nem os recursos existem dentro da empresa. Ambos existem fora dela. Não existem centros de lucro dentro da empresa; apenas existem centros de custos. A única coisa que se pode dizer acerca de qualquer atividade empresarial, seja engenharia ou vendas, fabrico ou contabilidade, é que consome esforços e, assim, implica custos. Se contribui para os resultados é o que depois se verá.

Os resultados não dependem de ninguém dentro da empresa, nem de nada dentro do controlo da empresa. Dependem de alguém de fora — o cliente numa economia de mercado, as autoridades políticas numa economia controlada.

É sempre alguém de fora que decide se os esforços de uma empresa se tornam resultados económicos, ou se apenas se tornam desperdício e detritos.

O mesmo acontece com o único e distintivo recurso de qualquer empresa: o conhecimento. Outros recursos, como dinheiro ou equipamento físico, por exemplo, não conferem qualquer distinção. O que torna de facto uma empresa distinta, e aquilo que é o seu recurso peculiar, é a sua capacidade para usar conhecimento de todos os tipos — dos científicos e técnicos até aos sociais, económicos e de gestão. É apenas a respeito do conhecimento que uma empresa se pode distinguir e assim produzir algo que tenha valor no mercado.

Contudo, o conhecimento não é um recurso empresarial. Não pode ser secreto. «Aquilo que uma pessoa fez, outras poderão fazer» é um velho e sábio provérbio. Portanto, o único recurso decisivo da empresa é tão externo à empresa como os seus resultados.

Na verdade, a empresa pode ser definida como um processo que converte um recurso exterior — nomeadamente o conhecimento — em resultados exteriores, isto é, em valores económicos.

Resultados de Oportunidades: Recursos para Oportunidades

Os resultados são obtidos explorando oportunidades, e não resolvendo problemas. Tudo o que alguém pode esperar ao resolver um problema é restaurar a normalidade. Tudo o que alguém pode esperar, na melhor das hipóteses, é eliminar uma restrição à capacidade da empresa para obter resultados. Os resultados em si deverão surgir da exploração de oportunidades.

Os recursos, para produzirem resultados, terão de ser alocados a oportunidades e não a problemas. Escusado será dizer que não se podem ignorar os problemas, mas podem e devem ser minimizados.

Os economistas falam muito da maximização do lucro na empresa, que, como inúmeros críticos apontaram, é um conceito tão vago que acaba por não ter significado. Mas «maximização de oportunidades» é uma definição significativa, na verdade precisa, da tarefa do empreendimento. Implica que a efetividade, e não a eficiência, é essencial na empresa. A questão não é como fazer as coisas bem, mas como descobrir as coisas certas a fazer e nelas concentrar os recursos e os esforços.

Posição de Liderança e Resultados

Os resultados económicos são alcançados apenas pela liderança, não por mera competência. Os lucros são as recompensas por se fazer uma contribuição única, ou pelo menos distinta, numa área significativa; e aquilo que é significativo é decidido pelo mercado e pelo cliente. O lucro apenas pode ser obtido por se fornecer algo que o mercado aceita como valor, estando disposto a pagar como tal. E o valor implica sempre aquele extra que faz com que um produto sobressaia, a distinção que lhe confere aquela indefinível qualidade de liderança. O monopólio real, que é um animal tão mítico como o unicórnio (exceto quando é politicamente imposto, ou seja, quando se trata de monopólios governamentais, de que o cartel dos países exportadores de petróleo talvez seja o exemplo mais notório), é a única exceção.

Isto não significa que uma empresa tenha de ser a gigante da sua indústria, nem que tenha de ser a primeira em cada linha de produto, mercado ou tecnologia na qual esteja envolvida. Ser grande não é o mesmo que liderança. Em muitas indústrias, a maior companhia não é de modo algum a mais rentável, uma vez que tem de conduzir linhas de produto, fornecer mercados ou aplicar tecnologias em que não pode realizar uma tarefa distinta, quanto mais única. O segundo lugar, ou mesmo o terceiro, é frequentemente preferível, pois torna possível a concentração num segmento de mercado, numa classe de clientes, numa aplicação da tecnologia, onde reside frequentemente a liderança. De facto, a crença de muitas empresas em que podem — ou devem — ter a total liderança dentro do seu mercado ou indústria é um importante obstáculo para a alcançarem; faz com que estas companhias dispersem os seus recursos — e o desempenho exige concentração.

Mas uma companhia que queira obter resultados económicos tem de ter liderança em *algo* de verdadeiro valor para um cliente ou um mercado. Poderá ser numa limitada, mas importante linha de produto, poderá ser no seu serviço, na sua distribuição ou na sua capacidade para converter ideias em produtos vendíveis no mercado, rapidamente e a baixo custo.

A menos que tenha uma tal posição de liderança, uma empresa, um produto, um serviço torna-se marginal. Poderá parecer ser líder, poderá fornecer uma larga quota do mercado e ter toda a força do seu ímpeto, história e tradição por trás, mas essa margem será incapaz de sobreviver a longo prazo, quanto mais de produzir lucros. Vive a prazo. Existe por causa da passividade e da inércia dos outros. Mais tarde ou mais cedo, assim que a explosão abrandar, será excluída.

Qualquer posição de liderança é transitória e, provavelmente, a curto prazo. Nenhuma empresa conseguirá garantir a sua posição de liderança. O mercado onde existem resultados e o recurso ao conhecimento são ambos geralmente acessíveis. Nenhuma posição de liderança passa de uma vantagem temporária. O que isto realmente significa é que os lucros resultam apenas da vantagem do inovador e, portanto, desaparecem assim que a inovação se torna rotineira. Na empresa (como num sistema físico), a energia tende sempre para a difusão. A empresa tende a derivar da liderança para a mediocridade, e o medíocre está a três quartos do caminho para se tornar marginal. Os resultados derivam sempre do lucro para, na melhor das hipóteses, uma remuneração — é tudo o que a competência vale.

É, assim, tarefa do gestor reverter a tendência normal. É tarefa do gestor focar a empresa na oportunidade e afastá-la dos problemas, recriar a liderança e contra-atacar a tendência para a mediocridade, substituir a inércia e o seu ímpeto por uma nova energia e uma nova direção.

Esforços Dentro da Empresa e o Seu Custo

O segundo conjunto de pressupostos diz respeito aos *esforços dentro da empresa e o seu custo.*

O que existe está a envelhecer. Dizer que os gestores dedicam a maior parte do seu tempo a resolver os problemas de hoje é um eufemismo. Gastam a maior do seu tempo com os problemas de ontem. Os gestores gastam mais do seu tempo a tentar desfazer o passado do que qualquer outra coisa.

Isto, em grande medida, é inevitável. O que existe hoje é, por necessidade, o produto de ontem. A própria empresa — os presentes recursos, os esforços e a alocação, a organização, bem como os produtos, os mercados e os clientes — expressa necessariamente decisões e ações tomadas no passado. A grande maioria das pessoas cresceu na empresa de ontem. As suas atitudes, expectativas e valores foram formados num período anterior, e tendem a aplicar as lições do passado ao presente. Na verdade, todas as empresas acham que o que aconteceu no passado é normal, com uma forte inclinação para rejeitar como anormal tudo aquilo que não encaixe no padrão.

Por muito sensatas, arrojadas ou corajosas que as decisões e ações tenham sido quando foram realizadas, terão sido ultrapassadas pelos acontecimentos na altura em que se tornaram o comportamento normal e a rotina de uma empresa. Por muito apropriadas que as atitudes tenham sido quando foram formadas, no momento em que aqueles que as assumiram se deslocaram para posições sénior, de realização de políticas, o mundo que as moldou já não existe. Os acontecimentos nunca ocorrem tal como foram antecipados; o futuro é sempre diferente. Assim como os generais tendem a preparar-se para a última guerra, as pessoas nas empresas tendem sempre a reagir em termos da última explosão ou depressão. Aquilo que existe está, por isso, sempre a envelhecer. Qualquer decisão ou ação humana começa a envelhecer no momento em que foi iniciada.

É sempre fútil restaurar a normalidade; a «normalidade» é apenas a realidade de ontem. A tarefa não é impor o normal de ontem num hoje modificado, mas mudar a empresa, o seu comportamento, a sua atitude, as suas expectativas — bem como os seus produtos, os seus mercados e os seus canais de distribuição — para responder às novas realidades.

Aquilo que existe está provavelmente deslocado. A empresa comercial não é um fenómeno da natureza, mas da sociedade. Numa situação social, um reduzido número de acontecimentos *num extremo* — os primeiros 10% a 20%, no máximo

— é responsável por 90% de todos os resultados, ao passo que a grande maioria dos acontecimentos gera apenas cerca de 10% dos resultados. Isto aplica-se ao mercado: uma mão-cheia de grandes clientes entre muitos milhares produz o grosso das encomendas; uma mão-cheia de produtos entre centenas de itens da linha produz o grosso do volume; e assim por diante. Aplica-se aos esforços de venda: alguns vendedores entre centenas produzem dois terços de todo os novos negócios. Aplica-se à fábrica: uma mão-cheia da produção corresponde à maioria da tonelagem. Aplica-se à investigação: as mesmas poucas pessoas no laboratório estão aptas a produzir quase todas as inovações importantes.

Aplica-se a quase todos os problemas de pessoal: o grosso das queixas vem sempre de alguns poucos lugares e de um grupo de empregados, tal como o grosso do absentismo, das rotações de pessoal, de sugestões num sistema de sugestões, de acidentes. Como mostraram os estudos da New York Telephone Company, isto aplica-se até à doença.

As implicações desta simples demonstração sobre a distribuição normal são vastas.

Em primeiro lugar, significa que, enquanto 90% dos resultados são produzidos pelos primeiros 10% de acontecimentos, 90% dos custos são produzidos pelos restantes e improdutivos 90% dos acontecimentos. Por outras palavras, os resultados e os custos estão numa relação inversa entre si.

Uma segunda implicação é que os recursos e os esforços serão normalmente alocados a 90% de acontecimentos que praticamente não produzem resultados. Serão alocados ao número de acontecimentos, e não aos resultados. De facto, os mais dispendiosos e, potencialmente, mais produtivos recursos (ou seja, pessoas altamente treinadas) serão alocados aos piores, porque a pressão exercida pelo grosso das transações é fortificada pelo orgulho individual em fazer o difícil — quer seja produtivo, quer não. Isto foi demonstrado em todos os estudos. Apresento, de seguida, alguns exemplos.

Uma grande companhia de engenharia orgulhava-se da alta qualidade e reputação do seu grupo de serviço técnico, que continha várias centenas de dispendiosos engenheiros. Eram, na realidade, de primeira qualidade, mas a análise da sua alocação mostrou claramente que, embora trabalhassem esforçadamente, pouco contribuíam. A maioria deles trabalhava em problemas «interessantes» — em especial aqueles com clientes muito reduzidos —, problemas que, quando eram resolvidos, pouco negócio geravam. A indústria automóvel era o principal cliente da companhia e responsável por quase um terço de todas as compras. Contudo, poucas pessoas dos serviços técnicos se lembravam de ter posto o pé no departamento de engenharia ou na fábrica de uma companhia automóvel. «A General Motors e a Ford não precisam de mim; têm o pessoal deles», era a sua reação.

De modo semelhante, em muitas companhias, o pessoal das vendas está mal alocado. O maior grupo de vendedores (e o mais efetivo) é geralmente utilizado nos produtos difíceis de vender, ou por serem produtos ultrapassados, ou porque são perdedores natos (aqueles que os gestores, por vaidade, estão a tentar transformar em vencedores). Os produtos importantes de amanhã raramente obtêm o esforço de vendas exigido, e o produto que tem sucesso no mercado e que, por isso, deveria ser promovido ao máximo tende a ser menosprezado. «Afinal de contas, sai bem sem ser preciso um esforço extra», é a conclusão habitual. Foi demonstrado que departamentos de investigação, *designers*, esforços de desenvolvimento de mercado e mesmo esforços de publicidade são alocados da mesma forma em muitas companhias — por transações e não por resultados, por aquilo que é difícil e não por aquilo que é produtivo, pelos problemas de ontem e não pelas oportunidades de hoje e de amanhã.

Uma terceira e importantíssima implicação é que o dinheiro da receita e o dinheiro dos custos são raramente o mesmo fluxo de dinheiro. A maioria dos empresários imagina — e a maior parte das exposições contabilísticas assume — que o fluxo de receitas vai alimentar o fluxo das despesas, o qual, por sua vez, volta a alimentar o fluxo das receitas. Mas o circuito não é fechado. Obviamente que a receita produz o fundo para os custos; porém, a menos que a gestão produza constantemente esforços em atividades de produção de receita, os custos tenderão a alocar-se em atividades que não produzem nada, em pura inércia negocial.

Assim, em relação a esforços e custos, bem como a recursos e resultados, a empresa tende a resvalar para a difusão de energia.

Portanto, há a necessidade de constante reavaliação e redirecionamento; e a necessidade é maior onde é menos esperada: *em tornar a presente empresa efetiva*. É no presente que a empresa tem de funcionar com efetividade. É no presente que tanto a análise mais arguta como a maior energia são exigidas. Contudo, é perigosamente tentador continuar a remendar o vestido de ontem em vez de trabalhar no *design* do padrão de amanhã.

Uma interpretação casuística não será suficiente. Para obter uma verdadeira compreensão da empresa, o gestor terá de ser capaz de vê-la na sua globalidade, de ver os seus recursos e esforços como um todo e a sua alocação a produtos e serviços, a mercados, a clientes, a utilizadores finais, a canais de distribuição. O gestor terá de ser capaz de ver que esforços vão para problemas e para oportunidades, e também deverá ser capaz de pesar alternativas de direção e alocação. A análise parcial provavelmente informará e orientará mal. Apenas a perspetiva global de toda a empresa como um sistema económico poderá fornecer o verdadeiro conhecimento.

A concentração é essencial para os resultados económicos. Os resultados económicos exigem que os gestores concentrem os seus esforços no menor número possível de produtos, de linha de produto, de serviços, de clientes, de mercados, de canais de distribuição, de utilizações finais, e assim por diante, que produzirá a maior quantidade de receitas. Os gestores deverão minimizar a quantidade de atenção dedicada a produtos que produzem valores residuais, porque, por exemplo, o seu volume é muito pequeno ou disperso.

Os resultados económicos exigem que os esforços do pessoal sejam concentrados nas poucas atividades que são capazes de produzir resultados de negócio significativos.

O controlo de custos efetivo exige uma semelhante concentração de trabalho e esforços naquelas poucas áreas em que a melhoria do desempenho dos custos terá um impacto significativo no desempenho e nos resultados empresariais — ou seja, naquelas áreas onde um aumento relativamente menor na eficiência produzirá um importante aumento na efetividade económica.

Finalmente, os recursos humanos deverão ser concentrados nalgumas poucas oportunidades importantes. Isto aplica-se particularmente aos recursos humanos de elevado nível, através dos quais o conhecimento se torna efetivo no trabalho. E, acima de tudo, aplica-se ao mais escasso, mais dispendioso, mas também potencialmente mais efetivo de todos os recursos humanos numa empresa: o talento da gestão.

Nenhum outro princípio de efetividade é hoje tão violado como o princípio básico da concentração. Isto, claro, não se aplica apenas às empresas. Os governos tentam fazer um pouco de tudo. Hoje em dia, as grandes universidades tentam ser todas as coisas para todas as pessoas, combinando ensino e investigação, serviços comunitários, atividades de consultoria, e assim por diante. Mas a empresa — sobretudo a grande empresa — não é menos difusa.

Não há muito tempo, estava na moda atacar a indústria americana pela sua «obsolescência programada». E há muito que uma das críticas preferidas à indústria, especialmente à americana, é a de que impõe uma «padronização amortizadora». Infelizmente, a indústria tem sido atacada por fazer exatamente aquilo que devia fazer e não faz.

As grandes empresas dos Estados Unidos orgulham-se de estarem dispostas e de serem capazes de fornecer qualquer especialidade, de satisfazer qualquer procura de variedade e mesmo de estimular essas procuras. Não há empresa que não se gabe de nunca ter, por vontade própria, abandonado um produto. Em consequência, a maioria das grandes companhias acaba com milhares de itens na sua linha de produção — e, na maioria dos casos, menos de vinte vendem realmente. Contudo, estes vinte itens, ou menos, têm de contribuir com receitas para compensar os custos dos 9999 que não se vendem.

Na verdade, o problema básico da força competitiva dos Estados Unidos no mundo atual poderá ser o amontoado de produtos. Se fossem adequadamente custeadas, as principais linhas na maioria das nossas empresas provariam ser completamente competitivas, apesar da nossa elevada taxa salarial e da nossa pesada carga fiscal. Mas esbanjamos a nossa vantagem competitiva nos produtos volumosos ao subsidiarmos um enorme leque de especialidades, das quais apenas algumas recuperam o seu verdadeiro custo. Na eletrónica, por exemplo, a concorrência do rádio transístor portátil japonês baseia-se em pouco mais do que a concentração japonesa em poucos modelos nesta linha — ao contrário do descontrolado excesso de modelos impercetivelmente diferentes da linha de fabrico dos Estados Unidos.

De modo semelhante, neste país, somos também perdulários em relação às atividades do pessoal. O nosso mote parece ser «vamos fazer um pouco de tudo» — pesquisa de pessoal, engenharia avançada, análise de clientes, economia internacional, pesquisa de operações, relações públicas, e outros. Em consequência, aglomeramos enormes quantidades de pessoal e, no entanto, não concentramos esforço suficiente numa determinada área.

De modo semelhante, nas nossas tentativas para controlar os custos, dispersamos os nossos esforços em vez de os concentrarmos onde os custos estão. Tipicamente, o programa de redução de custos visa cortar um pouco — por exemplo, 5% ou 10% — em tudo. Este corte generalizado tem, no melhor dos casos, falta de efetividade; no pior, é capaz de invalidar os importantes esforços que produzem resultados, os quais, em geral, dispõem de menos dinheiro do que aquele de que precisam logo à partida. Mas os esforços que são puro desperdício quase não são afetados pelo típico programa de redução de custos, porque normalmente começam com um generoso orçamento.

Estas são as realidades empresariais, os pressupostos que provavelmente serão considerados válidos na maioria das empresas na maior parte das vezes, os conceitos com os quais o estudo da tarefa do empreendimento tem de começar.

Deverá ser sublinhado que são apenas pressupostos. Terão de ser testados pela análise real; e um pressuposto ou outro poderá muito bem não aplicar-se a uma empresa em particular num dado momento. Contudo, têm probabilidade suficiente para fornecer o alicerce para a análise de que o executivo precisa para compreender a sua empresa. São os pontos de partida para a análise necessária das três tarefas do empreendedorismo: tornar efetiva a presente empresa; descobrir potencial empresarial; e construir o futuro da empresa.

A pequena e aparentemente simples empresa precisa tanto desta compreensão como a grande e altamente complexa. A compreensão é necessária para a tarefa imediata da efetividade, assim como para o trabalho no futuro, daí a muitos anos. É uma ferramenta necessária para quaisquer gestores que levem a sério a sua responsabilidade como empreendedores. E é uma ferramenta que não pode ser moldada, nem exercida em seu nome. Terão de tomar parte na sua realização e na sua utilização. A capacidade para conceber e desenvolver esta ferramenta e a competência a ser usada deverão ser um equipamento-padrão dos gestores empresariais.

CAPÍTULO DOZE

O Poder e o Propósito dos Objetivos

HÁ UMA COMPANHIA no mundo ocidental que pode ser comparada à Sears, Roebuck: a Marks & Spencer. Poderá mesmo estar ligeiramente à frente em crescimento de vendas e lucros durante um longo período de anos.

Como a Sears, a Marks & Spencer é uma cadeia de retalho. Abriu o seu primeiro armazém em 1884, mais ou menos na altura em que Richard Sears disponibilizou por correspondência relógios baratos, mas fiáveis ao agricultor do Midwest. Em 1915, a companhia construía armazéns de venda. Desde então tem crescido rapidamente. Contudo, o seu período de crescimento mais notável foram foi entre 1963 e 1972 — um período na história da economia britânica caracterizado pela «stagflation», isto é, a estagnação inflacionária, e não pelo crescimento. Durante este difícil período, a Marks & Spencer mais do que duplicou o seu volume de vendas (de 184 milhões para 463 milhões de libras, ou, em dólares, de 460 para 1100 milhões, à taxa de câmbio da altura). Os lucros aumentavam com a mesma rapidez, de 22 para 54 milhões de libras (55 para 135 milhões de dólares). Igualmente notável era a margem de lucro — quase 12% sobre as vendas, antes dos impostos —, o que é o dobro daquilo que qualquer outro comerciante retalhista (à exceção da Sears) consideraria completamente satisfatório.

A Revolução Social como Missão Empresarial

Em meados dos anos 20, os quatro cunhados (Simon Marks, Israel Sieff, Harry Sacher e Norman Laski) que tinham transformado os armazéns de 1915 numa importante cadeia de centros comerciais eram donos de um negócio bem-sucedido. Poderiam ter-se contentado em gozar os louros e a sua considerável riqueza. Em vez disso, decidiram — a seguir a uma viagem de Simon Marks à América em 1924, durante a qual estudou cuidadosamente a Sears, Roebuck — repensar o propósito e a missão do seu negócio. Decidiram que o negócio da Marks & Spencer não era o retalho; era a revolução social.

A Marks & Spencer redefiniu a sua atividade enquanto subversão da estrutura de classes da Inglaterra do século XIX, tornando acessível à classe operária e à classe média bens da classe superior e, contudo, a preços que o cliente podia bem suportar.

A Marks & Spencer não era de modo algum a única na Inglaterra dos anos 20 a ver uma grande oportunidade nas rápidas mudanças sociais do período pós-Primeira Guerra Mundial. Porém, aquilo que a tornou única e bem-sucedida foi a sua conversão da definição de «aquilo que a nossa empresa é e deveria ser» em claros, específicos, múltiplos e operacionalmente efetivos *objetivos*.

Isto exigia, primeiro, uma decisão quanto àquilo em que se deveria concentrar, ou seja, um *objetivo de estratégia básica*.

A Marks & Spencer fora uma cadeia de armazéns populares como muitas outras, oferecendo uma larga variedade de produtos que nada têm em comum a não ser o preço baixo. Agora, a companhia decidia concentrar-se na roupa (à qual cedo acrescentou os têxteis domésticos, como toalhas e cortinados).

Foi uma decisão racional. Na Inglaterra dessa altura, o vestuário continuava a ser determinado pela classe e era a distinção mais visível. No entanto, toda a Europa, depois da Primeira Guerra Mundial, se tornara consciente da moda. Ao mesmo tempo, surgiram as fábricas de produção em massa de tecidos e vestuário de boa qualidade, mas baratos, em grande parte devido à enorme procura de uniformes durante a guerra. Novas fibras têxteis, como a seda artificial e o acetato, chegavam ao mercado. Contudo, em Inglaterra ainda não existia um sistema de distribuição de vestuário de bom corte, na moda e barato para as massas.

Passados poucos anos, a Marks & Spencer tornara-se a maior distribuidora têxtil e de vestuário em Inglaterra, uma posição que conservou desde então. Em 1972, as vendas de roupa eram responsáveis por três quartos do total do volume da Marks & Spencer, ou seja, por 327 milhões de libras (cerca de 800 milhões de dólares).

Depois da Segunda Guerra Mundial, a mesma ideia foi aplicada a uma nova importante categoria: a comida. Durante a guerra, a população inglesa, anteriormente conhecida pela sua tenaz resistência a qualquer inovação na alimentação, aprendeu a aceitar novos alimentos. O negócio de comida da Marks & Spencer, em 1972, era responsável pelo restante quarto das vendas.

Começando por ser um bem-sucedido armazém no início dos anos 20, e mesmo nos anos 30, a Marks & Spencer transformou-se numa altamente distinta vendedora de «especialidades», talvez a maior do mundo.

Os Objetivos

A decisão da concentração permitiu assim à empresa estabelecer objetivos de *marketing*. A decisão permitiu que decidisse quem era o cliente e quem deveria ser; que tipo de loja precisava e quando; a política de preços a seguir; e qual a penetração de mercado a que aspirar.

A área seguinte que a Marks & Spencer tratou foram os *objetivos de inovação.* O vestuário e os têxteis de que precisava não existiam nessa altura. A Marks & Spencer começou pelo controlo de qualidade, como qualquer outro grande retalhista, mas rapidamente transformou os seus laboratórios de controlo de qualidade em centros de pesquisa, *design* e desenvolvimento. Produziu novos tecidos, novas tintas, novos processos, novas misturas, e assim por diante. Criou *designs* e modas. Finalmente, foi à procura do fabricante certo, que muitas vezes tinha de ser ajudado no seu lançamento, pois os fabricantes da velha guarda não estavam, por razões óbvias, assim tão ansiosos para contribuir com a sua parte, juntamente com os principiantes que tentavam dizer-lhes como haviam de gerir o seu negócio. E quando, depois da guerra, a companhia se deslocou para a preparação e o processamento de alimentos, pastelaria e laticínios, aplicou a mesma perspetiva inovadora à nova indústria.

A Marks & Spencer estabeleceu objetivos de inovação no marketing. Foi pioneira, por exemplo, na pesquisa do consumidor nos inícios dos anos 30, quando esse trabalho era tão recente que a Marks & Spencer teve de desenvolver as técnicas necessárias. (A General Motors tinha uma atividade de pesquisa do consumidor bem antes de 1929. Duvido, contudo, de que a Marks & Spencer soubesse disso; não era do conhecimento geral, nem sequer no interior da indústria automóvel americana.)

A Marks & Spencer estabeleceu objetivos para o fornecimento e o desenvolvimento de recursos essenciais. No início, copiou e adaptou o programa da Sears para o recrutamento, a formação e o desenvolvimento de gestores. Estabeleceu objetivos para o desenvolvimento sistemático dos recursos financeiros e medidas para controlar a utilização destes recursos, e para o desenvolvimento das suas instalações físicas, ou seja, das lojas de retalho.

Além destes objetivos para alcançar a produtividade, existiam outros. A Marks & Spencer obtivera originalmente as suas medidas e controlos da América. Nos anos 20 e início dos anos 30, começou a estabelecer os próprios objetivos para melhorar continuamente a produtividade de recursos essenciais.

Em consequência, a Marks & Spencer tem uma produtividade de capital singularmente elevada — decerto uma das chaves do seu sucesso. Discreta, em termos gerais — mas igualmente importante —, é a produtividade da loja de retalho da Marks & Spencer, que excede, tanto quanto sei, qualquer coisa que seja encontrada em qualquer sítio, incluindo a Sears, Roebuck ou a Kresge, as reconhecidas virtuosas da gestão de lojas da cena de retalho americana.

Até ao final dos anos 20, a expansão da Marks & Spencer fora conseguida sobretudo através da abertura de novas lojas. A partir dos anos 30, a sua expansão fora conseguida tornando cada loja mais produtiva e aumentando as vendas por metro quadrado de espaço de venda. A Marks & Spencer, medida pelo número das suas lojas, continua a ser uma rede de tamanho médio — existem apenas 250 lojas (a Sears, por exemplo, tem mil, tal como a J. C. Penny). As lojas em si não são grandes, mesmo pelos padrões ingleses; a área média de venda é de apenas 1860 m^2 por loja. (Um grande supermercado americano, em comparação, chega aos 9300 m^2.) Contudo, cada uma destas pequenas lojas vende algo como 4 milhões de dólares por ano, o que é muitas vezes mais do que vendem as lojas de retalho altamente bem-sucedidas das outras companhias. A única explicação é a contínua atualização do volume por loja, ou seja, o aumento de mercadoria, mostruário e vendas por cliente. O espaço de venda de loja é o recurso de controlo de um vendedor de retalho; o sucesso da Marks & Spencer no aumento da sua utilização foi central para o seu desempenho.

A Marks & Spencer estabeleceu objetivos para as suas responsabilidades sociais e, especialmente, para áreas de importante impacto: a sua força de trabalho e os seus fornecedores. Introduziu gestores de pessoal (na verdade, eram referidas como «gestoras de pessoal», por serem todas mulheres) nas suas lojas como responsáveis pelos empregados, pelos problemas do pessoal e para se certificarem de que os empregados eram tratados com inteligência e compaixão. A gestão de pessoal continua a ser tarefa do gestor de loja. O gestor de pessoal foi preparado para ser a «consciência das pessoas» da companhia.

De modo semelhante, a Marks & Spencer desenvolveu objetivos para as suas relações com os seus fornecedores. Quanto maior for o sucesso com que um fornecedor trabalha com a Marks & Spencer, mais dependente da companhia o fornecedor se torna. Salvaguardar o fornecedor contra a exploração pela companhia tornou-se uma preocupação da gestão. Propôs-se a desenvolver um sistema de «auxílio», o qual, diferentemente do seu predecessor industrial inglês do início do século XVIII, não empobreceria nem tornaria o fornecedor menos seguro, mas, pelo contrário, enriquecê-lo-ia e dar-lhe-ia segurança.

Lucro: um Resultado, e Não um Objetivo

Então, e o objetivo do lucro? A resposta é: nunca existiu. Os objetivos de lucro foram anátemas na Marks & Spencer. Obviamente, a companhia é altamente rentável e consciente dos lucros, mas vê-os não como um objetivo, mas como uma exigência do negócio, ou seja, não como um objetivo, mas como uma necessidade. O lucro, na perspetiva da Marks & Spencer, é mais o *resultado* de fazer as coisas bem do que o propósito da atividade empresarial. É, acima de tudo, determinado por aquilo que é necessário para atingir os objetivos da companhia. A rentabilidade é uma medida de como a empresa cumpre as suas funções no serviço ao cliente e ao mercado. É, sobretudo, um constrangimento; a menos que o lucro seja adequado para cobrir os riscos, uma companhia não poderá atingir os seus objetivos.

Não sei até que ponto a gestão de topo da Marks & Spencer estaria consciente, nos primeiros tempos, de todo o impacto das decisões então tomadas. Provavelmente, não existiria um plano mestre. Mas os jovens executivos levados para a empresa nesses anos para assegurarem as novas tarefas — como a inovação — ou os objetivos e padrões do desenvolvimento da produtividade estavam perfeitamente conscientes de que a sua empresa se comprometera com uma visão — e sabiam o que essa definição implicava. Estavam altamente conscientes dos objetivos sociais e empresariais da companhia, sabiam aquilo que estes significavam individualmente em termos de objetivos de desempenho e de exigências da sua contribuição.

A Marks & Spencer, desde o início, converteu objetivos em missões de trabalho. Refletiu sobre os resultados e as contribuições necessários em cada área de objetivos; atribuía responsabilidade por esses resultados, e essa pessoa tinha de responder por eles; e media o desempenho e a contribuição em relação aos objetivos.

As Lições

A história da Marks & Spencer reafirma a importância central de se refletir sobre «aquilo que a nossa empresa *é* e aquilo que *deveria* ser». Mas mostra também que isso, por si só, não é suficiente. A definição básica da empresa e a definição do seu propósito e da sua missão tem de ser traduzida em objetivos; caso contrário, são apenas visões, boas intenções e excelentes epigramas que não se concretizam.

A história da Marks & Spencer revela as seguintes especificações para os objetivos:

1. Os objetivos têm de derivar «daquilo que a nossa empresa é e deverá ser». Não são abstrações, mas antes compromissos de ação através dos quais a missão de uma empresa deverá ser concretizada e os padrões em relação aos quais o desempenho deverá ser medido. Por outras palavras, os objetivos são a *estratégia fundamental de uma empresa*;
2. Os objetivos têm de ser operacionais. Deverão ser convertidos em alvos específicos e atribuições específicas. Terão de tornar-se a base, bem como a motivação, para o trabalho e a realização;
3. Os objetivos deverão tornar possível a *concentração* dos recursos e dos esforços. Deverão apurar aqueles que são fundamentais entre os objetivos de uma empresa, para que os recursos essenciais em pessoas, dinheiro e instalações físicas possam ser concentrados. Deverão, portanto, ser seletivos em vez de englobar tudo;
4. Deverão existir *múltiplos objetivos* em vez de um único.

A grande parte das animadas discussões atuais acerca da gestão por objetivos está centrada na procura do «único objetivo certo». Esta procura provavelmente não será apenas improdutiva; será prejudicial e desorientadora.

Gerir uma empresa é equilibrar uma variedade de necessidades e objetivos, e isso requer múltiplos objetivos;

5 Os objetivos são necessários em todas as áreas das quais a sobrevivência de uma empresa depende. Os alvos específicos, os objetivos em qualquer área objetiva, dependem da estratégia da empresa individual. Mas as áreas onde os objetivos são necessários são as mesmas em todas as empresas, pois todas elas dependem dos mesmos fatores para sobreviver.

Uma empresa deve, em primeiro lugar, ser capaz de criar um cliente. Existe, portanto, a necessidade de um *objetivo de marketing*. A empresa deverá ser capaz de inovar, caso contrário, os seus concorrentes torná-la-ão obsoleta. Há a necessidade um *objetivo de inovação*. Todas as empresas dependem dos três fatores de produção do economista, ou seja, do *recurso humano*, do *recurso de capital* e dos *recursos físicos*. Terão de existir objetivos para o seu fornecimento, o seu emprego e o seu desenvolvimento. Os recursos deverão ser usados produtivamente e, para sobreviver, a sua produtividade tem de crescer. Existe, então, a necessidade de *objetivos de produtividade*. As empresas existem na sociedade e na comunidade e, assim, têm de assumir responsabilidades sociais, pelo menos em relação ao seu impacto no ambiente. Portanto, são necessários objetivos a respeito das *dimensões sociais* da empresa.

Finalmente, existe a necessidade do *lucro* — caso contrário, nenhum dos objetivos poderá ser atingido. Todos eles exigem esforço, ou seja, custo. E apenas poderão ser financiados através dos lucros de uma empresa. Todos implicam riscos; portanto, exigem lucro que cubra o risco de perdas potenciais. O lucro não é um objetivo, mas um requisito que tem de ser objetivamente determinado a respeito da empresa individual, a sua estratégia, as suas necessidades e os seus riscos. Em vez de perguntar «A que lucro aspiramos?», uma empresa tem de perguntar «Que lucro é necessário para cobrir os custos de capital, os riscos da empresa e as exigências de sobrevivência em todas as áreas de objetivos?».

Assim, os objetivos terão de ser estabelecidos nestas oito áreas essenciais:

- Marketing;
- Inovação;
- Organização humana;
- Recursos financeiros;
- Recursos físicos;
- Produtividade;
- Responsabilidade social;
- Exigências de lucro.

Os objetivos nestas áreas essenciais permitem-nos fazer cinco coisas: organizar e explicar todo o leque de fenómenos empresariais num pequeno número de afirmações gerais; testar estas afirmações com a experiência concreta;

prever o comportamento; avaliar a solidez das decisões enquanto ainda estão a ser tomadas; e permitir que os gestores a todos os níveis analisem a sua própria experiência e, em consequência, melhorem o seu desempenho.

A Base para o Trabalho e as Incumbências

Os objetivos são a base para o trabalho e as incumbências.

Determinam a estrutura da empresa, as atividades essenciais a ser cumpridas e, acima de tudo, a alocação de pessoas a tarefas. Os objetivos são o alicerce para a conceção tanto da estrutura da empresa como do trabalho das unidades e dos gestores individuais.

Os objetivos são sempre necessários nas oito áreas essenciais. A área sem objetivos específicos será negligenciada. A menos que determinemos aquilo que será avaliado e, também, o padrão da medida, a área passará despercebida.

Os instrumentos de medição disponíveis para áreas essenciais de uma empresa comercial são, em geral, aleatórios. Ainda nem temos conceitos adequados, quanto mais medidas (exceto para a posição no mercado). Para algo tão central como a rentabilidade temos apenas um padrão flexível, e não temos quaisquer ferramentas verdadeiras para determinar a rentabilidade necessária. Em relação à inovação e, mais ainda, à produtividade, pouco mais sabemos além de que algo tem de ser feito. Nas outras áreas — incluindo os recursos físicos e financeiros —, estamos reduzidos a declarações de intenções; não possuímos objetivos e medidas para a sua concretização.

No entanto, sabe-se o suficiente sobre cada área para, pelo menos, ser produzido um relatório de progresso e para cada empresa poder trabalhar nos objetivos.

Como Usar Objetivos

Sabemos mais uma coisa sobre objetivos: como usá-los.

Se os objetivos não passarem de boas intenções, serão inúteis. Terão de se transformar em trabalho. E o trabalho é sempre específico, tem sempre — ou deveria ter — resultados claros, sem ambiguidade e mensuráveis, um prazo-limite e uma incumbência específica de responsabilização.

Mas os objetivos que se tornem numa camisa-de-forças prejudicam. Os objetivos baseiam-se sempre nas expectativas, e elas são, na melhor das hipóteses, suposições informadas. Os objetivos expressam uma avaliação de fatores que estão, em grande parte, fora da empresa e não sob o seu controlo. O mundo não para.

A forma apropriada de usar objetivos é, por exemplo, a forma como uma companhia aérea usa horários e planos de voo. O horário prevê que o voo das

09h00 de Los Angeles chegue às 17h00 a Boston, mas, se houver queda de neve em Boston nesse dia, o avião aterrará em vez disso em Pittsburgh e esperará pelo fim da tempestade. O plano de voo prevê voar a 30 000 pés e sobrevoar Denver e Chicago. Todavia, se o piloto encontrar turbulência ou fortes ventos contrários, pedirá autorização ao controlo aéreo para subir mais 5000 pés e apanhar a rota Minneapolis-Montreal. Contudo, nenhum voo é realizado sem horário ou planificação. A menos que cerca de 97% dos seus voos sigam o horário original e o plano de voo — ou dentro de um raio muito limitado de desvio em relação a ambos —, uma companhia aérea bem dirigida arranja outro gestor de operações que consiga realizar a tarefa.

Os objetivos não são o destino; são a direção. Não são ordens; são compromissos. Não determinam o futuro; são meios para mobilizar os recursos e as energias da empresa para a construção do futuro.

CAPÍTULO TREZE

A Ilusão dos Lucros

A MAIORIA DAS PESSOAS NAS EMPRESAS parece não saber o que quer que seja sobre lucro e rentabilidade. E aquilo que dizem umas às outras e ao público acerca do lucro e da rentabilidade inibe a ação empresarial e também a compreensão do público.

Porque o essencial a saber sobre o lucro é que isso não existe. Só existem custos.

Aquilo a que se chama «lucro» e que é relatado como tal na contabilidade da empresa é um custo real e largamente quantificável sob três aspectos: como um custo real de um importante recurso, nomeadamente o capital; como um prémio de seguro necessário para os riscos e as incertezas reais — e, mais uma vez, largamente quantificáveis — de toda a atividade económica; e como custo dos empregos e das pensões do amanhã. A única exceção, o único verdadeiro «excedente» de receita sobre os custos é um real lucro de monopólio, como aquele que está agora a ser extorquido pelos governos dos países exportadores de petróleo (especialmente os árabes) através da OPEC, ou seja, da Organização dos Países Exportadores de Petróleo.

Custo de Capital

Todos os economistas sabem, desde há 200 anos, que existem «fatores de produção», ou seja, três recursos necessários: trabalho, «terra» (isto é, recursos físicos) e capital. E todos nós devíamos ter aprendido, nos últimos dez anos, que não existem recursos «grátis». Todos têm um custo. Na verdade, os economistas estão muito à frente da maioria dos empresários na sua compreensão e aceitação de um real «custo de capital». Alguns deles conceberam elegantes métodos para determinar o custo do capital, assim como para medir o desempenho de uma empresa para o ganhar.

Sabemos que, no período pós-Segunda Guerra Mundial, até ao surgimento da inflação global em meados dos anos 60, o custo do capital em todos os países desenvolvidos do mundo livre situava-se em cerca de 10% por ano (será decerto muito mais elevado nas economias comunistas). O custo do capital é aquilo que um utilizador tem de pagar para obter dinheiro. Varia pouco, aliás, entre formas legais — por exemplo, entre dinheiro usado como empréstimo, dinheiro obtido pela venda de obrigações e dinheiro obtido pela venda de ações. Aquilo que determina o custo de capital é aquilo a que os economistas chamam «custo verdadeiro», que provavelmente se situa em cerca de 3% ou 4% por ano; em segundo lugar, o bastante elevado custo de administração do dinheiro, o qual, mesmo em grandes bancos altamente eficientes, é de pelo menos 2% ao ano; em terceiro, o risco de não ser ressarcido, que é um real risco de prejuízo — e, claro, muito mais elevado para alguns utilizadores do que para outros; e, finalmente, o risco de que o próprio dinheiro perca valor, ou seja, o risco de inflação. Qualquer utilizador de dinheiro, sejam quais foram as suas fontes, e independentemente da forma legal pela qual obtém dinheiro — quer seja de um banco, sob forma de empréstimo para compras a prestações (como hipoteca a longo prazo), ou contra obrigações a longo prazo, como as do governo federal, ou vendendo ações comuns —, tem sempre de pagar os quatro tipos de «dinheiro de custos» — e todos eles são custos reais.

Sabemos que todas as empresas têm de pagar estes custos. Sabemos também que muito poucas ganham realmente o suficiente para os cobrir. Os custos do capital no período após a Segunda Guerra Mundial raramente caíam abaixo dos 10% e, em anos de inflação, são muito mais elevados, evidentemente. Mas muito poucas companhias chegam a ganhar consistentemente 7% depois dos impostos sobre o dinheiro empregado na empresa. Contudo, até agora apenas uma mão-cheia de empresas parece saber que esse custo existe. Ainda menos parecem saber se o cobrem ou não. E mesmo estas poucas nunca falam sobre ele e nunca, nas suas contas públicas, testam o seu desempenho. Contudo, não ganhar o custo de capital é uma falha tão grande em cobrir custos como não ganhar os custos dos salários ou das matérias-primas.

Risco e Incerteza como Custo Real

A atividade económica é o empenho dos recursos existentes nas expectativas futuras. É um compromisso, portanto, com o risco e a incerteza — a respeito da obsolescência de produtos, processos e equipamento; de alterações nos mercados, nos canais de distribuição e nos valores dos consumidores; e das mudanças na economia, na tecnologia e na sociedade. As hipóteses de qualquer empenhamento no futuro são sempre adversas; o ser humano desconhece o futuro. Portanto, estas são sempre mais a favor do prejuízo do que do ganho. E, num período de rápida mudança como o nosso, os riscos e as incertezas não estão com certeza a diminuir.

Estes riscos e incertezas não são suscetíveis a uma determinação precisa. Mas o risco mínimo destes empenhamentos no futuro é suscetível de ser determinado e, na verdade, quantificado, com um grau aceitável de probabilidade. Nos casos em que se tentou fazer isso — e tanto na Xerox como na IBM, por exemplo, sabe-se que foi feito durante anos em relação a produtos e tecnologias —, os riscos mostraram ser muito mais elevados do que aquilo que os «planos de empresa» conservadores assumiam.

Os riscos de desastres naturais — fogo, por exemplo — há muito que são tratados como custos empresariais normais. Uma empresa que não fosse capaz de reservar os prémios de seguro apropriados para esses riscos seria justamente considerada como estando a pôr em perigo os bens de produção de riqueza à sua guarda. As incertezas e os riscos económicos, tecnológicos e sociais não são menos reais; também eles exigem um «prémio de seguro» adequado — e o seu fornecimento é a função do lucro e da rentabilidade.

A pergunta adequada para qualquer gestão não é, portanto, «qual é o lucro *máximo* que esta empresa pode dar?»; é «qual a rentabilidade *mínima* necessária para cobrir os futuros riscos desta empresa?». E se a rentabilidade ficar aquém deste mínimo — como acontece na maioria das empresas que eu conheço —, a empresa não consegue cobrir os custos reais, coloca-se em perigo e empobrece a economia.

Custo dos Futuros Empregos e Pensões

Os lucros são também os empregos e as pensões de amanhã. Ambos são custos de uma empresa e da economia. Os proventos das empresas, quer fiquem retidos na empresa quer sejam pagos (regressando ao mercado de capitais), são a maior fonte de formação de capital para os empregos de amanhã, pelo menos nos Estados Unidos, e a maior fonte de formação de capital para as pensões de amanhã.

A definição mais satisfatória de «progresso económico» é um aumento constante da capacidade de uma economia investir mais capital em cada novo emprego e, assim, produzir empregos que permitam melhor nível de vida e uma melhor qualidade de trabalho e vida. Em 1965, antes de a inflação fazer com que números significativos fossem cada vez mais difíceis de obter, o investimento por emprego na economia americana subira de 35 000 para 50 000 dólares. A exigência irá subir de forma bastante acentuada, pois a maior necessidade de investimento e oportunidades situa-se nas indústrias: de energia, do ambiente, dos transportes, dos cuidados de saúde e, acima de tudo, do aumento da produção alimentar, nas quais o investimento de capital por emprego é muito mais elevado do que a média nas indústrias de bens de consumo, que dominaram a economia nestes últimos 25 anos.

Ao mesmo tempo, o número de empregos exigidos subirá acentuadamente — consequência do *baby boom* entre 1948 e 1960. Teremos de aumentar todos os anos o número de pessoas a trabalhar em 1%, ou um milhão de pessoas, para correspondermos à demografia. Ao mesmo tempo, o número de pensionistas também aumentará, quando mais não seja porque os trabalhadores que atingem a idade da reforma viverão mais tempo, assim como as suas expectativas. Qualquer empresa que não produza capital suficiente, isto é, suficientes proventos, para contribuir para esta expansão dos empregos e das pensões não conseguirá, simultaneamente, cobrir os seus próprios custos previsíveis e quantificáveis, nem os custos da economia.

Três Conclusões

Estes três tipos de custos — custos de capital, prémio de risco da atividade económica e necessidades futuras de capital — sobrepõem-se em considerável extensão. Mas deveria esperar-se que uma companhia cobrisse adequadamente qualquer destes três custos (o que fosse maior na sua atividade). Caso contrário, está a operar segundo um real, certo e provável prejuízo.

Há três conclusões a retirar destas premissas elementares:

1. O «lucro» não é exclusivamente do sistema capitalista. É um pré-requisito de qualquer sistema económico. Na verdade, as economias comunistas exigem uma taxa muito mais elevada de lucro. Os seus custos de capital são mais elevados porque os custos de administração são muito superiores numa economia centralizada e porque os riscos são altos na ausência dos controlos automáticos (ou semiautomáticos) de um sistema de mercado. Além disso, o planeamento central acrescenta uma adicional e importante incerteza económica. As economias comunistas operam, na verdade, a uma taxa de lucro substancialmente mais alta do que qualquer economia de mercado, independentemente de, por razões ideológicas, se chamar «taxa de retorno» em vez de «lucro». Ademais, as únicas economias que podem ser consideradas como tendo base no «planeamento do lucro» são precisamente as economias comunistas, em que o produtor (o planeador estatal) impõe a rentabilidade necessária em avanço, em vez de deixar que as forças do mercado a determinem;
2. Os custos do futuro, os custos do risco e da incerteza, que são pagos a partir da diferença entre as receitas e as despesas presentes de produção e distribuição, são uma «realidade económica» exatamente da mesma maneira que os salários ou os pagamentos de fornecimentos. Uma vez que as contas de uma companhia devem refletir a «realidade económica», estes custos deveriam aparecer. Evidentemente que não são tão conhecidos, ou cognoscíveis, como os «custos de fazer negócio» dos contabilistas. Mas são conhecidos e cognoscíveis dentro de limites que provavelmente não serão mais alargados nem difusos do que a maioria dos números dos custos contabilísticos ou de depreciação — e poderão ser mais

importantes tanto para a gestão de uma empresa, como para analisar o seu desempenho;

3. Finalmente, as pessoas das empresas devem transmitir a si mesmas e à sociedade que não existe uma coisa chamada «lucro». Existem apenas «custos»: custos de fazer negócio e custos de permanecer no negócio; custos de trabalho e de matérias-primas e custos de capital; custos dos empregos presentes e custos dos empregos e das pensões de amanhã.

Não existe conflito entre «lucro» e «responsabilidade social». Ganhar o suficiente para cobrir os custos reais que apenas o chamado «lucro» pode cobrir é responsabilidade económica e social; na verdade, é a responsabilidade social e económica específica da empresa. Não é a empresa que obtém um lucro adequado para os seus custos de capital reais, para os riscos futuros e para os riscos do trabalhador e do pensionista que «explora» a nossa sociedade. É aquela empresa que não consegue fazê-lo.

CAPÍTULO CATORZE

Gerir a Produtividade do Capital

HÁ CEM ANOS, Karl Marx baseava a sua previsão do inevitável e iminente colapso daquilo a que chamamos agora «capitalismo» ou «sistema de livre iniciativa» (ambas as expressões foram cunhadas muito depois da morte de Marx) na «lei» da diminuição do retorno do capital.

Em vez disso, aconteceu que, durante um século, a produtividade do capital nos países desenvolvidos com uma economia de mercado tem vindo a subir, à exceção dos mais graves anos da depressão. Esta é uma das maiores realizações da empresa moderna e aquela em que talvez, em última análise, as outras repousem. Em parte, esta foi uma realização do empreendedorismo: a rápida transição de capital de áreas de investimento velhas e menos produtivas para áreas altamente produtivas — ou seja, para áreas de inovação técnica ou social.

Mas o contínuo aumento da produtividade do capital é igualmente o resultado da ação da gestão, do esforço continuado para melhorar a quantidade de trabalho produtivo que uma dada unidade de capital desempenha na empresa. Um dos exemplos é a banca comercial, em que uma unidade de capital financia cinco vezes o volume de transações que financiava no tempo de Marx.

A Forma Mais Fácil de Melhorar a Rentabilidade

A evidência dos últimos cem anos é muito clara: a produtividade do capital pode ser mantida e mesmo aumentada, apenas desde que as pessoas na empresa trabalhem nela de forma constante e direcionada.

De facto, trabalhar na produtividade do capital é a forma mais fácil e, em geral, mais rápida de melhorar a rentabilidade de uma empresa e aquela que tem o maior impacto. O lucro total de uma empresa é a margem de lucro multiplicada pelo retorno de capital, ou seja, pela produtividade do capital. Se um produto custar 94 cêntimos a produzir e for vendido por um dólar, a margem de lucro é de 6%. Se o produtor devolver o seu capital uma vez por ano, então haverá um retorno de 6% sobre o capital total. Se o retorno de capital puder ser aumentado 1,2 vezes por ano, o retorno total sobre o capital crescerá para 7,2%.

Aumentar as margens de lucro em 20% é em geral extremamente difícil e poderá ser impossível num mercado competitivo. Mas aumentar o retorno de capital em 1,2%, uma vez por ano, requer apenas um trabalho esforçado e rotineiro. Na verdade, com base em poucos anos de experiência neste campo, estou disposto a prever que uma melhoria desta magnitude — ou seja, uma melhoria de 20% na produtividade do capital durante talvez quatro ou cinco anos — deveria ser conseguida por qualquer pessoa que se dedicasse seriamente à tarefa.

Saber Onde Está o Capital e Aquilo que Faz

Contudo, apesar da sua importância e do seu retorno, não há muitos gestores empresariais que prestem atenção à produtividade do capital e ainda menos a trabalhar sistematicamente para a aumentar. Isto, a propósito, aplica-se do mesmo modo aos gestores de empresas de serviços públicos, como hospitais (onde a produtividade do capital caiu de forma mais acentuada nestes últimos anos do que nos privados), e a gestores de empresas.

Uma das razões, talvez a mais importante de todas, é que os gestores, em regra, obtêm pouca informação sobre a produtividade do capital nas suas empresas. Muitas delas sabem, claro, quantas vezes por ano devolvem todo o seu capital, mas o volume de negócios anual de todo o capital da empresa num negócio — por exemplo, uma fábrica de papel ou um grande armazém — é um agregado. É sempre preciso gerir — e, portanto, medir primeiro — os componentes importantes separadamente. Contudo, poucas gestões sabem quais são os componentes significativos do capital nas suas empresas, quanto mais o que é, poderia ou deveria ser a produtividade do capital para cada um deles.

O primeiro passo para gerir a produtividade do capital é, assim, determinar as principais áreas da própria empresa, nas quais ele é realmente investido. Em geral, não passam de uma mão-cheia. Numa empresa fabril típica, por exemplo, maquinaria e equipamento, inventários de materiais, fornecimentos e bens terminados, e créditos a receber são responsáveis por três quartos do dinheiro investido. Num armazém de vendas típico, há o espaço das prateleiras (ou espaço de venda), créditos a receber e inventários (os inventários, no retalho, em geral terão de ser subdivididos, por exemplo, em artigos de vestuário, artigos de casa e mobiliário, eletrodomésticos, e outros, para serem significativos e manuseáveis). Que quantidade de trabalho produtivo gera o capital empregado em cada uma destas áreas? Com que frequência é recuperado? Com quanto rende ou contribui? Depois, poderá perguntar-se: Quanto poderia e quanto deveria produzir e o que podemos fazer para que isso aconteça?

Fazer com que o Capital Trabalhe Mais ou com Mais Inteligência

As gestões precisam também de aprender algumas regras elementares relativamente a gerir a produtividade do capital.

Podemos aumentar a produtividade do capital de duas formas: poderá fazer-se com que o capital trabalhe mais e poderá fazer-se com que trabalhe com mais inteligência. Esta é, a propósito, uma das principais razões pela qual a produtividade do capital é mais facilmente gerível do que a dos outros dois principais recursos — os recursos físicos e os recursos humanos. A produtividade dos recursos humanos, em geral, apenas poderá ser aumentada fazendo com que trabalhem com mais inteligência; a dos recursos físicos apenas fazendo com que trabalhem mais.

Localizar o inventário em armazéns regionais estrategicamente localizados, para que a mesma quantidade de inventário consiga suportar um maior volume de vendas, é fazer com que o capital trabalhe mais. Controlar a mistura do produto para vender uma maior proporção de produtos com elevado contributo, ou uma menor proporção de produtos com baixa contribuição, é fazer com que o capital trabalhe com mais inteligência. Raramente se consegue fazer as duas coisas simultaneamente. Mas é difícil prever antecipadamente qual das atuações será a apropriada numa dada situação, mais produtiva ou menos arriscada. Ambas precisam de ser pensadas em relação a cada área de investimento importante dentro de uma empresa individual.

Capital Fixo e Capital de Trabalho Exigem Diferentes Interpretações

Em todas as empresas existe «capital fixo», ou seja, dinheiro investido permanentemente em edifícios, maquinaria e equipamento. E existe «capital de trabalho», dinheiro em inventários ou em crédito dado aos clientes (conhecidas como «dívidas a receber»). O capital fixo e o capital de trabalho exigem diferentes interpretações na gestão da sua produtividade. Muitas empresas usam métodos sofisticados para tomar decisões de investimento de capital. Mas, depois de ser tomada a decisão de investimento de capital, existe muitas vezes uma informação escassa acerca da produtividade do valor de capital obtido pelo gasto de dinheiro.

A maior parte das pessoas da gestão sabe que não há maior desperdício num bem fixo do que o tempo não trabalhado. Contudo, poucas parecem perceber que o modelo de contabilidade de custo-padrão assume — e tem de assumir — a produção contínua como um «padrão» preestabelecido para um dado bem fixo, quer seja um laminador numa fábrica de aço, uma unidade de espaço de venda numa loja ou uma cama num hospital. O modelo de contabilidade de custo-padrão não mede nem controla o maior custo de um bem fixo: o custo da não-produtividade do capital.

De modo semelhante, a contabilidade de custos tem de assumir uma mistura de produtos-«padrão», apesar de tanto os custos como as receitas variarem tremendamente com diferentes misturas (talvez mais no caso da cama de hospital entre todas as unidades importantes de investimento de capital fixo). Gerir o tempo não trabalhado e a mistura do produto são as formas mais efetivas de melhorar a produtividade do capital em relação à maioria dos investimentos fixos. Para isto, é preciso *saber* primeiro o tempo que não está a ser trabalhado e porquê. É preciso conhecer a economia de várias misturas de produtos. Por outras palavras, é preciso ter informação económica sobre produtividade de capital, além dos dados analíticos do modelo contabilístico. Nessa altura, poder-se-á melhorar a utilização do tempo e, com ela, a produtividade do capital fixo.

Mas o capital de trabalho tem de ser medido e gerido de modos diferentes. Ao contrário dos bens fixos, não se trata de «produzir capital», mas de «suportar capital». Não «cria» riqueza, ou seja, bens ou serviços. Leva bens e serviços ao mercado, ou financia o tempo entre a sua produção e o momento em que o comprador paga. Então, deverá ser colocada a questão: «O que é que suporta e o que é que devia suportar?»

As dívidas a receber — ou seja, o crédito concedido por uma empresa aos seus clientes — são o exemplo óbvio. As empresas, em geral, medem a sua gestão de crédito pela proporção dos empréstimos que cobram. Um comentário que se ouve muitas vezes é: «Fazemos um trabalho de primeira categoria, uma vez que os nossos prejuízos de crédito são inferiores a 1%.» Mas os fabricantes não estão no ramo da banca, nem, considerando o seu custo do capital, poderiam concorrer com os bancos. Concedem crédito para realizar vendas lucrativas. Qual deveria, então, ser o objetivo de uma política de crédito em relação à criação de mercado, à introdução de produtos, vendas e lucros — com a experiência de baixos prejuízos como um limite, e não como um objetivo de avaliação? Todas as empresas que fizeram esta pergunta descobriram: (a) que colocam o volume do seu crédito onde tem o retorno mínimo; (b) que concedem o menor crédito onde obtêm o máximo retorno. Ao longo de um período de três ou quatro anos, uma empresa que trabalhe sistematicamente na produtividade do capital utilizado em dívidas a receber poderá supor que, com dois terços do dinheiro agora empatado no crédito, conseguirá financiar um volume de vendas maior e mais lucrativo.

O Capital Fixo Fantasma: o Tempo

Finalmente, poucas gestões parecem saber que existem importantes áreas nas empresas normalmente não consideradas «investimento de capital» — e decerto não surgem como tal na folha de balanço —, mas que se comportam economicamente de forma muito parecida com o capital fixo, tendo de ser geridas sobretudo enquanto «produtividade de capital». Estas são as áreas em que o tempo é o principal elemento de custo enquanto, durante qualquer período, outros custos são relativamente fixos e inflexíveis. Entre eles, destaca-se a força de vendas, mas também o pessoal de enfermagem num hospital. Este é o «capital humano fixo». E, economicamente, tem de ser gerido de forma muito semelhante ao «capital fixo», sem quaisquer restrições.

Existem grandes diferenças na capacidade de venda entre os vendedores que nenhuma quantidade de formação parece capaz de ultrapassar, nem mesmo diminuir significativamente. Mas o vendedor mais capaz — ou o mais dedicado enfermeiro — tem apenas um recurso: tempo. Existe uma relação bastante constante entre o tempo que um vendedor dispõe para chamadas de vendas e o número de vendas realmente efetuadas. O tempo indisponível para o trabalho é o principal — embora em geral totalmente oculto — elemento de custo nestes «bens humanos fixos». E isto significa que, como no caso de todos os bens fixos, a gestão precisa antes de conhecer a produtividade do tempo e, especialmente, que a quantidade de tempo que deveria estar disponível para o trabalho é, na verdade, tempo não trabalhado e indisponível e porquê (por exemplo, o vendedor passa dois terços do seu tempo com trabalho burocrático, em vez de estar a vender). Por vezes, é apenas necessária uma pequena mudança para provocar aumentos de produtividade substanciais. Colocar um secretário a tratar dos papéis, em alguns hospitais, por exemplo, quase duplicou o tempo que os enfermeiros têm disponível para aquilo para que foram formados e pagos, e para aquilo que querem fazer — cuidar dos pacientes.

Equilíbrio entre os Três Fatores de Produção

A produtividade é o trabalho combinado das produtividades dos três «fatores de produção»: capital, recursos naturais e recursos humanos. E é perigoso aumentar a produtividade do capital à custa de baixar a produtividade dos dois outros fatores, assim como é aumentar, por exemplo, a produtividade do recurso humano à custa da redução da produtividade do capital (como tem sido feito com demasiada frequência nestes últimos 25 anos).

Os gestores empresariais têm de aprender e de aceitar que são pagos para gerir a produtividade, em especial a produtividade do capital, do qual, em última análise, todas as outras produtividades dependem; que a produtividade do capital pode ser gerida; e que a produtividade do capital *tem* de ser gerida.

CAPÍTULO QUINZE

Gerir uma Instituição de Serviço Público

AS INSTITUIÇÕES DE SERVIÇO são uma parte cada vez mais importante da nossa sociedade. Escolas e universidades; laboratórios de investigação; serviços públicos; hospitais e outras instituições de cuidados de saúde; associações profissionais, industriais e comerciais; e muitas outras — todas elas são «instituições» na mesma medida da firma empresarial e, portanto, têm igual necessidade de gestão. Todas elas têm pessoas que são designadas para exercer a função de gestão e que são pagas para fazer esse trabalho, mesmo que não se chamem «gestores», mas «administradores», «diretores», «executivos», entre outros.

Estas instituições de «serviço público» — para lhes dar um nome genérico — são o verdadeiro sector em crescimento de uma sociedade moderna. De facto, aquilo que agora temos é uma sociedade «multi-institucional», em vez de uma sociedade «empresarial».

Todas as instituições de serviço público são pagas a partir do excedente económico produzido pela atividade económica. Neste século, o crescimento das instituições de serviço é assim o melhor testemunho do sucesso da empresa no cumprimento da sua tarefa económica. No entanto, ao contrário, por exemplo, da universidade do início do século XIX, as instituições de serviço não são um mero «luxo» ou «ornamento». São, por assim dizer, dos pilares mais importantes de uma sociedade moderna, membros de sustentação da estrutura principal. *Têm* de funcionar, se quisermos que a sociedade e a economia funcionem. Não se trata apenas de estas instituições de serviço constituírem uma importante despesa de uma sociedade moderna; metade dos rendimentos próprios dos Estados Unidos (e da maioria dos países desenvolvidos) é gasta em instituições de serviço público (incluindo as que são dirigidas pelo governo). Em comparação com estas instituições de «serviço público», tanto o «sector privado» (isto é, a economia de bens) como as tradicionais funções governamentais de lei, defesa e ordem pública são responsáveis por uma quota inferior do fluxo de rendimento total das atuais sociedades desenvolvidas do que o eram por volta de 1900 — apesar do enorme crescimento da despesa militar.

Qualquer cidadão das sociedades desenvolvidas, industrializadas e urbanizadas depende do desempenho das instituições de serviço público, pois é sob a forma de educação e cuidados de saúde, de conhecimento e mobilidade — e não sob a forma de mais «comida, roupa e abrigo» — que a nossa sociedade obtém os frutos das suas capacidades económicas e produtividade acrescidas.

Contudo, a evidência de desempenho nas instituições de serviço não é impressionante. Escolas, hospitais e universidades cresceram hoje para lá da imaginação de uma geração anterior. Todos dispõem de orçamentos astronómicos. Contudo, em toda a parte estão «em crise». Há uma geração ou duas, o seu desempenho era tomado por garantido. Hoje, estão a ser atacados por falta de desempenho. Serviços que, no século XIX, geriam com à-vontade e aparente pouco esforço — o serviço postal, por exemplo — estão em perigo, exigindo enormes e crescentes subsídios e, mesmo assim, prestando piores serviços em todo o lado. Em todos os países, os cidadãos queixam-se cada vez mais alto da «burocracia» e da má gestão nas instituições que deveriam servi-los.

As Instituições de Serviço São Geríveis?

A resposta das instituições de serviço a esta crítica tem sido tornar-se «consciente da gestão». Cada vez mais se voltam para a empresa para aprender «gestão». Em todas as instituições de serviço, «desenvolvimento de gestores», «gestão por objetivos» e muitos outros conceitos e ferramentas de gestão empresarial estão a tornar-se cada vez mais populares. É um sinal saudável — mas não mais do que isso. Não significa que as instituições de serviço compreendam os problemas da gestão em si. Apenas significa que começaram a compreender que, no presente, não estão a ser geridas. Contudo, embora o «desempenho» nas instituições de serviço públicas seja mais a exceção do que a regra, as exceções provam de facto que as instituições de serviço podem ter bom desempenho.

O que é que as poucas instituições de serviço público bem-sucedidas fazem que as torna capazes de desempenho? Esta é a pergunta a fazer. E é uma pergunta de *gestão* — de um tipo especial. Sob a maioria dos aspectos, as instituições de serviço não são diferentes das empresas comerciais. Enfrentam desafios semelhantes — embora não sejam precisamente os mesmos — ao procurarem tornar o trabalho produtivo. Não diferem significativamente de uma empresa na sua «responsabilidade social». E as instituições de serviço também não diferem muito das empresas comerciais a respeito do trabalho e da tarefa do gestor, da conceção e da estrutura organizacionais, nem mesmo da tarefa e da estrutura da gestão de topo. *Internamente*, as diferenças tendem a ser mais na terminologia do que na substância.

Mas a instituição de serviço está numa atividade fundamentalmente diferente da empresa. É diferente no seu propósito, tem valores diferentes, logo precisa de objetivos diferentes. E faz uma contribuição diferente para a sociedade. «Desempenho e resultados» são bastante diferentes numa instituição de serviço e numa empresa, e «gestão para o desempenho» é a única área em que a instituição de serviço difere significativamente de uma empresa.

A Razão pela Qual as Instituições de Serviço Não Têm Bom Desempenho

Existem três explicações populares para o fracasso geral do desempenho das instituições de serviço:

1. Os seus gestores não são «empresários»;
2. Precisam de «melhor pessoal»;
3. Os seus objetivos e resultados são «intangíveis».

A opinião popular é a de que a instituição de serviço apenas terá desempenho se for gerida como uma empresa. Câmaras de comércio, comissões reais e presidenciais, ministérios nos países comunistas, etc., dizem: se os seus administradores se comportassem à maneira «empresarial», as instituições de serviço teriam bom desempenho. E, evidentemente, esta crença também subjaz, em grande medida, a atual «explosão de gestão» nas instituições de serviço.

Mas o diagnóstico está errado; e ser «profissional» é a receita errada para as maleitas da instituição de serviço. A instituição de serviço tem problemas de desempenho precisamente porque *não é* uma empresa. Aquilo que em geral significa a «maneira empresarial» numa instituição de serviço pouco mais é do que o controlo de custos. Porém, aquilo que caracteriza uma empresa é o foco nos resultados — retorno de capital, quota de mercado, e assim sucessivamente.

Claro que há uma necessidade de eficiência em todas as instituições. Geralmente, como não existe concorrência na área dos serviços, não existe um controlo de custos externo e imposto às instituições de serviço como há numa empresa, num mercado concorrencial. Mas o problema básico das instituições de serviço não é o elevado custo, é antes a ausência de efetividade. Poderão ser muito eficazes — algumas são —, no entanto, tendem a não fazer as coisas certas.

A crença em que a instituição de serviço público apenas terá bom desempenho se for colocada numa base «empresarial» realça as numerosas tentativas para entender muitos serviços governamentais como «empresas públicas» separadas. Poderão existir efeitos colaterais benéficos, como a libertação da regulamentação minuciosa de serviços civis, mas o principal efeito desejado, o desempenho, raramente é alcançado. Os custos poderão descer; todavia, os serviços essenciais para a realização do propósito da instituição poderão ser menosprezados, ou contornados, em nome da «eficiência».

O melhor e pior exemplo da perspetiva «à maneira da empresa» numa instituição de serviço público poderá bem ser a Autoridade Portuária de Nova Iorque, estabelecida nos anos 1920 para gerir o tráfego de automóveis e camiões que passavam entre os dois Estados (Nova Iorque e Nova Jersey) do Porto de Nova Iorque. A Autoridade Portuária foi, desde o início, extremamente «à maneira da empresa». A engenharia das suas pontes, túneis, docas, silos e aeroportos foi excecional. Os seus custos de construção foram baixos e controlados. A sua posição financeira foi extremamente elevada, podendo realizar empréstimos às taxas de juro mais favoráveis. Ser «à maneira da empresa» — medida, sobretudo, pela sua posição em relação aos bancos — foi o seu objetivo e propósito. Em consequência, não se preocupou com a política de transportes na área metropolitana de Nova Iorque, apesar das suas pontes, túneis e aeroportos gerarem grande parte do trânsito. Não perguntou: «Quem são os nossos interessados?»; em vez disso, resistiu a perguntas dessas como sendo «políticas» e «não-empresariais». Consequentemente, acabou por ser vista como a vilã do problema de trânsito e dos transportes de Nova Iorque. E, quando precisou de apoio, encontrou-se sem um único apoiante, exceto os banqueiros. Assim, a Autoridade Portuária acabou por tornar-se «politizada», ou seja, desprovida da sua eficiência sem nada ganhar em efetividade.

Não É Preciso Haver Melhores Pessoas para se Obter um Melhor Desempenho

As instituições de serviço não podem, ainda mais do que as empresas, depender de «estrelas» para preencher as suas posições de gestão e direção. Existem demasiados lugares nas instituições para serem preenchidos. Se as instituições de serviço não puderem ser dirigidas e geridas por pessoas com talento mediano ou mesmo bastante reduzido — por outras palavras, se não conseguirmos organizar a tarefa para que possa ser realizada a nível satisfatório por pessoas que se esforçam, então não poderá ser realizada de todo. Além disso, não há razão para pensar que as pessoas que ocupam as posições de gestão e profissionais nas nossas instituições de «serviço» sejam menos qualificadas, competentes ou honestas, ou menos esforçadas do que aquelas que gerem as empresas. Da mesma forma, não há razão para acreditar que os gestores empresariais, postos no controlo de instituições de serviço, fariam melhor dos que os «burocratas». Na verdade, sabemos que eles próprios se tornam imediatamente «burocratas».

Um dos exemplos relacionados foi a experiência americana durante a Segunda Guerra Mundial, quando um grande número de executivos empresariais, que tinham tido muito bom desempenho nas suas próprias empresas, se deslocou para posições governamentais. Muitos tornaram-se rapidamente «burocratas». Estes executivos não mudaram. Mas, enquanto nas empresas tinham sido capazes de alcançar desempenho e resultados, no governo viram-se a produzir sobretudo procedimentos e papelada — e ficaram profundamente frustrados com a experiência.

De modo semelhante, os efetivos promovidos para dirigir «pessoal de apoio aos serviços» dentro de uma empresa (por exemplo, o gestor de vendas excecional que passa a «vice-presidente — serviços de marketing») tendem a tornar-se «burocratas» quase da noite para o dia. Na verdade, as «instituições de serviço» dentro da empresa — departamentos de pesquisa e desenvolvimento, gestão de pessoal, pessoal de apoio aos serviços de marketing ou fabrico e coisas do género — têm aparentemente igual dificuldade em ter melhor desempenho do que as instituições de serviço público da sociedade em geral, frequentemente criticadas por trabalhadores das empresas como não sendo à «maneira da empresa» e dirigidas por «burocratas».

Objetivos Intangíveis Podem Produzir Objetivos Mensuráveis

A mais sofisticada e, à primeira vista, mais plausível explicação para o mau desempenho das instituições de serviço é a última: os objetivos das instituições de serviço são «intangíveis» e, por isso, os resultados também. Isto constitui, na melhor das hipóteses, uma meia-verdade.

A definição «o que é a nossa atividade» é sempre «intangível», tanto numa empresa como numa instituição de serviço. É evidente que afirmar, como faz a Sears, Roebuck, que «o nosso negócio é ser o comprador informado da família americana» é «intangível». E assumir, como a Bell Telephone, que «a nossa atividade é o serviço ao consumidor» poderá parecer uma banalidade piadética e vazia. À primeira vista, estas declarações parecem desafiar qualquer tentativa de tradução em termos operacionais, quanto mais quantitativos. Asseverar, como a Sony do Japão faz, que «a nossa atividade é o entretenimento eletrónico» é igualmente intangível, tal como a definição da IBM da sua atividade como «processamento de dados». No entanto, como estas empresas demonstraram, não é difícil obter objetivos concretos e mensuráveis e alvos de definições «intangíveis» como as citadas acima.

«Salvar almas», que é a definição dos objetivos de uma igreja, é certamente «intangível». Pelo menos a contabilidade não é deste mundo. Mas a assistência à missa é mensurável, tal como «trazer novamente os jovens à igreja».

«O desenvolvimento da personalidade total», o objetivo das escolas, é decerto «intangível», mas «ter ensinado uma criança a ler até terminar a terceira classe» não o é de forma alguma; pode ser medido facilmente e com considerável precisão.

«Abolir a discriminação racial» é igualmente inadmissível para esclarecer a definição, quanto mais a medição. Mas aumentar o número de estagiários negros nos ofícios da construção é um objetivo quantificável, cuja realização poderá ser medida.

Só é possível avaliar o grau de concretização em relação a alvos específicos, limitados e claramente definidos, tanto na empresa como numa instituição de serviço. Se os alvos forem definidos, os recursos poderão ser alocados para a sua concretização, assim como poderão ser estabelecidos as prioridades e os prazos, e alguém poderá ser responsabilizado pelos resultados. Contudo, o ponto de partida para o trabalho efetivo é uma definição do propósito e da missão da instituição — que é quase sempre «intangível», mas que, apesar disso, não tem de ser vazia.

Diz-se muitas vezes que as instituições de serviço diferem das empresas por terem uma pluralidade de interesses. E, na verdade, acontece que as instituições de serviço têm muitos «interessados». A escola não é de vital preocupação apenas para as crianças e os seus pais, mas também para os professores, os contribuintes e para a comunidade em geral. De modo semelhante, o hospital tem de satisfazer o paciente, mas também os médicos, os enfermeiros, os técnicos, as famílias dos pacientes — bem como os contribuintes ou, como nos Estados Unidos, os empregadores e os sindicatos que, através dos seus seguros, contribuem com a maior parte do apoio aos hospitais. Mas a empresa também tem uma pluralidade de interessados. Qualquer empresa tem, pelo menos, dois clientes diferentes e, frequentemente, muito mais do que isso. E os empregados, os investidores e a comunidade em geral — e mesmo a própria gestão — também são «interessados».

Orientação Errada pelo Orçamento

A única diferença básica entre uma instituição de serviço e uma empresa é a forma como a instituição de serviço é paga. As empresas (à exceção dos monopólios) são pagas por satisfazer o cliente. São pagas apenas quando produzem aquilo que o cliente quer e está disposto a comprar. A satisfação do cliente é, portanto, a base do desempenho e dos resultados num negócio.

As instituições de serviço, em contrapartida, são geralmente pagas através da alocação de um orçamento. As suas receitas são alocadas a partir de um fluxo de receitas gerais, que não estão ligadas àquilo que faz, mas que são obtidas por taxa, imposto ou tributo. Além disso, a instituição de serviço típica está investida de poderes monopolistas; o suposto beneficiário geralmente não tem escolha.

Ser pago a partir de uma alocação de orçamento muda aquilo que queremos dizer com «desempenho» ou «resultados». *Os «resultados», numa instituição com base num orçamento, significam um orçamento maior. O «desempenho» é a capacidade de manter ou aumentar esse orçamento.* O primeiro teste a uma instituição com base num orçamento e a primeira condição para a sua sobrevivência é obter o orçamento, e esse está, por definição, relacionado não com a concretização de quaisquer objetivos, mas com a *intenção* de os alcançar.

Isto significa, em primeiro lugar, que a eficiência e o controlo de custos, por muito que sejam pregados, não são realmente considerados virtudes na instituição com base num orçamento. A importância de uma instituição com base num orçamento é medida essencialmente pela dimensão do seu orçamento e pela quantidade do seu pessoal. Alcançar resultados com um orçamento inferior ou com menos pessoal não é, portanto, «desempenho»; na realidade, poderá pôr em perigo a instituição. Não gastar o orçamento até ao fim convencerá o seu autor — quer seja uma assembleia, quer seja uma comissão orçamental — de que o orçamento para o próximo período fiscal poderá ser seguramente cortado.

Há trinta ou quarenta anos, era considerado característico do planeamento soviético, e uma das suas maiores fraquezas, que os seus gestores, no final do período do plano, se empenhassem num esforço frenético para gastar todo o dinheiro alocado, o que em geral resultava num desperdício total. Hoje, a doença tornou-se universal, à medida que as instituições com base num orçamento se tornaram dominantes. E a «compra forçada» — ou seja, obter aprovação para um novo programa ou projeto subestimando grosseiramente o seu custo total — está também enraizada na instituição com base num orçamento.

É obviamente incompatível com a *eficiência* que o teste decisivo do desempenho seja obter o orçamento. Mas a *efetividade* fica ainda mais ameaçada pela dependência da alocação do orçamento. Torna arriscado levantar a questão sobre qual deveria ser a «atividade» da instituição. Essa pergunta é sempre «controversa»; uma tal controvérsia provavelmente alienará o apoio e, portanto, será evitada pela instituição com base num orçamento. Em consequência, é provável que acabe por enganar tanto o público como a si própria. Tomemos um exemplo do governo: o Departamento da Agricultura dos EUA nunca esteve disposto a perguntar se o seu objetivo deveria ser a «produtividade agrícola» ou «apoiar a pequena quinta familiar». Sabe-se há décadas que estes dois objetivos não são idênticos, como originalmente foi assumido, e que, na verdade, se têm tornado crescentemente incompatíveis. Contudo, admitir isto teria criado uma controvérsia que poria em perigo o orçamento do departamento. Em resultado, a política agrícola americana esbanjou uma enorme quantidade de dinheiro e de recursos humanos naquilo a que apenas se pode chamar (caritativamente) uma campanha de relações públicas, ou seja, uma demonstração de apoio ao pequeno agricultor familiar. Contudo, as atividades efetivas foram dirigidas para eliminar o agricultor familiar e substituí-lo pelas muito mais produtivas «agro-empresas», ou seja, explorações agrícolas altamente capitalizadas e mecanizadas, dirigidas como uma empresa e não como uma «forma de vida». Esta poderá muito bem ter sido acertada, mas não foi aquilo para que o departamento foi fundado, nem aquilo que o Congresso, ao aprovar o orçamento do departamento, esperava que fizesse.

Tomemos um exemplo não-governamental: o hospital comunitário americano, que é «privado», mas «não-lucrativo». Sofre de uma crescente confusão de missões e objetivos e de uma resultante deficiência da sua efetividade e do seu desempenho. Um hospital deverá ser, com efeito, uma «instalação clínica», como muitos dos médicos mais velhos continuam a defender? Deverá focar-se nas principais necessidades de saúde de uma comunidade? Ou deverá tentar fazer tudo e estar «aberto a todos os avanços clínicos», independentemente do custo e da raridade com que certos equipamentos irão ser usados? Deverá dedicar recursos à medicina preventiva e à educação para a saúde? Ou deverá, como o hospital integrado no sistema de saúde britânico, confinar-se estritamente a reparar o maior prejuízo para a saúde depois de ter ocorrido?

Cada uma destas definições da «atividade» do hospital pode ser defendida. Cada uma merece atenção. O hospital americano efetivo será uma instituição com múltiplas funcionalidades e alcançará um equilíbrio entre vários objetivos. Contudo, aquilo que a maioria dos hospitais faz é fingir que não existem questões básicas a decidir. O resultado, previsivelmente, é a confusão e a deficiência da capacidade dos hospitais para servirem qualquer função e desempenharem qualquer missão.

Agradar a Toda a Gente e Não Alcançar Nada

A dependência da alocação de um orçamento milita contra o estabelecimento de prioridades e a concentração de esforços. Contudo, não há nada que seja alcançado sem que os recursos mais escassos sejam concentrados num pequeno número de prioridades. John Doakes, um fabricante de sapatos que tem 22% do mercado do calçado formal, poderá ter um negócio lucrativo se conseguir elevar a sua quota de mercado para 30%, e em especial se o mercado para este tipo de calçado se estiver a expandir; irá de facto sair-se muito bem. Não precisa de se preocupar com os outros 78% de utilizadores de sapatos formais que compram a outro. E os clientes de sapatos de senhora não o preocupam de todo.

Contrastemos isto com uma instituição com base num orçamento. Para obter o seu orçamento, precisa da aprovação de praticamente toda a gente que possa ser considerada «interessada». Embora uma quota de mercado de 22% possa ser perfeitamente satisfatória para uma empresa, uma «rejeição» de 78% dos seus «interessados» — ou mesmo uma proporção muito mais pequena — seria fatal para uma instituição com base num orçamento. E isto significa que a instituição de serviço tem dificuldade em estabelecer prioridades; tem de tentar, em vez disso, satisfazer toda a gente fazendo um pouco de tudo — o que, com efeito, significa não alcançar nada.

Finalmente, ter como base um orçamento torna ainda mais difícil abandonar as coisas erradas, o velho, o obsoleto. Em resultado, as instituições de serviço ficam ainda mais incrustadas do que as empresas com os desperdícios dos esforços intrinsecamente improdutivos.

Nenhuma instituição gosta de abandonar o que faz. A empresa não é exceção. Mas, numa instituição paga pelo seu desempenho e resultados, o improdutivo e o obsoleto acabarão por ser eliminados pelos clientes. Numa instituição com base num orçamento, essa disciplina não é imposta. Portanto, a tentação de responder à ausência de resultados com o redobrar dos esforços (duplicar o orçamento) é grande, precisamente porque não há desempenho.

Os seres humanos comportam-se segundo a forma como são recompensados pelos seus comportamentos — quer seja dinheiro ou uma promoção, uma fotografia autografada do chefe ou uma palmadinha nas costas. Esta foi a lição que o psicólogo comportamentalista nos ensinou durante os últimos cinquenta anos. Uma empresa ou qualquer instituição paga pelos seus resultados e desempenho — de tal modo que o cliente insatisfeito ou desinteressado não tenha de pagar — tem de «ganhar» o seu rendimento. Uma instituição financiada por um orçamento — ou que desfruta de um monopólio a que o cliente não pode escapar — é recompensada por aquilo que «merece», e não por aquilo que «ganha». É paga pelas boas intenções e por «programas». É paga por não alienar potenciais interessados, e não por satisfazer determinado grupo. É erradamente direcionada, pela forma como é paga, a definir o «desempenho» e os «resultados» como aquilo que conserva ou aumenta o orçamento.

O que Resulta: Estabelecer Prioridades e Alocar Recursos

A exceção, a comparativamente rara instituição de serviço que alcança a efetividade, é mais instrutiva do que a grande maioria que alcança apenas «programas». Mostra que a efetividade na instituição de serviço é atingível — apesar de não ser de modo nenhum fácil. Identifica aquilo que diferentes tipos de instituições de serviço podem e precisam de fazer. Revela limitações e armadilhas. Mas transmite também que o gestor da instituição de serviço pode fazer coisas impopulares e altamente «controversas», quando ele ou ela arrisca tomar a decisão de estabelecer prioridades e alocar recursos.

O primeiro exemplo, e talvez o mais simples, é o da Bell Telephone System. Um sistema telefónico é um monopólio «natural». Dentro de determinada área, um fornecedor de serviço telefónico tem de ter direitos exclusivos. Reside assim na natureza do serviço ter um monopólio. A única coisa que qualquer subscritor de um serviço telefónico público requer é acesso a todos os outros subscritores, o que significa exclusividade territorial para um serviço monopolista. E quando um país inteiro ou um continente se torna, com efeito, um sistema telefónico, este monopólio é estendido a áreas cada vez maiores.

Um indivíduo poderá passar sem telefone — embora, na sociedade atual, seja uma inconveniência incomportável —, mas um profissional, qualquer pessoa num comércio, num escritório ou numa empresa *tem* de ter um telefone. O serviço telefónico residencial poderá continuar a ser uma «opção»;

em contrapartida, o serviço telefónico empresarial é obrigatório. Theodore Vail, o primeiro a encabeçar a Bell System, viu isto nos primeiros anos deste século. Viu também claramente que o sistema telefónico americano, como os sistemas telefónicos em todas as outras nações industrialmente desenvolvidas, poderia ser facilmente apropriado pelo governo. Para o evitar, Vail pensou sobre o que poderia e deveria ser a atividade da companhia telefónica e surgiu com a sua famosa definição: «O nosso negócio é o serviço.»[5] Esta declaração, totalmente «intangível», do «negócio» da companhia permitiu a Vail estabelecer finalidades e objetivos, e desenvolver medidas de desempenho e resultados. Os seus padrões de «satisfação do cliente» e «satisfação do serviço» criaram concorrência em toda a nação entre os gestores telefónicos em várias áreas e tornaram-se os critérios pelos quais os gestores eram julgados e recompensados. Estes padrões mediam o desempenho conforme era definido pelo cliente; por exemplo, o tempo de espera antes de uma operadora chegar à linha ou o tempo decorrido entre o pedido do serviço telefónico e a sua instalação. Pretendiam dirigir a atenção dos gestores para os resultados.

Vail também pensou em quem eram os seus «interessados». Isso conduziu-o à conclusão de que era tarefa da companhia telefónica tornar as comissões de utilidade pública dos Estados individuais capazes de uma regulação estadual efetiva. Isto foi ainda mais chocante em 1900 do que o objetivo de «serviço» de Vail. Mas Vail argumentava que um monopólio nacional numa área crucial só poderia esperar escapar à nacionalização se fosse regulado. Ajudar a converter as desgraçadamente ineficazes, corruptas e desastradas comissões de utilidade pública do populismo do final do século XIX em adversários efetivos, respeitados e informados era no próprio interesse da sobrevivência da companhia telefónica.

Finalmente, Vail percebeu que um sistema telefónico depende da sua capacidade para obter capital. Cada dólar de receita telefónica exige um investimento anterior de três a quatro dólares. Portanto, também o investidor tinha de ser considerado um «interessado», e a companhia telefónica tinha de conceber uma política e instrumentos financeiros que se focassem nas necessidades e expectativas do investidor, e que tornassem os títulos da companhia telefónica, quer fossem obrigações quer fossem ações, num «produto» financeiro distinto e de preferência.

---

[5] Isto era tão herético que os diretores da companhia telefónica despediram Vail quando ele propôs a sua tese, em 1897 — apenas para voltarem a contratá-lo dez anos depois, quando a ausência de claros objetivos de desempenho criou uma generalizada exigência pública da nacionalização dos telefones, mesmo entre não-radicais, como na ala Progressista do Partido Republicano.

A Universidade Americana

A construção da universidade americana entre 1860 e a Primeira Guerra Mundial ilustra também como as instituições de serviço podem ter bom desempenho. A universidade americana, como emergiu durante essa era, foi sobretudo fruto do trabalho de um pequeno número de homens: Andrew D. White (presidente da Cornell, 1868–1885); Charles W. Eliot (presidente da Harvard, 1869–1909); Daniel Coit Gilman (presidente da Johns Hopkins, 1876–1901); David Starr Jordan (presidente da Stanford, 1891–1913); William Rainey Harper (presidente da Chicago, 1892–1904); e Nicholas Murray Butler (presidente da Columbia, 1902–1945).

Estes homens tinham em comum uma visão básica: o *college* tradicional — essencialmente um seminário do século XVIII para formar padres — tornara-se completamente obsoleto, estéril e improdutivo. Na verdade, estava a morrer rapidamente: a América, em 1860, tinha muito menos estudantes universitários do que tivera quarenta anos antes, com uma população muito inferior. Os homens que construíram as novas universidades partilhavam um objetivo comum: criar uma nova instituição, uma verdadeira «universidade». E percebiam que, embora os exemplos europeus, especialmente Oxford e Cambridge e a universidade alemã, tivessem muito a oferecer, estas novas universidades tinham de ser instituições distintamente americanas.

Porém, além destas crenças partilhadas, diferiam nitidamente sobre aquilo que uma universidade devia ser e quais eram os propósitos e a missão. Eliot, em Harvard, via o propósito da universidade como sendo o de educar um grupo de líderes com um «estilo» distinto: a sua Harvard tinha de ser uma instituição «nacional», e não o território provinciano «devidamente bostoniano» que o Harvard College era. Mas era também o de devolver a Boston — e à Nova Inglaterra em geral — a posição dominante de uma elite moral, como em tempos anteriores fora defendido pelos «eleitos», os profetas puritanos, e os seus sucessores, os líderes federalistas, nos tempos iniciais da República. Butler, em Columbia — e, em menor grau, Harper, em Chicago — pensava a função da universidade como a aplicação sistemática do pensamento racional e da análise aos problemas básicos de uma sociedade moderna, desde a educação à economia, e desde o governo nacional aos negócios estrangeiros. Gilman, na Johns Hopkins, perspetivava a universidade como uma produtora de conhecimento avançado; na verdade, originalmente, a Johns Hopkins pretendia limitar-se à investigação avançada e não prestar educação abaixo da licenciatura. White, na Cornell, pretendia um «público educado».

Cada um destes homens sabia que tinha de fazer cedências. Sabiam que tinham de satisfazer um certo número de «interessados» e «públicos», olhando para a universidade de uma maneira diferente. Eliot e Butler, por exemplo, tiveram de construir as suas novas universidades a partir de um antigo alicerce (os outros podiam construir a partir do zero) e tinham de satisfazer — ou, pelo menos, aplacar — os antigos alunos existentes e a faculdade. Todos tinham de ter perfeita consciência da necessidade de atrair e conservar apoio financeiro. Foi Eliot, por exemplo, com toda a sua insistência na «liderança moral», quem inventou o primeiro «gabinete de colocações» e se dispôs a procurar empregos bem pagos para os licenciados de Harvard, em especial nas empresas. Foi Butler, consciente de que a Columbia era uma recém-chegada e de que os filantropos milionários do seu tempo já tinham sido atraídos pela concorrência (por exemplo, Rockefeller para Chicago), quem inventou o primeiro gabinete de «relações públicas» numa universidade, concebido — e com grande sucesso — para contactar apenas gente abastada, acedendo, assim, ao seu dinheiro. Ainda durante o período de vida de Eliot e Butler, por exemplo, as suas instituições escaparam-lhe ao controlo, começaram a dispersar os objetivos e a confundir as prioridades.

No decurso deste século, todas estas universidades — como a Universidade da Califórnia e muitas outras importantes universidades estaduais — convergiram para um tipo comum. Hoje, é difícil distinguir uma «multiversidade» de outra. Contudo, a marca dos fundadores ainda não foi totalmente apagada, pois embora cada um dos fundadores da moderna universidade americana fizesse cedências e se adaptasse a uma multidão de interessados, cada um deles tinha um objetivo e uma definição de universidade aos quais dava prioridade e em relação aos quais media o desempenho. Claramente, o trabalho que os fundadores fizeram há quase um século terá de ser feito de novo pela «multiversidade» atual, se não quiser ficar sufocada pelos seus próprios serviços.

Hospitais: uma Solução Emergente

A solução para o problema do hospital, como se torna cada vez mais claro, residirá em refletir acerca dos objetivos e das prioridades. A visão mais promissora poderá bem ser a encontrada pelo Hospital Consulting Group da Westinghouse Electric Corporation, que reconhece que o hospital americano tem uma multiplicidade de funções, mas organiza cada uma delas como uma divisão autónoma «descentralizada», com as suas próprias instalações, pessoal e objetivos. Haveria, portanto, um hospital de atendimento tradicional para um número relativamente pequeno de pessoas muito doentes que exigem aquilo que um hospital «a tempo inteiro» oferece; um hospital médico «ambulatório» para diagnóstico e trabalho externo; um hospital cirúrgico «ambulatório» para o grande número de pacientes cirúrgicos (na verdade, a maioria), os quais, como os pacientes após uma cirurgia às cataratas, uma tonsilectomia ou a maioria das operações ortopédicas, não estão «doentes», não exigem cuidado médico, precisando de pouco cuidado de enfermagem e de uma cama (e de um penico) até os pontos estarem firmes ou o gesso estar seco; uma unidade psiquiátrica, sobretudo para pacientes externos ou para cuidado noturno; e uma unidade de convalescença que pouco se distinguiria de um bom motel (por exemplo, para a mãe saudável de um bebé saudável). Todas teriam serviços comuns, mas cada uma constituiria uma instalação de cuidados de saúde separada, com diferentes objetivos, prioridades e padrões de desempenho.

Os Requisitos do Sucesso

As instituições de serviço são muito heterogéneas. A única coisa que têm em comum é que, por uma ou por outra razão, não podem ser sujeitas ao teste do desempenho da concorrência de mercado. Mas, por muito diferentes que possam ser as «instituições de serviço», todas elas precisam de impor a si próprias a disciplina praticada pelos gestores e líderes das instituições dos exemplos anteriores.

1. Têm de responder à pergunta «Qual é a nossa "atividade" e qual deveria ser?». Têm de exprimir definições alternativas e refletir sobre elas cuidadosamente, talvez mesmo estabelecendo (como fizeram os presidentes das universidades americanas emergentes) o equilíbrio entre diferentes definições e, por vezes, em conflito. Aquilo de que as instituições de serviço precisam não é de ser mais «como as empresas». Têm de ser mais «como os hospitais», «como as universidades», «como o governo», e assim por diante. Têm de estar sujeitas, tanto quanto possível, a um teste de desempenho. Por outras palavras, têm de refletir sobre a sua função, o seu propósito e a sua missão específicos;
2. As instituições de serviço têm de derivar *objetivos e metas claros* da sua definição de função e missão. Do que precisam não é de ser «melhores pessoas», mas pessoas que executam a tarefa de gestão sistematicamente e que se focam no desempenho e nos resultados. Precisam de facto de eficiência — ou seja, de controlo de custos, mas, acima de tudo, precisam de efetividade, isto é, de ênfase nos resultados certos;
3. Têm depois de refletir acerca das *prioridades* de concentração que lhes permitam selecionar alvos; estabelecer padrões de realização e de desempenho (ou seja, definir os resultados mínimos aceitáveis); estabelecer prazos; trabalhar em resultados; e tornar alguém responsável pelos resultados;
4. Têm de definir *medidas de desempenho* — a «satisfação do cliente» da companhia telefónica;
5. Têm de usar essas medidas para «retroagir» sobre os seus esforços, ou seja, *têm de inserir no seu sistema autocontrolo a partir dos resultados*;
6. Finalmente, precisam de uma auditoria organizada de *objetivos e resultados*, para identificarem aqueles que já não servem um propósito útil, ou que revelaram ser inatingíveis. Precisam de identificar os desempenhos

insatisfatórios e as atividades que são obsoletas e improdutivas, ou ambas. E precisam de um mecanismo para *eliminar* essas atividades e não gastarem o seu dinheiro e as suas energias onde não estão os resultados.

Este último requisito poderá ser o mais importante. A ausência de um teste de mercado remove da instituição de serviço a disciplina que força uma empresa a ter de acabar por abandonar os produtos ultrapassados — ou entrar em insolvência. No entanto, este requisito é o menos compreendido.

Nenhum sucesso dura «para sempre». Entretanto, ainda é mais difícil abandonar o sucesso de ontem do que reconhecer o fracasso. O sucesso alimenta a sua própria *hubris* (a palavra grega que designa a arrogância do sucesso que destrói quem o tem). Cria apegos emocionais, hábitos de pensamento e ação e, acima de tudo, falsa autoconfiança. Um sucesso que sobrevive à sua utilidade poderá, no fim, ser mais prejudicial do que o fracasso. Em especial numa instituição de serviço, o sucesso de ontem torna-se «política», «virtude», «convicção», quando não «palavra sagrada», a menos que a instituição imponha a si mesma a disciplina de refletir sobre a sua missão, os seus objetivos e as suas prioridades e, com base no controlo de retroação sobre os resultados, construa políticas, prioridades e ação. Hoje em dia, nos Estados Unidos, encontramo-nos nesta confusão dos serviços públicos por, em grande parte, o programa de previdência social do *New Deal* ter tido um tal sucesso na década de 1930 que não conseguimos abandoná-lo e, em vez disso, aplicámo-lo mal ao problema radicalmente diferente dos migrantes para as cidades nas décadas de 1950 e 1960.

Fazer com que as instituições de serviço tenham bom desempenho não exige «pessoas fantásticas». Em vez disso, requer um sistema. Os fundamentos deste sistema poderão não ser muito diferentes dos fundamentos do desempenho numa empresa comercial, como é assumido pela presente «explosão da gestão» nas instituições de serviço. Mas a aplicação será muito diferente — porque as instituições de serviço não são empresas; o «desempenho» significa algo muito diferente para elas.

Poucas instituições de serviço atuais padecem de ter poucos administradores; a maior parte delas sofre de um excesso de procedimentos, de gráficos de organização e de «técnicas de gestão». Aquilo que agora tem de ser aprendido é gerir as instituições de serviço para o desempenho. Esta poderá ser a mais importante tarefa de gestão para o resto deste século.

PARTE IV

Organizar e Gerir para o Desempenho

CAPÍTULO DEZASSEIS

A Organização Inovadora

A NECESSIDADE DE INOVAR é mencionada — na verdade, enfatizada — em todos os livros de gestão. Mas, além disto, em regra os livros prestam pouca atenção àquilo que a gestão e a organização precisam de ser e de fazer para estimular, dirigir e tornar efetiva a inovação. A maioria das discussões realça, quase exclusivamente, a função administrativa da gestão, ou seja, a tarefa de manter a funcionar e de melhorar aquilo que já se sabe e que, em grande parte, já está a ser feito. Pouca reflexão ou espaço são normalmente dedicados à função empreendedora de criar efetiva e propositadamente o novo e o diferente.

Nesta negligência da gestão da inovação, os livros apenas espelham a realidade empresarial. Toda a gestão sublinha a necessidade de inovar, mas poucas, tanto nas grandes como nas pequenas empresas, organizam a inovação como uma tarefa distinta e fundamental. É verdade que, durante os últimos trinta anos, ou seja, desde o final da Segunda Guerra Mundial, a «pesquisa» se tornou uma moda; largas somas de dinheiro são-lhe dedicadas. Mas, em muitas companhias, o resultado foi a melhoria em vez da inovação.

Isto aplica-se ainda mais às instituições de serviço público.

No passado, havia boas razões para o foco na função administrativa em detrimento da inovação. Quando a gestão se tornou pela primeira vez, no começo deste século, numa preocupação, a grande e nova necessidade era aprender a organizar, a estruturar e a dirigir a organização humana em grande escala, que surgira subitamente. Em termos gerais, a inovação não era vista sequer como uma tarefa para o gestor. Era considerada a tarefa do «inventor» que trabalhava na sua oficina, talvez com um ou dois ajudantes. E mesmo quando o «inventor» foi substituído pelo laboratório de pesquisa organizado — o primeiro dos quais surgiu por volta de 1900 —, a «inovação» continuava a ser o trabalho de um «especialista», científico e técnico, e uma questão para «investigação».

Além disso, não havia grande vontade de inovar entre 1920 e 1950, altura em que estava a ser realizada a maior parte do trabalho básico da gestão; pois, contrariamente à crença comum, estes não foram anos de rápida mudança, nem na tecnologia, nem na sociedade. Foram anos durante os quais, em termos gerais, a tecnologia se apoiava em alicerces construídos antes da Primeira Guerra Mundial, ou seja, antes de 1914 e maioritariamente antes de 1900. E, embora existissem anos de tremenda turbulência política, as instituições sociais e económicas estavam estagnadas. Na verdade, o mesmo se poderá dizer das ideias sociais e económicas. As grandes ideias revolucionárias que operaram durante os últimos cinquenta anos são de pensadores que viveram, ou que pelo menos tinham as suas raízes, no século XIX.

Agora, contudo, poderemos estar a entrar num período de rápida mudança, mais comparável nas suas características básicas às últimas décadas do século XIX do que ao passado imediato, com o qual estamos familiarizados. No final do século XIX, uma nova e determinante invenção, conduzindo quase imediatamente ao surgimento de uma nova e importante indústria, vinha à superfície em média quase todos os meses. Este período começou em 1856, o ano que viu nascer o dínamo de Siemens e a tinta de anilina de Perkins, e terminou com o desenvolvimento da moderna válvula de vácuo, em 1911. Entretanto, surgiram a máquina de escrever e o automóvel, a lâmpada de luz elétrica, as fibras sintéticas, os tratores, os carros elétricos, os medicamentos sintéticos, o telefone, o rádio e o avião — só para mencionar alguns. É dizer: surgiu o mundo moderno.

Em contraste, nenhuma indústria importante verdadeiramente nova foi iniciada entre de 1914 e o final da década de 50, quando os computadores se tornaram operacionais pela primeira vez.

Entre 1870 e 1914, a geografia industrial do mundo estava em rápida transformação. Uma nova área industrial determinante emergia por norma a cada década: os EUA e a Alemanha entre 1860 e 1870, a Rússia Ocidental e o Japão durante os vinte anos seguintes, a Europa Central (ou seja, a parte ocidental da velha Áustria-Hungria e o norte de Itália) em 1900. Contudo, entre a Primeira e a Segunda Guerra Mundial nenhuma nova área industrial se juntou ao «clube industrial».

Agora, existem sinais de rápida mudança, com o Brasil e a China, por exemplo, a aproximarem-se do «ponto de descolagem» — o Brasil poderá bem já tê-lo alcançado. Agora há sinais de que relações económicas fundamentais estarão em rápida mudança e fluxo. O abandono do dólar como «moeda essencial» em 1971 terminou o período em que o ontem era a norma e marcou o início de uma grande e rápida mudança e de uma inovação fundamental na economia, na moeda e no crédito internacionais.

Mas a necessidade de inovação será igualmente grande no campo social, e também as instituições de serviço público terão de aprender a gerir a inovação.

Da mesma forma que o final do século XIX foi um período de tremenda atividade inovadora, também o foi nas suas instituições sociais e económicas. E, tal como os cinquenta anos após a Primeira Guerra Mundial foram de continuidade tecnológica e não de rápida transformação e inovação, também foram anos de continuidade nas instituições sociais e económicas. O governo, tal como hoje o conhecemos, fora em grande parte criado na altura da Primeira Guerra Mundial. A reforma do governo local na Grã-Bretanha, que começou em meados do século XIX, iniciou o trabalho de redefinição de uma das mais antigas instituições humanas (o governo), criou novas instituições, novas relações e, acima de tudo, estabeleceu novas tarefas para o governo. E, em 1860, os britânicos tinham, com efeito, criado a nova agência do governo moderno. A construção do Estado assistencial moderno começou pouco depois, na Alemanha de Bismarck. Por volta da mesma altura — na década de 1880 —, os Estados Unidos realizaram uma importante contribuição para as artes e prática do governo: a comissão reguladora. Todas as reformas do *New Deal* da década de 1930 tinham sido discutidas, planeadas e, em muitos casos, postas em prática, a nível local ou estadual, vinte anos antes, ou seja, na Era Progressista.

A grande universidade americana foi a criação inovadora de meia dúzia de brilhantes presidentes universitários entre 1860 e 1900. O hospital moderno foi concebido entre 1900 e 1920. As Forças Armadas adquiriram a sua presente forma nos dois conflitos mais importantes de meados do século XIX: a guerra civil americana e a guerra franco-prussiana de 1870. Desde então, o desenvolvimento tem sido linear — exércitos maiores, maior poder de fogo, mais armamento, mas fundamentalmente as mesmas estratégias e táticas e, na verdade, até a mesma insistência na «tecnologia de *hardware*». Mesmo inovações técnicas radicais, como o tanque e o avião, foram em grande parte integradas nas estruturas de comando e doutrinas militares tradicionais.

Agora, a necessidade de inovação social e política tornou-se de novo urgente. A metrópole moderna precisa de novas formas de governo, a relação entre as pessoas e o seu ambiente tem de ser pensada e reestruturada. Nenhum governo contemporâneo chefia de forma eficaz. A crise do mundo é, acima de tudo, uma crise institucional, exigindo, assim, inovação a esse nível.

A empresa comercial, a sua estrutura e organização, a forma como integra conhecimento no trabalho e o trabalho no desempenho — e a forma como integra a empresa na sociedade e no governo — são também áreas com grande necessidade e oportunidade inovadoras. Na esfera social e económica, há certamente necessidade de outro período de atividade inovadora (a última terá ocorrido durante a segunda metade do século XIX).

Porém, em nítido contraste com o século XIX, a inovação, a partir de agora, terá de ser inserida nas organizações existentes. As grandes empresas — e, igualmente, as grandes instituições de serviço público — terão de se tornar cada vez mais capazes de se organizar para a inovação, tal como para a administração.

Em primeiro lugar, exigem acesso a recursos humanos e a capital a um grau inimaginável há cem anos. Mas também o rácio entre invenção ou pesquisa e os esforços necessários para converter os resultados da pesquisa ou da invenção em novas empresas, novos produtos ou novas instituições mudou significativamente.

É agora aceite, quando mais não seja empiricamente, que, por cada dólar gasto na criação de uma ideia, terão de ser gastos 10 dólares em «pesquisa» para a converter numa nova descoberta ou numa nova invenção. Por cada 10 dólares gastos em «pesquisa», precisarão de ser gastos pelo menos 100 dólares em desenvolvimento e, por cada 100 dólares gastos em desenvolvimento, um valor entre 1000 e 10 000 dólares são necessários para introduzir e estabelecer um novo produto ou uma nova empresa no mercado. E só depois de um novo produto ou uma nova empresa terem sido estabelecidos no mercado é que há uma «inovação».

A inovação não é um termo técnico; é económico e social. O seu critério não é a ciência nem a tecnologia, mas uma mudança no ambiente económico ou social, no comportamento das pessoas como consumidores ou produtores, como cidadãos, como alunos ou professores, e assim por diante. A inovação cria riqueza ou potencial de ação, mais do que novo conhecimento. Isto significa que o grosso dos esforços inovadores terá de vir dos lugares que controlam os recursos humanos e o dinheiro necessário para o desenvolvimento e o marketing, ou seja, da grande agregação existente de pessoas formadas e de dinheiro disponível — as empresas e as instituições de serviço público existentes.

Isso poderá aplicar-se em particular à instituição de serviço público. Há cem anos, havia poucas e eram pequenas. Então, a tarefa era, em grande parte, criar instituições onde não existiam nenhumas. Hoje, estas instituições são maciças e dominam a paisagem social, política e económica. Representam as burocracias, as concentrações de competências, as atribuições e programas contínuos. Se não conseguirem tornar-se inovadoras, a novidade de que precisamos terá pouca hipótese de se tornar uma inovação efetiva. Será provavelmente abafada pelos gigantes do governo e das Forças Armadas, da universidade e do hospital, e por muitos outros.

Tal não significa que a pequena empresa ou mesmo o empreendedor isolado não continuem a desempenhar um papel importante. Nada está mais longe da verdade do que o velho mito dos populistas de que o pequeno indivíduo está a ser expelido do mercado pelos gigantes. As companhias de crescimento inovador dos últimos vinte e cinco anos começaram como pequenas empresas. E, em termos gerais, as pequenas empresas têm-se saído muito melhor do que os gigantes.

Em cada uma das indústrias, exceto naquelas em que o monopólio é protegido pelo governo (por exemplo, nas ferrovias), as pequenas *upstarts*, que há pouco tempo eram desconhecidas, adquiriram importantes posições no mercado e provaram ser mais do que capazes de concorrer com os gigantes. Como já foi dito, isto aplica-se, particularmente, no caso em que estes, através de um crescimento natural ou de uma política deliberada, se transformam em conglomerados. Na indústria química, na indústria de aparelhos eletrónicos e em muitas outras, o gigante tradicional, a GE, perdeu posição e quota de mercado em muitos sectores — e, em grande parte, a favor de recém-chegados pequenos ou médios, com uma vantagem na inovação.

Uma companhia estabelecida que, numa era que exige inovação, não é capaz de inovação está condenada ao declínio e à extinção. E uma gestão que, num tal período, não saiba como gerir a inovação é incompetente e desfasada da sua tarefa. Gerir a inovação irá tornar-se, cada vez mais, um desafio para a gestão e, em especial, para a gestão de topo e a pedra-de-toque da sua competência.

Exemplos de Inovação

Embora sendo uma minoria, especialmente entre as grandes empresas, as companhias inovadoras existem. Poderíamos mencionar a Renault em França e a Fiat em Itália, a Marks & Spencer em Inglaterra, a ASEA (a Companhia de Eletricidade Geral sueca) na Suécia, a Sony no Japão — ou, entre as duas Guerras Mundiais, a editora Ullstein, na Alemanha. Nos Estados Unidos, a 3M (Minnesota Mining and Manufacturing, St. Paul, Minnesota), os Bell Laboratoires of the Telephone Company, ou o Bank of America vêm à memória. Estas firmas não têm aparentemente dificuldade em inovar, nem em fazer aceitar a mudança nas suas organizações. Seria de esperar que as suas gestões raramente tivessem ocasião de perguntar: «Como é que podemos manter a nossa organização flexível e disposta a aceitar a novidade?» Estas gestões estão demasiado ocupadas a encontrar as pessoas certas e o dinheiro para acompanhar as inovações, tarefas impostas pelas próprias empresas.

As organizações inovadoras não estão confinadas à empresa. Tanto o Projeto Manhattan nos Estados Unidos, que desenvolveu a bomba atómica durante a Segunda Guerra Mundial, como a organização conjunta europeia para a pesquisa nuclear e a aplicação pacífica da energia nuclear, o CERN (Conseil Européen pour la Recherche Nucléaire), em Genebra, chefiado pelo seu diretor-geral, Victor Weisskopf, fornecem exemplos de organizações inovadoras. Ambas inovaram científica e tecnicamente, mas também em termos sociais; as formas de organização agora popularizadas como organizações «equipa» ou «matriz», por exemplo, foram essencialmente inventadas pelo Projeto Manhattan. Isto é ainda mais notável, uma vez que estas duas instituições tinham maioritariamente nos seus cargos professores universitários, os quais, no seu *habitat* natural, são resistentes à mudança e notoriamente lentos a inovar.

Estes exemplos indicam que a capacidade de uma empresa inovar é mais uma função da gestão do que da indústria, dimensão ou anos de existência da empresa, e que não pode ser explicada com a desculpa habitual dos maus gestores ou da «cultura e tradições» de um país.

Nem a explicação pode ser encontrada na pesquisa. Os Bell Laboratories — talvez o mais produtivo dos laboratórios de pesquisa industriais — têm de facto realçado durante muitos anos investigações fundamentais sobre as leis da natureza. Mas a Renault e a Fiat não se distinguem particularmente pela sua pesquisa; o que faz com que sejam organizações inovadoras é a capacidade de colocarem novos *designs* e modelos rapidamente em produção e no mercado. Já o Bank of America inovou sobretudo nos negócios dos seus clientes e em termos de estrutura financeira e crédito, inventário e políticas de marketing.

Estes exemplos implicam que a organização inovadora institucionaliza o espírito inovador e cria o hábito da inovação. No começo destas empresas poderá ter havido um grande inovador. Poderá ter conseguido construir em seu torno, com sucesso, uma organização para converter numa realidade empresarial bem-sucedida as suas novas ideias e invenções — como fez Werner von Siemens na Alemanha, há cem anos; A. P. Giannini na construção do Bank of America, há setenta anos; e Edwin H. Land da Polaroid desde a Segunda Guerra Mundial. Mas não houve génios fundadores como estes a presidirem os Bell Laboratoires, a 3M ou a Renault. A organização inovadora gere para inovar como uma organização, ou seja, como um grupo humano organizado para a inovação contínua e produtiva. Está organizada para fazer da mudança uma norma.

Estas várias organizações inovadoras são, na verdade, muito diferentes nas suas estruturas, negócios, características e até na organização e nas suas filosofias de gestão. Mas têm certas características em comum.

1. As organizações inovadoras sabem o que significa «inovação»;
2. As organizações inovadoras compreendem a dinâmica da inovação;
3. Têm uma estratégia inovadora;
4. Sabem que a inovação exige objetivos e metas, que são diferentes dos da gestão, e avaliações apropriadas à dinâmica da inovação;
5. A gestão, em especial a de topo, desempenha um papel e uma atitude diferentes do trabalho e da organização de gestão;
6. A sua organização inovadora está estruturada e estabelecida de modo diferente do trabalho e da organização de gestão.

O Significado da Inovação

As organizações inovadoras sabem, em primeiro lugar, o que significa «inovação». Sabem que não é ciência nem tecnologia, mas valor. Sabem que não é algo que ocorre dentro de uma organização, mas uma mudança no exterior. A medida da inovação é o impacto sobre o ambiente. A inovação, numa empresa comercial, deverá, assim, estar sempre focada no mercado. Uma inovação focada no produto produzirá, provavelmente, «milagres de tecnologia», mas recompensas frustrantes. Tecnicamente, o computador da IBM foi, durante muitos anos, na melhor das hipóteses, «quase tão bom» como os produtos dos concorrentes — e os concorrentes desenvolveram a maior parte da nova tecnologia até aos anos 60. Mas os concorrentes verificaram aquilo que o produto podia fazer, procurando depois as aplicações. A IBM começou pelas necessidades dos utilizadores e adaptou-lhes a tecnologia, alcançando o domínio do mercado em poucos anos.

Os inovadores notáveis entre as companhias farmacêuticas de todo o mundo definem que o seu objetivo são novos medicamentos que farão uma diferença significativa para a prática clínica e para a saúde do paciente. Não definem a inovação em termos de pesquisa, mas em termos da prática da medicina. De modo semelhante, os Bell Laboratories começaram sempre pela pergunta: «O que fará diferença para o *serviço* telefónico?»

Contudo, não é surpreendente que o inovador mais focado no mercado surja com alguns dos mais importantes avanços técnicos ou científicos. Os Bell Labs, por exemplo, criaram o transístor, produziram a matemática básica da teoria da informação e são responsáveis por algumas das descobertas fundamentais que contribuíram para o computador.

Começar pela necessidade do consumidor ou do cliente de uma mudança significativa é frequentemente a forma mais direta de definir nova ciência, novo conhecimento e nova tecnologia, e de organizar um trabalho dirigido e sistemático sobre descoberta fundamental.

A Dinâmica da Inovação

As empresas inovadoras estão cientes da dinâmica da inovação. Não acreditam que a inovação seja determinada — ou, pelo menos, sabem que podem existir tantos fatores nos padrões causais que ninguém poderá alguma vez descobri-los. No entanto, também não partilham a crença comum de que a inovação é aleatória e incapaz de ser predita ou prevista.

Sabem que a inovação segue uma distribuição probabilística. Sabem que é possível dizer que tipo de inovação, se for produzida com sucesso, se tornará provavelmente um importante produto ou processo, um importante novo negócio, um importante mercado. Sabem como procurar sistematicamente áreas em que a atividade inovadora, se produzir resultados, gozará provavelmente de sucesso e produzirá retorno.

Um desses guias para encontrar aquilo a que se poderia chamar «pronto para inovação» é a vulnerabilidade básica *económica* de um processo, uma tecnologia ou uma indústria. Sempre que uma indústria conhece uma procura de mercado sem ser capaz de a transformar em rentabilidade, poderá dizer-se, com elevada probabilidade, que uma importante inovação que mude processos, produto, canal de distribuição ou expectativas do cliente produzirá elevados retornos.

Os exemplos abundam. Uma delas é a indústria do papel, a qual, em todo o mundo, gozou de uma rápida expansão da procura por parte do consumidor — na ordem dos 5% a 10%, ano sim, ano não — sem aparentemente capaz de obter um retorno decente do seu capital. Há a indústria do aço, que se encontra numa posição semelhante. Mas há também os seguros de vida, um dos poucos «produtos» que um cliente está imediatamente disposto a comprar — um dos poucos produtos em que o produtor e o consumidor têm um interesse idêntico na sobrevivência do titular da apólice para lá de um tempo de vida normal —, que, apesar disso, têm de ser vendidos através de métodos «duros» e contra uma aparente resistência muito elevada do comprador.

De modo semelhante, a oportunidade inovadora existe onde haja uma disparidade evidente entre os vários níveis de uma economia ou de um mercado.

A maior indústria em crescimento na América Latina na década de 1960, por exemplo, não era a indústria transformadora; era a distribuição de retalho. Multidões de pessoas acorreram às cidades e passaram de uma economia de subsistência para uma economia monetária. Individualmente eram, claro, muito pobres, mas, coletivamente, representavam um elevado poder de compra. Contudo, o sistema de distribuição na maioria dos países da América Latina manteve-se num molde pré-urbano — pequenas lojas, descapitalizadas, mal geridas, pobremente abastecidas e, mesmo assim, com um retorno muito lento. Sempre que um empreendedor se deslocava para oferecer uma distribuição moderna — a Sears, Roebuck foi a primeira a reconhecer a oportunidade —, o sucesso era instantâneo.

Outra área de oportunidade inovadora é a exploração das consequências de acontecimentos que ainda não tiveram impactos económicos. Os desenvolvimentos demográficos, isto é, as mudanças na população encontram-se entre os mais importantes. São também os mais próximos de serem exatos. As mudanças no conhecimento são menos certas — o ciclo é difícil de prever —, mas também oferecem oportunidades. E depois, mais importantes, mas menos certas, são as mudanças de consciência, de visão e nas expectativas das pessoas.

A indústria farmacêutica, por exemplo, obteve em grande parte o seu sucesso porque antecipou o impacto de mudanças fundamentais de consciência. Depois da Segunda Guerra Mundial, os cuidados de saúde tornaram-se numa «compra boa», e os medicamentos são a única forma de acesso aos cuidados de saúde dos pobres e dos países rurais com baixa educação. Onde os médicos e os hospitais são escassos, os medicamentos podem ser fornecidos e serão efetivos para uma grande quantidade de problemas de saúde. A companhia farmacêutica que compreendeu isto e foi para os países em desenvolvimento verificou que na compra de medicamentos estão «completamente desenvolvidos».

Finalmente, há inovações que não fazem parte do padrão, aquelas que são inesperadas e que mudam o mundo, em vez de o explorarem. São as inovações em que os empreendedores se dispõem a fazer com que algo aconteça — as verdadeiramente importantes. São as inovações de um Henry Ford, que imaginou algo que não existia na altura, nomeadamente, um mercado de massas, e que em seguida se empenhou em fazê-lo acontecer.

Estas inovações encontram-se fora da distribuição probabilística — ou, pelo menos, estão tão deslocadas para o extremo que são praticamente improváveis. São também, claramente, as mais arriscadas, pois, por cada uma que tenha sucesso, haverá noventa e nove que falham, das quais nunca se ouviu falar.

É importante para a empresa inovadora compreender que estas inovações atípicas existem e que são de suprema importância. É importante continuar a procurá-las. Mas, pela sua própria natureza, não podem ser objeto de uma atividade organizada, sistemática e empenhada dentro da empresa comercial. Não podem ser geridas.

São suficientemente raras para serem tratadas como exceções, apesar da sua excecional importância. Uma empresa será inovadora se se focar no padrão probabilístico e, também, ao organizar-se para tal. E, nesse processo, tornar-se-á sensível à excecional, à fantástica e à verdadeiramente histórica inovação e equipada para a reconhecer e tirar partido dela.

Para gerir a inovação, um gestor não precisa de ser tecnólogo. Na verdade, os tecnólogos de primeira classe raramente são bons a gerir a inovação. Estão tão profundamente embrenhados nas suas especialidades que raramente veem o desenvolvimento fora delas. Provavelmente, não será um metalurgista a reconhecer a importância de um novo conhecimento em plásticos, mesmo que este possa, num período razoavelmente curto, tornar obsoletos uma boa parte dos produtos de que mais se orgulha. De modo semelhante, o gestor inovador não tem de ser um economista. O economista, por definição, fica preocupado com o impacto das inovações só depois de elas se terem tornado maciças. O gestor inovador tem de antecipar vulnerabilidades e oportunidades — e essa não é a tendência do economista. O gestor inovador tem de estudar a inovação enquanto tal, para aprender a sua dinâmica, o seu padrão, a sua previsibilidade. Para gerir a inovação, um gestor terá de ser pelo menos informado acerca da sua dinâmica.

Estratégia Inovadora

Como todas as estratégias de negócio, uma estratégia inovadora começa com a pergunta: «Qual é a nossa atividade e qual deveria ser?» Mas os seus pressupostos a respeito do futuro são diferentes em relação à presente atividade. Naquele caso, o pressuposto é o de que as linhas de produto, os serviços, os mercados, os canais de distribuição, as tecnologias e os processos atuais continuarão. O primeiro objetivo de uma estratégia para a presente atividade é otimizar aquilo que já existe ou está a ser estabelecido.

O pressuposto determinante de uma estratégia inovadora é o de que tudo o que existe está a envelhecer. O pressuposto deverá ser que, mais cedo ou mais tarde — e geralmente mais cedo —, as linhas de produto, os serviços, os mercados, os canais de distribuição, as tecnologias e os processos atuais tenderão a descer em vez de subir.

Então, poderá dizer-que o princípio determinante de uma estratégia para a atividade atual é «melhor e mais». Para a estratégia inovadora, tem de ser «novo e diferente».

O alicerce de uma estratégia inovadora é a eliminação planeada e sistemática do antigo, do moribundo, do obsoleto. A organização inovadora não gasta tempo nem recursos a defender o ontem; só o seu abandono sistemático poderá libertar recursos e, especialmente, o mais escasso de todos — as pessoas capazes —, para trabalhar no novo.

A falta de vontade para fazer isto poderá ser o maior obstáculo para a inovação na grande empresa. O facto de a General Electric Company não ter conseguido estabelecer-se como produtora de computadores é, dentro da própria empresa, explicado em grande parte como resultado da falta de vontade ou da incapacidade de disponibilizar os necessários gestores e profissionais da mais alta qualidade e com capacidade de desempenho demonstrada. É claro que a GE destacou muitos bons profissionais para o seu grupo de computadores, mas não lhes foi permitido permanecerem muito tempo. Assim que desapareceram do seu cargo original num laboratório de pesquisa ou numa grande divisão, surgia o clamor do «não podemos passar sem eles», regressando, assim, às suas antigas missões de melhorarem aquilo que já era conhecido ou que já estava a ser feito.

Aquilo que é novo e, especialmente, aquilo que ainda não nasceu, ou seja, a futura inovação, parece sempre insignificante em comparação com o grande volume, a grande receita e os múltiplos problemas da empresa. É por isso ainda mais importante, para a empresa, empenhar-se no abandono sistemático do ontem, se quiser ser capaz de criar o amanhã.

Em segundo lugar, na estratégia de inovação, está o claro reconhecimento de que os esforços de inovação devem ser exigentes. É tão difícil, em regra, fazer uma pequena modificação num produto existente como inovar um outro.

Michael J. Kami, que serviu com sucesso como chefe de planeamento a longo prazo da IBM e da Xerox, declara como regra empírica que os resultados projetados dos esforços inovadores deverão ser pelo menos três vezes maiores do que os resultados necessários para atingir os objetivos da companhia. Isto será, provavelmente, uma subavaliação. No trabalho de melhoria — acrescentar um novo produto, atualizar uma linha de produção, alargar o mercado, e outros — poderá assumir-se uma taxa de sucesso de 50%. Não mais de metade dos projetos deverão ser fracassos totais.

Não é assim que a inovação funciona. Aqui, o pressuposto deverá ser que a maioria dos esforços inovadores não terá sucesso. Nove em cada dez «ideias brilhantes» não passam de disparates. E nove em cada dez ideias que, depois de cuidada análise, parecem valer a pena e ser fiáveis acabam por ser fracassos ou, na melhor das hipóteses, fracas. A taxa de mortalidade das inovações é — e deverá ser — elevada.

Assim, a estratégia inovadora visa mais criar um negócio do que um produto dentro de uma linha já estabelecida. Pretende desenvolver uma nova capacidade de desempenho e não uma melhoria. Ambiciona criar novos conceitos em torno daquilo que constitui valor e não em satisfazer um pouco mais as existentes expectativas de valor. O alvo dos esforços inovadores é fazer uma diferença significativa. Aquilo que é significativamente diferente não é uma decisão técnica. Não é a qualidade da ciência que faz a diferença. Não é saber se o empreendimento é muito dispendioso ou se é muito difícil de realizar. A diferença significativa reside no impacto sobre o ambiente.

O «sucesso» nos esforços inovadores é por média um em dez. Esta é, evidentemente, a razão almejar esforços inovadores. O vencedor tem de compensar nove derrotados e de produzir os seus resultados.

Bernard Baruch é hoje em dia recordado como o dirigente da economia de guerra dos EUA na Primeira Guerra Mundial e o amigo, confidente e conselheiro de presidentes, desde Woodrow Wilson a Harry Truman. Mas, antes de Baruch se tornar o estadista mais velho da América, acumulara uma muito considerável fortuna como investidor de capital de risco. Enquanto outros financeiros da sua era, nos trinta anos anteriores à Primeira Guerra, especulavam no imobiliário e nas obrigações das ferrovias, Baruch procurava novos e inovadores negócios. Sabia pouco de tecnologia — ou, se calhar, fingia ignorância. Investia mais na pessoa do que na ideia. E investia numa fase muito inicial, em que a empresa em ascensão não precisava, em regra, de muito dinheiro além de alguns anos de apoio a alguém que tivesse uma ideia. Investia segundo o princípio de que oito em cada dez investimentos se revelariam fracassos e teriam de ser eliminados. Mas defendia — e o próprio registo mostrava que tinha razão — que, se dois em cada dez revelassem ser sucessos, recolheria muito maior benefício do que o investidor mais astuto em empresas já existentes alguma vez conseguiria alcançar.

Uma inovação não avança segundo uma tranquila progressão linear. Durante bastante tempo, há apenas esforço e nenhuns resultados. Os primeiros resultados são depois geralmente escassos. Na verdade, os primeiros produtos raramente são aquilo que os clientes acabam por comprar. Os primeiros mercados raramente são os mais importantes. As primeiras aplicações raramente são as aplicações que, no fim, revelam ser as realmente importantes.

Os impactos sociais da nova tecnologia são difíceis, e por vezes impossíveis, de prever. Mas esta dificuldade estende-se a tudo o que esteja ligado ao verdadeiramente novo — como é demonstrado pelo exemplo da grosseira subavaliação da dimensão do mercado dos computadores, conduzido por um meticuloso estudo de mercado por volta de 1950. Mas ainda mais difícil de prever do que o eventual sucesso do genuinamente novo é a velocidade com que se estabelecerá. «O *timing* é essencial» na inovação. Contudo, o *timing* é totalmente incapaz de ser previsto. Há o computador, os antibióticos, a fotocopiadora — tudo inovações que invadiram o mercado. Mas, por cada inovação bem-sucedida que resultou mais rapidamente do que alguém antecipara, há cinco ou seis outras que, no fim, têm um sucesso idêntico, mas que parecem arrastar-se durante anos. O barco a vapor é exemplo disso. Em 1835, a sua superioridade estava claramente estabelecida, mas só substituiu o barco à vela cinquenta anos mais tarde. Na verdade, a «idade de ouro da vela», durante a qual os grandes *clippers* atingiram a perfeição, só começou depois de o barco a vapor estar totalmente desenvolvido. Durante quase meio século, o barco a vapor continuou a ser um «amanhã» e parecia nunca mais se tornar um «hoje».

Mas depois, após um longo e frustrante período de gestação, a inovação bem-sucedida ascende meteoricamente. Torna-se, em poucos anos, a nova grande indústria, ou uma importante linha de produtos ou de mercado. Contudo, até ter atingido esse ponto, não se consegue prever quando descolará, nem sequer se alguma vez o fará.

Medidas e Orçamentos

A estratégia de inovação exige diversas avaliações e um uso diferente de controlos orçamentais apropriados a um negócio existente.

Impor aos esforços de inovação as medidas e, especialmente, as convenções contabilísticas que se adequam às atividades existentes é uma orientação errada. Esmaga o esforço inovador da mesma forma que uma mochila de cinquenta quilos esmagaria um menino de seis anos. E também não consegue proporcionar um verdadeiro controlo. Finalmente, poderá tornar-se uma ameaça quando a inovação se torna bem-sucedida, porque, nessa altura, precisa de controlos adequados a um rápido crescimento, ou seja, controlos que mostrem quais são os esforços e os investimentos necessários para explorar o sucesso e evitar a extensão exagerada.

As empresas de sucesso inovadoras há muito que aprenderam isto.

O sistema de controlo de gestão mais antigo, mais conhecido e mais bem-sucedido talvez seja o da Du Pont Company, que, logo na década de 1920, desenvolveu um modelo para todos os seus negócios focado no retorno sobre o investimento. Mas as inovações não estavam incluídas nesse célebre modelo. Assim que um negócio, uma linha de produto ou um processo se encontravam no estádio inovador, a sua alocação de capital não era incluída na base de capital em relação à qual a divisão individual da Du Pont encarregada do projeto tinha de obter retorno. Nem as despesas eram incluídas no seu orçamento de custos. Eram ambos separados. Só depois de uma nova linha de produto ter sido introduzida no mercado e vendida em quantidades comerciais durante dois anos ou mais é que as suas avaliações e controlos se fundiram no orçamento da divisão responsável pelo desenvolvimento.

Assim, garantia-se que os gestores gerais das divisões não resistiam à inovação como constituindo uma ameaça ao seu registo de receitas e desempenho. Garantia-se também que as despesas e os investimentos nos esforços inovadores poderiam ser controlados. Tornava possível perguntar a cada passo: «O que esperamos no fim e qual é o fator de risco, ou seja, a probabilidade de insucesso? Podemos ou não justificar a continuação deste esforço inovador em particular?»

Os orçamentos para os negócios existentes e para os esforços inovadores deverão não só ser separados, como ser tratados de forma diferente. No negócio existente, a questão é sempre: «Este esforço é necessário? Ou podemos passar sem ele?» E se a resposta for «precisamos dele», perguntamos: «Qual é o nível mínimo de apoio necessário?»

No esforço inovador, a primeira e mais séria pergunta é: «Esta é a oportunidade certa?» E, se a resposta for sim, questiona-se: «Quantas pessoas eficazes e recursos essenciais podemos pôr a trabalhar produtivamente *nesta fase*?»

Um sistema de medição separado para o esforço inovador torna possível avaliar os três fatores que determinam a estratégia inovadora: a derradeira oportunidade, o risco de fracasso e o esforço de despesa necessário. Caso contrário, os esforços serão continuados, e mesmo exagerados, quando a oportunidade é bastante limitada e o risco de insucesso grande.

Exemplos disso são os antibióticos de largo espetro, produzidos com grande engenho científico pelas companhias farmacêuticas no final dos anos 60. Nessa altura, a probabilidade de sintetizar um novo antibiótico de largo espetro com propriedades significativamente melhores do que aqueles que já existiam no mercado tinha-se tornado muito pequena. O risco de insucesso era elevado. Ao mesmo tempo, a oportunidade tornara-se muito mais limitada do que há dez anos. Mesmo um antibiótico com um desempenho significativamente melhor teria de competir com produtos de elevada qualidade, com os quais os médicos estavam familiarizados e tinham aprendido a usar. Mesmo um avanço científico teria originado um produto semelhante aos outros. Ao mesmo tempo, a despesa e o esforço necessários para encontrar algo realmente novo numa área que fora trabalhada tão minuciosamente subiam rapidamente. O tradicional pensamento de mercado — ou seja, um pensamento que olha para o tamanho do mercado e que dele infere um grande sucesso para um novo produto «melhor» — teria sido completamente enganador. E, na verdade, enganou um número substancial de empresas.

Assim, não há pior inimigo da inovação bem-sucedida do que um objetivo de «5% de crescimento nos lucros» todos os anos. As inovações, durante os primeiros três ou cinco anos — às vezes, mais —, não mostram crescimento nos lucros. Não mostram quaisquer lucros. E depois, a sua taxa de crescimento durante cinco ou dez anos deverá andar mais perto dos 40% ao ano dos que dos cinco. É só depois de terem adquirido uma certa maturidade que se pode esperar que cresçam, ano após ano, numa pequena percentagem. Mas, nessa altura, já não são inovações.

Portanto, a estratégia inovadora exige um elevado grau de disciplina por parte do inovador; este tem de operar sem a bengala do orçamento convencional e sem as medições contabilísticas que fornecem informação bastante rápida e razoavelmente fiável, a partir dos resultados correntes dos esforços e investimentos. A tentação é continuar a despejar pessoal e dinheiro nos esforços inovadores, sem quaisquer resultados. É por isso importante, ao gerir a inovação, refletir sobre aquilo que se espera e quando. Inevitavelmente, estas expectativas são alteradas pelos acontecimentos, mas, a menos que existam resultados intermédios, progresso específico e «pequenos defeitos» na operação ao longo do percurso, a inovação não está a ser gerida.

Quando a Du Pont se empenhou, no final dos anos 20, na investigação dos polímeros, que acabou por conduzir ao *nylon* mais de dez anos depois, ninguém queria, nem conseguia prever se o domínio da tecnologia dos polímeros levaria à borracha sintética, às fibras têxteis, aos cabedais sintéticos ou a novos lubrificantes. (No final, claro, conduziu a tudo isso.) Foi só praticamente no final do trabalho que se tornou claro que as fibras sintéticas seriam o primeiro produto comercial importante. Mas, desde o princípio, Du Pont, juntamente com o Dr. Carrothers, o cientista de investigação dirigente, estabeleceram sistematicamente um mapa do tipo de descobertas e de resultados que poderiam ser esperados e quando. Este mapa era mudado de dois em dois ou de três em três anos, mas era sempre redesenhado para as novas fases ao longo do caminho. E só quando surgiu com as fibras de polímero, que tornava então possível o desenvolvimento em larga escala, é que Du Pont se empenhou num investimento maciço. Até aí, o custo total fora essencialmente o de apoiar Carrothers e alguns assistentes.

O Risco de Fracasso

Uma estratégia de inovação tem de se basear na clara aceitação do risco de fracasso — e talvez do ainda mais perigoso risco do «quase sucesso».

É tão importante decidir quando abandonar um esforço inovador, como saber aquele que deve ser iniciado. De facto, poderá ser mais importante. Os diretores de laboratório bem-sucedidos sabem quando abandonar uma linha de investigação que não apresenta os resultados esperados. Os menos bem-sucedidos continuam esperançosos contra a esperança, ficam fascinados pelo «desafio científico» de um projeto ou são enganados pela repetida promessa de um «avanço no próximo ano» por parte dos cientistas. E os malsucedidos não conseguem abandonar um projeto nem admitir que aquilo que parecia ser uma boa ideia se transformou num desperdício de recursos humanos, tempo e dinheiro.

Mas um número considerável de esforços inovadores acaba em «quase sucessos», e não em sucessos ou fracassos. E um «quase sucesso» poderá ser mais perigoso do que um fracasso. Repetidas vezes, há aquele produto ou processo que foi inovado com a expectativa de «revolucionar» a indústria para depois se tornar numa adição mínima à linha de produtos — nem um fracasso suficiente para ser abandonado, nem um sucesso suficiente para fazer a diferença. Há aquela inovação que parece ser tão «excitante» quando se começa a trabalhar com ela e que depois é ultrapassada, durante o período de gestação, por um processo, produto ou serviço mais inovador. Há aquela inovação que se pensava vir a ser uma «referência» e acaba como mais uma «especialidade», que apenas alguns clientes desejam comprar, mas que não estão dispostos a pagar.

É assim particularmente importante na gestão da inovação pensar e declarar as expectativas, e depois, quando a inovação se tornou num produto, num processo ou num negócio, compará-las com a realidade: se esta estiver significativamente abaixo das expectativas, não se deve alocar mais pessoal, nem mais dinheiro. Dever-se-á perguntar: «Não deveríamos desistir disto? E como?»

Bernard Baruch sabia isto há setenta anos. Quando lhe perguntaram se não havia investimentos em inovações que não eram grandes sucessos nem grandes fracassos, diz-se que respondeu: «Claro, mas vendo-as assim que posso, pelo preço que conseguir.» E, depois, acrescentou: «Nos meus primeiros dias, esses eram os investimentos em que eu gastava todo o meu tempo. Achava sempre que os conseguia transformar e fazer deles o sucesso que originalmente tínhamos esperado. Nunca resultava. Mas descobri que perdia as verdadeiras oportunidades e que investia dinheiro em "projetos sólidos" em vez de o pôr nas grandes oportunidades futuras.»

A Atitude Inovadora

A resistência à mudança, tanto por parte dos executivos como dos trabalhadores, tem sido há muitos anos considerado um problema central da gestão. Sobre esta matéria, foram escritos inúmeros livros e artigos; seminários, discussões e cursos lhe foram dedicados. Contudo, é questionável se foi feito um grande progresso na resolução do problema.

Na verdade, não pode ser resolvido enquanto falarmos de «resistência à mudança». Não que não exista essa resistência, nem que não seja um importante obstáculo, mas o foco na resistência à mudança é definir mal o problema, de uma forma que o torna menos, e não mais, manipulável. A forma correta de definir o problema para o tornar suscetível de resolução é criar, construir e conservar a organização inovadora, aquela para a qual a mudança é a norma e não a exceção, sendo ela a oportunidade em vez da ameaça. A inovação é, portanto, atitude e práticas. É, acima de tudo, atitude e práticas da gestão de topo. A organização inovadora enquadra a gestão de topo num determinado papel e incorpora um conceito diferente da relação da gestão de topo com a organização.

Na organização da gestão tradicional, como os textos sobre gestão a discutem, a gestão de topo é o *juiz final*. Isto significa que o poder mais importante da gestão é o poder de veto e que o seu papel mais importante é dizer «não» a propostas e ideias que não foram completamente ponderadas e trabalhadas. Este conceito é caricaturado num conhecido *jingle*, composto há muitos anos por um executivo sénior da Unilever, a gigante da comida e sabão britânica-holandesa-americana:

Ao longo desta árvore
Da raiz até à copa
As ideias vão para cima
E os vetos vêm para baixo.

Na organização inovadora, a primeira e mais importante tarefa da gestão é a oposta: é converter ideias impraticáveis, meio preparadas e loucas numa realidade concreta. Na organização inovadora, a gestão de topo vê como tarefa ouvir ideias e levá-las a sério; por sua vez, a gestão de topo sabe que as novas ideias são sempre «impraticáveis». Sabe também que é preciso uma grande quantidade de ideias disparatadas para gerar uma viável e que, nos estádios iniciais, não há forma de distinguir a ideia disparatada de um golpe de génio. Ambas parecem ser igualmente impossíveis ou igualmente brilhantes.

Portanto, a gestão de topo na organização inovadora não «encoraja» só ideias, aquilo que se espera que a gestão faça. Pergunta continuamente: «Como teria de ser esta ideia para se tornar prática, realista e efetiva?» Organiza-se para refletir rapidamente sobre a mais louca e aparentemente mais ridícula das ideias, à procura de algo de novo onde a sua concretização possa ser avaliada.

A gestão de topo na organização inovadora é o principal «ímpeto» para a inovação. Usa as ideias da organização como estímulos para a sua própria visão, e, em seguida, trabalha para as tornar uma preocupação de toda a organização. A gestão de topo na organização inovadora transforma o pensamento e o trabalho inovador numa energia organizacional e numa disciplina de empreendedorismo.

Isto pressupõe a reestruturação das relações entre a gestão de topo e o grupo humano dentro da empresa. A organização tradicional mantém-se, claro. Na verdade, no esquema organizacional, poderá haver pouco que se distinga da organização mais rigidamente burocrática, e uma organização inovadora não precisa de ser mais «permissiva» ou «democrática». Mas a organização inovadora constrói, por assim dizer, um sistema nervoso junto à coluna vertebral da empresa. Enquanto a organização tradicional se foca na lógica do trabalho, existe também uma relação adicional focada na lógica das ideias.

Nas companhias inovadoras, os executivos seniores fazem geralmente questão em reunir com a gente mais nova de toda a organização, em sessões calendarizadas (embora não necessariamente regulares), em que não há «agenda» para a gestão de topo. Em vez disso, os seniores reúnem-se com o grupo mais novo e perguntam: «Que oportunidades *veem*?»

No período do seu maior crescimento e desenvolvimento, a 3M Company estava longe de ser uma companhia permissiva. Era dirigida por dois ou três executivos de topo, que tomavam todas as decisões. Mas mesmo o mais inexperiente dos engenheiros era encorajado — na verdade, era praticamente mandado — a dirigir-se à gestão de topo com qualquer ideia, por mais louca que fosse. E, uma e outra vez, era-lhe dito: «Essa ideia para mim não faz sentido; está disposto a trabalhar nela?» Se a resposta fosse sim, era então pedido ao engenheiro que pusesse a sua ideia por escrito, juntamente com um pedido de orçamento — e, na maior parte das vezes, era libertado de todas as outras responsabilidades, era-lhe concedida uma modesta soma de dinheiro durante um ou dois anos e era-lhe dito que seguisse em frente. Em resultado disso, a companhia cresceu desde o momento em que era uma obscura produtora de abrasivos até se tornar numa das maiores empresas da América.

No entanto, os jovens engenheiros da 3M eram estritamente responsabilizados. Nem todos eram bem-sucedidos, claro. Na verdade, apenas dois ou três em cada dez. E não eram punidos pelo fracasso de uma ideia — pelo menos, da primeira vez. Mas o fracasso em assumir a responsabilidade, em organizar a tarefa e em avaliar o progresso realisticamente — e, ainda mais, em manter a gestão de topo totalmente informada do progresso do projeto — não era tolerado.

A organização inovadora exige uma atmosfera de aprendizagem em toda a empresa. Cria e conserva uma aprendizagem constante. Ninguém é autorizado a considerar-se «formado» em nenhum momento — a aprendizagem é um processo contínuo para todos os membros da organização.

A resistência à mudança está alicerçada na ignorância e no medo do desconhecido. A mudança tem de ser vista pelas pessoas como uma oportunidade — e então não haverá receio. É vista como uma oportunidade pelos japoneses, porque os empregos são garantidos e não têm medo (nem eles, nem os seus colegas) de serem despedidos ao proporem algo novo. E, mesmo no Japão, quando os trabalhadores sabem que a organização tem excesso de pessoal e que os seus empregos são redundantes — o caso dos Caminhos de Ferro Nacionais Japoneses são um exemplo de excesso de pessoal —, há uma obstinada resistência a toda a mudança, apesar da garantia legal de absoluta segurança no emprego. Mas o medo e a ignorância são também vencidos no Japão, transformando a contínua mudança na oportunidade para a realização pessoal, o reconhecimento e a satisfação. A pessoa que, numa sessão de formação japonesa, surge com uma nova ideia não recebe qualquer recompensa monetária, mesmo que a ideia seja significativa e lucrativa. Porém, mesmo que seja uma pequena melhoria, o proponente obtém estatuto, reconhecimento e louvor.

Não precisamos de ir ao Japão para aprendermos isso. Todos os «sistemas de sugestão» largamente usados nas empresas americanas ensinam-nos a mesma lição. O sistema de sugestão mais bem-sucedido é aquele em que a recompensa é o reconhecimento, a realização e a participação. E, nos departamentos de uma fábrica em que o sistema de sugestão é dirigido desta forma, há muito pouca resistência à mudança, apesar dos receios pela segurança do emprego e das limitações sindicais. Onde isto não prevalece — como acontece na grande maioria —, o sistema de sugestão não é um sucesso, por muito que pague por sugestões bem-sucedidas, e também não tem qualquer efeito no comportamento e na atitude dos trabalhadores que os proponentes do sistema de sugestão prometem.

A Estrutura para a Inovação

A procura de inovação tem de ser organizada separadamente e fora da atividade quotidiana da gestão. As organizações inovadoras percebem que ninguém pode simultaneamente criar e cuidar daquilo que já tem. Reconhecem que a manutenção da atividade é uma tarefa demasiado excessiva para as pessoas envolvidas terem tempo para uma atividade inovadora. Sabem também que cuidar do amanhã é uma tarefa demasiado importante para ser diluída nas preocupações do presente. Ambas as tarefas têm de ser realizadas. Mas são diferentes.

Assim, as organizações inovadoras colocam o novo em componentes organizacionais separadas, dedicadas à criação.

O exemplo mais antigo será talvez o Departamento de Desenvolvimento da E. I. du Pont de Nemours, em Wilmington, no Delaware, fundada no início dos anos 20. Esta unidade é exclusivamente dedicada à realização futura. Não é um departamento de pesquisa — a Du Pont tem um grande laboratório de pesquisa à parte. A tarefa do Departamento de Desenvolvimento é desenvolver novos negócios; a produção, as finanças e o marketing são tanto preocupações suas como a tecnologia, os produtos e os processos. A 3M também estabeleceu paralelamente um laboratório de desenvolvimento de negócios, mas separado, assim como os seus laboratórios de pesquisa.

Isto não foi compreendido em 1952, quando a General Electric Company embarcou na sua reorganização maciça, que depois se tornou no protótipo para importantes mudanças organizacionais em grandes empresas em todo o mundo. Segundo o plano da GE, o gestor-geral de cada «negócio de produto» deveria ter responsabilidade, ao mesmo tempo, pelo processo existente e pelos esforços inovadores dos diferentes negócios futuros. Isto parecia bastante plausível. Na verdade, parecia ser uma conclusão inescapável derivada da ideia de que o gestor-geral de um negócio de produto deveria, tanto quanto possível, comportar-se como o diretor executivo de um negócio independente. Mas não resultou — os gestores gerais não inovavam.

Uma das razões era a pressão do negócio existente. Os gestores gerais não tinham nem o tempo nem a motivação para tornar obsoleto aquilo que estavam a gerir. Uma outra razão, igualmente importante, é a de que a verdadeira inovação raramente é uma extensão da atividade já existente, raramente se coaduna com o âmbito, os objetivos, as metas, as tecnologias ou os processos atuais. Mas, claro, só se pode definir o âmbito, os produtos, as tecnologias, os processos e mesmo os mercados no presente. As oportunidades inovadoras mais importantes caem sempre fora das definições existentes — e, portanto, fora do «âmbito atribuído» de um negócio de produto centralizado. Após cerca de dez anos, a GE começou a retirar as conclusões adequadas da sua frustração e organizou a inovação importante fora dos departamentos e divisões de produto existentes — e de modo muito semelhante à forma como os esforços de inovação tinham sido organizados na Du Pont durante muitos anos, ou seja, numa unidade organizacional de «desenvolvimento de negócio» separada.

A experiência em instituições de serviço público indica também que os esforços inovadores são mais bem organizados separadamente e fora da organização de gestão existente.

A maior capacidade inovadora da universidade americana em comparação com as universidades da Europa continental já foi muitas vezes comentada. A principal razão não é, claramente, que os académicos americanos sejam menos resistentes à mudança; é a facilidade com que a universidade americana consegue estabelecer um novo departamento, uma nova faculdade ou mesmo uma escola inteiramente nova para inovar. A universidade europeia, em contrapartida, tende a ser compelida pela lei e pela tradição a estabelecer uma nova atividade dentro do departamento ou da faculdade. Isto não só cria imediatamente uma «guerra dos antigos contra os modernos», em que se luta contra o novo como uma ameaça às disciplinas estabelecidas, como também priva a inovação, em regra, dos recursos necessários. Os mais capazes entre os jovens académicos, por exemplo, estarão sob grande pressão para se limitarem aos campos tradicionais «seguros», que continuam a controlar as oportunidades de promoção. Para que uma inovação significativa se desloque rapidamente no ambiente académico europeu são precisas em geral «instituições de rotura». A grande época da física e da química inglesas, no final do século XVII, foi impulsionada pelo estabelecimento da Royal Academy fora do sistema universitário estabelecido. Mais de duzentos anos depois, uma instituição semelhante de renome, a London School of Economics, criou a oportunidade para a inovação genuína no ensino — e na aprendizagem — nos campos económico e social. Em França, Napoleão estabeleceu sistematicamente as *grandes écoles*, como a École Polytechnique e a École Normale, fora do sistema universitário, enquanto veículo para a inovação na aprendizagem e na investigação (por exemplo, para tornar efetiva a então inovadora ideia de que os engenheiros e os professores precisavam de formação e podiam ser formados). Uma das principais razões pela qual os alemães, na década anterior à Primeira Guerra Mundial, estabeleceram os institutos de pesquisa científica separados da Kaiser-Wilhelm Gesellschaft (agora Max-Planck Gesellschaft) foi para ganharem a liberdade de desenvolver novas disciplinas e perspetivas nas velhas disciplinas, ou seja, para ganharem a liberdade de inovar.

De modo semelhante, o Projeto Manhattan, que desenvolveu a bomba atómica, bem como o CERN, o instituto de pesquisa nuclear europeu, foram estabelecidos fora das estruturas académicas e governamentais existentes, precisamente porque o seu objetivo iria ser a inovação.

A Inovação como um «Negócio»

Ao mesmo tempo, as organizações inovadoras percebem que, logo de início, a inovação precisa de ser organizada como um «negócio» e não como uma «função». Em termos concretos, isto significa pôr de lado a tradicional sequência temporal em que primeiro vem a «pesquisa», seguida pelo «desenvolvimento», pelo «fabrico», com o «marketing» no fim. As organizações inovadoras consideram estas capacidades funcionais como parte de um único e mesmo processo: o de desenvolver um novo negócio. A altura e a forma como cada uma destas ferramentas entrará em jogo são decididas pela lógica da situação e não por qualquer sequência temporal preconcebida.

Um gestor de projeto ou um gestor de negócio é assim encarregado de qualquer coisa nova, a partir do momento em que se decida dar-lhe atenção. Este gestor poderá vir de qualquer — ou de nenhuma — função e, em geral, poderá assumir toda as funções logo desde o princípio; usar o marketing, por exemplo, antes de existir qualquer pesquisa; ou estabelecer os requisitos financeiros de um futuro negócio mesmo antes de saber se existirão quaisquer produtos.

As funções tradicionais organizam o trabalho a partir de onde nos encontramos hoje e até onde vamos. A função inovadora organiza o trabalho a partir de onde queremos estar até àquilo que temos de fazer agora para lá chegar.

O princípio do *design* para a inovação é a equipa, construída fora das estruturas existentes, ou seja, uma «unidade autónoma». Não é um «negócio descentralizado» na aceção tradicional do termo, mas tem de ser autónomo e separado das organizações operacionais.

Uma das formas de organizar unidades inovadoras dentro de uma grande empresa pode muito bem ser agrupá-las numa equipa inovadora, que relata a um dos membros da gestão de topo, cuja função é guiar, ajudar, aconselhar, criticar e dirigir a equipa em funções. Com efeito, o Departamento de Desenvolvimento da Du Pont é isto mesmo. A inovação tem a sua própria lógica, que é diferente da lógica do negócio existente. Por muito que as unidades inovadoras possam diferir nas suas tecnologias, nos seus mercados, nos seus produtos ou nos seus serviços, todas têm em comum ser inovadoras.

Mesmo esta organização em equipa autónoma poderá ser demasiado restritiva para o tipo de inovação necessário, em campos que são muito diferentes de tudo o que a empresa tenha feito até aí. Poderá haver a necessidade de estabelecer a unidade inovadora como um genuíno empreendedor.

Várias grandes companhias nos Estados Unidos, por exemplo, a GE e a Westinghouse — e também várias grandes companhias na Europa —, estabeleceram os esforços inovadores sob a forma de parcerias com os «empreendedores» encarregados. O esforço inovador é organizado como uma companhia separada, em que a companhia-mãe tem o controlo maioritário e, geralmente, o direito de comprar aos acionistas minoritários a um preço preestabelecido. Mas os empreendedores, isto é, as pessoas que são diretamente responsáveis pelo desenvolvimento da inovação, são acionistas substanciais por direito próprio.

Uma das vantagens desta relação é que alivia o problema da compensação. As pessoas inovadoras podem impor salários substanciais na organização da gestão, como cientistas de pesquisa seniores ou responsáveis de marketing seniores. No entanto, é altamente indesejável sobrecarregar um investimento inovador com elevados custos salariais — não têm dinheiro para isso. Ao mesmo tempo, é altamente desejável compensar os empreendedores pelos seus resultados, mas os resultados do esforço inovador provavelmente não serão conhecidos senão daí a muitos anos. Um método de compensação que induza os empreendedores a trabalhar por salários modestos até os resultados serem atingidos, promovendo ao mesmo tempo substanciais recompensas em caso de sucesso, ou através da posse de ações ou de um prémio especial, é assim apropriado. Uma «parceria» entre a companhia e os «empreendedores» torna isto possível. Além disso — e esta não é uma pequena vantagem —, diminui (embora nunca elimine por completo) a fricção criada pelo estabelecimento de organizações inovadoras separadas dentro da estrutura da companhia.

Contudo, os mesmos resultados poderão também ser alcançados sem uma parceria — desde que as leis tributárias o permitam (o que, em muitos países, já não acontece). A 3M, por exemplo, nunca organizou uma parceria com os seus jovens engenheiros que lideravam uma equipa de projeto, nem nunca estabeleceu uma empresa separada em que os empreendedores se tornassem acionistas. No entanto, os salários dos empreendedores continuavam a ser baixos até que a inovação se tivesse afirmado e tornado bem-sucedida. E, nessa altura, os empreendedores não só tinham a oportunidade de permanecer e de gerir aquilo que tinham criado, com salários proporcionais à dimensão e desempenho do negócio, como também recebiam generosos prémios.

Se estas «confederações» em que os empreendedores se tornam sócios e acionistas se generalizarão dependerá tanto das leis tributárias como da economia e da estrutura organizacional. O princípio é importante: a compensação dos inovadores deverá ser adequada à realidade económica do processo inovador. Este é um processo em que os riscos são elevados, o tempo de execução longo e as recompensas, em caso de sucesso, muito grandes.

Independentemente de a equipa inovadora ser uma companhia ou uma unidade separadas, uma empresa inovadora provavelmente aplicará alguns dos princípios de *design* da gestão de sistemas. Existirão unidades de gestão dedicadas àquilo que já está a ser feito, e haverá unidades inovadoras, separadas delas, trabalhando com elas, mas trabalhando também autonomamente e com responsabilidade própria. Ambas terão de relatar (independentemente umas das outras) ao grupo de gestão de topo e de trabalhar com essas mesmas pessoas. Inovar dentro das organizações existentes exigirá a aceitação de um *design* organizacional híbrido e bastante complexo, nem centralizado, nem descentralizado. Dentro de uma tal companhia, a organização funcional, a descentralização federal, a descentralização simulada e as equipas poderão ombrear e trabalhar entre si.

A organização inovadora, que resiste à estagnação e não à mudança, é um importante desafio para a gestão, privada ou pública. Podemos afirmar com confiança que tais organizações são possíveis — existem bastantes à nossa volta —, mas saber como generalizar essas organizações, como torná-las produtivas para a sociedade, para a economia e para os indivíduos é ainda uma tarefa por resolver. Há todas as indicações de que o período à nossa frente será inovador, com uma rápida mudança na tecnologia, na sociedade, na economia e nas instituições. Portanto, temos todas as indicações de que a organização inovadora terá de ser transformada numa instituição central para o último quarto do século XX.

CAPÍTULO DEZASSETE

Os Blocos de Construção das Organizações…

NA CONCEÇÃO DOS BLOCOS de construção da organização, levantam-se quatro questões:

1. O que deverão ser as unidades da organização?
2. Que componentes deverão estar juntos e quais deverão ser separados?
3. Qual a dimensão e a forma dos diferentes componentes?
4. Qual o lugar apropriado e a relação das diferentes unidades?

Desde os primórdios do trabalho sobre a organização, há bem mais de um século, que foram estas as tarefas com que o organizador teve de se confrontar antes de desenhar uma estrutura.

Assim, temos agora uma considerável quantidade de experiência. Não existem receitas para o desenho dos blocos de construção, nem para o desenho da própria estrutura, mas poderemos indicar claramente quais são os métodos certos e quais, provavelmente, não resultarão.

A perspetiva tradicional de identificação das unidades básicas da organização tem sido analisar *todas* as atividades necessárias ao desempenho na empresa. Isso resulta numa lista de funções típicas de uma empresa fabril ou de uma empresa de retalho.

Esta perspetiva às funções típicas vê a organização como mecânica, como uma montagem de funções. Mas a organização tem de ser «orgânica». As organizações utilizarão, de facto, atividades típicas — embora não necessariamente todas. Contudo, a forma como a estrutura deverá ser construída depende dos resultados necessários. Organizar requer começar pelos resultados desejados.

As Atividades Essenciais

Aquilo que temos de conhecer não são todas as atividades que poderão ser integradas na estrutura organizacional, mas sim as peças que sustentam a estrutura, as *atividades essenciais*.

Portanto, o desenho da organização começa com estas perguntas:

Em que áreas é exigida excelência para atingir os objetivos da empresa?

Em que áreas a ausência de desempenho poria em perigo os resultados, senão a sobrevivência da empresa?

Eis alguns exemplos de conclusões a que estas questões conduziram.

A Sears, Roebuck nos Estados Unidos e a Marks & Spencer em Inglaterra são, sob muitos aspectos, semelhantes, quando mais não seja porque os construtores da Marks & Spencer modelaram conscientemente a sua empresa segundo a Sears, Roebuck. Mas existe entre elas uma grande diferença na localização e no papel organizacionais do «laboratório». A Sears, que define a sua atividade enquanto «*comprador* dos bens certos para a família americana», usa o seu laboratório para testar a mercadoria que compra. Assim, o laboratório, embora grande, competente e respeitado, está organizacionalmente bastante subordinado, pois os bens que a Sears compra já foram definidos pelo mercado. O comprador, na Sears, toma a decisão; o laboratório determina apenas os padrões e verifica os bens que o fabricante entrega. A Marks & Spencer, por outro lado, definiu a sua atividade com o objetivo de «criar e desenvolver bens de primeira classe para a família trabalhadora». Os bens que a Marks & Spencer vende, em regra, não existiam antes de esta pegar num dispendioso artigo de «primeira classe» e de o redesenhar por completo, de modo que conservasse ou melhorasse a sua qualidade, mas que pudesse ser produzido a uma fração do seu preço anterior. E tem sido esta, em grande parte, a tarefa do laboratório. Em resultado, o laboratório é central na estrutura organizacional da Marks & Spencer, visto que, mais do que o comprador, decide quais os novos produtos desejáveis, desenvolve a nova mercadoria, desenha-a, testa-a e, depois, obtém a sua produção. Só depois é que o comprador entra em ação. Em consequência, o chefe do laboratório da Marks & Spencer é um membro sénior da gestão e, sob muitos aspectos, o chefe de planeamento da empresa.

Verificar-se-á que qualquer companhia que apresente um sucesso extraordinário tornou as atividades essenciais — e, em especial, aquelas em que a excelência é necessária para alcançar o desempenho e os objetivos empresariais — em elementos centrais, que sustentam a sua estrutura.

Mas igualmente importantes são as perguntas: «Em que áreas uma má função nos prejudicaria seriamente? Em que áreas temos uma importante vulnerabilidade?» Estas questões são colocadas com muito menor frequência.

As agências de corretagem de Nova Iorque, em termos gerais, não o fizeram. Se o tivessem feito, teriam percebido que o mau funcionamento das salas de operações, onde as ordens, as contas e os títulos dos clientes são transacionados, poderiam pôr o negócio em risco. A falha na organização das salas de operações como uma atividade crítica foi a causa isolada mais importante para a grave crise que se apoderou de Wall Street em 1969 e 1970 e destruiu muitas das firmas mais conhecidas e aparentemente bem-sucedidas. Porém, uma das empresas de Wall Street, a Merrill Lynch, que colocou estas questões e desenvolveu as salas de operações enquanto atividade de apoio essencial na sua estrutura, emergiu da crise como a gigante do negócio de corretagem.

Finalmente, deverá ser feita a pergunta: «Quais são os *valores* verdadeiramente importantes para nós?» Poderá ser o produto ou o processo de segurança. Poderá ser a qualidade de produto. Poderá ser a capacidade de os negociantes da companhia prestarem o serviço adequado aos clientes, e assim por diante. Quaisquer que sejam os valores, terão de estar organizacionalmente ancorados. Tem de haver um componente organizacional responsável por eles — e terá de ser um componente essencial.

Estas três perguntas identificarão as atividades essenciais. E elas, por sua vez, constituirão os apoios, os elementos estruturais da organização. O resto, por muito importante que seja, por muito dinheiro que represente, por muitas pessoas que empregue, é secundário. Obviamente, terá de ser analisado, organizado e colocado no interior da estrutura. Mas a preocupação prioritária deverá visar as atividades essenciais para o sucesso de uma estratégia empresarial e para a realização dos seus objetivos. Terão de ser identificados, definidos, organizados e centralmente localizados.

Uma análise das atividades essenciais é necessária na empresa que funciona há algum tempo e, em especial, naquela que está a andar bem. Nessa empresa, a análise revelará, invariavelmente, que atividades importantes não estão a ser cuidadas ou estão a ser deixadas a pairar, sendo desempenhadas de forma aleatória. Revelará, quase invariavelmente, atividades outrora importantes que perderam o seu significado, mas que continuam a ser organizadas como atividades fundamentais. Demonstrará que, historicamente, agrupamentos com significado já não fazem sentido e, em vez disso, tornaram-se obstáculos ao desempenho adequado. E certamente levará à descoberta de atividades desnecessárias, que deverão ser eliminadas.

A nova empresa tem de pensar assim. Mas a maior necessidade de análise de atividades essenciais encontra-se na empresa que tem crescido depressa. O crescimento rápido é, ao mesmo tempo, desorganizado e um processo desorganizador. A empresa que começa, por assim dizer, numa modesta, mas funcional vivenda de duas assoalhadas, acrescenta, à medida que cresce, uma nova ala aqui, um sótão ali, uma assoalhada algures, até albergar uma monstruosidade de vinte e seis divisões, em que qualquer pessoa, à exceção das mais antigas, precisa de um São Bernardo para encontrar o caminho de regresso do dispensador de água. Reorganizar mecanicamente uma situação destas — a atuação habitual — só tornará as coisas piores. Copiar a «organização GM» numa tal situação colocará uma tremenda superestrutura de «pessoal» e «coordenadores», sem remediar os defeitos estruturais básicos. Apenas uma análise das atividades essenciais, a começar pelos objetivos e estratégia, pode fornecer a estrutura organizacional de que a empresa realmente precisa.

Uma empresa deverá sempre analisar a sua estrutura organizacional quando a sua estratégia se modifica. Qualquer que seja a razão — uma mudança no mercado ou na tecnologia, a diversificação ou novos objetivos —, uma mudança na estratégia exige uma nova análise das atividades essenciais e uma concomitante adaptação da estrutura. Inversamente, uma reorganização realizada sem mudança na estratégia ou é supérflua, ou indica uma fraca organização logo à partida.

A Análise das Contribuições

Desde os primeiros dias da preocupação com as organizações, há cem anos, a questão mais controversa tem sido: «Que atividades devem estar juntas e quais devem estar separadas?» Têm sido apresentadas várias respostas.

Talvez a mais antiga seja a da divisão alemã de uma empresa em duas áreas principais: a «técnica», abarcando a pesquisa, a engenharia e a produção, e a «comercial», incluindo as vendas e as finanças. Passado pouco tempo, surgiram a «linha» e «função», que tentavam distinguir entre as atividades «operacionais» e não-operacionais de «aconselhamento». Finalmente, surgiu a análise de funções de Henri Fayol, definida (com demasiada estreiteza) como «conjuntos de capacidades relacionadas», que continua a subjazer a organização típica da maioria das empresas.

Todas elas têm mérito. Mas é necessária uma análise mais inquisidora, que agrupe as atividades segundo o *tipo de contribuição* que fazem.

Em termos gerais, existem quatro principais grupos de atividade, se forem distinguidos pela sua contribuição.

Há, primeiro, as *atividades produtoras de resultados*, ou seja, as atividades que produzem resultados mensuráveis que podem ser relacionados, direta ou indiretamente, com os resultados e o desempenho de toda a empresa. Algumas destas atividades são diretamente produtoras de resultados, outras contribuem com resultados mensuráveis.

Há, em segundo lugar, *atividades de apoio* que, embora necessárias e mesmo essenciais, não produzem resultados; apenas os têm através do uso feito do seu «rendimento» por outros componentes dentro da empresa.

Há, em terceiro lugar, atividades que não têm relação direta ou indireta com os resultados da empresa, atividades que são verdadeiramente auxiliares. São as *atividades de higiene e gestão interna*.

Finalmente, e diferente de qualquer destas, há a *atividade da gestão de topo*.

Entre as atividades produtoras de resultados, há algumas que trazem diretamente receitas (ou, nas instituições de serviço, produzem diretamente «cuidados aos pacientes» ou «aprendizagem»). A estas pertencem as atividades inovadoras, as vendas e todo o trabalho necessário para realizar uma tarefa de vendas sistemática e organizada, como previsão, pesquisa de mercado, formação de vendedores e gestão de vendas. Pertence também aqui a função de tesouraria, ou seja, o fornecimento e gestão do dinheiro na empresa.

Num banco comercial, todas as operações de empréstimo, atividades fiduciárias de gestão do dinheiro das outras pessoas e, claro, as operações de produção de dinheiro do próprio banco — a gestão dos seus próprios fundos líquidos — são atividades geradoras de receitas. Num armazém de vendas, comprar e vender são sempre operações de produção de receitas (e, na Marks & Spencer, a inovação também tem sido uma atividade de produção de receitas). Numa companhia de seguros de vida, vender é obviamente a atividade geradora de receitas. E o mesmo acontece com a atividade atuarial, na medida em que desenvolve novos tipos de apólice; e, finalmente, os investimentos são importantes atividades de produção de receita — em muitas companhias de seguros são a mais importante.

O segundo grupo de atividades de produção de receita visa aquelas que não geram receita, mas que, ainda assim, podem ser diretamente relacionadas com os resultados de toda a empresa ou com um importante segmento de produção de receitas. Prefiro chamar-lhes *contribuidoras para resultados* do que produtoras de resultados.

A fabricação é típica destas atividades. Mas a formação de pessoas também pertence aqui, tal como o recrutamento e o emprego originais, ou seja, atividades respeitantes ao fornecimento à empresa de pessoal qualificado e formado. As compras e a distribuição física são contribuidoras para resultados, mas não são atividades de produção de receitas. A «engenharia», tal como o termo é normalmente entendido na maioria das empresas fabris, é uma atividade contribuidora para resultados, mas não uma atividade de produção de resultados. Num banco comercial, as «operações», ou seja, o manuseamento de dados e documentos, pertencem aqui; numa companhia de seguros de vida, a regularização de sinistros. As negociações de trabalho e muitas outras atividades de «relação» semelhantes são contribuidoras para resultados, mas não produtoras de receitas.

O terceiro grupo de atividades de produção de receitas prende-se com as atividades de informação. Produzem, de facto, um «produto acabado» que é necessário a toda a gente no sistema. O desempenho na informação pode também ser definido e medido, ou pelo menos avaliado. Contudo, a informação em si não produz qualquer receita. É um «fornecimento» tanto para os centros de receitas e como de custos.

Entre as atividades de «apoio» que, por si mesmas, não produzem um «produto», mas são «entradas» para outros estão as atividades de «consciência». Estas atividades estabelecem padrões, criam visão e exigem excelência em *todas* as áreas essenciais em que uma empresa tem de se esforçar para alcançar a excelência.

As atividades de consciência tendem a ser menosprezadas na maioria das organizações. Mas todas as empresas — e todas as instituições de serviço — têm de se munir de visão, valores, padrões e algum dispositivo para auditar o desempenho em relação a estes padrões.

Na verdade, existem pessoas em todas as maiores empresas que deveriam cumprir esta tarefa, em geral os executivos que encabeçam importante «pessoal de apoio aos serviços». Mas o seu primeiro dever não é a consciência da organização, mas servir e aconselhar os gestores operacionais. E, como resultado, raramente se dedicam sistematicamente à tarefa da consciência; em vez disso, dirigem departamentos.

Outra função de apoio é o aconselhamento e ensino, isto é, o tradicional serviço de pessoal. A contribuição não é aquilo que a atividade faz, ou pode fazer, mas o impacto que tem na capacidade dos outros para concretizarem aquilo que fazem e para o seu desempenho. O «produto» é uma capacidade de desempenho acrescida do resto da organização.

Muitas das atividades de «relação» são também de «apoio», tal como o departamento legal ou o de patentes.

O último grupo de atividades definido pela sua contribuição são as atividades de higiene e gestão interna, que vão desde o departamento médico às pessoas que limpam o chão, desde a cafetaria na fábrica à gestão dos fundos de pensão e reforma, desde encontrar um local para uma fábrica até cuidar de todas as múltiplas exigências de conservação de registos, impostas às empresas pelo governo. Estas funções não contribuem com nada diretamente para os resultados e o desempenho da empresa. Contudo, o seu mau funcionamento pode prejudicar a empresa. Servem os requisitos legais, o moral da força de trabalho ou as responsabilidades públicas. Entre todas as atividades, são as mais diversificadas. E, entre todas as atividades, são as que menos merecem atenção por parte da maioria das organizações.

Esta é uma classificação muito grosseira, longe de ser científica. Algumas atividades poderão ser categorizadas de forma diferente entre duas empresas e, assim, uma terceira empresa ficará confusa e sem uma definição clara em relação a essas atividades.

Nalgumas companhias industriais, o fabrico é um centro de custos. Contribui com resultados, mas não gera receita. Contudo, existem autênticas empresas industriais, isto é, empresas cuja receita é gerada pelo fabrico sem pesquisa, sem engenharia e sem vendas. São empresas em que o licenciamento, a venda e a compra de patentes são importantes produtoras de receitas.

A compra, embora normalmente seja uma atividade de apoio, pode também ser definida como parte de uma atividade de contribuição de resultados; a «gestão de materiais», que inclui o fabrico e a distribuição física, pode ser gerida em conjunto para minimizar custos de bens e dinheiro necessários e para maximizar a qualidade, a entrega e a satisfação do cliente.

Porque havemos de classificá-las? A resposta é que as atividades que diferem em contribuição têm de ser tratadas de forma diferente. A contribuição determina o nível e a localização.

As atividades essenciais nunca deverão estar subordinadas a atividades não-essenciais.

As atividades produtoras de receita nunca deverão estar subordinadas a atividades não-produtoras de receita.

E as atividades de apoio nunca deverão ser misturadas com atividades produtoras de receita e atividades contribuidoras para receita. Deverão ser mantidas separadas.

As Atividades de «Consciência»

As atividades que constituem a consciência de uma organização nunca devem ser subordinadas ao que quer que seja. Da mesma forma, não deverão ser misturadas com as outras atividades; devem ser claramente separadas.

A função de consciência de dar visão, de estabelecer padrões e de auditar o desempenho em relação a esses padrões é, basicamente, uma função de gestão de topo, mas tem de trabalhar como todo o grupo de gestão. Todas as empresas, mesmo as pequenas, precisam desta função. Numa pequena empresa não tem de ser instalada como uma função separada, mas pode ser cumprida como fazendo parte do trabalho da gestão de topo. Porém, em qualquer empresa que ultrapasse a média dimensão, a função tem geralmente de ter um lugar e pessoal separados.

No entanto, deve haver poucas pessoas a fazerem realmente o trabalho de consciência. É mais uma tarefa para um único indivíduo do que para uma divisão. É uma tarefa para alguém cujo desempenho mereceu o respeito do grupo de gestão. Não é tarefa para um «especialista». É mais bem realizada por um membro sénior do grupo de gestão com um registo comprovado de desempenho — preocupação, perceção e interesse — na área em que é suposto ser a consciência.

Apenas as poucas áreas vitais e centrais para o sucesso de uma empresa deverão tornar-se áreas de consciência. Os objetivos e a estratégia determinam as atividades de consciência necessárias. Gerir pessoas é sempre uma área de consciência, tal como o marketing. O impacto de uma empresa sobre o seu ambiente, as suas responsabilidades sociais e as suas relações básicas com a comunidade exterior são também áreas de consciência básicas. A inovação (quer seja inovação tecnológica quer social) será provavelmente uma área de consciência para qualquer grande empresa.

Além destas, não há fórmula.

O trabalho de consciência é incompatível com operar e dar conselhos.

A única atividade que deverá «relatar» a uma pessoa encarregada de uma atividade de consciência é a auditoria e o desempenho real dos gestores, pois não chega ter visão e estabelecer padrões. O desempenho da organização em relação a estes padrões tem de ser avaliado regularmente.

A «consciência», defenderão muitas pessoas, é um termo muito forte, além de ser um bocado estranho. Mas é o termo certo. O trabalho das atividades de consciência não é ajudar a organização a fazer melhor do que já está a fazer. A tarefa é recordar a organização, constantemente, sobre o que devia estar a fazer e não está. A tarefa é ser desconfortável, contrapor o ideal à realidade quotidiana, defender o que é impopular e lutar contra a rotina.

Isto exige, contudo, autodisciplina por parte do executivo de consciência, e a empresa deve aceitar a competência e a integridade do executivo de consciência.

O mandato dos poucos executivos de consciência deverá, em regra, ser limitado. Por muito respeitada e bem-sucedida, a maioria dos executivos de consciência acabará por desgastar a sua integridade ou a sua aceitação. É um bom lugar para uma pessoa sénior acabar uma distinta carreira. Uma pessoa mais nova deverá ser retirada após alguns anos — de preferência de regresso a um lugar «ativo».

Tornar o Pessoal de Apoio aos Serviços Efetivo

Existem regras igualmente restritivas em relação às atividades de aconselhamento e ensino, a respeito de pessoal de apoio aos serviços.

Haverá muito poucos e deverão ser colocados apenas em áreas de atividade essenciais. É contraprodutivo haver pessoal de apoio aos serviços em todas as funções. O segredo do trabalho de serviços efetivo é mais a concentração do que a azáfama.

O pessoal de aconselhamento e ensino nunca deverá tentar fazer um pouco de tudo. Deverá concentrar-se num número muito reduzido de áreas cruciais. Em vez de servirem toda a gente, deverão selecionar «alvos de oportunidade», isto é, áreas no interior da organização em que os gestores sejam recetivos e não tenham de ser «vendidos» e onde a realização conduza a uma imitação generalizada em toda a empresa.

As equipas e as suas atividades deverão ser aligeirados.

A oferta de pessoas com o temperamento adequado para este tipo de trabalho não é muito grande. Fazer um trabalho decente em termos de aconselhamento e ensino exige alguém que queira genuinamente que os outros tenham o crédito. Exige alguém que comece com o objetivo de permitir que os outros façam o que *querem* fazer, desde que não seja imoral ou insano. Exige ainda uma pessoa que tenha a paciência de deixar os outros aprenderem em vez de fazer ela mesma o trabalho. E, finalmente, exige o tipo de pessoa que não abuse da posição de poder para fazer politiquices, manipular ou eleger favoritos. Os indivíduos que possuem estes traços de carácter são raros; contudo, sem eles, as pessoas em trabalho de serviços só poderão causar danos.

Uma das regras básicas para o pessoal de aconselhamento e ensino é abandonar uma antiga atividade para abraçar uma nova. Caso contrário, cedo começarão a «construir impérios» e a produzir «bens enlatados», ou seja, programas e memorandos, em vez de desenvolverem o conhecimento e a capacidade de desempenho do pessoal operacional, cuja tarefa é produzir. Também serão obrigados, caso contrário, a usar pessoal de segundo nível, em vez de pessoas de competência evidente. Apenas se lhes for exigido que abandonem uma atividade antiga antes de assumirem uma nova é que se poderá colocar na tarefa as pessoas de primeira linha.

As atividades de aconselhamento e ensino nunca devem «operar». Uma debilidade comum do pessoal de apoio aos serviços é que operam. Dirigem as negociações laborais, fazem uma quantidade de tarefas internas, como gerir a cafetaria, ou dão formação. Em consequência, o trabalho de aconselhamento e ensino não é feito. A «crise diária» nas «operações» ganha precedência sobre o trabalho de aconselhamento e ensino, que pode ser sempre adiado. Misturar aconselhamento e operações significa construir grandes equipas em vez de desempenho.

Há outro pessoal de apoio aos serviços também culpado de misturar a «ajuda» no trabalho com aconselhamento e ensino — não mudando, assim, nem uma coisa nem outra.

Uma empresa poderá precisar de engenharia acústica, embora nenhuma divisão tenha trabalho suficiente nessa área que justifique ter engenheiros acústicos próprios. Então, parece lógico colocar alguns destes engenheiros nos «serviços de fabrico» ou nos «serviços de engenharia». Porém, o pessoal da acústica não é o do apoio aos serviços, mas pessoal produtor de resultados, que, numa dada divisão, vai onde quer que seja necessário fazer um trabalho de acústica. Não se espera que deem conselhos nem que ensinem, mas que façam. Se for colocada num componente de serviços, a unidade raramente produzirá. Os seus bons empregados ficarão frustrados e será improvável que permaneçam muito tempo. A engenharia acústica é um trabalho «operacional», independentemente de onde seja executado. E se nenhuma divisão precisa dela o suficiente para suportar um esforço total, terá de ser preparada como um trabalho de «operação conjunta» com uma variedade de divisões ou dentro da divisão que dela mais precisar, mas servindo também as outras, ou como um grupo separado com um certo número de «clientes», ou seja, várias divisões para as quais faz trabalho de acústica.

Se for preciso um «trabalho de operação conjunta» — e é frequentemente —, poderá existir um centro operacional misto separado, independentemente da área técnica. Os problemas de gestão em todo o trabalho de operação conjunta são os mesmos: relações, atribuições, prioridades e padrões.

As atividades de aconselhamento e ensino são instituições de serviço. Deverá ser-lhes exigido que se imponham a autodisciplina de estabelecer objetivos, de estabelecer alvos, de determinar prioridades e de comparar os resultados com eles. Não deverão ter um monopólio. Se tiver de ser feito trabalho de consultoria ou de ensino noutras áreas que não as de concentração, deverá ser chamado alguém do exterior para o fazer. E, tanto quanto possível, os seus «clientes», os gestores das várias unidades, deverão ter a opção de usar o pessoal de aconselhamento e ensino interno, recorrer ao exterior, ou de não usar ninguém.

O trabalho de aconselhamento e ensino não deverá ser uma carreira. Deverá ser um trabalho a que os gestores e os profissionais de carreira deverão ser expostos ao longo do seu progresso. Mas não deverá ser um trabalho que alguém, normalmente, deva fazer durante muito tempo. Enquanto carreira, corrompe. Alimenta o desprezo por «aqueles idiotas operacionais», ou seja, pelo trabalho honesto. Premeia mais «ser esperto» do que «estar certo». É também um trabalho frustrante, porque não se obtêm resultados próprios, mas sim resultados diferidos.

Mas é um excelente treino, um excelente desenvolvimento e um severo teste do carácter da pessoa e da sua capacidade para ser efetiva sem ter a autoridade do comando. É uma experiência pela qual todos os que ascendem ao topo de uma empresa deveriam passar. Mas é uma exposição que ninguém deverá sofrer por mais de um período limitado de tempo.

Há, hoje em dia, uma grande discussão quanto a saber-se se este tipo de trabalho requer um alto grau de conhecimento especializado ou se um bom «generalista» poderá rapidamente ficar a perceber o suficiente para ser efetivo no trabalho de aconselhamento e ensino. O debate é sempre aceso em qualquer prática de consultoria. Não há resposta para a questão — na verdade, será provavelmente a questão errada. Nalgumas áreas, a competência profissional e altamente especializada é uma exigência. Se uma empresa precisa de aconselhamento e ensino em áreas avançadas de química de polímeros, ou para estruturar transações internacionais de capital altamente complexas e arriscadas, não servirá ter alguém com formação em marketing ou em aquisições, por muito bom professor ou por muito percetivo que ele ou ela seja. Mas, em muitas áreas de aconselhamento e ensino, o generalista que esteja disposto a aprender, que reflita acerca da relação com o «cliente» e que assuma responsabilidade pela sua contribuição provavelmente fará um melhor trabalho do que o perito altamente especializado, que se recusa a tentar ser compreendido e que mostra menosprezo pelos «leigos». Na verdade, nas atividades de aconselhamento e ensino mais bem-sucedidas, o especialista é o homem, ou a mulher, «de dentro», que fornece as ferramentas aos consultores, mas que não é ativo e muitos menos efetivo, no aconselhamento e no ensino.

As Duas Faces da Informação

As atividades de informação apresentam um problema organizacional especial. Nos termos que os químicos usam, são «bivalentes»; têm duas faces, duas dimensões e exigem duas «ligações» diferentes. Ao contrário da maioria das outras atividades produtoras de resultados, não estão preocupadas com o processo em si. Isto significa que terão de ser, ao mesmo tempo, centralizadas e descentralizadas.

As atividades produtoras de informação, quer seja trabalho contabilístico quer pesquisa de operações, parecem-se com o sistema nervoso de um organismo biológico, que também é centralizado e descentralizado até à mais ínfima e remota célula no corpo.

As atividades de informação têm assim duas localizações organizacionais, em vez de uma.

O esquema de organização tradicional expressa isto em duas linhas diferentes que ligam uma atividade de informação ao «chefe»: uma linha sólida até ao chefe da unidade, para quem é o fornecedor de informação, e uma linha tracejada até ao grupo de informação central, por exemplo, o regulador da companhia. Uma das conclusões que daqui se retiram é que o trabalho de comunicação deverá ser separado dos outros tipos de trabalho.

As empresas americanas têm geralmente violado esta regra, colocando a contabilidade — uma atividade de informação tradicional — em conjunto com a tesouraria — o trabalho operacional de produção de resultados para fornecer capital e gerir o dinheiro na empresa. A justificação tem sido que ambas «lidam com dinheiro». Mas, claro, a contabilidade não lida com dinheiro; lida com números. A consequência da perspetiva tradicional tem sido o desprezo pela gestão financeira. Quando o dinheiro era — ou parecia ser — barato, isto podia ser desculpado; negligenciar a gestão do dinheiro não tinha um grande custo. Todavia, a era do dinheiro barato acabou por volta de 1970; desde então, o menosprezo pela gestão financeira tornou-se um erro dispendioso.

A questão difícil em relação às atividades de informação é quais delas deverão estar juntas e quais deverão ser mantidas separadas. Hoje em dia, ouve-se muita conversa sobre «sistemas de informação totais integrados». Tal, evidentemente, implica que todas — ou, pelo menos, a maioria — as atividades de informação deverão estar num só componente. A questão é bem vista, na medida em que significa que novas e diferentes atividades de informação, por exemplo, pesquisas de operação ou um sistema de computador, não devem estar subordinados à contabilidade tradicional. Mas deverão estar coordenadas? Ou deverão ser separadas?

Não existe, até agora, uma resposta clara e uma forma satisfatória de organizar o trabalho de informação — embora seja, claramente, uma atividade essencial. Ninguém viu ainda um sistema de informação total. Se calhar, nunca ninguém verá. Mas, à medida que desenvolvermos a capacidade de informação, teremos de confrontar o problema organizacional e de encontrar respostas ou, pelo menos, teorias.

Higiene e Gestão Interna

O último grupo de atividades segundo a sua contribuição é o das atividades de higiene e gestão interna. Deverão ser mantidas separadas do resto do trabalho, caso contrário não serão realizadas. Não é que estas atividades sejam particularmente difíceis. Algumas são, muitas outras não. O problema é não estarem sequer indiretamente ligadas aos resultados. Assim, tendem a ser menosprezadas pelo resto da organização. São «trabalho de burro», porque não produzem resultados, nem trabalho profissional.

Uma das razões para o tremendo aumento dos custos dos cuidados de saúde nos EUA é a negligência da gestão em relação aos «serviços de hotelaria» por parte das pessoas que predominam no hospital, como os médicos e os enfermeiros. Todos sabem que os serviços de hotelaria são essenciais e que os pacientes não se curam se não estiverem razoavelmente confortáveis, se não forem alimentados e se não lhes mudarem as camas e limparem os quartos. Mas estas não são atividades profissionais para um médico, um enfermeiro ou um técnico de radiologia. Não estão dispostos a ceder um milímetro para permitir que as pessoas encarregadas dos serviços de hotelaria cumpram as suas tarefas. Não estão dispostos a que estas atividades estejam representadas nos níveis superiores da gestão hospitalar. Em resultado disso, nenhum gestor «respeitável» quer ter nada que ver com estas atividades. Ficam por gerir, e isso significa que são feitas mal e dispendiosamente.

Raramente existe o mesmo problema com o departamento médico dentro de uma empresa — quando mais não seja porque o nosso sistema de valores respeita e coloca o médico lá no topo da nossa hierarquia social. Mas, mesmo uma função tão importante como a seleção do local de uma fábrica ou a sua construção é muitas vezes considerada como «extrínseca» pelas pessoas de uma empresa. As atividades em que menos parecem estar envolvidas, quer seja o estacionamento, a cafetaria ou a manutenção geral, tendem a ser menosprezadas e negligenciadas.

Isto estende-se mesmo às atividades em que está em jogo uma grande quantia de dinheiro. Muito poucas empresas nos Estados Unidos, por exemplo, fizeram sequer o trabalho adequado de gerir os fundos de pensões dos seus empregados, apesar da enorme quantidade de dinheiro envolvida e do sério impacto no futuro da empresa. É uma atividade que não tem, segundo parece, qualquer relação com os resultados e, portanto, tende a ser relegada para outra pessoa qualquer.

Uma das soluções é devolver as atividades de higiene e gestão interna à comunidade de trabalho para que as gira. São atividades «para» os empregados e, portanto, são mais bem geridas *pelos* empregados. Ou essas atividades poderão ser subcontratadas a alguém cuja atividade é gerir fundos de pensão ou cafetarias.

Mas quando tem de ser a gestão da companhia a fazê-lo — por exemplo, escolher o local de uma instalação e construir uma fábrica é algo que tem de ser a própria empresa a fazer ou, pelo menos, tem de participar ativamente nessa tarefa —, as atividades de higiene e gestão interna devem ser separadas de todas as outras. Exigem pessoas diferentes, valores diferentes, avaliações diferentes — e devem exigir pouca supervisão da própria gestão da empresa.

Um exemplo são as companhias autónomas de gestão de imobiliário, que as grandes empresas criaram para se ocuparem de tudo que tenha que ver com aquisição de imobiliário, a construção de um edifício ou de uma fábrica e a gestão e manutenção de edifícios. Outro exemplo é a Administração dos Serviços Gerais do Governo dos EUA, que se encarrega de todas as tarefas de gestão interna para todas as agências do governo. Para os membros seniores dos departamentos governamentais, gerir as frotas automóveis das suas unidades é uma faina pela qual não têm interesse, nem respeito. Contudo, está obviamente em jogo uma grande quantia — e os carros têm de ser comprados organizada e sistematicamente e mantidos organizada e sistematicamente. Para a Administração dos Serviços Gerais, a administração da frota automóvel governamental é o seu negócio e pode ser organizado como tal.

Existe uma regra geral: as atividades que dão o mesmo tipo de contribuição podem ser juntadas num componente e sob uma gestão, qualquer que seja a sua especialização técnica. As atividades que não dão o mesmo tipo de contribuição, em regra, não devem estar juntas.

É inteiramente concretizável — na verdade, é a melhor maneira — colocar todas as atividades de aconselhamento e ensino sob um único gestor, desde o pessoal, a fabricação, o marketing ou as aquisições num grupo de «serviços». De modo semelhante, em tudo o que não sejam grandes empresas, uma só pessoa poderá ser a sua consciência em grandes áreas de pensamento. É mais a contribuição do que a capacidade que determina a função.

CAPÍTULO DEZOITO

...E como Encaixam

IDENTIFICAR AS ATIVIDADES ESSENCIAIS e analisar as suas contribuições define os blocos de construção da organização. Mas colocar as unidades estruturais que a constituem exige mais duas tarefas: uma análise de decisões e uma análise de relações.

Análise de Decisões

Que decisões são necessárias para obter o desempenho necessário para atingir objetivos? Que tipos de decisões são? A que nível da organização deverão ser tomadas? Que atividades estão envolvidas ou são afetadas por elas? Que gestores deverão, assim, participar nas decisões — ou, pelo menos, serem consultados antes? Que gestores deverão ser informados depois de elas terem sido tomadas? As respostas a estas perguntas determinam em grande parte onde pertencem certas tarefas. Poderá defender-se que é impossível antecipar que tipos de decisões surgirão no futuro, mas, embora o seu conteúdo não possa ser previsto, o seu tipo e a sua matéria têm um elevado grau de previsibilidade.

Numa grande empresa, bem mais de 90% das decisões que os gestores têm de tomar ao longo de um período de cinco anos verificaram-se ser «típicas» e caírem dentro de um pequeno número de categorias. Apenas em poucos casos teria sido preciso perguntar «Onde pertence esta decisão?», se o problema tivesse sido pensado antecipadamente. No entanto, como não houve análise de decisão, quase três quartos das decisões tiveram de «ir à procura de sítio», como disse a expressiva frase da companhia, e a maior parte delas passou para um nível muito mais elevado da gestão do que teria sido necessário. Os componentes da companhia tinham sido colocados de acordo com a dimensão do salário e não de acordo com a sua responsabilidade de decisão, por isso as atividades que deveriam ter tomado decisões essenciais foram colocadas tão abaixo que ficaram sem autoridade e sem a informação adequada.

Situar a autoridade e a responsabilidade para vários tipos de decisões exige, primeiro, que sejam classificadas segundo o tipo e o carácter. Esta classificação padronizada como «decisões de política» e «decisões operacionais» não tem, porém, praticamente significado e dá lugar a infindáveis debates de uma natureza altamente abstrusa. Não é muito melhor do que uma classificação de acordo com a quantidade de dinheiro envolvida.

Há quatro características básicas que determinam a natureza de qualquer decisão empresarial.

Primeiro, há o grau de *futuro* da decisão. Durante quanto tempo compromete a companhia? E com que velocidade poderá ser revertida?

Os compradores da Sears, Roebuck não têm praticamente limite na quantia com que podem comprometer a companhia. Mas nenhum comprador ou gestor de aquisições pode abandonar um produto existente, nem acrescentar um novo, sem a aprovação do chefe de toda a operação de aquisições, o qual, tradicionalmente, é o executivo número dois ou número três em toda a organização da Sears, Roebuck.

O segundo critério é o *impacto* que uma decisão tem nas outras funções ou áreas, ou na empresa como um todo. Se afetar apenas uma função, é da ordem mais baixa. Caso contrário, terá de ser tomada a um nível mais elevado, onde o impacto em todas as funções afetadas deverá ser considerado; ou ser tomada em consulta próxima com os gestores das outras funções afetadas. Para usar a linguagem técnica, a «otimização» do processo e do desempenho de uma função, ou área, não deverá ser feita à custa de outras funções ou áreas; esta seria uma indesejável «subotimização».

Um exemplo de decisão que parece puramente «técnica» apenas numa área, mas que, na verdade, tem impacto em muitas áreas, é uma mudança nos métodos de conservar as partes do inventário numa fábrica de produção em massa. Isto afeta todas as operações de fabricação. Torna necessárias grandes mudanças na montagem. Afeta a entrega aos clientes — poderá mesmo conduzir a mudanças radicais no marketing e nos preços, como o abandono de certos *designs* e modelos e de certos preços especiais. E poderá exigir mudanças substanciais no *design* da engenharia. Os problemas técnicos da manutenção de inventário — embora muito consideráveis — são insignificantes em comparação com os problemas noutras áreas que qualquer alteração na manutenção de inventário provocará. «Otimizar» a manutenção de inventário à custa destas outras áreas não pode ser permitido. Apenas poderá ser evitado se a decisão for reconhecida como pertencente a uma ordem bastante superior e tratada como afetando todo o processo: ou terá de ser reservada à gestão superior à da unidade, ou exigirá uma consulta próxima entre todos os gestores funcionais.

A consideração do impacto de uma decisão e a necessidade de prevenir a «subotimizaçao» poderão mudar decisivamente o foco de uma decisão, como o exemplo seguinte mostra.

Nos primeiros dias da Du Pont Company, quando era ainda uma fabricante de explosivos, a companhia era, de longe, a maior compradora mundial de nitrato, sem, contudo, possuir quaisquer campos de nitrato. No entanto, foi dada liberdade completa ao departamento de aquisições para comprar nitrato. E era o que realmente fazia, com grande sucesso — do ponto de vista da aquisição. Comprava nitrato quando os preços de mercado estavam baixos e conseguia obter a matéria-prima vital para a companhia a preços muito abaixo daquele que os concorrentes tinham em geral de pagar. Contudo, era uma subotimização: porque os preços baixos do nitrato e a resultante vantagem concorrencial nos custos eram pagos ao cativar largas somas de dinheiro em inventário. Isto, em primeiro lugar, significava que uma boa parte da vantagem nos custos dos preços baixos do nitrato era ilusória e eliminada pelos pagamentos de juros elevados. Mais grave é que significava também que a companhia, na eventualidade de uma contração no negócio, poderia encontrar-se numa crise de liquidez. A decisão de equilibrar os baixos preços da matéria-prima com o custo do dinheiro e o risco de iliquidez foi assim adequadamente tomada como uma decisão da gestão de topo. Mas, depois de os novos limites para o inventário terem sido estabelecidos, as decisões de compra tornaram-se de novo exclusivamente tarefa do pessoal das aquisições.

O carácter de uma decisão é também determinado pelo número de *fatores qualitativos* que a constituem: princípios básicos de conduta, valores éticos, crenças sociais e políticas, e outros. No momento em que as considerações de valor têm de ser levadas em conta, a decisão desloca-se para uma ordem mais elevada e exige ou determinação ou revisão a um nível mais elevado. E o mais importante, bem como o mais comum, dos fatores qualitativos são os seres humanos.

Finalmente, as decisões podem ser classificadas enquanto periodicamente *recorrentes* ou *raras*, ou mesmo únicas. A decisão recorrente exige o estabelecimento de uma regra geral, ou seja, de uma decisão em princípio. Uma vez que a suspensão de um empregado tem que ver com uma pessoa, a regra tem de ser decidida a um nível bastante elevado da organização. Mas a sua aplicação ao caso específico, embora seja também uma decisão, poderá ser colocada a um nível muito inferior.

Contudo, a decisão rara tem de ser tratada como um acontecimento distinto. Sempre que ocorre, tem de merecer reflexão.

Uma decisão deve ser sempre tomada ao nível mais baixo possível e o mais próximo possível da cena da ação. Todavia, deverá ser sempre tomada a um nível que garanta que todas as atividades e todos os objetivos afetados são completamente considerados. A primeira regra diz-nos a que distância *deve* uma decisão ser tomada. A segunda diz-nos a que distância *pode* ser tomada, bem como que gestores deverão partilhar a decisão e quais devem ser informados a seu respeito. As duas juntas dizem-nos onde deverão ser colocadas certas atividades. Os gestores deverão estar a um nível suficientemente elevado para terem a autoridade para tomar as decisões típicas que pertencem ao seu trabalho e suficientemente baixo para possuírem o conhecimento pormenorizado e a experiência em primeira mão de «onde decorre a ação».

Análise das Relações

O passo final na conceção dos blocos de construção da organização é uma análise das relações. É ela que nos diz onde pertence um componente específico.

Com quem terá de trabalhar um gestor encarregado de uma atividade, que contribuição terá de fazer o gestor para os gestores encarregados de outras atividades, e que contribuições terão estes gestores de prestar em troca?

A regra básica para a colocação de uma atividade dentro da estrutura organizacional é impor-lhe *o menor número possível de relações*. Ao mesmo tempo, deverá ser colocada de tal forma que as relações cruciais, ou seja, a relação da qual depende o seu sucesso e a efetividade da sua contribuição deverão ser fáceis, acessíveis e centrais para a unidade. A regra é manter as relações no mínimo, mas fazer com que cada uma delas conte.

Esta regra explica a razão pela qual as funções não são, como a teoria das organizações tradicional defenderia, «conjuntos de capacidades relacionadas». Se seguíssemos essa lógica, colocaríamos, por exemplo, o planeamento da produção num componente de planeamento em que todos os tipos de planeadores trabalhariam juntos. As capacidades requeridas pelo planeamento da produção estão relacionadas de perto com todas as outras capacidades de planeamento operacional. Em vez disso, colocamos o planeador da produção junto da fabricação e o mais perto possível tanto do gestor de fábrica como dos supervisores de primeira linha.

Há, muitas vezes, um conflito entre a colocação de acordo com a análise da decisão e a colocação segundo a análise de relações. Em termos gerais, deveria ser seguida, tanto quanto possível, a lógica das relações.

Se a conceção da organização tiver de seguir a lógica das decisões para evitar a subotimização (como acontece geralmente em relação à função contabilística), o próprio trabalho deverá ser planeado segundo a análise das relações, ou seja, o mais perto possível da cena da ação. A direção do trabalho, o estabelecimento de regras, de padrões, mas também a apreciação e a avaliação do trabalho deverão ser colocados de acordo com a análise da decisão num componente central, que possa ver toda a empresa e refletir sobre os impactos.

As quatro análises — das atividades essenciais, das contribuições, das decisões, das relações — deverão ser sempre mantidas tão simples e breves quanto possível. Numa pequena empresa, podem muitas vezes ser feitas numa questão de horas e numas poucas folhas de papel. Porém, numa empresa muito grande e complexa, como a General Electric, o First National City Bank ou a Unilever (para não mencionar o Departamento da Defesa), a tarefa pode demorar meses de estudo e a aplicação de ferramentas altamente avançadas de análise e síntese.

Mas estas análises nunca deverão ser menosprezadas, nem minimizadas; antes, deverão ser consideradas uma tarefa necessária e que tem de ser bem-feita em todas as empresas.

Sintomas de Má Organização

Não existe a organização perfeita. No seu melhor, uma estrutura organizacional não causará problemas. Mas quais são os erros mais comuns na conceção dos blocos de construção da organização e na sua junção? E quais são as falhas mais comuns e mais graves numa organização?

O sintoma mais comum e mais grave de má organização é a multiplicação do número de níveis de gestão. Uma regra básica da organização é constituir o *menor número* possível de níveis de gestão e forjar uma cadeia de comando o mais curta possível.

Cada nível adicional torna mais difícil a concretização de uma direção comum e de uma compreensão mútua. Cada nível adicional distorce os objetivos e direciona erradamente a atenção. A «teoria da informação» matemática tem uma lei segundo a qual cada relé adicional num sistema de comunicação reduz a «mensagem» a metade e duplica o «ruído». Qualquer «nível» numa organização é um «relé». Cada ligação na cadeia acrescenta tensões adicionais e cria mais uma fonte de inércia, fricção e folga.

Cada nível adicional, em especial na grande empresa, aumenta a dificuldade de desenvolver os gestores de amanhã, simultaneamente ao aumentar o tempo que leva a chegar desde baixo até cima e ao tornar os especialistas, em vez dos gestores, em pessoas que se movimentam através da cadeia.

Em algumas grandes companhias existem hoje doze ou mesmo quinze níveis entre o supervisor de primeira linha e o presidente da companhia. Assumindo que alguém é nomeado supervisor de primeira linha aos vinte e cinco anos e que, em seguida, passa cinco anos em cada nível intermédio — ambos pressupostos otimistas —, essa pessoa só poderia ser considerada candidata à presidência da companhia com oitenta ou noventa anos. E a «cura» habitual — uma escada promocional especial para jovens «génios» ou «príncipes herdeiros» selecionados a dedo — é tão má como a doença.

São realmente precisos poucos níveis, como é demonstrado na organização mais antiga, maior e com maior sucesso do Ocidente, a Igreja Católica. Existe apenas um nível de autoridade e responsabilidade entre o Papa e o padre da mais remota paróquia: o bispo.

O segundo sintoma mais comum de uma má organização é a repetição dos problemas organizacionais. Assim que um problema é supostamente «resolvido», surge de novo sob outro disfarce.

Um exemplo típico numa companhia industrial é o desenvolvimento de produto. O pessoal do marketing acha que é da sua competência, o pessoal da pesquisa e desenvolvimento está convencido do mesmo. Mas colocá-lo em qualquer um dos componentes cria um problema recorrente. Na verdade, ambas as colocações estão erradas. Numa empresa que deseja inovação, o desenvolvimento de produto é uma atividade essencial e produtora de receita. Não deverá estar subordinado a nenhuma outra atividade, merecendo ser organizada como um componente inovador separado.

O problema organizacional recorrente indica uma aplicação sem reflexão dos tradicionais «princípios de organização», como os da «função típica» ou da «linha e função». A resposta reside em fazer as análises certas — a análise das atividades essenciais, a análise da contribuição, a análise da decisão e a análise das relações. Um problema organizacional que regressa mais de um par de vezes não deverá ser tratado mecanicamente, baralhando e dando de novo. Indica ausência de reflexão, ausência de clareza e ausência de compreensão.

Igualmente comum e perigosa é uma estrutura organizacional que coloque a atenção de pessoas essenciais nos problemas errados, irrelevantes e secundários. A organização deve colocar a atenção das pessoas em importantes decisões empresariais, em atividades fundamentais, no desempenho e nos resultados. Se, em vez disso, coloca a atenção no comportamento adequado, na etiqueta, no procedimento ou mesmo no conflito jurisdicional, a organização está a orientar mal. Nessa altura, torna-se um obstáculo para o desempenho.

Mais uma vez, isto é o resultado de uma construção organizacional mecânica e não orgânica. É o resultado de recorrer apressadamente aos chamados princípios, em vez de se refletir acerca da organização que a estratégia da empresa exige. É o resultado de focar a organização na simetria, e não no desempenho.

Provavelmente, nenhum esquema organizacional virá algum dia a ser exibido num museu de arte. Um esquema não passa de uma simplificação excessiva que permite que as pessoas se certifiquem de que estão a falar das mesmas coisas ao discutirem a organização. Nunca se fazem mudanças organizacionais por causa do esquema. Isto resulta sempre numa má organização.

Há um certo número de sintomas comuns às más organizações que, em geral, não precisam de diagnóstico posterior. Primeiro, há o sintoma de *demasiadas reuniões*, com demasiadas pessoas presentes.

Existem, especialmente nas grandes organizações, órgãos de gestão que fazem o seu trabalho em, e através de, reuniões. As comissões de topo na General Motors são exemplos disso, tal como os conselhos de diretores compostos pelos funcionários de topo, que dirigem tanto a Standard Oil de New Jersey como a Du Pont. Mas estas são exceções — órgãos deliberativos que não têm funções operacionais e que, em regra, também não têm funções de tomada de decisão. São órgãos para guiar, refletir, criticar — e talvez a sua função mais importante seja compelir os gestores operacionais de topo, que se reúnem com a comissão, a refletirem na sua própria direção, nas suas próprias necessidades e nas suas próprias oportunidades.

Mas, tirando estes corpos deliberativos, que cumprem as suas funções em reuniões, estas deverão ser consideradas uma concessão à imperfeição organizacional. O ideal é a organização que consegue operar sem reuniões — no mesmo sentido em que o ideal do desenhador de máquinas é ter uma única peça móvel no seu dispositivo. Em todas as organizações humanas existe já uma imensa necessidade de cooperação, coordenação e relações humanas, para que sejam precisas reuniões adicionais. E a dinâmica humana das reuniões é tão complexa que as torna ferramentas muito pobres para que o trabalho seja feito.

Sempre que os executivos, exceto ao nível mesmo mais elevado, passam mais do que uma razoavelmente pequena fração do seu tempo — talvez um quarto ou menos — em reuniões, há evidência de um caso de má organização. Um excesso de reuniões indica que os cargos não foram definidos claramente, não foram suficientemente estruturados, não foram tornados verdadeiramente responsáveis. A necessidade de reuniões indica também que as análises de decisões e relações não foram realizadas ou aplicadas. A regra deve consistir em minimizar a necessidade de as pessoas se juntarem para realizarem alguma coisa.

Uma organização em que as pessoas estejam sempre preocupadas com sentimentos e com aquilo de que as outras pessoas gostarão não é uma organização com boas relações humanas. Pelo contrário, é uma organização que tem relações humanas fracas. As boas relações humanas, como a boa educação, são dadas como garantidas. A constante ansiedade com os sentimentos das outras pessoas é o pior tipo de relações humanas.

Uma organização que sofra deste mal — e muitas sofrem — pode ser inequivocamente classificada como sofrendo de excesso. Poderá ser um excesso em termos de atividades. Em vez de se focar em atividades essenciais, tenta fazer um pouco de tudo — especialmente em atividades de aconselhamento e ensino. Ou as atividades individuais são excessivas. É em salas com excesso de gente que as pessoas se começam a enervar umas às outras, espetam os cotovelos no vizinho ou pisam-no. Onde há distância suficiente, não colidem. As organizações com excesso de pessoal criam trabalho em vez de desempenho. Criam também fricção, sensibilidade, irritação e preocupação com os sentimentos.

É um sintoma de má organização depender de «coordenadores», «assistentes» e outros, *cuja tarefa é não ter uma tarefa*. Isto indica que as atividades e os cargos foram concebidos com demasiada estreiteza, ou que as atividades e os cargos, em vez de serem desenhados para um resultado definido, pretendem realizar muitas partes de diferentes tarefas. Indica geralmente, também, que os componentes organizacionais foram organizados mais segundo a capacidade do que de acordo com o seu lugar no processo ou com a sua contribuição — porque a capacidade contribui sempre apenas com uma parte e não com um resultado. E depois é preciso um coordenador, ou alguém que não está a realizar a tarefa, para juntar as peças que nunca deveriam ter sido separadas logo à partida.

A «Organizite» como uma Doença Crónica

Algumas – na verdade bastantes – empresas, especialmente as grandes e complexas, sofrem de uma doença chamada «organizite». Toda a gente se preocupa com a organização. Está sempre a haver uma reorganização. Ao primeiro sinal de alarme, nem que seja apenas uma fricção por causa de uma especificação entre um agente de compras e o pessoal da engenharia, o clamor chega aos «doutores da organização», quer sejam consultores externos quer seja pessoal interno. E nunca uma solução organizacional dura muito tempo; na verdade, poucas medidas organizacionais duram o tempo suficiente para serem testadas e concretizadas na prática, antes de entrar um novo estudo organizacional na calha.

Em alguns casos, isto sugere, na verdade, má organização. A «organizite» instala-se quando a estrutura organizacional não consegue lidar com os aspectos essenciais. É, em especial, o resultado de não repensar e reestruturar a organização quando há uma mudança fundamental na dimensão e na complexidade de uma empresa, ou nos seus objetivos e estratégia.

Mas, muitas vezes, a «organizite» é autoinfligida e uma forma de hipocondria. Deverá ser assim realçado que as mudanças organizacionais não deverão ser realizadas frequentemente, nem tomadas de ânimo leve. A reorganização é uma forma de cirurgia, e mesmo uma cirurgia menor tem riscos.

As exigências de estudos organizativos ou para a reorganização como resposta a problemas menores deverão ser combatidas. Uma organização nunca será perfeita. Uma certa quantidade de fricção, de incongruência, de confusão organizacional é inevitável.

PARTE V

Como Podem os Gestores Usar a Força da Equipa?

CAPÍTULO DEZANOVE

A Gestão de Pessoal Está Falida?

HÁ ALGUNS ANOS, recebi a seguinte carta do presidente de uma companhia: «Emprego 2300 funcionários, sobretudo mulheres, que realizam trabalho não especializado em linha de montagem. Por favor, envie-me, de acordo com a sua disponibilidade, uma política de pessoal adequada e anexe uma declaração dos seus honorários.» Durante muito tempo, pensei nesta carta como uma boa, embora não intencional, piada. Mas, mais tarde, apercebi-me de que a piada recaía sobre mim. O meu correspondente, comecei a suspeitar, era muito parecido com o rapaz da história de Andersen, a «A Roupa Nova do Rei», que teve a inocência de dizer em voz alta que o rei ia nu, quando todas as outras pessoas fingiam que conseguiam ver o vestuário do monarca.

Uma grande parte daquilo que se passa hoje em dia com a gestão da organização humana é mecânico na sua natureza e poderia na realidade ser recomendado por correio. Os dois conceitos geralmente aceites de gestão do trabalhador — a administração de pessoal e as relações humanas — veem a tarefa a fazer como algo de adicional numa empresa. A administração de pessoal trata das atividades e dos procedimentos: contratar pessoas, pagar-lhes, formá-las. As relações humanas, como o termo é habitualmente utilizado, trata da satisfação, da comunicação e das atitudes dos empregados. No entanto, ambos os conceitos parecem concordar em que gerir o trabalhador e o trabalho não parece exigir qualquer mudança na forma como a empresa é conduzida, e as ferramentas e os conceitos parecem aplicar-se de modo igual a qualquer empresa.

Uma indicação de que esta poderá não ser o método certo é a ausência de progresso, de novas ideias e de novas contribuições, tanto na administração de pessoal como nas relações humanas. Não há campo algum em toda a área da gestão em que tantas pessoas trabalhem tão arduamente. Os departamentos de pessoal crescem como o feijoeiro mágico do João e cada um deles contém investigadores equipados com computadores e doutoramentos. Em todas as universidades, centenas de pessoas ensinam, investigam e recolhem dados no campo. Na verdade, foi criada uma série de novas disciplinas — psicologia industrial, sociologia industrial, antropologia industrial, relações industriais, gestão de pessoal, e outras —, e todas elas produzem dissertações supostamente originais. Produzem livros e promovem encontros. Existem dezenas de revistas dedicadas a esta área. E nenhuma organização empresarial que se preze, quer seja a Seedgrowers of America ou a Câmara de Comércio de Sioux City, consideraria uma convenção completa sem pelo menos uma conferência sobre a gestão das pessoas no trabalho.

E qual tem sido o resultado de toda esta atividade, o que produziu todo este trabalho de tantas pessoas boas, dedicadas e inteligentes?

Administração de Pessoal e Relações Humanas

A administração de pessoal, como o termo é habitualmente compreendido, começou com a Primeira Grande Guerra. Resultou do recrutamento, formação e pagamento de vastas massas de novos empregados no esforço de produção da guerra. A Primeira Grande Guerra acabou há sessenta anos. No entanto, tudo aquilo que sabemos hoje sobre a administração de pessoal já era sabido no início dos anos 20; tudo o que praticamos era já praticado na altura. Houve refinamentos, mas pouco mais. Tudo aquilo que se pode encontrar num dos grandes manuais atuais (apenas à exceção do capítulo sobre relações sindicais) pode ser encontrado, por exemplo, nos artigos e comunicações que Thomas Spates (um dos fundadores da administração de pessoal) publicou no início dos anos 20. Limitámo-nos a deitar-lhe por cima uma boa dose de molho de retórica humanitária — tal como um fraco cozinheiro cobre com um espesso molho castanho as couves-de-bruxelas queimadas.

Tem havido a mesma aridez intelectual no campo das relações humanas — embora talvez haja ainda mais atividade aqui. Também as relações humanas tiveram origem na Primeira Grande Guerra, mas levaram mais algum tempo a amadurecer. Floresceram nas famosas experiências conduzidas por Elton Mayo e os seus associados por volta de 1928 — há meio século — na fábrica de Hawthorne, no Illinois, da Western Electric Company (a fábrica subsidiária da Bell Telephones System). Estas experiências mostraram que fatores sociais e psicológicos, por exemplo, a quantidade de atenção que os trabalhadores recebem poderá ter maior impacto na produtividade do que as condições objetivas de trabalho, como a iluminação do local de trabalho ou o salário. E os relatórios do grupo de Harvard sobre o trabalho em Hawthorne são ainda as melhores, as mais avançadas e as mais completas obras sobre a matéria. Na verdade, é discutível se os muitos refinamentos acrescentados desde então pelo esforço de inúmeras pessoas da indústria, pelos sindicatos e pela vida académica clarificaram, ou obscureceram, a visão original.

A novidade, claro está, não é argumento para a solidez. No entanto, é muito improvável que qualquer nova disciplina emirja completamente formada ao nascimento, como uma Vénus vinda das ondas. Leva décadas a construir o edifício sobre os alicerces estabelecidos pelos primeiros pensadores na área. Que duas novas disciplinas tenham sido abençoadas com a maturidade plena ao nascimento é bastante improvável. Talvez a razão para ter havido tão pouca construção sobre os alicerces da administração de pessoal e das relações humanas seja os próprios alicerces serem desadequados.

Uma Revisão da Administração de Pessoal Recente

As limitações da administração de pessoal não são difíceis de perceber. São, na verdade, admitidas pela maioria das pessoas da área — pelo menos, por implicação. A constante preocupação de todos os administradores de pessoal é com a sua incapacidade para provar que estão a dar uma contribuição para a empresa; é com uma «ginástica» que impressione os seus associados na gestão. A sua persistente queixa é que lhes falta estatuto, porque a administração de pessoal — usando o termo no seu uso comum — é em grande parte uma coleção de técnicas incidentais sem grande coesão interna. Um espirituoso disse uma vez, maliciosamente, que se junta e se chama «gestão de pessoal» a todas aquelas coisas que não tratam do trabalho das pessoas e que não são gestão.

Infelizmente, há alguma justiça na tirada. Da forma como a administração de pessoal concebe a tarefa de gerir trabalhador e trabalho, em parte é emprego burocrático, em parte trabalho de gestão interna, em parte tarefa de trabalhador social e em parte de «bombeiro», para combater os problemas sindicais ou resolvê-los. As coisas pelas quais o administrador de pessoal é tipicamente responsável — a segurança e os planos de pensões, o sistema de sugestões, o gabinete de emprego e as queixas sindicais — são tarefas necessárias. São sobretudo tarefas desagradáveis. Porém, duvido de que devam ser juntas num único departamento — porque são uma misturada, como se vê quando se olha para o esquema organizacional do departamento de pessoal típico ou para uma tabela de conteúdos de um típico manual de gestão de pessoal. Não são nem uma função por afinidade das competências requeridas para realizar as atividades, nem uma função por estarem ligadas no processo de trabalho, formando um estádio distinto no trabalho do gestor ou no processo da empresa.

Nenhuma destas atividades, em si mesma, tem uma natureza que exija mais do que uma moderada capacidade por parte da sua gestão. Nenhuma, em si mesma, tem um impacto importante na empresa. Colocar uma grande quantidade destas atividades juntas numa só função não produz uma função importante, com direito a uma representação na gestão de topo, ou requerendo os serviços de um executivo de topo — pois, é apenas a qualidade (ou seja, o tipo de trabalho e o seu impacto na empresa) que torna uma função importante, ou que define a órbita de um executivo sénior.

Mesmo que estas coisas estivessem mais bem encaixadas num único departamento, não acrescentariam nada à gestão de pessoal. Na realidade, pouco têm que ver com a tarefa a fazer nesta área. Não só o departamento de pessoal, em regra, fica afastado da gestão do recurso humano mais importante da empresa (os gestores), como em geral evita as duas áreas mais importantes na gestão dos trabalhadores: a organização do trabalho e a organização das pessoas para fazerem o trabalho. Aceita-as tal qual como as encontra.

Três Conceções Erradas

A razão para a esterilidade da administração de pessoal são as suas três conceções erradas. Primeiro, assume que as pessoas não querem trabalhar. A administração de pessoal vê «o trabalho como uma espécie de castigo a que as pessoas têm de se submeter para obterem satisfação noutro sítio». Tende, assim, a colocar a ênfase na satisfação fora e para lá do trabalho. Em segundo lugar, a administração de pessoal olha para a gestão do trabalhador e do trabalho como a tarefa de um especialista e não como parte do trabalho do gestor. Claro que existe uma conversa constante, em todos os departamentos de pessoal, acerca da necessidade de educar os gestores operacionais na gestão de pessoal. Mas 90% do orçamento, da força de trabalho e do esforço são dedicados aos programas de pessoal, pensados, estabelecidos e operados pelo departamento de pessoal. O manual típico de administração de pessoal começa por dizer que as duas primeiras tarefas do administrador de pessoal são aconselhar a gestão operacional e diagnosticar a estabilidade do moral da organização como uma equipa efetiva. Contudo, em seguida, passa 95% das suas páginas a falar dos programas que o próprio departamento organiza e gere.

Isto significa, com efeito, ou que a administração de pessoal tem de usurpar as funções e a responsabilidade do gestor operacional (uma vez que quem gere as pessoas sob o gestor operacional é o «chefe», qualquer que seja o seu título), ou então significa que os gestores operacionais, num gesto de autodefesa, têm de confinar a administração de pessoal ao manuseio de tarefas incidentais, ou seja, fazerem aqueles encargos não essenciais para a gestão do trabalhador e do trabalho. Não admira que esta última tenha sido a tendência praticamente universal.

Finalmente, a administração de pessoal tende a ser «bombeiro», a ver o «pessoal» em termos dos «problemas» e das «dores de cabeça» que ameaçam um curso de produção, de outra forma, pacífico e imperturbável. Nasceu com esta tendência, mas as tendências «sindicalizantes» dos anos 30 tornaram-na dominante. Não será exagerado dizer que muitos administradores de pessoal, embora inconscientemente, se centram nos problemas. De facto, havia alguma verdade na observação jocosa feita por um líder sindical acerca do departamento de pessoal de uma grande companhia: «Esses tipos deviam deixar 10%

dos seus salários na tesouraria do sindicato; mas, para o sindicato, continuariam a ser empregados de escritório de cem dólares por semana.» Mas trabalhador e trabalho não podem simplesmente ser geridos se os problemas forem o foco. Nem sequer é suficiente fazer «prevenção de incêndio» em vez «combate ao fogo»; gerir o trabalhador e o trabalho deverá ter como foco os aspectos positivos e deverá assentar na força e harmonia subjacentes.

A Visão das Relações Humanas — e as Suas Limitações

As relações humanas, a segunda teoria prevalecente da gestão do trabalhador e do trabalho, começam pelos conceitos básicos corretos: as pessoas querem trabalhar; e gerir pessoas é tarefa do gestor, e não de um especialista. Portanto, não é uma coleção de atividades não-relacionadas. Baseia-se também numa visão profunda — a visão sintetizada quando dizemos que «não se pode contratar uma mão; a pessoa vem com ela».

As relações humanas reconhecem que o recurso humano é um recurso específico. Isto é realçado contra os conceitos mecanicistas do ser humano, contra a crença nas «pessoas *slot-machines*», que reagem apenas e automaticamente a estímulos monetários. Tornou a gestão americana consciente do facto de que o recurso humano exige atitudes e métodos definidos, o que é uma tremenda contribuição. As relações humanas, quando se desenvolveram pela primeira vez, foram uma das grandes forças libertadoras, derrubando as vendas que a gestão usava há mais de um século.

Contudo, as relações humanas, pelo menos sob a forma com que existiram até agora, tiveram sobretudo uma contribuição negativa. Libertaram a gestão do domínio de ideias viciosamente erradas, mas não conseguiram substituí-las por novos conceitos.

Uma das razões é a crença na «motivação espontânea». «Removam o medo», parecem dizer as pessoas das relações humanas, «e as pessoas trabalharão». Esta foi uma tremenda contribuição quando a gestão ainda achava que as pessoas apenas podiam ser motivadas pelo medo. Ainda mais importante foi o ataque implícito ao pressuposto de que as pessoas não querem trabalhar. Contudo, a ausência de uma motivação errada não é o suficiente. E, em termos de motivações positivas, as relações humanas pouco mais oferecem do que generalidades.

Também falta às relações humanas um foco adequado no trabalho. As motivações positivas têm de ter o seu centro no trabalho e na tarefa; porém, as relações humanas colocam toda a ênfase nas relações interpessoais e no «grupo informal». O seu ponto de partida foi o da psicologia individual, e não o da análise do trabalhador e do trabalho. Em consequência, assume que é irrelevante o tipo de trabalho que a pessoa faça, uma vez que é a relação do trabalhador com os colegas que determina a sua atitude, o seu comportamento e a sua efetividade.

A sua tirada favorita de que «o trabalhador feliz é um trabalhador eficiente e produtivo», embora seja um simpático epigrama, é, quando muito, uma meia-verdade. Não é função da empresa criar felicidade, mas vender e fazer sapatos. Nem o trabalhador pode ser feliz no abstrato.

Apesar da sua ênfase na natureza social das pessoas, as relações humanas recusam aceitar o facto de que os grupos organizados não são apenas a extensão de indivíduos, mas que têm as suas próprias relações, envolvendo um real e sadio problema de poder, e conflitos que não são de personalidade, mas objetivos de visão e interesses; que, por outras palavras, há uma esfera política. Isto revela-se no receio, quase pânico, dos sindicatos que percorre todo o trabalho original da escola de Relações Humanas da Universidade de Harvard.

Finalmente, falta às relações humanas qualquer consciência da dimensão económica do problema.

Em resultado, há uma tendência para que as relações humanas degenerem em meros chavões, que se transformam num álibi para não haver qualquer política de gestão a respeito da organização humana. Ainda pior, como as relações humanas começaram com a tentativa de ajustar os indivíduos «desajustados» à «realidade» (que se assume sempre ser o racional e o real), há uma forte tendência manipuladora em todo o conceito. Com isso, há o grave perigo de as relações humanas degenerarem num novo paternalismo freudiano, uma mera ferramenta para justificar a ação da gestão, um dispositivo para «vender» aquilo que a gestão esteja a fazer. Não é por acidente que se fala tanto, nas relações humanas, de «dar aos trabalhadores um sentido de responsabilidade» e tão pouco da sua responsabilidade, tanta ênfase na sua «sensação de importância» e tão pouca em fazer deles e do seu trabalho algo importante. Sempre que começamos pelo pressuposto de que os indivíduos têm de ser ajustados, procuramos formas de os controlar, manipular e vender — e negamos, por implicação, que possa haver algo nas nossas próprias ações que precise de ajustamento. De facto, a atual popularidade das relações humanas neste país poderá refletir, acima de tudo, a facilidade com que pode ser confundida com um xarope calmante para crianças irascíveis e malcomportadas, para justificar como irracional e emocional a resistência à gestão e às suas políticas.

Isto não significa que tenhamos de eliminar as relações humanas; pelo contrário, as suas visões são um fundamento determinante na gestão da organização humana. Mas não é o edifício. Na verdade, é apenas um dos alicerces. O resto do edifício ainda tem de ser construído. Terá de assentar em mais do que as relações humanas. Terá também de se erguer bem acima delas.

«Gestão Científica» — O Nosso Conceito de Gestão de Pessoal Mais Geralmente Praticado

A administração de pessoal e as relações humanas são os temas de que se fala e escreve sempre que a gestão de trabalhador e trabalho é discutida. São os assuntos com que o Departamento de Pessoal se preocupa. Mas não são os conceitos que subjazem a gestão real do trabalhador e do trabalho na indústria americana. Este conceito é a gestão científica.

A gestão científica foca-se no trabalho. O seu núcleo é o estudo organizado do trabalho, a análise do trabalho nos seus elementos mais simples e a melhoria sistemática do desempenho do trabalhador em cada um destes elementos. A gestão científica possui conceitos básicos e ferramentas e técnicas facilmente aplicáveis. E não tem dificuldade em mostrar a contribuição que dá; os seus resultados, sob forma de uma produção mais elevada, são visíveis e prontamente mensuráveis.

Na verdade, a gestão científica não é mais do que uma filosofia sistemática de trabalhador e trabalho. Poderá bem ser também uma das mais poderosas e duradouras contribuições que a América fez para o pensamento ocidental. Desde que a sociedade industrial permaneça, nunca voltaremos a perder a visão de que o trabalho humano pode ser estudado sistematicamente, analisado, melhorado pelo trabalho nas suas partes elementares.

Como todas as grandes visões, foi a simplicidade em si. As pessoas trabalhavam há milhares de anos. Todas falavam constantemente em melhorar o trabalho. Mas poucas pessoas alguma vez tinham considerado sistematicamente o trabalho até Frederick W. Taylor o ter feito, por volta de 1885. O trabalho era tomado como garantido; e é um axioma que uma pessoa nunca vê aquilo que toma como garantido. A gestão científica foi, assim, uma das grandes visões libertadoras, pioneiras. Sem ela, um verdadeiro estudo dos seres humanos a trabalhar seria impossível. Sem ela, nunca conseguiríamos, ao gerirmos o trabalhador e o trabalho, ir além das boas intenções, das exortações ou do «mais depressa». Embora as suas conclusões se tenham mostrado duvidosas, a sua visão básica é um fundamento indispensável para o pensamento e o trabalho na área.

A gestão científica esteve estagnada durante muito tempo. É a mais antiga das nossas três perspetivas à gestão de trabalhador e trabalho; ascendeu juntamente com a profissão de engenheiro durante as últimas décadas do século XIX. Também foi a primeira a esgotar-se. Entre 1890 e 1920, a gestão científica produziu uma brilhante visão após outra e um novo pensador criativo após outro — Taylor, Fayol, Gantt e os Gilbreth. Durante os últimos cinquenta ou sessenta anos, deu-nos pouco mais do que prosaicos e aborrecidos tomos sobre as técnicas, quando não sobre os aparelhos, de especialidades cada vez mais estreitas. Existem, evidentemente, exceções — em especial a Sr.ª Lillian Gilbreth e o falecido Harry Hopf. Tem havido bastante refinamento; porém, a mais madura e convincente exposição da gestão científica continua a ser o testemunho que Taylor prestou perante uma Comissão Especial da Câmara dos Representantes, em 1912.

A razão para isto é que a gestão científica, apesar de todo o seu sucesso mundano, não conseguiu resolver o problema de gerir o trabalhador e o trabalho. Como acontece muitas vezes na história das ideias, a sua visão é apenas metade de uma visão. Tem dois pontos cegos, um de engenharia e outro de filosofia. Aquilo que não vê é tão importante como aquilo que vê; na verdade, se não aprendermos a ver aquilo a que a gestão científica foi cega, poderemos perder mesmo o benefício da sua genuína visão.

Confundir a Análise com a Ação: Um Ponto Cego

O primeiro destes pontos cegos é a crença em que, como temos de analisar o trabalho nos seus movimentos componentes mais simples, temos também de organizá-lo como uma série de movimentos individuais, se possível cada um executado por um trabalhador individual. É possível que o próprio Taylor visse a necessidade de integrar; Harry Hopf viu, com certeza. Mas praticamente todos os outros escritores — e todos os praticantes — veem no movimento individual a essência da boa organização do trabalho.

Esta é uma falsa lógica. Confunde um princípio de análise com um princípio de ação. Separar e juntar são coisas diferentes. Confundir as duas coisas é grosseiramente anticientífico, pois o início da ciência é a compreensão de que a classificação, embora absolutamente necessária, não nos transmite qualquer facto importante acerca da natureza da coisa classificada.

A crença em que o trabalho é mais bem desempenhado do modo como é analisado é também uma péssima engenharia.

A melhor prova disto é a maior realização resultante da aplicação dos conceitos que em que se baseia a gestão científica: o alfabeto. O seu inventor, um escriba anónimo de uma cidade comercial semita há muito esquecida, há 3500 anos, nunca receberá a Medalha de Ouro do Congresso Internacional da Gestão. Mas a sua análise dos elementos básicos, simples e padronizados que estão na base de milhares de pictogramas, ideogramas, logogramas, sinais silábicos e marcas fonéticas da escrita do seu tempo e a sua substituição por duas dúzias de sinais capazes de exprimir todos os sons e transmitir todas as palavras e pensamentos, foi pura gestão científica — da mais alta categoria. Contudo, o alfabeto seria totalmente inútil — uma barreira completa à comunicação — se tivéssemos de dizer «guê-a-tê-ó» quando quiséssemos dizer «gato», apenas porque escrevemos a palavra com estas quatro letras.

A tarefa de integrar letras em palavras não é simples. Mesmo as crianças com dificuldades conseguem geralmente aprender as letras, mas mesmo uma criança brilhante tem dificuldade em dar o salto de «guê-a-tê-ó» para «gato».

Na verdade, praticamente todas as dificuldades de leitura das crianças (o maior problema do ensino básico) são problemas em integrar as letras em palavras; muitas pessoas, como sabemos, nunca aprendem a fazê-lo e, em vez disso, aprendem a reconhecer palavras e sílabas comuns — aprendem pictogramas e ideogramas em vez de letras. E, contudo, o alfabeto não se limitou a triunfar, apesar da dificuldade da integração. É a integração que constitui o seu triunfo e a sua verdadeira realização.

Finalmente, a confusão entre análise de trabalho e ação em trabalho é uma compreensão errada das propriedades do recurso humano. A gestão científica pretende organizar o trabalho humano, mas assume — sem qualquer tentativa de testar ou verificar a assunção — que o ser humano é uma ferramenta de trabalho (apesar de mal desenhada).

É perfeitamente verdade que temos de analisar o trabalho nos seus movimentos constituintes. É certo que a melhor maneira de o aperfeiçoar é melhorando a forma como a operação individual é desempenhada. Mas simplesmente não é verdade que, quanto mais o trabalho se confinar ao movimento ou à operação individual, melhor o ser humano a desempenhará. Isto nem sequer é exato em relação a uma ferramenta mecânica; afirmá-lo acerca de seres humanos é um disparate. O ser humano pratica mal movimentos individuais; visto como ferramenta mecânica, um humano é mal desenhado. Deixemos de lado todas as considerações relativas à vontade, à personalidade, às emoções, aos apetites e à alma do indivíduo. Olhemos para as pessoas apenas como um recurso produtivo e apenas do ponto de vista dos engenheiros preocupados com o *input* e o *output*. Não temos outra escolha senão aceitar o facto de que a contribuição específica das pessoas é sempre executar muitos movimentos para integrar, equilibrar, controlar, medir, julgar. As operações individuais devem com certeza ser analisadas, estudadas e melhoradas, mas o recurso humano só será utilizado produtivamente se *uma tarefa* for formada a partir das operações, uma tarefa que ponha em ação as qualidades específicas das pessoas.

O Planeamento Divorciado da Ação: O Outro Ponto Cego

O segundo ponto cego da gestão científica é o «divórcio entre o planeamento e a ação» — um dos seus princípios cardeais. Mais uma vez, um sólido princípio analítico é confundido com um princípio de ação. Mas, além disso, o divórcio entre planeamento e ação reflete um dúbio e perigoso conceito filosófico de uma elite, que possui um monopólio sobre um conhecimento esotérico que lhe dá o direito de manipular a plebe.

Ter descoberto que o planeamento é diferente da ação foi uma das mais valiosas visões de Taylor. Realçar que o trabalho será tornado tanto mais fácil, efetivo e produtivo quanto mais planearmos antes de fazermos foi uma maior contribuição para a ascensão industrial americana do que o estudo do cronómetro ou tempo-e-movimento. Sobre isso assenta toda a estrutura da gestão moderna. Podermos hoje falar seriamente e com sentido da gestão por objetivos é um resultado direto da descoberta de Taylor do planeamento como uma parte separada da tarefa e da sua ênfase na sua importância.

Mas não se segue da separação do planeamento e da ação na análise do trabalho que o planeador e o agente devam ser duas pessoas diferentes. Não se segue de que o mundo industrial tenha de ser dividido em duas classes de pessoas; uns poucos que decidam o que há a fazer, desenhem a tarefa, marquem a cadência, o ritmo e os movimentos e deem ordens aos outros; e os muitos outros que façam aquilo que lhes é dito e como.

O planeamento e a ação são partes separadas da mesma tarefa; não são tarefas separadas. Não há trabalho que possa ser desempenhado efetivamente a menos que contenha elementos de ambas. Não se pode planear sempre exclusivamente; terá de haver pelo menos um vestígio de ação na tarefa de qualquer pessoa. Caso contrário, estará a sonhar em vez de trabalhar. Ninguém pode, acima de tudo, apenas fazer; sem um vestígio de planeamento, o trabalhador não tem o controlo necessário, nem mesmo na tarefa rotineira mais mecânica e repetitiva. Defender o divórcio dos dois é como exigir que engolir a comida e digeri-la seja feito por dois corpos separados. Para serem compreendidos, os dois processos têm de ser estudados separadamente. Requerem órgãos diferentes, estão sujeitos a padecimentos diferentes e são realizados em partes diferentes do corpo. Mas, para que se alimente, o mesmo corpo precisa de ambas as coisas, tal como uma tarefa terá de conter planeamento e ação.

O divórcio de Taylor entre planeamento e ação foi, ao mesmo tempo, especificamente americano e especificamente do século XIX. É um descendente da nossa mais antiga tradição: a tecnocracia de Nova Inglaterra dos primeiros puritanos. Dá uma nova vestimenta ao conceito de elite sacerdotal de Increase e Cotton Mather, mas, tirando isso, deixa tudo praticamente na mesma; e, como os divinos puritanos, Taylor deduzia um direito dado por Deus à elite do planeamento para que governasse. Não é por acaso que ouvimos este direito a governar descrito hoje como a «prerrogativa da gestão» — o termo sempre foi aplicado ao direito por unção divina ou sacerdotal.

Mas o divórcio do planeamento e da ação fez também parte da filosofia elitista que varreu o mundo ocidental na geração entre Nietzsche e a Primeira Grande Guerra — a filosofia que produziu a descendência monstruosa do nosso tempo. Taylor pertence ao grupo de Sorel, Lenine e Pareto. Este movimento é geralmente considerado como tendo sido antidemocrático. Era — na intenção e na direção — também completamente antiaristocrático, pois a afirmação de que o poder se fundamenta na competência técnica — seja para a conspiração revolucionária seja para a gestão — é tão hostil para a aristocracia, como para a democracia. Ambas se opõem ao mesmo princípio absoluto: o poder deve ser fundamentado na responsabilidade moral; tudo o resto é tirania e usurpação.

O divórcio de planeamento e ação priva-nos de todo o benefício das visões da gestão científica. Arranca-nos bruscamente do resultado a ser obtido pela análise do trabalho e, especialmente, do resultado a ser obtido pelo planeamento. Vimos casos em que a produtividade aumentou grandemente quando foi atribuída aos trabalhadores a responsabilidade de planearem o seu trabalho. O mesmo aumento na produtividade (para não falar da melhoria da atitude e do orgulho do trabalhador) foi obtido sempre que combinámos o divórcio do planeamento e da ação com o casamento do planeador e do agente.

Os Pontos Cegos Explicam a Resistência à Mudança

Os dois pontos cegos da gestão científica tradicional explicam a razão pela qual a sua aplicação aumenta sempre a resistência dos trabalhadores à mudança. Como lhes são ensinados movimentos individuais em vez de lhes ser dada uma tarefa, a sua capacidade para desaprender é abafada, em vez de ser desenvolvida. Adquirem experiência e hábito, em vez de conhecimento e compreensão. Como se supõe que os trabalhadores devam fazer e não conhecer — quanto mais planear —, cada mudança representa o desafio do incompreensível e, assim, ameaça a sua segurança psicológica.

É uma velha crítica feita à gestão científica que esta é capaz de estabelecer uma tarefa para obter o máximo de produção por hora, mas que não é capaz de obter o máximo de produção para quinhentas horas. Uma crítica muito mais séria e fundamentada seria que sabe como organizar a tarefa presente para o máximo de produção, mas apenas prejudicando gravemente a próxima tarefa do trabalhador. Claro que, se a tarefa fosse considerada imutável, isto não importava. Henry Ford (um dos praticantes mais escrupulosos da gestão científica, embora nunca tenha ouvido falar de Taylor) acreditava que, depois de a colocação de um para-lamas ter sido devidamente concebida, a tarefa manter-se-ia inalterada para toda a eternidade.

Mas *nós sabemos* que a mudança é inevitável; na verdade, é uma importante função da empresa provocá-la. Sabemos também que as próximas décadas trarão tremendas mudanças — e em nenhum outro sítio como na tarefa do trabalhador.

A Gestão Científica e a Nova Tecnologia

A chegada da nova tecnologia converte aquelas que poderão ter sido consideradas limitações da completa efetividade da gestão científica em doenças incapacitantes. Na verdade, os principais problemas em gerir o trabalhador e o trabalho sob a nova tecnologia serão permitir ao trabalhador realizar uma tarefa completa e integrada e fazer um planeamento responsável.

Os trabalhadores, com a automação, deixarão de cumprir as repetitivas tarefas de alimentar máquinas e manusear materiais. Em vez disso, construirão, conservarão e controlarão máquinas que farão o repetitivo trabalho de rotina. Para o fazerem, terão de ser capazes de realizar muitas operações; deverão ter o maior acesso, e não o menor, às suas tarefas; deverão ser capazes de coordenar. Tal não significa que tenham de ser de novo trabalhadores manualmente especializados, como os trabalhadores de outrora. Pelo contrário, cada uma das operações deverá ser analisada através da gestão científica, até ao ponto em que possam ser realizadas por pessoas não-especializadas. Mas as operações deverão ser integradas de novo numa tarefa — caso contrário, o trabalho necessário com a automação não poderá ser feito. Na nova tecnologia, não temos opção a não ser dizer «gato». Temos de aprender a juntar — agora que a gestão científica nos ensinou a separar.

De modo semelhante, não conseguiremos organizar o trabalhador e o trabalho na nova tecnologia com base no divórcio de planeamento e ação. Contrariamente, a nova tecnologia exige que o mais ínfimo trabalhador de produção seja capaz de bastante planeamento. Quanto mais planeamento um trabalhador conseguir fazer e quanta maior a responsabilidade o trabalhador consiga assumir por aquilo que faz, mais produtivo esse trabalhador será. Um trabalhador que só faz o que lhe mandam só pode fazer mal. Manter o equipamento, programá-lo, ligá-lo e controlá-lo, tudo isso exige do trabalhador na nova tecnologia conhecimento, responsabilidade e tomada de decisão, ou seja, planeamento. O nosso problema não será que o planeamento e a ação não estejam suficientemente divorciados; será que muitos trabalhadores de amanhã poderão ser capazes de fazer muito mais planeamento do que uma boa parte daqueles que se intitulam gestores são hoje capazes de fazer.

Temos de preservar as visões fundamentais da gestão científica — tal como temos de preservar as das relações humanas. Mas temos de ir além da aplicação tradicional da gestão científica; temos de aprender a ver nos sítios em que era cega. E a chegada da nova tecnologia torna esta tarefa duplamente urgente.

«A gestão de pessoal está falida?», pergunta o título deste capítulo. Podemos dar agora a resposta: «Não, não está falida. Os seus compromissos não excedem os seus bens. Mas está certamente insolvente, certamente incapaz de honrar, com o dinheiro vivo do desempenho, as promessas de gerir trabalhador e trabalho que tão liberalmente faz. Os seus bens são vastos — as visões fundamentais das relações humanas, as visões igualmente fundamentais da gestão científica. Mas estes bens estão congelados. Há também pequenas coisas por aí espalhadas sob a forma de técnicas e receitas de administração de pessoal, mas não nos são de grande ajuda na grande tarefa de descongelar os bens congelados, embora possam produzir mercadoria suficiente para vender para pagar as contas pequenas. Talvez o maior capital do trabalho sejam as coisas que aprendemos a não fazer; mas que banqueiro emprestaria com uma tal garantia?»

Os factos permitem, contudo, uma interpretação mais otimista. Os últimos cinquenta anos foram anos de pequenos refinamentos, e não de um vigoroso crescimento, de estagnação intelectual, e não de pensamento básico. Mas tudo aponta para um cenário diferente nos anos que aí vêm. A mudança tecnológica está a forçar um novo pensamento, uma nova experimentação, novos métodos. O processo já começou. A relação entre trabalhadores e o tipo de trabalho que fazem, que as relações humanas punham de lado como quase irrelevante, é agora estudada pela escola de relações humanas. O problema da organização da tarefa de acordo com as propriedades de um recurso humano, e não partindo do princípio de que uma pessoa é uma ferramenta mecânica mal desenhada, está a merecer uma séria atenção à escola de gestão científica. E os praticantes estão bem à frente dos escritores e dos teóricos e já a deslocar-se entre as fronteiras dos conceitos tradicionais. No mínimo, já sabemos o que sabemos, o que não sabemos e aquilo que precisamos de saber sobre trabalho, trabalhar e trabalhadores.

CAPÍTULO VINTE

Aquilo que Sabemos sobre o Trabalho, o Trabalhador e Trabalhar

O TRABALHO TEM SIDO CENTRAL para a consciência humana desde épocas imemoriais. O homem não é verdadeiramente definido como fabricante de ferramentas, mas fazer ferramentas, com um método sistemático, intencional e organizado de trabalho, é específico e único na atividade humana. O trabalho tem sido, assim, uma profunda preocupação desde há milénios.

Aquilo que sempre foi uma profunda preocupação tornou-se central com a revolução industrial. As teorias económicas e sociais dos últimos duzentos anos centram-se no trabalho.

Por muito que o trabalho tenha sido sempre central, o estudo organizado do trabalho só começou nas últimas décadas do século XIX. Frederick Taylor foi a primeira pessoa na história registada que achou que o trabalho merecia observação e estudo sistemáticos. Na «gestão científica» de Taylor assenta, acima de tudo, o tremendo acesso de abundância dos últimos setenta e cinco anos, que ergueu as massas nos países desenvolvidos bem acima de qualquer nível registado anteriormente, mesmo em relação aos mais abastados. Taylor, embora tivesse sido o Isaac Newton (ou talvez o Arquimedes) da ciência do trabalho, estabeleceu apenas os primeiros alicerces. Nada de especial foi acrescentado desde então.

O trabalhador recebeu ainda menos atenção — e o trabalhador do conhecimento não recebeu quase nenhuma. A retórica a este respeito é muita, mas o estudo sério e sistemático tem estado confinado apenas a alguns aspectos do trabalho.

Há a *fisiologia industrial*, que trata das relações de aspectos como a iluminação, a ferramenta e as velocidades das máquinas, o *design* do local de trabalho e outros — e o ser humano que é o trabalhador; aqui, o trabalho fundamental foi feito nos primeiros anos deste século, por exemplo, nos estudos sobre a fadiga e a visão de Hugo Muensterberg, psicólogo de Harvard, natural da Alemanha. Cyril Burt, um inglês, poderá ser chamado o pai da *psicologia industrial*. Durante a Primeira Guerra Mundial, estudou as aptidões, ou seja, a relação entre as exigências de trabalho manual específico e a habilidade física, a coordenação motora e as reações dos trabalhadores individuais. Finalmente, no início do século XIX, o natural da Austrália Elton Mayo, trabalhando sobretudo em Harvard, desenvolveu as *relações humanas*, ou seja, o estudo da relação entre as pessoas que trabalham juntas — embora, nas relações humanas, o trabalho em si, isto é, a tarefa a ser realizada não tenha merecido quase nenhuma atenção.

A totalidade do «trabalhador» e do «trabalhar», a totalidade da tarefa e do serviço, da perceção e da personalidade, da comunidade de trabalho, das recompensas e das relações de poder não recebeu praticamente atenção. Poderá até ser demasiadamente complexa para ser verdadeiramente compreendida.

O gestor não pode esperar até que os cientistas e os académicos tenham feito o seu trabalho. Nem o trabalhador. O gestor tem de gerir hoje e aplicar o pouco que sabemos. O gestor tem de tentar tornar o trabalho produtivo e o trabalhador bem-sucedido. Portanto, talvez seja apropriado apresentarmos aquilo que sabemos sobre o trabalho e trabalhar.

Análise, Síntese e Controlo

A coisa mais importante que sabemos é que o trabalho e trabalhar são fundamentalmente fenómenos diferentes. O trabalhador, é certo, faz o trabalho; e o trabalho é sempre feito por um trabalhador que está a trabalhar. Mas aquilo que é necessário para tornar o trabalho produtivo é muito diferente daquilo que é necessário para tornar o trabalhador bem-sucedido. O trabalhador deverá, portanto, ser gerido, ao mesmo tempo, de acordo com a lógica do trabalho e a dinâmica do trabalhar. A satisfação pessoal do trabalhador sem o trabalho produtivo é um fracasso, mas o mesmo acontece com o trabalho produtivo que destrói a realização do trabalhador. Nenhuma das duas, com efeito, é sustentável por muito tempo.

O trabalho é impessoal e objetivo. O trabalho é uma tarefa. É uma «coisa». Ao trabalho, por conseguinte, aplica-se a regra que se aplica aos objetos. O trabalho tem uma lógica. Exige análise, síntese e controlo.

E, tal como acontece com todos os fenómenos do universo objetivo, o primeiro passo para a compreensão do trabalho consiste em *analisá-lo*. Isto significa, como Taylor percebeu há um século, identificar as operações básicas, analisando cada uma dela e dispondo-as numa sequência lógica, equilibrada e racional.

Taylor trabalhou, evidentemente, com operações manuais. Mas a sua análise aplica-se também ao trabalho mental e mesmo àquele que é totalmente intangível. O «esboço» que se diz ao aspirante a escritor que trabalhe, antes de começar a escrever, é com efeito gestão científica. E o exemplo mais avançado e mais perfeito de gestão científica não foi desenvolvido por engenheiros industriais durante os últimos cem anos. É o alfabeto, que permite que todas as palavras de uma língua sejam escritas com um número muito pequeno de símbolos repetitivos e simples.

Mas depois — e Taylor não percebeu isto — o trabalho tem de ser sintetizado de novo. Tem de ser condensado num processo. Isto aplica-se à tarefa individual. Aplica-se, sobretudo, ao trabalho de um grupo, ou seja, a um processo de trabalho. Precisamos de *princípios de produção* que nos permitam saber como juntar operações individuais em tarefas individuais, e tarefas individuais em «produção».

Alguns dos pioneiros contemporâneos de Taylor, especialmente Gantt, viram isto claramente. O Diagrama de Gantt — em que os passos necessários para obter um trabalho final são elaborados projetando da frente para trás, passo a passo, dos resultados para as ações, com o seu período e a sua sequência —, embora desenvolvido durante a Primeira Grande Guerra, continua a ser uma das ferramentas que temos para identificar o processo necessário para realizar uma tarefa, quer seja fazer um par de sapatos, pousar um homem na Lua ou produzir uma ópera. Inovações recentes como o diagrama PERT, a análise de percursos críticos e a análise de rede são elaborações e extensões do trabalho de Gantt.

Mas o Diagrama de Gantt diz-nos muito pouco acerca da lógica apropriada a determinados tipos de processos. É, por assim dizer, a tabuada do *design* do trabalho. Nem sequer nos diz quando multiplicar, quanto mais qual é o propósito do cálculo.

Finalmente, o trabalho, precisamente por ser mais um processo do que uma operação individual, precisa de um controlo integrado. Precisa de um mecanismo de retroação que, simultaneamente, detete desvios inesperados e, com eles, a necessidade de mudar o processo, e que conserve o processo ao nível necessário para obter os resultados desejados.

Esses três elementos, a análise, a síntese num processo de produção e o controlo retroativo, são particularmente importantes no trabalho do conhecimento — porque o trabalho do conhecimento, por definição, não resulta num produto, mas numa contribuição do conhecimento para outra pessoa. A contribuição do trabalhador do conhecimento torna-se sempre na contribuição para outra pessoa. Por isso, não é patente no trabalho do conhecimento, como no fabrico de um par de sapatos, se o trabalho dá ou não resultados. Isto apenas pode ser visto projetando para trás os necessários resultados. Ao mesmo tempo, o trabalho do conhecimento, sendo intangível, não é controlado pelo seu próprio progresso. Não conhecemos a sequência do trabalho do conhecimento da mesma forma que — pelo menos desde Taylor e Gantt — a sequência das operações manuais. O trabalho do conhecimento, portanto, precisa de muito melhor desenho, precisamente porque não pode ser desenhado *para* o trabalhador. Apenas pode ser desenhado *pelo* trabalhador.

As Cinco Dimensões de Trabalhar

Trabalhar é a atividade do trabalhador; é a atividade de um ser humano e uma parte essencial da humanidade. Não tem uma lógica. Tem dinâmica e dimensões.

Trabalhar tem pelo menos *cinco dimensões*. Em todas elas, o trabalhador tem de ser bem-sucedido para ser produtivo.

O *Design* da Máquina e o *Design* Humano

Existe, primeiro, uma dimensão *fisiológica*. O ser humano não é uma máquina e não trabalha como uma.

As máquinas trabalham melhor se fizerem apenas uma tarefa, repetidamente e o mais simples possível. As tarefas complexas são mais bem realizadas numa série passo a passo de tarefas simples, em que o trabalho muda de máquina para máquina, ou deslocando fisicamente o próprio trabalho, como numa linha de montagem ou, como nas modernas máquinas controladas por computador, trazendo as máquinas e as ferramentas numa sequência predefinida para o trabalho, com a mudança de ferramenta a cada passo do processo. As máquinas trabalham melhor se funcionarem à mesma velocidade, ao mesmo ritmo e com um mínimo de peças movíveis.

O ser humano tem uma engenharia muito diferente. Os seres humanos estão mal equipados para apenas uma tarefa ou uma operação. Falta-lhes força. Falta-lhes estamina. Ficam cansados. Em termos gerais, o ser humano é uma ferramenta mecânica muito mal concebida. Os seres humanos são excelentes, porém, na coordenação. Um ser humano é excelente a relacionar a perceção com a ação e trabalha melhor se toda a pessoa, músculos, sentidos e mente, estiver empenhada no trabalho.

Se estiver limitado a um movimento ou a uma operação individual, o ser humano cansa-se depressa. Esta fadiga não é apenas aborrecimento, que é psicológico; é também uma genuína fadiga fisiológica. O ácido lácteo concentra-se nos músculos, a acuidade visual baixa, o tempo de reação abranda e torna-se errático.

O ser humano trabalha melhor numa configuração de operações do que numa única operação. Mas, além disso — e isto poderá ser ainda mais importante —, o ser humano está singularmente mal equipado para trabalhar a uma velocidade constante e a um ritmo padronizado. As pessoas trabalham melhor se puderem variar tanto a velocidade como o ritmo com bastante frequência.

Não há «uma velocidade» certa, nem «um ritmo» certo para os seres humanos. A velocidade, o ritmo e o limiar de atenção variam imenso entre os indivíduos. Estudos de crianças indicam fortemente que os padrões de velocidade, ritmo e limiar de atenção são tão pessoais como as impressões digitais e que variam com a mesma intensidade. Cada indivíduo, por outras palavras, tem o seu próprio padrão de velocidades e a sua própria necessidade de variar de velocidade. Cada indivíduo tem o seu próprio padrão de ritmos e o seu próprio padrão de limiares de atenção. Nada, sabemos agora, cria tanta fadiga, tanta resistência, tanta raiva e tanto ressentimento como a imposição de uma velocidade alheia, de um ritmo alheio e de um limiar de atenção alheio e, acima de tudo, a imposição de um padrão invariante e uniforme de velocidade, ritmo e limiar de atenção. Isso é alheio e fisiologicamente ofensivo para todo o ser humano. Resulta rapidamente numa acumulação de desperdício tóxico nos músculos, no cérebro e no fluxo sanguíneo, na libertação de hormonas de *stress* e em mudanças na tensão elétrica ao longo do sistema nervoso. Para ser produtivo, o indivíduo tem de ter controlo, numa extensão substancial, sobre a velocidade, o ritmo e os limiares de atenção com os quais trabalha — tal como uma criança, a aprender a falar ou a andar, tem de ter um controlo substancial sobre a velocidade, o ritmo e o limiar de atenção da aprendizagem.

Assim, enquanto o trabalho é mais bem ordenado quando uniforme, o *trabalhar* é mais bem organizado com um considerável grau de diversidade. Trabalhar exige latitude para mudar a velocidade, o ritmo e o limiar de atenção com bastante frequência. Exige também mudanças bastante frequentes nas rotinas operacionais. Aquilo que é boa engenharia industrial para o trabalho é engenharia extremamente pobre para o trabalhador.

O Trabalho como Maldição e Bênção

A próxima dimensão da pessoa no trabalho é *psicológica*. O trabalho, como sabemos, é, ao mesmo tempo, uma carga e uma necessidade, uma maldição e uma bênção. Se isto é genético ou culturalmente condicionado, não sabemos — e não tem grande importância. Na altura em que os seres humanos chegam aos quatro ou cinco anos são condicionados para trabalhar. Claro que o trabalho infantil é ilegal na maioria dos países, mas aprender os aspectos fundamentais de ser-se pessoa, especialmente aprender a falar, é trabalho e cria o hábito do trabalho. Aprendemos há muito que o desemprego cria graves distúrbios psicológicos, não por causa da privação económica, mas sobretudo porque corrói o respeito próprio. O trabalho é uma extensão da personalidade. É realização. É uma das formas de a pessoa se definir a si própria, medir o seu valor e humanidade.

«Laurear» é fácil, o «ócio» é difícil. Especialmente para as pessoas mais novas, provavelmente significará uma atividade frenética — ou a complicada tarefa de se esgueirar pelo trânsito de estradas apinhadas — e não um repouso filosófico. «Para ser-se aristocrata é preciso começar por aprender uma digna indolência desde pequenino», era um mote comum na mais snobe de todas as sociedades ocidentais, a sociedade Whig da Inglaterra do final do século XVIII e princípio do século XIX. «O diabo encontra trabalho para as mãos preguiçosas», diz um provérbio ainda mais antigo.

A característica peculiar da ética de trabalho do Ocidente — que remonta a São Bento de Núrsia, no século VI, e não a Calvino, no século XVI — não era o facto de glorificar e santificar o trabalho. Isso nem era novo, nem particularmente ocidental. Era santificar a «vocação»; pregava que *todo* o trabalho era serviço e contribuição e que merecia igual respeito. Os monges beneditinos tornaram o trabalho *manual* nos campos e nas oficinas igual ao trabalho de rezar e ensinar. Esta era uma rotura deliberada com as crenças anteriores da antiguidade, que defendiam que o «cavalheiro» ou o «homem livre» tinha de se libertar das tarefas manuais para ter tempo para um trabalho mais elevado, para a aprendizagem, para os assuntos da governação, para os deveres cívicos e para o serviço militar. Em consequência, a antiguidade — mas também a maior parte das civilizações não-ocidentais — ordenava diferentes tipos de trabalho numa hierarquia de personalidades, com o trabalho manual a pertencer aos ignóbeis, quer fossem escravos, camponeses quer artesãos, pertencendo o trabalho do conhecimento e do soldado à personalidade completa. Nem Sócrates nem Cícero acreditavam na preguiça; pelo contrário, toda a sua personalidade consistia em trabalhar mais do que os ignóbeis ou obscuros — e fazer um trabalho mais exigente e mais responsável. Quando o mandarim chinês se retirava para a sua propriedade ancestral, após uma carreira governamental bem-sucedida, não deveria levar uma vida de ócio. Em vez disso, devia dedicar-se a um trabalho ainda mais produtivo, a caligrafia e a pintura, a música e a escrita. E a justificação destas atividades era, acima de tudo, a sua contribuição social; na ética social confuciana, estas atividades são necessárias para manter a harmonia social de que tudo o resto depende.

Poucas dúvidas existem, porém, de que as revoluções comerciais e industriais dos séculos XVIII e XIX provocaram uma marcada intensificação nas horas trabalhadas por camponeses, operadores de máquinas, mercadores e industriais.

Em grande medida, isto refletia uma apreciável melhoria nas condições de vida e, acima de tudo, na nutrição, que aumentou em muito a energia disponível para o trabalho (tal como o animal de carga inglês do século XVIII, fosse cavalo ou boi, podia fazer muito mais trabalho ao longo do ano do que o seu antepassado de há um século, porque a invenção do silo fornecia alimentação adequada para os meses de inverno). Por muito horríveis que as condições de vida fossem nos bairros de lata do século XIX nas cidades industriais — ou hoje em dia nas favelas que rodeiam as cidades da América Latina — eram melhores, ao nível alimentar, do que as condições de vida em que tinham subsistido os trabalhadores sem terra e os tecelões e fiadeiros das indústrias artesanais. Se alguém duvidar, bastará reparar na comida com que os marinheiros nos navios tinham de viver e trabalhar; existem relatos abundantes em clássicos da literatura como *Dois Anos Junto ao Mastro*, de Dana, *Typee* e *Moby Dick*, de Melville, ou nas outrora largamente populares histórias do comandante Marryat. Contudo, os marinheiros, segundo todos os relatos, eram os trabalhadores mais bem alimentados, porque o trabalho era duro e de uma grande exigência física e por causa do constante perigo de amotinação.

O grande aumento do trabalho nestes séculos também representou uma mudança de valores. As recompensas económicas tornaram-se mais significativas, sobretudo, talvez, porque as satisfações económicas se tornaram geralmente mais acessíveis. Os «proletários» dos bairros de lata do século XIX em Liverpool ou em Manchester não podiam comprar grande coisa, mesmo que tivessem emprego e recebessem um salário; faltava-lhes poder de compra. Mas o poder de compra não teria ajudado os seus avôs, os trabalhadores sem terra; não havia grande coisa para comprar por volta de 1750.

A rejeição da ética do trabalho — se é que existe um tal fenómeno fora das parangonas — não representa assim um hedonismo. Em parte, representa uma reação contra longas décadas de excesso de trabalho e uma recomposição do equilíbrio. Na maior parte, contudo, poderá representar um regresso a anteriores conceitos de trabalho elitistas que relacionam certos tipos de trabalho com a nobreza ou a vileza da pessoa. O que suporta esta hipótese é o valor forte e positivo que os jovens instruídos, que supostamente repudiam a ética do trabalho, atribuem ao trabalho do professor e do artista. O ensino e a arte, porém, são tarefas muito mais exigentes do que cuidar de máquinas ou vender sabonetes.

A sociedade sem trabalho da utopia futurista poderá, na verdade, vir aí. Mas, se vier, produzirá uma grave crise de personalidade na maioria das pessoas. Talvez seja uma felicidade não existir, até aqui, o mínimo facto que apoie a previsão do iminente falecimento do trabalho. Até agora, a tarefa continua a ser fazer com que o trabalho sirva a necessidade psicológica da humanidade.

O Trabalho como Laço Social e Comunitário

O trabalho é um *laço social* e um *laço comunitário*. Numa sociedade de empregados, torna-se um acesso primário à sociedade e à comunidade. Determina, em grande parte, o estatuto. Alguém dizer «sou médico» ou «sou canalizador» é uma afirmação significativa, pois diz-nos algo acerca da posição da pessoa na sociedade e do seu papel na comunidade.

Talvez ainda mais importante, o trabalho, desde tempos imemoriais, tem sido o meio de satisfazer a nossa necessidade de pertencer a um grupo e de ter uma relação significativa com os outros. Quando Aristóteles dizia que o homem é *zoon politikon*, isto é, um animal social, estava a dizer efetivamente que precisamos de trabalho para satisfazer a nossa necessidade de comunidade.

Claro que poucas pessoas são determinadas nas suas funções sociais e comunitárias somente, e através, do grupo de trabalho a que pertencem. A maioria das pessoas tem outras sociedades e comunidades. Não é de forma alguma invulgar encontrar alguém que socialmente tenha uma baixa posição num grupo de trabalho, mas seja um «manda-chuva» noutro sítio; o despercebido engenheiro que é importante nos escuteiros ou na sua igreja, por exemplo. Mas, mesmo para este homem, o trabalho fornecerá grande parte do companheirismo, da identificação de grupo e do laço social.

O trabalho é, para a maioria das pessoas, *um* laço fora do seu estreito meio familiar — e, frequentemente, mais importante do que a família, em especial para os jovens solteiros e para as pessoas mais velhas, cujos filhos já cresceram. Isto é fortemente exemplificado pela experiência das empresas que contratam mulheres maduras. O local de trabalho torna-se a sua comunidade, o seu clube social, o seu meio de escapar à solidão, com os maridos nos seus próprios empregos e os filhos longe de casa.

A Bell Telephone Company, por exemplo, tem muitas funcionárias que abandonam o emprego para criar os filhos, mas que, passada uma dezena de anos, se disponibilizam para regressar a tempo parcial. São contratadas para fazer face a picos de trabalho de escritório, especialmente tarefas financeiras de larga escala, como novas emissões de obrigações ou ações, envio de dividendos ou de relatórios anuais por correio, entre outros. O trabalho, quando existe, é geralmente rápido e de alta pressão, com longa carga horária, e o pagamento está longe de ser excecional. No entanto, a concorrência por um lugar na escala de serviços é intensa e o moral do grupo extremamente elevado. Sempre que, por quaisquer que sejam as razões, passam alguns meses sem trabalho, as mulheres começam a telefonar e a perguntar: «Quando é que posso voltar? Quero ver as minhas amigas; quero saber como estão; tenho saudades delas.»

De modo semelhante, todas as empresas que contactaram os seus empregados reformados encontraram a mesma reação: «Aquilo de que temos saudades não é do trabalho; é dos nossos colegas e amigos»; «Aquilo que queremos saber não é como é que vai a empresa, mas o que fazem as pessoas com quem trabalhámos, onde é que estão, como é que passam». «Não, por favor, não me mandem o relatório anual», disse uma vez um vice-presidente reformado de uma grande empresa, num acesso de franqueza, «já não estou interessado em vendas. Mandem-me a coscuvilhice. Tenho saudades até das pessoas que não suportava».

Este último comentário aponta a maior força dos laços que se criam no trabalho e a sua singular vantagem em relação a todos os outros laços da comunidade. Não é previsível segundo os gostos das pessoas. Pode funcionar sem exigências emocionais. As pessoas podem trabalhar muito bem com pessoas que nunca veem fora do trabalho e por quem não sentem nem amizade, nem simpatia, nem agrado. Podem mesmo funcionar bem numa relação de trabalho com alguém de quem cordialmente não gostam — basta que respeitem as competências e a capacidade de trabalho da outra pessoa. Mas o trabalhador poderá ser também um amigo íntimo com quem passa todas as horas possíveis fora do trabalho, com quem vai caçar e pescar, passa as férias, faz noitadas e partilha grande parte da vida. A relação de trabalho tem um objetivo, fora de foco: o próprio trabalho. Torna possíveis fortes laços sociais e comunitários, que são mais ou menos pessoais, conforme se deseje.

Isto pode explicar a razão pela qual, ao longo da história do homem e, acima de tudo, entre os povos primitivos, os grupos de trabalho sempre foram sexualmente diferenciados: os homens trabalham juntos e as mulheres trabalham juntas. Mas raramente ouvimos falar, na história ou na antropologia cultural, de grupos de trabalho sexualmente mistos. Os homens caçam e as mulheres cuidam da aldeia. Os homens constroem barcos e as mulheres cultivam batata-doce. Na Europa, as mulheres tradicionalmente ordenham as vacas, na América, os homens; mas em nenhum dos lados do Atlântico a ordenha é feita por grupos mistos. O facto de, na sociedade moderna, os homens e as mulheres trabalharem cada vez mais lado a lado nos mesmos grupos de trabalho — um processo que começou por volta de 1880, quando as máquinas de escrever e os telefones deslocaram pela primeira vez as mulheres de casa e das pequenas lojas para organizações de grande escala — representa assim uma importante mudança social. A «Libertação da Mulher» poderá, assim, ser algo muito mais importante do que uma reação à «desigualdade sexual»; poderá ser uma resposta ao crescente desaparecimento da velha separação dos sexos no trabalho.

A Dimensão Económica

O trabalho é um «modo de vida». Tem um componente económico no momento em que uma sociedade adota nem que seja a mais rudimentar divisão do trabalho. No momento em que as pessoas deixam de ser autossuficientes e começam a trocar os frutos do seu esforço, o trabalho cria um laço económico que as liga, mas também um conflito económico.

Não há resolução para este conflito. Temos de viver com ele.

O trabalho é um modo de vida para os trabalhadores. É o fundamento da sua existência económica. Mas o trabalho também produz o capital para a economia. Produz os meios pelos quais uma economia se perpetua, fornece bens para os riscos da atividade económica e para os recursos do amanhã, em especial os necessários para criar os empregos do amanhã e, com eles, os modos de vida dos trabalhadores do amanhã. Em qualquer economia, há necessidade de um fundo salarial e de um fundo de capital.

Mas o fundo de capital está em direta concorrência com a necessidade do trabalhador de ter meios de subsistência aqui e agora. Marx tentou negar a necessidade de um fundo de capital. O marxismo teve um grande apelo junto dos trabalhadores precisamente por apresentar a acumulação de capital como uma exploração e algo desnecessário. O grande apelo do marxismo foi a sua profecia de que o fundo de capital desapareceria a partir do momento em que os trabalhadores fossem donos dos meios de produção. Tal, rapidamente, se mostrou uma compreensão totalmente errada. Por muito amargamente que Lenine atacasse os «socialistas revisionistas» alemães, que observavam, nos primeiros anos deste século, que o fundo de capital era uma necessidade objetiva e não fundada na estrutura social ou de poder, todos os regimes comunistas, sobretudo o da União Soviética, colocaram o fundo de capital no centro do seu planeamento económico. Por outras palavras, todos perceberam que o lucro não é resultado do poder, e muito menos da exploração, mas uma necessidade objetiva.

No entanto, é escusado argumentar, como os economistas clássicos fizeram, que não há conflito entre as exigências do fundo de capital, ou seja, as exigências de um excedente, e as exigências do fundo salarial. Os economistas clássicos defendiam que, a longo prazo, os dois se harmonizariam. O trabalhador precisa tanto do fundo de capital como do fundo salarial. O trabalhador, mais do que ninguém, precisa de estar protegido contra os riscos da incerteza. O trabalhador, mais do que ninguém, precisa dos empregos de amanhã.

A rápida melhoria dos salários e dos padrões de vida do trabalhador americano tem sido, em grande parte, um resultado do constante aumento do investimento de capital, isto é, do fundo de capital. As investigações de Simon Kuznets (primeiro na Universidade da Pensilvânia e depois em Harvard) sobre a formação de capital nos Estados Unidos demonstraram-no. Mas «o trabalhador» é uma abstração. O beneficiário de um fundo de capital raramente é o mesmo trabalhador que contribuiu para ele. O capital acumulado numa indústria, por exemplo, a indústria têxtil americana na década de 1890, foi financiar uma nova indústria como a indústria química, em vez de criar novos empregos na indústria têxtil. Além disso, o fundo de capital cria os empregos e rendimentos do amanhã, ao passo que a contribuição tem de ser feita hoje.

Para mais, há o tremendo problema dos ganhos comparativos e dos sacrifícios entre os diferentes tipos de trabalhadores. É provavelmente verdade, como os economistas do trabalho defenderam [por exemplo, Paul Douglas (1892–1976), originalmente economista em Chicago e, mais tarde, durante muitos anos um proeminente senador dos EUA], nos seus estudos sobre salários reais, que as atividades sindicais não têm — e não podem ter — grande influência sobre o nível total dos salários reais de uma economia. Mesmo assim é verdade que um grupo de trabalhadores, por exemplo, os trabalhadores das atividades de construção, consegue obter consideráveis vantagens salariais à custa de outros grupos de trabalhadores.

Por outras palavras, é verdade que não existe um conflito derradeiro entre fundo salarial e fundo de capital, embora isso seja largamente irrelevante para o indivíduo. Para ele, há um conflito real e imediato.

Trabalho como Modo de Vida e Trabalho como Salário

Há um conflito ainda mais fundamental entre salário como modo de vida e salário como custo. Como «modo de vida», o salário deve ser previsível, contínuo e adequado às despesas de uma família, às suas aspirações e à sua posição na sociedade e na comunidade. Como «custo», o salário tem de ser apropriado à produtividade de um dado emprego ou indústria. Precisa de ser flexível e de se ajustar facilmente mesmo às mais ínfimas mudanças na oferta e na procura no mercado. Precisa de tornar um produto ou um serviço competitivo. É determinado, em última análise, pelo consumidor, ou seja, sem ter em conta as necessidades ou expectativas do trabalhador. Mais uma vez, há aqui um conflito que não pode ser resolvido facilmente e que, na melhor das hipóteses, poderá ser mitigado.

Nenhuma sociedade, por muito desenhada que seja, foi capaz de eliminar estes conflitos. Expropriar os capitalistas, a tradicional fórmula marxista, não muda a situação. Tudo o que pode fazer é tornar possível um fundo de capital maior, porque o Estado tem controlo absoluto. Mas mesmo isto a Rússia só alcançou proibindo os sindicatos. O Japão tem sido tradicionalmente capaz de minimizar o conflito entre o salário como modo de vida e o salário como custo, mas os padrões de vida ascendentes ameaçam o compromisso japonês. O conflito entre fundo salarial e fundo de capital assola tão ferozmente o Japão como qualquer outro lugar. Os jugoslavos, ao atribuírem a propriedade de uma fábrica à comunidade dos trabalhadores da fábrica, e não ao Estado, esperavam abolir o conflito. Sob o sistema jugoslavo, as necessidades do fundo de capital deveriam ser mais evidentes à comunidade da fábrica do que em qualquer outro sistema até agora conhecido, mas a resistência tem sido semelhante. A experiência jugoslava está em perigo de colapso por causa das pressões inflacionistas geradas pelas exigências dos trabalhadores com salários mais elevados do que aqueles que a empresa consegue pagar, quer sob o aspecto do salário como custo, quer em consideração da sua própria necessidade, e da necessidade da economia, de fundo de capital.

A propriedade dos trabalhadores tem sido a alternativa tanto do capitalismo, ou seja, a propriedade é dos fornecedores do capital, como da nacionalização, ou seja, a propriedade é do governo. Tem uma longa — embora não muito distinta — história.

Poderá ser altamente desejável que os trabalhadores tenham um interesse financeiro na empresa. Mas, sempre que foi tentado — como temos tentado a propriedade dos trabalhadores há bem mais de um século —, apenas resulta se a empresa estiver a ter sucesso. Só funciona em empresas altamente lucrativas, tal como acontece com todas as outras variantes da participação dos trabalhadores nos lucros. Assim que os lucros da empresa baixam, a propriedade dos trabalhadores já não resolve o conflito entre o salário como meio de vida e o salário como custo, nem entre fundo salarial e fundo de capital.

A posse de participação financeira numa empresa deve manter-se sempre um interesse secundário para o trabalhador, em comparação com o seu emprego. Mesmo na empresa mais próspera, o lucro, ou seja, a contribuição para o fundo de capital, nunca é mais do que uma pequena fração dos salários. Nas indústrias fabris, os custos salariais são, tipicamente, cerca de 40% das vendas brutas. Os lucros, após os impostos, raramente são mais de 5% ou 6%, ou seja, um oitavo dos custos salariais. Na economia total, os vencimentos e a folha salarial valem até cerca de 70% do Produto Nacional Bruto e os lucros flutuam entre zero e cerca de 7% — quase um décimo do encargo salarial.

Assim, os lucros, os mais florescentes, raramente poderão contribuir com mais do que um pequeníssimo prémio adicional — bem-vindo, mas não fundamental.

É também altamente discutível se a participação detida pelos trabalhadores é do interesse *financeiro* dos próprios. Nenhuma empresa será lucrativa para sempre. E se os trabalhadores, como acontece num plano de propriedade típico, estiverem dependentes, para o futuro, por exemplo, dos seus benefícios da reforma, do investimento na companhia para a qual trabalham, ficarão extremamente vulneráveis. Os trabalhadores, tal como outro investidor qualquer, não deverão ter os ovos todos no mesmo cesto. A esse respeito, o tratamento das pensões adotado nos Estados Unidos nos últimos vinte e cinco anos — o desenvolvimento de um fundo de pensão que investe alargadamente e que, em geral, não investe sequer na empresa que emprega os futuros beneficiários — é financeiramente mais sólido e do interesse financeiro do trabalhador do que a abertura do capital.

De um ponto de vista teórico, os desenvolvimentos nos Estados Unidos durante os últimos vinte ou trinta anos pareciam representar a visão ideal para a resolução destes conflitos. Os empregados das empresas americanas estão a tornar-se gradualmente os verdadeiros «proprietários» através dos seus fundos de pensão e dos seus fundos mútuos, que se tornaram os investidores dominantes na economia americana. Neste momento, estes investidores institucionais, isto é, os provedores das poupanças dos empregados, controlam, com efeito, as grandes empresas privadas americanas. A América, por outras palavras, socializou a propriedade sem a nacionalizar. Contudo, isto não resolveu de forma alguma — nem sequer atenuou — o conflito entre o fundo salarial e o fundo de capital e entre o salário como modo de vida e o salário como custo.

Ajudaria se aprendêssemos a pensar e a falar dos custos de capital e dos custos do futuro em vez de lucro. Mas apenas ajudaria; não faria desaparecer os conflitos. Eles estão inseridos nesta situação, quer a empresa opere numa economia de mercado, ou numa dirigida pelo governo, quer seja propriedade de privados, propriedade do Estado, ou propriedade da comunidade de trabalhadores.

A Dimensão do Poder de Trabalhar

Trabalhar num grupo e, especialmente, trabalhar numa organização, tem sempre uma *relação de poder*.

O camponês de outros tempos que tinha de lavrar as suas terras pedregosas tinha de se impor a uma disciplina rigorosa. Aquilo que *queria* fazer não era muito relevante, se tivesse de cortar feno. Mas as forças a que estava subordinado eram impessoais. Eram o vento e o clima, a estação e a geada, ou as forças impessoais do mercado. Mas, em qualquer organização, por muito pequena que seja, tem de haver uma autoridade pessoal. A vontade do membro da organização é subordinada a uma vontade alheia.

A imposição do relógio às vidas das pessoas, que as força a ir para o trabalho a determinada hora, parece um exercício trivial de poder que afeta todos de igual forma. Mas surgiu como um tremendo choque para o povo pré-industrial, quer fossem camponeses nos países em desenvolvimento, antigos artesãos nas fábricas de Inglaterra nos primeiros dias da revolução industrial, ou negros de guetos na cidade americana atual. Numa empresa, as tarefas têm de ser desenhadas, estruturadas e atribuídas. O trabalho tem de ser feito num horário e numa sequência predefinida. As pessoas são promovidas ou não são. Em suma, a autoridade tem de ser exercida por alguém.

Os anarquistas têm razão ao dizer que «organização é alienação». Modernos teóricos da organização, como Chris Argyris, da Universidade de Howard, que têm esperança numa organização sem alienação, são românticos (embora muitas das suas propostas concretas para a «participação» sejam altamente construtivas e necessárias). A sociedade moderna é uma sociedade de empregados e continuará a sê-lo. Isto é, uma sociedade de relações de poder que afetam diretamente toda a gente na sua capacidade como trabalhador. A autoridade é uma dimensão essencial do trabalho. Nada ou pouco tem que ver com propriedade dos meios de produção, democracia no local de trabalho, representação dos trabalhadores no conselho de direção, ou qualquer outra forma de estruturar o «sistema». É inerente à organização.

A Sexta Dimensão: A Dimensão do Poder da Economia

Em todas as organizações modernas, há aquilo a que se pode chamar a sexta dimensão de trabalhar: uma necessidade de autoridade a respeito das *contribuições económicas*.

O poder e a economia estão intrinsecamente ligados na moderna organização, quer seja uma empresa comercial, uma agência governamental, uma universidade, ou um hospital. Repartir as recompensas económicas dos membros da instituição exige um órgão central de autoridade com poder de decisão. A razão não é o capitalismo, nem outro «ismo» qualquer. É o facto fundamental de que a instituição moderna é um órgão da sociedade, que existe para oferecer meios de satisfação fora de si mesma. Assim, deverá obter a sua receita do exterior — ou de um cliente no mercado, ou dos contribuintes, através de uma autoridade responsável pela orçamentação, ou por taxas preestabelecidas pagas pelos utilizadores, como os doentes num hospital, financiadores dos correios, ou estudantes da faculdade. Ao mesmo tempo, a contribuição do membro individual da instituição não pode estar diretamente relacionada com a receita. É impossível dizer, mesmo aproximadamente, qual a quantidade de vendas de uma empresa para a qual um empregado individual contribui, quer seja um Presidente Executivo, ou um simples varredor. O mesmo se aplica ao hospital ou à universidade. O grande professor académico de Chinês Antigo, que tem seis estudantes de mestrado, contribui mais ou menos do que o assistente que ensina Literatura Inglesa a uma turma de 150 caloiros? E o reitor? Tudo o que se poderá dizer é que a contribuição de cada um é, em teoria, indispensável, apesar de não entrar em todos os produtos ou no desempenho, nem ser igual em importância, capacidade ou dificuldade.

É, portanto, necessária uma autoridade que divida a receita disponível entre os membros. A própria instituição, quer seja uma empresa comercial ou um hospital é, necessariamente, um *sistema redistributivo*.

Quando as contribuições são simples, semelhantes e em baixo número, a redistribuição numa base de completa igualdade é possível. É este, por exemplo, o caso do *kibbutz* israelita, onde todos trabalham na quinta, produzindo uns poucos produtos, a maioria dos quais para consumo interno, ou seja, para a autossubsistência básica. Mas, no momento em que o *kibbutz* passou à produção industrial, como aconteceu com muitos, teve de abandonar o princípio do socialismo primitivo, no qual fora fundado e sob o qual todos recebem exatamente o mesmo. Tiveram de se tornar empregados.

O simples facto de os resultados de uma moderna instituição estarem fora dela e, assim, as recompensas económicas para os seus membros virem sempre de fora e não serem determinadas internamente, conduz inevitavelmente ao poder e à autoridade. De facto, criam-se duas relações de poder. Há uma relação de poder entre a gestão e a força de trabalho. Mas os vários grupos dentro da força de trabalho, embora tenham uma relação de poder comum com a gestão, também revelam uma nítida e intensa competição entre si em relação às quotas relativas no «produto» total disponível para distribuição interna.

De qualquer forma, se os últimos cem anos nos ensinaram alguma coisa foi que o problema da distribuição é mais genérico do que histórico. Não pode ser afastado artificialmente. Tem de haver uma decisão sobre como dividir a receita disponível pelos membros da empresa. A partir do momento em que a instituição, a empresa, o hospital, ou outro, produz mais do que alguns simples bens, sobretudo destinados ao consumo dentro do grupo, a relação entre a contribuição individual e a produção do grupo deixa de poder ser determinada «impessoal» ou «cientificamente». Também nesse momento, a igualdade da recompensa se torna de repente impossível — como os russos aprenderam nos anos 30 e como todos os outros experimentadores socialistas, por exemplo, os jugoslavos e os chineses, aprenderam desde então.

Tem, deste modo, de haver uma redistribuição e uma autoridade para tomar a decisão da redistribuição. Esta, porém, é com efeito mais uma decisão política do que económica. É influenciada e limitada por um grande número de forças: oferta e procura, convenção social, tradições, e assim por diante. Mas, em última análise, uma decisão por autoridade e uma decisão baseada na estrutura e relação de poder tem de ser tomada de alguma forma e por alguém. E a esta decisão nenhuma instituição moderna — muito menos a empresa comercial — pode escapar.

A Falácia da Dimensão Dominante

Estas dimensões do trabalho — as dimensões fisiológica, psicológica, social, económica e de poder — são separadas. Cada uma delas pode — e, na verdade, deve — ser analisada de forma separada e independente. Mas existem sempre juntas na relação do trabalhador com o trabalho e o emprego, com os colegas e a gestão. Têm de ser geridas em conjunto. Não puxam na mesma direção. As exigências de uma dimensão são muito diferentes das de outra.

A falácia básica das nossas perspetivas tradicionais ao trabalhar tem sido proclamar que uma destas dimensões é *a* dimensão.

Marx — e a maioria dos outros economistas — viu a dimensão económica como dominante em relação a tudo o resto. Bastaria poder mudar a relação económica para não haver mais alienação. O marxismo faliu quando se tornou evidente que a «expropriação» dos «exploradores» não mudava fundamentalmente a situação dos trabalhadores e a sua alienação, porque não alterava nada, sob nenhum aspecto, nas outras dimensões (e, na verdade, nem sequer muda o problema económico).

Elton Mayo, para dar outro exemplo radicalmente diferente, via a dimensão dominante como sendo constituída pelas relações interpessoais dentro do grupo de trabalho, ou seja, os aspectos psicológicos e sociais. E, porém, não é apenas verdade que não se pode «contratar uma mão, a pessoa vem toda com ela»; o próprio trabalho importa e afeta as relações de grupo. E nem a dimensão económica, nem a dimensão do poder foram consideradas por Mayo e os seus associados.

Estas dimensões têm uma relação altamente complexa umas com as outras. São uma verdadeira «configuração», mas que muda rapidamente, conforme mudam as circunstâncias do trabalhador.

O falecido Abraham H. Maslow, pai da psicologia humanista, mostrou que as necessidades humanas formam uma hierarquia. À medida que uma necessidade de nível inferior é satisfeita, vai ficando cada vez menos importante, enquanto uma necessidade de nível mais elevado se torna cada vez mais importante. Maslow aplicou às necessidades humanas aquilo a que se pode chamar «utilidade marginal» — e a sua visão foi profunda e duradoura. Maslow colocou a necessidade económica no fundo e a necessidade de realização pessoal no topo. Mas a ordem não é de primeira importância; o que importa é a visão de que as necessidades não são absolutas: quanto mais uma delas é satisfeita, menos a sua satisfação importa.

O que Maslow não viu é que a necessidade muda no ato de ser satisfeita. Quando a necessidade económica fica satisfeita, ou seja, quando as pessoas já não lhe têm de subordinar todas as outras necessidades e valores humanos para obter a próxima refeição, torna-se cada vez menos gratificante obter mais recompensas económicas. Isto não significa que as recompensas económicas se tornam menos importantes. Pelo contrário, quando a capacidade da recompensa económica para fornecer um incentivo positivo diminui, a sua capacidade para criar insatisfação, se for frustrada, aumenta rapidamente. Nas palavras de Herzberg, as recompensas económicas deixam de ser «incentivos» e tornam-se «fatores higiénicos». Se não forem adequadamente tidas em conta — ou seja, se houver insatisfação com as recompensas económicas — tornam-se impedimentos.

Sabemos agora que isso se aplica a todas as necessidades de Maslow. Quando uma necessidade se aproxima da saciedade, a sua capacidade de recompensar e, com ela, o seu poder como incentivo, diminui depressa. Mas a sua capacidade para impedir, para criar insatisfação e para agir como desincentivo aumenta rapidamente.

Os dois vice-presidentes na mesma companhia cujos salários diferem apenas em algumas centenas de dólares são economicamente iguais. Ao seu nível salarial, os impostos são tão elevados que tornam a diferença salarial irrisória. No entanto, o vice-presidente com o salário mais baixo, por muito bom que seja, poderá ser consumido pela frustração e pela inveja. O mesmo se aplica daí para baixo, em toda a organização. Todo o líder sindical sabe que o seu maior problema atual não são as escalas salariais absolutas: é o diferencial salarial entre vários tipos de trabalhadores dentro do sindicato. Não há forma de satisfazer nem o operário especializado, que insiste em receber mais 20% do que o semiespecializado, nem o operário semiespecializado. Ficam igualmente insatisfeitos. Se o diferencial salarial for diminuído, o operário especializado sentir-se-á desfavorecido; e se o diferencial salarial for aumentado, o operário semiespecializado sentir-se-á desfavorecido.

Além disso, contrariamente ao que Maslow parecia implicar, as várias dimensões das pessoas no trabalho mudam o seu carácter quando estão prestes a ser satisfeitas. O salário, como vimos, torna-se parte da dimensão social ou psicológica, mais do que da económica.

O oposto também pode acontecer: o poder e o estatuto podem tornar-se a base para as exigências económicas. Na indústria jugoslava, por exemplo, os representantes dos trabalhadores nos sindicatos trabalhistas, que detêm posições de grande prestígio social e considerável poder, quase imediatamente também querem mais dinheiro. Ou, pelo menos, querem privilégios — habitação, um escritório, preços preferenciais na loja da companhia, e assim por diante — os quais são, na sua forma de ver, adequadas recompensas económicas ao seu novo posto.

Precisamos de saber muito mais do que sabemos acerca das dimensões do trabalho e das suas relações, visto que estamos a lidar com uma configuração que, provavelmente, desafiará a análise.

No entanto, os gestores têm de gerir agora. Têm de encontrar soluções — ou, pelo menos, compromissos — que lhes permitam tornar o trabalho produtivo e bem-sucedido. Têm de perceber quais são as exigências. Não podem esperar ter sucesso prosseguindo com as práticas dos últimos duzentos anos. Terão de desenvolver novas perspetivas, novos princípios e novos métodos — e depressa.

CAPÍTULO VINTE E UM

Trabalhador e Trabalho: Teorias e Realidade

A PARTIR DO MOMENTO em que as obras da escola das relações humanas conquistaram a atenção dos gestores, por volta da Segunda Guerra Mundial, houve uma proliferação de livros, artigos e estudos sobre a motivação e a realização, a psicologia industrial e a sociologia industrial, sobre relações interpessoais no trabalho e sobre a satisfação do trabalhador. Na verdade, a literatura sobre trabalhador e trabalho, pelo menos em quantidade, excede a literatura em qualquer outro campo da gestão, incluindo mesmo as ciências da gestão e os computadores.

O mais amplamente lido e frequentemente citado destes livros é provavelmente *The Human Side of Enterprise*, de Douglas McGregor, com as suas Teoria X e Teoria Y. McGregor não realizou investigação original. Reconhece francamente, no seu livro, que não desenvolveu ideias novas, apenas formulou ideias de outros. Mas o seu livro merece por completo a larga atenção que recebeu. McGregor apresentou intensamente escolhas fundamentais para gerir o trabalhador e o trabalho. A sua Teoria X — a abordagem tradicional sobre o trabalhador e o ato de trabalhar — parte do princípio de que as pessoas são preguiçosas, não gostam e fogem ao trabalho, têm de ser dirigidas, precisando de uma cenoura e um pau. Parte do princípio de que as pessoas são incapazes de assumir responsabilidade por si mesmas e têm de ser orientadas. Em contrapartida, a Teoria Y assume que as pessoas têm uma necessidade psicológica de trabalhar e precisam de realização e responsabilidade. A Teoria X assume a imaturidade; por sua vez, a Teoria Y assume fundamentalmente que as pessoas querem ser adultas.

McGregor apresentou estas duas teorias como alternativas e pretendeu manter-se imparcial. Contudo, nenhum leitor alguma vez duvidou — ou se desejaria que duvidasse — de que o próprio McGregor acreditava piamente na Teoria Y.

Há uma convincente evidência a favor desta teoria. Na maioria dos empregos, os trabalhadores, mesmo aqueles que são hostis ao chefe e à organização, querem gostar do seu trabalho e procuram a realização pessoal. Na maioria dos empregos, mesmo os trabalhadores mais alienados conseguem encontrar algo que lhes dê satisfação.

Isto foi revelado pela primeira vez na década de 1940, quando a General Motors levou a cabo um concurso em grande escala sobre «O Meu Emprego e Por Que Gosto Dele». Quase 190 000 trabalhadores escreveram sobre, e discutiram, as suas tarefas — de longe a maior amostra de atitudes dos trabalhadores que alguma vez obtivemos. Na verdade, a resposta foi tão esmagadora que o material nunca pôde ser completamente explorado; muito poucos resultados chegaram a ser publicados. Muito poucos dos trabalhadores da GM foram acríticos, mas foram ainda menos os que não encontraram algo que os fizesse gostar do seu trabalho, que não mencionassem algo nele que fosse desafiador, alguma realização e satisfação, alguma verdadeira motivação.

Igualmente convincentes são os extensos estudos de Frederick Herzberg sobre os trabalhadores do conhecimento. Herzberg produziu exemplo após exemplo de que os trabalhadores do conhecimento aspiram à realização pessoal e que, na verdade, apenas *trabalham* se encontrarem realização no seu trabalho. Caso contrário, na melhor das hipóteses, apenas se limitarão a responder automaticamente.

Contudo, as coisas são muito menos simples do que os seguidores de McGregor nos desejariam, e a eles próprios, fazer acreditar. Em primeiro lugar, aprendemos que a Teoria Y não é, em si mesma, adequada. Quando pela primeira vez propus aquilo que McGregor mais tarde formulou e popularizou como Teoria Y, realcei bem o facto de que esta não era «permissiva». Efetivamente, referi que gerir o trabalhador e o ato de trabalhar, colocando a responsabilidade no trabalhador e visando a realização, exercia exigências extremamente elevadas sobre este e sobre o gestor. McGregor também viu isto, apesar de não o realçar. (Um descuido reparado no seu póstumo *The Professional Manager*, McGraw-Hill, 1967.)

A Crítica de Maslow

Um ardente entusiasta da Teoria Y, o falecido Abraham H. Maslow, observou que as exigências são de facto muito mais elevadas do que eu mesmo tinha visto. Maslow passou um ano a trabalhar com uma pequena empresa na Califórnia do Sul, que nessa altura tentava aplicar a Teoria Y. Maslow observou que a exigência de responsabilidade e realização poderá muito bem ir para além daquilo que apenas os fortes e saudáveis conseguem suportar. Criticou-me veementemente, a mim e a McGregor, por «desumanidade» para com os fracos, os vulneráveis, os afetados, que não são capazes de assumir a responsabilidade e a autodisciplina que a Teoria Y exige. Mesmo os fortes e saudáveis, concluiu Maslow, precisam da segurança, da ordem e da direção; e os fracos precisam de proteção contra o fardo da responsabilidade. O mundo não é, concluiu Maslow, povoado por adultos. Tem a sua quota-parte de permanentemente imaturos.

Maslow, embora sempre um forte defensor da Teoria Y, concluiu que não é suficiente remover as restrições. É preciso *substituir* a segurança da Teoria X e a certeza que oferece por outra, mas diferente, estrutura de segurança e certeza. É preciso fornecer, por diferentes meios, aquilo que as ordens e as penalizações fazem na Teoria X. A Teoria Y, por outras palavras, tem de ir muito para lá da Teoria X. Não pode simplesmente ser sua substituta.

Esta é uma visão importante. E está claramente provada pela nossa experiência com a Teoria Y.

De facto, um dos amigos mais próximos e discípulo de McGregor provou o ponto de vista de Maslow. Warren Bennis, ele próprio um distinto psicólogo industrial (e editor do livro póstumo de McGregor, *The Professional Manager*) tentou, no final da década de 1960, transformar a Universidade de Buffalo, no norte do Estado de Nova Iorque, de uma escola velha, cansada e abatida, numa importante universidade de primeira qualidade. A sua metodologia e dos seus colegas baseava-se claramente na Teoria Y, mas sem lhe dar estrutura, direção e segurança. O resultado foi um extraordinário entusiasmo, e também um fracasso total. Em vez de realização pessoal, houve falta de direção, falta de controlo e frustração — como o próprio Bennis (que, mais tarde, se tornou presidente da Universidade de Cincinnati) conta.

Uma das conclusões do trabalho de Maslow é que a Teoria Y não é permissiva, como muitos dos seus defensores acreditam. Não é libertação de restrições. Não é, como os críticos sustentam, desculpar ou mimar o trabalhador. É uma tarefa severa, mais severa, sob muitos aspectos, do que a Teoria X que substitui. Tem de alcançar aquilo que a Teoria X alcançava e fazer muito mais — caso contrário, será um fardo excessivo e fará exigências a que seres humanos não conseguem corresponder.

Tornou-se agora claro que a Teoria X e a Teoria Y não são, como McGregor defendia, *teorias acerca da natureza humana* (uma posição que, já agora, nunca partilhei). Se alguma vez saberemos o suficiente acerca da natureza humana para que possamos ter teorias a seu respeito é algo que ainda estamos para ver. Mas, até agora, a evidência não é de forma alguma conclusiva.

Todos sabem que existem indubitavelmente pessoas preguiçosas, tal como existem indubitavelmente pessoas enérgicas. Muito mais importante, porém, é que a experiência normal, quotidiana, nos ensina que as mesmas pessoas reagem de modo diferente a diferentes circunstâncias. Poderão ser preguiçosas e resistir ao trabalho ao ponto da sabotagem, em determinada situação. Poderão ficar motivadas pela realização pessoal, noutra. Claramente, não é a natureza humana nem a estrutura da personalidade que estão em questão. No mínimo, há diferentes naturezas humanas que se comportam de modo diferente sob diferentes condições.

O moderno calão americano diz que se fica «ligado» ou «desligado» por uma missão, um professor, uma tarefa, ou um chefe. Estes termos têm sido criticados como desumanizadores. Referem-se a pessoas, tem-se dito, como se fossem aparelhos elétricos. Contudo, a experiência quotidiana mostra que é exatamente assim que muitas pessoas se comportam. Reagem mais do que agem. A motivação, a ânsia e o impulso residem fora delas.

Mas isto não é compatível nem com a Teoria X, nem com a Teoria Y. Implica que não é a natureza humana, mas a estrutura da tarefa e do trabalho que, com efeito, determina a forma como as pessoas reagem e que gestão exigem.

Sabemos também que os indivíduos podem adquirir o hábito da realização pessoal, mas que também podem adquirir o hábito do fracasso. Mais uma vez, isto não é compatível com a Teoria X, nem com a Teoria Y da natureza humana.

O trabalho mais conhecido nesta área tem sido feito por David C. McClelland, em Harvard. McClelland tem tomado a posição de que o desejo de realização é condicionado largamente pela cultura e pelas experiências, podendo ambas alterar-se mesmo numa cultura de não-realização, como o sistema de castas indiano. O estudo mais extensivo do comportamento concreto dos trabalhadores na indústria em grande escala, o trabalho que o psiquiatra canadiano-inglês Elliot Jacques conduziu durante muitos anos na Glacier Metal Company, em Londres, (juntamente com o diretor executivo da companhia, Wilfred Brown), suporta a mesma conclusão.

Qual É a Realidade do Gestor?

O debate sobre a validade científica da Teoria X contra a Teoria Y é, portanto, em grande parte, uma falsa batalha. A pergunta que o gestor tem de fazer não é: «Qual das teorias acerca da natureza humana está certa?», mas: «Qual é a realidade da *minha* situação e como posso executar a *minha* tarefa de gerir o trabalhador e o trabalho na situação atual?»

O facto básico — desagradável, mas inescapável — é que a tradicional conceção da Teoria X à gestão, ou seja, a via da cenoura e do pau, já não funciona. Nos países desenvolvidos, nem sequer serve para os trabalhadores manuais, e em sítio algum funciona com os trabalhadores do conhecimento. O gestor já não tem pau e a cenoura está hoje a tornar-se, cada vez menos, um incentivo.

O pau da perspetiva tradicional da gestão do trabalhador e do ato de trabalhar era a fome e o medo. Tradicionalmente, todos, à exceção de uma meia-dúzia, em todas as sociedades, viviam mesmo no limite da subsistência e sob uma ameaça iminente de morrerem à fome. Uma má colheita era o suficiente para forçar um camponês indiano ou chinês a vender as filhas para a prostituição. Uma má colheita era o suficiente para que perdesse a ínfima fatia de terra que era tudo o que o separava da mendicidade. Agora, mesmo nos países apenas moderadamente abastados, existe um nível básico económico bem acima do nível de subsistência, mesmo para os muito pobres. Os trabalhadores atuais sabem, em todos os países desenvolvidos, que perder o emprego não significa morrer à fome. Os trabalhadores que subitamente ficam sem emprego podem ter de passar sem muitas coisas que gostariam de ter, mas conseguem sobreviver.

O *Lumpenproletariat* de Marx, ou seja, os sem emprego, ainda existem, mesmo nos países muito ricos. Mas o proletariado de Marx desapareceu — e, com ele, o pau da Teoria X.

Mesmo onde existe o medo, ele deixou de ser um fator de motivação, tornando-se um desmotivador. Uma das razões foi a difusão da educação, a outra foi o surgimento da sociedade de organização. A difusão da educação torna as pessoas empregáveis. Dá-lhes um horizonte mais vasto. Mesmo as pessoas com pouca instrução na sociedade atual conhecem agora oportunidades. Numa sociedade de organizações, é possível ter acesso a um novo emprego. Numa sociedade de organizações, há mobilidade lateral. Perder o emprego continua a ser desagradável — mas já não é uma catástrofe.

O rendeiro inglês, por muito competente ou esforçado que pudesse ser, quando era expulso pelo seu senhorio tornava-se um «mendigo robusto». Não existia outro emprego para ele, à exceção de um ocasional dia de trabalho como trabalhador temporário a ajudar na ceifa. Perder o trabalho era mais do que uma sentença de morte; em geral, condenava também os filhos e os netos. Tornava o desempregado num marginal.

Agora, alguém que perca o emprego inscreve-se no centro de emprego para obter outro. Mesmo no fundo de uma grave depressão como a atual — por exemplo, a recessão americana de 1974–1976 —, o desemprego de longo prazo, ou seja, o desemprego além do fim do subsídio de desemprego, foi muito raro para os adultos masculinos chefes de família.

Além disso, há uma crescente segurança no emprego que protege as pessoas nos seus trabalhos. Toma muitas formas. Na Suécia, um gabinete tripartido garante um novo emprego e fornece formação e apoio entre trabalhos a todos os que percam o emprego. Na maioria dos países europeus (e latino-americanos) existem restrições legais aos despedimentos. Existem condições de antiguidade que tornam a segurança no trabalho num direito. Nos Estados Unidos, cada vez mais, o rendimento, se não o emprego, é mantido por longos períodos, através de condições contratuais como a compensação suplementar de emprego.

Todos os países desenvolvidos estão a seguir o sistema da moderna universidade, em que o membro de uma faculdade, após alguns anos de serviço, adquire estabilidade, levando a universidade a dar emprego ao professor. Ao mesmo tempo, o membro da faculdade tem uma mobilidade ilimitada e pode deslocar-se de uma posição na universidade para outra.

O Japão tem o emprego para toda a vida, que obriga tanto o empregador como o trabalhador. O medo de ser despedido, assim, não existe no Japão, pelo menos não no sector «moderno». Este é um fator determinante no sucesso económico japonês.

O exemplo japonês mostra também que quanto mais o medo desaparece enquanto pau, mais contraprodutivos os vestígios do medo se revelam.

O trabalhador japonês sabe que está ligado a um empregador e provavelmente não encontrará outro trabalho, se perder o seu emprego atual. Isso torna-o dedicado ao êxito da organização que o emprega, mas também faz com que se ressinta amargamente por qualquer mudança estrutural na economia que possa ameaçar a indústria ou a área que o emprega — a razão, por exemplo, para as relações laborais extremamente más nos Caminhos de Ferro Japoneses. A incapacidade do trabalhador japonês para se mexer também o torna indefeso perante a pressão exercida pela organização para que se conforme. Isto está a tornar-se cada vez mais inaceitável para os jovens formados. Na verdade, embora continuem a esperar a segurança de um emprego para a vida, cada vez mais exigem para si o direito a mudar de emprego. Rousseau observou há duzentos anos que o «direito a emigrar» é a derradeira salvaguarda da liberdade pessoal.

O Japão, será razoável prever, deslocar-se-á para um sistema em que o trabalhador tenha garantias de rendimento e trabalho, mas também mobilidade.

A moderna psicologia comportamentalista tem demonstrado que o grande medo coage, enquanto os vestígios de medo causam apenas ressentimento e resistência. O medo, em todos os países desenvolvidos, perdeu o seu poder coercivo. Os medos menores que ainda restam não motivam. Destroem a motivação — precisamente porque lhes falta total poder e total credibilidade.

«Grande Medo» e «Pequenos Medos»

O «grande medo» continua a motivar quando é completamente credível, como é mostrado pelo inesperado sucesso que uma nova interpretação da «cura» do alcoolismo tem tido. Toda a gente «sabia» que os verdadeiros alcoólicos não conseguem parar de beber, quando muito, até estarem completamente de rastos. Mas vários empregadores estão agora a verificar que uma altíssima percentagem de trabalhadores alcoólicos param de facto de beber — permanentemente — se lhes for dito, em linguagem inequívoca, que caso contrário serão despedidos e que os potenciais novos empregadores saberão do seu problema e que por isso provavelmente não conseguirão arranjar outro emprego.

Mas, salvo em casos excecionais como o dos alcoólicos que ficam a saber que rapidamente deixarão de conseguir encontrar emprego, o grande pau, o terrível medo que incitava os trabalhadores de ontem, já não está à disposição dos atuais gestores nos países desenvolvidos, quer o gestor goste quer não. É extremamente disparatado tentar depender de «pequenos pauzinhos», ou seja, dos vestígios de medo que estejam disponíveis. Claro que qualquer organização precisa de dispositivos disciplinares, mas o seu papel e objetivo é cuidar da fricção marginal. Não podem providenciar o estímulo. Se forem mal-usados, para estimular, os dispositivos disciplinares apenas podem causar ressentimento e resistência; apenas conseguem desmotivar.

A Cenoura Excessivamente Potente

A cenoura das recompensas materiais não perdeu, como aconteceu com o pau do medo, a sua potência. Pelo contrário, tornou-se tão potente que tem de ser usada com grande cuidado. Tornou-se demasiadamente potente para ser uma ferramenta de confiança.

Todas as edições de jornais dominicais, hoje em dia, contêm um artigo de um erudito sociólogo ou filósofo a explicar que as pessoas estão a virar as costas às satisfações materiais. Na primeira página do mesmo jornal, aos domingos *e* aos dias de semana, há sempre uma história em que este ou aquele grupo de trabalhadores — professores ou eletricistas, repórteres jornalísticos ou bombeiros — apresentou a maior exigência salarial de sempre ou obteve o maior aumento salarial de sempre.

Quando os jovens rebeldes contra a civilização material, há meio século, regressaram à natureza, tudo de que precisavam era de uma tenda e de um saco-cama. Hoje em dia, virar as costas à civilização material parece requerer uma caravana de 8000 dólares. Os jovens rebeldes da década de 1920 tocavam as suas canções de regresso à natureza num *ukelele*; hoje, precisamos de uma guitarra elétrica para expressar a nossa rejeição da tecnologia. Os mesmos intelectuais europeus, que se insurgiam contra o materialismo americano, usam os honorários que recebem de aulas e de artigos para satisfações tão materialistas como um carro desportivo, uma viagem de avião até uma estância de luxo, ou a compra de uma moradia numa praia mediterrânica.

Não existe uma mínima evidência do alegado desvio das recompensas materiais. Pelo contrário, a afluência significa que todos acreditam que as recompensas materiais são, e devem ser, de fácil alcance. Samuel Gompers, durante muito tempo chefe do movimento sindical americano, costumava definir os objetivos de um sindicato numa palavra: «mais». De certeza que, se fosse hoje, teria de mudar para «muito mais». O antimaterialismo é um mito, por muito que seja exaltado. Até agora, pelo menos, a realidade são expectativas tremendas e sempre crescentes, isto é, expectativas de mais bens e serviços.

Isto não se resume ao mundo capitalista. Tornou-se a realidade maciça também das sociedades comunistas. Nos anos 30, Estaline não hesitava em diminuir drasticamente os recursos alimentares dos cidadãos quando a Rússia tinha uma má colheita. Os seus sucessores, em 1972, quando confrontados com colheitas muito menos fracas, recorreram profundamente às reservas de ouro estratégicas da Rússia para comprar cereal ao arqui-inimigo, os Estados Unidos. Mao, nos anos da Grande Revolução Cultural nos anos 60, perorava contra o «economismo», isto é, contra os incentivos e as recompensas materiais. No início dos anos 70, o padrão mudou e a China apostou em força nos incentivos «capitalistas», como bicicletas e máquinas de costura; os prémios pelo desempenho.

A procura por mais irá obviamente chocar com as limitações finitas dos recursos terrestres e a necessidade de preservar o ambiente. Aquilo que experimentamos hoje poderá, na realidade, ser a frenética agonia final da «civilização material». Mas, pelo menos num futuro próximo, isto significará, acima de tudo, uma mudança ainda mais rápida do consumo de bens para serviços que proporcionem satisfação. E, com isso, da aquisição intensiva de material para a aquisição intensiva de trabalho (em especial trabalho do conhecimento). Será muito improvável, no futuro previsível, que se alterem as características básicas. Inversamente, é quase certo que o encarecimento das matérias-primas e os custos ecológicos farão com que o preço dos bens suba e acrescente mais lenha ao fogo das exigências por cada vez mais, muito mais, recompensas monetárias.

É precisamente o crescimento das expectativas materiais que torna a cenoura das recompensas cada menos efetiva como força motivadora e ferramenta de gestão.

O incremento de recompensas materiais capaz de motivar as pessoas para trabalharem tem de se tornar maior. À medida que as pessoas recebem mais, não ficam satisfeitas com um pouco mais, quando mais com menos. Esperam muito mais. Esta é, claro, uma das principais causas das constantes pressões inflacionistas que afligem atualmente as grandes economias. Enquanto um aumento salarial de 5% proporcionava, ainda há alguns anos, uma grande satisfação, os condutores de pesados — ou os professores, ou os médicos — pedem agora 40% e esperam 20%.

Isto poderá ser uma manifestação da regra de Maslow, segundo a qual quanto mais perto uma necessidade está de ser satisfeita, maior terá de ser o incremento de gratificação adicional para produzir a mesma satisfação. Mas a exigência de cada vez maior satisfação material tem sido também acompanhada por uma mudança nos valores que não se adequa de forma alguma ao esquema de Maslow. Os incentivos económicos estão a tornar-se direitos, em vez de recompensas. Os aumentos por mérito são sempre introduzidos como recompensas por um desempenho excecional. Pouco tempo depois, tornam-se um direito. Negar um aumento por mérito, ou conceder apenas um pequeno aumento, torna-se um castigo. O mesmo se aplica ao prémio bianual japonês.

Mas, qualquer que seja a explicação, o resultado da crescente exigência de recompensas materiais está a destruir rapidamente a sua utilidade como incentivo e ferramenta de gestão. O gestor tem de tentar desenfatizar o papel das recompensas materiais, em vez de usá-las como cenouras. Se apenas os muito grandes — e cada vez maiores — incrementos funcionam como incentivo, então usar incentivos materiais torna-se autodestruidor. O resultado esperado em termos de motivação será obtido, mas o custo será tão elevado que excederá os benefícios. O custo consumirá a produtividade adicional. É isto, claro, que está a acontecer aos incentivos materiais aos gestores (por exemplo, opções de ações ou planos de compensação extraordinária), bem como aos incentivos para todas as outras classes de trabalhadores.

O facto de a inflação se ter tornado o problema central das economias desenvolvidas é, em termos da teoria económica tradicional ou keynesiana, um puro paradoxo. A inflação não devia ocorrer sob condições de alta capacidade produtiva e de alta produtividade. Em vez disso, é a norma. A razão é a dimensão totalmente inesperada dos apetites económicos, a potência totalmente inesperada das recompensas materiais. O resultado, contudo, é que, para permitir que a economia, a sociedade e a empresa sobrevivam, os gestores têm de tentar refrear e conter os incentivos económicos, em vez de dependerem deles. O incentivo económico que tem um verdadeiro efeito de cenoura é «demasiado». Apenas as recompensas económicas que ficam bem abaixo do limiar da efetividade motivacional têm possibilidade de ser defensáveis economicamente e em produtividade e contribuição.

Isto significa também que os efeitos colaterais sociais da cenoura estão a atingir proporções tóxicas. Um medicamento potente tem sempre efeitos secundários; e, quanto maior for a dose, maiores serão os efeitos secundários. Os incentivos e as recompensas materiais são de facto um medicamento forte que está a tornar-se mais potente. Está por isso destinado a ter potentes efeitos secundários, que se tornarão mais pronunciados e mais perigosos à medida que a dose exigida para a efetividade aumentar. Em particular, quanto mais o rendimento total subir, mais poderosa se tornará a insatisfação com uma compensação relativa. Como todos os nossos estudos mostram — começando pelo concurso da GM «O Meu Trabalho», no final dos anos 40 — não há desincentivo mais poderoso, não há obstáculo mais efetivo para a motivação do que a insatisfação com o próprio ordenado face ao dos colegas. A partir do momento em que os rendimentos sobem acima do nível de subsistência, a insatisfação com os rendimentos relativos torna-se muito mais poderosa do que a insatisfação com o próprio rendimento absoluto. O «sentimento de injustiça», como Edmond Cahn, o filósofo legal americano, convincentemente argumentou, está profundamente enraizado nas pessoas. Nada é tão suscetível de ofender o sentido de injustiça como a insatisfação com as recompensas económicas relativas numa organização. Uma organização é uma economia redistributiva; as recompensas económicas relativas são, assim, decisões de poder e estatuto sobre o *valor* de uma pessoa ou de um grupo.

A dependência da cenoura das recompensas corre, assim, o risco de alienar tanto o receptor como todos os outros. Corre o risco de dividir o grupo contra si próprio, enquanto o une contra o sistema, isto é, contra a instituição empregadora e a sua gestão.

Claro que não é provável uma perda de importância das recompensas materiais. Ao invés, os gestores enfrentam o tremendo desafio de encontrar uma forma de relacionar a sua crescente preponderância com o «muito mais» da realidade económica, isto é, com a produtividade e a rentabilidade. As recompensas materiais são potentes demais para se depender delas como o principal motivador positivo. Isto só pode significar pressões inflacionistas crescentes — e uma crescente insatisfação.

Isto aplica-se tanto aos gestores como aos operários. Há poucas dúvidas de que as cenouras da gestão se transformaram em refeições vitorianas com sete pratos, por exemplo, de pequenos prémios a maciços planos de disponibilização de ações. Em relação aos incentivos da gestão, estamos a deslocar-nos do mais para o muito mais. Ao mesmo tempo, há uma crescente evidência de que as desigualdades nos incentivos da gestão — reais ou imaginários — desmotivam mais do que as recompensas satisfazem e motivam.

As limitações da efetividade da cenoura e do pau aplicam-se com particular força a dois grupos da força de trabalho: a nova geração de trabalhadores manuais e os trabalhadores do conhecimento. Na gestão dos trabalhadores manuais, o gestor do país desenvolvido cada vez mais tem de lidar com homens (e, em menor grau, com mulheres) que começam como «derrotados», que se sentem rejeitados, que se sentem já vencidos. São pessoas que foram mandadas toda a vida e não conseguiram realizar-se. Mas os derrotados aprendem sempre uma coisa, e na perfeição: a resistência a que mandem nelas. Poderão não ser capazes de realização, mas sabem como sabotar.

O melhor texto sobre isto não é um estudo erudito de um professor de psicologia, mas um romance humorístico, êxito de vendas dos anos 20, *O Bom Soldado Schweik*, do escritor checo Jaroslav Hasek. Schweik, um dos vencidos da vida, o arquétipo do marginal, sozinho, finta e frustra todo o dispositivo da Teoria X do poderoso exército de uma grande potência, a Áustria-Hungria pré-Primeira Grande Guerra. Não faz nada abertamente. Sabe como sabotar.

Para dirigir a nova geração de trabalhadores manuais, portanto, não terá êxito. A fome e o medo já não os dominam como dominavam os seus avôs. Mas o seu próprio fracasso tornou-os impermeáveis à pressão.

O trabalhador do conhecimento não produzirá se for gerido pela Teoria X. O conhecimento tem de ser autodirigido e tem de assumir a responsabilidade.

O medo é totalmente incompatível com a produção de conhecimento. Poderá produzir esforços e ansiedades, mas não produzirá resultados. E o medo inibe a aprendizagem, uma descoberta básica da moderna psicologia comportamentalista. As recompensas e a reafirmação produzem aprendizagem. Se tiver alguma relação com o conhecimento, o medo produzirá apenas resistência.

A Teoria X assume um «senhor». Mas, numa sociedade de organizações, não há senhores. O gestor não é um senhor. O gestor é, ao mesmo tempo, um superior e um colega. Pela primeira vez na história, há uma sociedade em que os senhores estão ausentes.

Não é o que se passa nas sociedades comunistas, que têm trabalhado assiduamente para substituir os antigos senhores por novos. O papel do Partido Comunista num Estado comunista é ser o senhor. Está em crise precisamente porque, mesmo sob o comunismo, uma sociedade moderna torna-se uma sociedade de organizações e, como tal, exige gestores e não pode tolerar senhores.

Ao gestor, não sendo um senhor, falta, ao mesmo tempo, a autoridade e a credibilidade do senhor. O poder do senhor é independente do apoio que receba, quer seja dos seus servos quer da sociedade à sua volta. Pode matar-se um senhor, mas não se pode exonerá-lo. Mas, como os anos 60 amplamente demonstraram, por exemplo, no caso dos inumeráveis presidentes universitários, mesmo o chefe dos executivos pode ser exonerado, precisamente porque é um colega empregado. A autoridade que exerce não é sua e não consegue sobreviver a um desafio. Mesmo nas sociedades comunistas, onde os gestores têm, em regra, muito mais poder e muito maior rendimento, já não há «senhores». O papel tem sido desempenhado pelo Partido Comunista, os seus funcionários, secretários e comissários.

Segundo a antiga lei do senhor e do escravo, o Presidente Executivo da maior empresa é um colega servo. Os outros poderão ser seus subordinados em posição hierárquica, mas são iguais perante a lei. Não há servos do Presidente Executivo; eles são seus colegas.

Isto é muito mais do que uma mudança semântica. Significa que nem o pau, nem a cenoura resultarão de facto se forem usados pelo gestor, por muito bem que pudessem funcionar com o senhor do antigamente.

Podemos Substituir a Cenoura e o Pau?

Podemos substituir a cenoura das recompensas e o pau do medo por uma nova cenoura e um novo pau, apropriados à nova realidade da gestão?

Afinal de contas, a cenoura e o pau resultaram por um período de tempo extraordinariamente longo. Não é de ânimo leve que se deita fora uma tradição de longos anos. Ao longo dos milénios, durante os quais o trabalhador e o ato de trabalhar foram geridos, a sociedade mudou fundamentalmente. No entanto, a gestão do trabalhador e do trabalho apresentou uma espantosa continuidade. Os princípios da Teoria X, que eram aplicados ao trabalhador e ao trabalho na construção das grandes pirâmides do Egito, continuam a moldar a organização na moderna fábrica de produção em massa.

O mais conhecido epigrama de Henry Ford é «A história é treta». Ford foi um ousado inovador na organização do trabalho, no marketing e na economia, mas, quando se tratava de gerir trabalhador e o ato de trabalhar, era completamente prisioneiro da história e um tradicionalista.

A forma tradicional de gerir o trabalho e o trabalhador atravessa todas as culturas humanas. Não existe uma grande diferença entre o Ocidente e o Oriente, entre a antiguidade pagã e a cristandade, entre a China e o Ocidente, entre o Peru dos incas e a Índia dos mongóis. Nem a organização da sociedade parece fazer grande diferença.

A esse respeito, a análise marxista falhou por completo. A fábrica e o escritório na Rússia soviética, ou nos satélites europeus, na Europa, não estão organizados de modo diferente do Ocidente capitalista. Nem, como toda a evidência claramente mostra, o trabalhador é mais realizado ou os chefes menos chefes. O mesmo se aplica à muito mais imaginativa experiência jugoslava do controlo direto dos trabalhadores das empresas individuais, à propriedade direta dos trabalhadores, à propriedade cooperativa, e assim por diante.

Conhecemos, portanto, a gestão da Teoria X. O que havemos de pôr no seu lugar é — ao que parece — em grande parte adivinhação e especulação. Claro que seria sensato tentar manter a essência da Teoria X, substituindo a antiga força motivadora do medo e do dinheiro por motivações «modernas». Aquilo de que precisamos, poderia defender-se, é encontrar o equivalente organizacional ao motor a gasolina que substituiu o cavalo, mantendo o veículo com rodas.

Não são só os gestores a fazer esta pergunta. Os sindicatos talvez estejam ainda mais desejosos de manter a estrutura da Teoria X. Os sindicatos, afinal de contas, têm interesse na relação coerciva entre o senhor e o servo da Teoria X; se não houvesse senhor, qual seria, afinal, o papel do sindicato? Além disso, os líderes sindicais retiram o seu orgulho e sentido de missão da oposição à Teoria X, sabem como se hão de comportar perante ela e têm a sua retórica ajustada.

Quando os trabalhadores jovens de algumas fábricas da GM começaram a falar sobre a humanização da linha de montagem, a maior resistência não surgiu da gestão da General Motors. Veio da liderança da United Automobile Workers, que insistiram em falar sobre dinheiro, pensões, intervalos, pausas — e assim por diante. Os líderes da UAW, por outras palavras, insistiam, contra os seus próprios membros, em manter e mesmo reforçar a gestão da Teoria X por parte da companhia.

Procurar um novo conjunto de motivações para substituir os velhos cenoura e pau parece não só ser racional como tentador. Motivações substitutas como essa estão, na verdade, a ser oferecidas pelos gestores sob a forma de um novo «despotismo psicológico liberal».

Quase todos, se não todos, os autores recentes de psicologia industrial professam a sua fidelidade à Teoria Y. Usam termos como «autorrealização», «criatividade» e «o todo da pessoa». Mas aquilo de que falam e escrevem é controlo através de manipulação psicológica. São aí conduzidos pelos pressupostos básicos, que são precisamente os pressupostos da Teoria X: as pessoas são fracas, débeis e incapazes de tomar conta de si próprias. Estão cheias de medos, ansiedades, neuroses, inibições. Essencialmente, as pessoas não querem ter êxito, mas falhar. Por isso, querem ser controladas — não por medo da fome, nem pelo incentivo de recompensas materiais, mas pelo seu medo da alienação psicológica, e pelo incentivo da «segurança psicológica».

Sei que estou a simplificar em excesso. Sei que estou a sintetizar sob o mesmo título meia-dúzia de interpretações diferentes, mas todas partilham os mesmos pressupostos básicos, os da Teoria X, e todas conduzem às mesmas conclusões. O controlo psicológico do superior, do gestor, é «altruísta» e no interesse do próprio trabalhador. Ao tornar-se o servo psicológico do trabalhador, contudo, o gestor conserva o controlo como seu «chefe».

Isto é «liberal», ao passo que o método da cenoura e do pau poderá ser condenado como grosseiramente coercivo (e é condenado como tal pelos psicólogos). Mas continua a ser despotismo. Sob esta nova receita psicológica, a persuasão substitui o comando. Aqueles que não se deixam convencer pela persuasão serão considerados débeis, imaturos ou a necessitar de psicoterapia para se ajustarem. A manipulação psicológica substitui a cenoura das recompensas financeiras; e a empatia, isto é, a exploração dos medos individuais, das ansiedades e das necessidades pessoais, substitui o velho medo de se ser castigado ou de perder o emprego. Isto é admiravelmente parecido com a teoria filosófica do século XVIII do déspota iluminado. Como na moderna organização atual, a afluência e a educação — neste caso, a afluência e a crescente educação da classe média — ameaçavam privar o soberano da sua cenoura e do seu pau. O déspota iluminado dos filósofos iria manter o absolutismo substituindo os velhos meios pela persuasão, pela razão e pelo esclarecimento — tudo no interesse do súbdito, claro.

O despotismo psicológico, liberal ou não, constitui uma utilização grosseiramente errada da psicologia. O principal propósito da psicologia é adquirirmos visão e domínio sobre nós próprios. Não é em vão que aquelas a que chamamos agora ciências comportamentais se chamavam originalmente ciências morais, e que o «Conhece-te a ti próprio» era o seu principal preceito. Usar a psicologia para controlar, dominar e manipular os outros é um abuso do conhecimento autodestrutivo. É também uma forma particularmente repugnante de tirania. O senhor de outrora contentava-se em controlar o corpo do escravo.

No entanto, não estamos aqui preocupados nem com o uso adequado da psicologia, nem com a moralidade. Mas poderá a estrutura da Teoria X ser conservada através do despotismo psicológico? Poderá o despotismo psicológico funcionar?

O despotismo psicológico deveria ter uma tremenda atração por parte dos gestores. Promete-lhes que podem continuar a comportar-se como sempre fizeram. Tudo de que precisam é de adquirir um novo vocabulário. Lisonjeia-os. E, contudo, os gestores, embora lendo avidamente os livros de psicologia e frequentando seminários psicológicos, continuam a evitar experimentar a nova Teoria X psicológica.

Os gestores revelam instintos sólidos ao mostrarem-se desconfiados. O despotismo psicológico não pode funcionar melhor do que o despotismo iluminado funcionou na esfera política há duzentos anos — e pela mesma razão. *Requer um génio universal por parte do governante.* Os gestores, ao darem ouvidos aos psicólogos, terão de possuir compreensão acerca de todos os tipos de pessoas. Terão de dominar todos os tipos de técnicas psicológicas. Terão de ter empatia por todos os seus subordinados. Terão de compreender uma infinidade de estruturas de personalidade individuais, de necessidades psicológicas individuais e de problemas psicológicos individuais. Por outras palavras, terão de ser omniscientes. Mas a maioria dos gestores já acha difícil saber tudo o que precisa de saber acerca da sua própria área de especialidade, seja tratamento térmico, contabilidade, ou calendarização.

E esperar que um grande número de pessoas tenha «carisma» — seja lá o que isso quer dizer — é um absurdo. Esta qualidade em particular está reservada a muito poucos.

Os gestores deverão, na verdade, saber mais acerca dos seres humanos; deverão, pelo menos, saber que os seres humanos se comportam como seres humanos e o que isso implica. Acima de tudo, como a maioria de nós, os gestores precisam de saber muito mais acerca de si próprios do que aquilo que sabem, pois a maioria dos gestores está mais focada na ação do que na introspeção. E, no entanto, qualquer gestor que tente colocar em prática o despotismo psicológico, por muitos seminários sobre psicologia a que tenha assistido, rapidamente se tornará a sua primeira baixa. Este gestor fará imediatamente asneira e impedirá o desempenho.

A relação laboral tem de se basear no respeito mútuo. O despotismo psicológico é basicamente desrespeitoso — muito mais desrespeitoso do que a tradicional Teoria X. Não parte do princípio de que as pessoas são preguiçosas e resistem ao trabalho, mas assume que o gestor é saudável, ao passo que todos os outros são doentes. Admite que o gestor é forte, enquanto todos os outros são fracos. Reconhece que o gestor sabe, quando os outros são todos ignorantes. Assume que o gestor tem razão, ao passo que os outros são todos estúpidos. Estes são os pressupostos de uma arrogância absurda.

Acima de tudo, o gestor-psicólogo minará a sua própria autoridade. Claro que existe a necessidade de visão psicológica, de auxílio, de conselho. Há necessidade de um médico de almas e de um confortador dos afligidos. Mas a relação de médico e paciente, e de superior e subordinado, são relações diferentes e mutuamente exclusivas. Ambas têm a sua própria integridade. A integridade dos médicos consiste na sua subordinação ao bem-estar do paciente. A integridade dos gestores consiste na sua subordinação às exigências de uma tarefa comum. Em ambas as relações, há necessidade de autoridade, mas cada uma tem uma base diferente de autoridade. Um gestor que finge que as necessidades pessoais do subordinado, por exemplo, de afeto, e não as necessidades objetivas da tarefa, são o que determina aquilo que deve ser feito, não será apenas um mau gestor; ninguém irá — nem deverá — acreditar nele. Tudo o que os gestores como este farão será destruir a integridade da relação e, com ela, o respeito por si e pela sua função.

O despotismo psicológico liberal, com o seu apelo a um ilimitado fornecimento de génios universais para posições de gestão e a sua confusão entre a autoridade e o papel do médico e do gestor não alcança o que promete: conservar a Teoria X, ao mesmo tempo que finge substituí-la.

Mas, então, o que *pode* funcionar?

Não é simplesmente a Teoria X de McGregor. O gestor terá de facto de assumir a Teoria Y de que existe pelo menos um número substancial de pessoas na força de trabalho que pretendem ser bem-sucedidas. Caso contrário, há pouca esperança. Felizmente, a evidência apoia fortemente este princípio. Os gestores deverão ainda aceitar que é sua tarefa tornar o trabalhador e o trabalho bem-sucedidos. Perante isto, deverão aceitar elevadas exigências sobre si, a sua seriedade e a sua competência. Mas os gestores não podem assumir, como faz a Teoria Y, que as pessoas trabalharão para ser bem-sucedidas desde que lhes seja dada a oportunidade. É preciso mais — muito mais — para fazer com que mesmo os saudáveis e fortes aceitem o fardo da responsabilidade. A estrutura de que precisamos não pode depender da motivação do trabalhador; nem a cenoura nem o pau são já fiáveis. Mas a estrutura tem também de fornecer substitutos destinados aos fracos — e não só a eles — para a segurança do comando e do cuidado da Teoria X.

CAPÍTULO VINTE E DOIS

Como Ser um Empregado

A MAIORIA DOS TRABALHADORES, atualmente, é empregada e sê-lo-á durante toda a vida ativa, trabalhando para outra pessoa mediante um salário.

A nossa sociedade tornou-se uma sociedade de empregados. Há cem anos, apenas um em cada cinco americanos que trabalhasse era empregado, ou seja, trabalhava para outra pessoa. Hoje, o rácio foi invertido e apenas um em cada cinco trabalha por conta própria. E, enquanto há cinquenta anos «ser empregado» significava trabalhar como operário numa fábrica ou como camponês, o empregado de hoje é, cada vez mais, uma pessoa de classe média com uma substancial educação formal, com uma tarefa profissional ou de gestão, que exige capacidades intelectuais e técnicas. Na verdade, há duas coisas que têm caracterizado a sociedade americana durante estes últimos cinquenta anos: os membros das classes média e alta tornaram-se empregados; os empregados das classes média e alta tornaram-se os grupos de maior crescimento da nossa população ativa — crescendo tão depressa que o operário fabril, esse filho mais velho da Revolução Industrial, tem perdido importância numérica, apesar da expansão da produção industrial.

Esta é uma das mudanças sociais mais profundas por que algum país alguma vez passou. No entanto, talvez seja uma mudança ainda maior para os jovens que estão agora a começar. Independentemente do que façam, com toda a probabilidade fá-lo-ão como empregados; qualquer que seja o seu objetivo, terão de tentar alcançá-lo enquanto empregados.

Contudo, há pouca coisa escrita, se é que alguma, sobre o que é ser-se empregado. Podem encontrar-se imensos conselhos dúbios sobre como arranjar emprego ou obter uma promoção. Também há bastantes coisas sobre o trabalho numa área específica, quer seja na metalurgia quer nas vendas, como operador mecânico ou contabilista. Qualquer um destes ofícios exige diferentes capacidades, estabelece padrões diferentes e requer uma preparação diferente. Porém, têm em comum o facto de serem realizados por empregados. E, cada vez mais, em especial nas grandes empresas, ou no Estado, ser empregado é mais importante para o sucesso do que o conhecimento ou a capacidade profissional específica. Decerto que mais pessoas falham por não conhecerem os requisitos do que é ser-se empregado do que por não possuírem as capacidades adequadas para realizar uma tarefa; quanto mais alto subirem na escada, mais participam no trabalho administrativo ou executivo, e maior a ênfase na capacidade para trabalhar no interior da organização do que na competência técnica ou no conhecimento profissional.

Ser empregado é, assim, a característica comum da maioria das carreiras atuais. A profissão ou a capacidade profissional é visível e claramente definida; e uma sequência bem definida de cursos, graus académicos e tarefas conduzem até ela. Mas ser-se empregado é a base, e é muito mais difícil alguém preparar-se para ela. No entanto, não existe qualquer informação registada sobre a arte de se ser empregado.

A Capacidade Básica: Comunicação

A primeira questão que poderemos colocar: o que é que podemos aprender que nos ajude a ser um empregado? As escolas ensinam muitas coisas com valor para o futuro contabilista, o futuro médico ou o futuro eletricista. Também ensinam alguma coisa com valor para o futuro empregado? A resposta é: «Sim, ensinam a única coisa que talvez seja a mais valiosa que o futuro empregado tem de saber. Mas muito poucos estudantes se dão ao trabalho de aprendê-la.»

Esta competência básica é a capacidade de organizar e exprimir ideias escrita e oralmente.

Como empregados, trabalham com outras pessoas e através de outras pessoas. Isto significa que o vosso sucesso como empregados — e estou aqui a falar de muito mais do que serem promovidos — dependerá da vossa capacidade para comunicar com pessoas e de lhes apresentar os vossos próprios pensamentos e ideias, para que percebam o que pretendem e sejam persuadidas. A carta, o relatório ou o memorando, a «apresentação» oral de dez minutos a uma comissão, são as ferramentas básicas do empregado.

Se trabalharem ao balcão de um restaurante de hambúrgueres de uma cadeia de comida rápida, claro que não precisarão de uma grande capacidade para se expressarem de modo a serem efetivos. Se trabalharem com uma máquina, a vossa capacidade para se exprimirem terá pouca importância. Mas, assim que derem um passo em direção ao topo, a vossa efetividade dependerá da vossa capacidade para chegarem aos outros através da palavra falada ou escrita. E, quanto mais o vosso trabalho estiver afastado do trabalho manual, quanto maior for a organização onde forem empregados, mais importante será saberem transmitir os vossos pensamentos, escrita ou oralmente. Numa organização de grandes dimensões, quer seja no Estado, na grande multinacional, ou no exército, esta capacidade de se expressarem talvez seja a mais importante de todas as capacidades a deter.

Claro que a expressão não é suficiente por si só. Em primeiro lugar, têm de ter algo a dizer. A imagem popular do engenheiro, por exemplo, é a de alguém que trabalha com uma máquina de calcular, um estirador e um compasso. E os estudantes de engenharia refletem esta imagem na sua atitude em relação à palavra escrita, como algo irrelevante para as suas tarefas. Mas a eficácia dos engenheiros — e, juntamente com ela, a sua utilidade — vive tanto da sua capacidade para fazer com que os outros entendam o seu trabalho como da qualidade do que produzem.

Expressarem os vossos pensamentos é algo que a escola pode realmente ensinar, em especial às pessoas que nasceram sem uma capacidade natural para escrever ou saber falar. Muitas outras capacidades podem ser aprendidas mais tarde — neste país, existem literalmente milhares de lugares que oferecem formação a adultos no seu trabalho. Mas os alicerces para as capacidades de expressão têm de ser construídos desde cedo: o interesse pelo ouvido para a língua; a experiência de organizar ideias e dados, em afastar o que é irrelevante, em ligar a forma exterior e o conteúdo interno numa única estrutura; e, acima de tudo, o hábito da expressão verbal. Se não construírem estes alicerces durante os anos de escola, poderão não voltar a ter essa oportunidade.

Deverão ter disciplinas em que escrevam poesia e contos. A maioria não se transformará em poetas e escritores de contos, longe disso. Contudo, estas duas disciplinas proporcionam a forma mais fácil de obter alguma capacidade de expressão. Forçam-vos a ser económicos com a linguagem, a organizar o pensamento. Exigem que deem significado a cada palavra. Treinam o ouvido para a língua, o seu significado, a sua precisão, os seus matizes — e as suas armadilhas. Acima de tudo, forçam-vos a escrever.

Sei muito bem que o empregado típico não compreende isto e que poderá olhar com suspeita para um jovem colega licenciado cuja disciplina de eleição, digamos, foi escrita de contos. Mas o mesmo empregador irá contratar recém-licenciados e queixar-se — e com razão — que não sabem escrever um simples relatório, não sabem contar uma simples história e que são, de facto, virtualmente iletrados. E o empregador concluirá — com razão — que os jovens licenciados não são realmente eficazes e, certamente, empregados que não chegarão muito longe.

Que Tipo de Empregado?

A pergunta seguinte a fazer é: que tipo de empregado deverão ser? Não prestem atenção àquilo que os outros vos disserem. Esta é uma pergunta a que só os próprios poderão responder. Envolve uma escolha em quatro áreas — uma escolha que só o próprio pode fazer e que não poderão evitar facilmente. Mas, para fazerem a escolha, primeiro, terão de se testar no mundo do trabalho durante algum tempo.

Eis as quatro decisões — primeiro numa breve descrição, depois em maior pormenor:

1. Pertencem a um trabalho que exija, acima de tudo, uma performance fiel e rotineira e que prometa segurança? Ou pertencem a um trabalho que ofereça um desafio à imaginação e ao engenho — com a respetiva penalização pelo fracasso?
2. Pertencem a uma grande organização, ou a uma pequena? Trabalham melhor através de canais ou de contactos diretos? Preferem ser uma pequena peça numa grande e poderosa máquina ou uma grande roda dentada numa máquina pequena?
3. Prefeririam começar por baixo e tentar subir, ou começar perto do topo? No degrau inferior da escala de promoções, com uma base sólida e segura, mas também com uma longa subida pela frente? Ou no trapézio aéreo de um «estagiário de gestão» ou em alguma posição próxima da gestão?
4. Finalmente, irão ser mais eficazes e felizes como especialistas ou como «generalistas», ou seja, numa tarefa administrativa?

Deixem que vos exponha o que cada uma destas quatro decisões envolve.

Gostam de «Segurança»?

A decisão entre um trabalho rotineiro e estável e um trabalho inseguro que desafie a imaginação e o engenho é uma das decisões que as pessoas acham mais fácil de tomar. Desde muito cedo que sabem que tipo de pessoa são. Encontram uma verdadeira satisfação na precisão, na ordem e no sistema de uma tarefa claramente delineada? Preferem a segurança não apenas de saberem o que é hoje o vosso trabalho e o que será amanhã, mas também a segurança no vosso trabalho, na vossa relação com os superiores, os inferiores e os colegas, e a segurança económica? Ou são uma dessas pessoas que tendem a ficar impacientes com algo que se pareça com um trabalho de «rotina»? Estas pessoas são geralmente capazes de viver numa situação confusa, na qual as suas relações com as pessoas à sua volta não são claras nem estáveis. Tendem a dar menos atenção à segurança económica e não acham muito preocupante mudar de emprego.

Evidentemente que não existe uma distinção assim, preto no branco, entre as pessoas. Aquela pessoa que só consegue fazer um trabalho de esforçado pormenor e não tem imaginação, não serve para grande coisa. Nem aquela que se arma em «génio», que só tem ideias grandiosas e nenhuma capacidade para a aplicação ao pormenor. Mas, em praticamente toda a gente, encontrei sempre uma tendência acentuada para um dos lados.

A diferença é de personalidade básica. Não é muito afetada pelas experiências das pessoas; provavelmente, toda a gente nasceu com uma ou com outra. A necessidade de segurança económica é, na maior parte das vezes, mais uma consequência da necessidade de segurança psicológica do que um fenómeno em si mesmo. Mas, precisamente porque a diferença é de temperamento básico, a análise ao tipo de temperamento é vital. Um homem ou uma mulher poderá ser feliz num trabalho para o qual tenha pouca *aptidão*; poderá ter bastante sucesso nele. Mas não poderá ser feliz nem bem-sucedido num trabalho para o qual for *temperamentalmente* desadequado.

Em especial na grande organização, não existem oportunidades de trabalho suficientes para os jovens que precisam de desafios e risco. Os trabalhos em que existe maior ênfase no desempenho consciente de deveres bem organizados do que na imaginação — especialmente para principiantes — serão encontrados, por exemplo, nos trabalhos internos da banca e dos seguros, que normalmente oferecem uma grande segurança de emprego, mas não uma rápida promoção, nem um grande salário. O mesmo se aplica à maioria do trabalho no funcionalismo público, na indústria ferroviária, em particular nos ramos dos escritórios e da engenharia, e no serviço público em geral. As áreas dos registos e contabilidade, em especial nas grandes empresas, são em geral também deste tipo — embora um supervisor contabilístico seja um contabilista com grande capacidade de gestão e imaginação negocial.

No outro extremo, encontram-se áreas como comprar, vender e publicitar, em que a ênfase está na adaptabilidade, na imaginação e num desejo de fazer coisas novas e diferentes. Nessas áreas, em termos gerais, há pouca segurança, quer pessoal, quer económica. As recompensas, contudo, são altas e surgem mais depressa. Um prémio importante à imaginação — embora de um tipo diferente e junta a uma férrea persistência nos pormenores — prevalece na maior parte do trabalho de pesquisa e engenharia. Os trabalhos na produção, como supervisor ou executivo, também exigem muita adaptabilidade e imaginação.

Contrariamente à crença comum, as empresas muito pequenas exigem, acima de tudo, uma grande atenção à rotina diária. Dirigir uma loja de bairro ou uma pequena mercearia, ou ser representante, depende em grande parte da atenção aos pormenores. Mas, numa empresa muito pequena, há também lugar para algumas pessoas com outro tipo de personalidade — o inovador ou imaginativo. Se for bem-sucedida, uma pessoa deste tipo depressa deixa de estar numa empresa muito pequena. Para o verdadeiro inovador, neste país continua a não haver oportunidade mais prometedora do que construir uma grande empresa a partir de uma pequena.

Grande ou Pequena Empresa?

Quase tão importante é a decisão de trabalhar numa empresa grande ou pequena. A diferença talvez não seja tão grande como entre o trabalho seguro e rotineiro e o trabalho inseguro e imaginativo, mas a decisão errada poderá ser igualmente séria.

Existem duas diferenças básicas entre a grande e a pequena empresa. Na pequena empresa, opera-se sobretudo através de contactos pessoais. Na grande empresa, há «políticas» estabelecidas, «canais» organizativos e procedimentos bastante rígidos. Na pequena empresa, terão, além disso, efetividade imediata numa área muito pequena. Podem ver o efeito do vosso trabalho e das vossas decisões de imediato, a partir do momento em que se encontrem um pouco acima da base. Na grande empresa, mesmo a pessoa no topo é apenas um parafuso da engrenagem numa grande máquina. Claro que as suas ações afetam uma área muito maior do que as ações ou decisões de uma pessoa na pequena organização, mas a sua efetividade é remota, indireta e fugidia. Numa empresa pequena, ou mesmo média, ficam normalmente expostos a todos os tipos de experiências e é esperado que façam muitas coisas sem grande ajuda ou orientação. Na grande organização, ensinam-vos, em geral, uma coisa do princípio ao fim. Numa pequena empresa, o perigo é tornarem-se pau para toda a obra, sem dominarem nada. Na grande empresa, há o perigo de se tornarem na pessoa que sabe cada vez mais acerca de cada vez menos.

Há ainda outra coisa importante a considerar: retiram uma profunda sensação de satisfação por serem um membro de uma organização muito conhecida — da General Motors, da Bell Telephone System, ou do governo? Ou é mais importante serem uma figura conhecida e importante na vossa própria área? Há uma diferença básica entre a satisfação por serem um membro de uma grande, poderosa e geralmente muito conhecida organização e aquela que deriva de se ser um membro da família; entre a grandeza impessoal e a intimidade pessoal — frequentemente, demasiadamente pessoal; entre a vida num pequeno cubículo do último andar de um arranha-céus e a vida numa estação de serviço da autoestrada.

Começar por Baixo ou...?

Poderão achar absurdo dizer que alguém tem uma escolha entre começar por baixo e começar próximo do topo. E, de facto, não estou a dizer que têm de escolher entre um trabalho de principiante e, digamos, a vice-presidência da General Electric. Mas têm uma escolha entre uma posição na base da hierarquia e uma outra que esteja fora da hierarquia, mas apontada ao topo. É uma escolha importante.

Em toda a organização, mesmo na mais pequena, há posições que, embora subordinadas, com um salário modesto e, geralmente, preenchidas por empregados jovens e principiantes, não estão na base. Há posições como assistente de um dos chefes; posições como assistente privado; posições de intermediação em vários departamentos. Também há posições na área da formação, na engenharia industrial, na contabilidade, no pessoal, e outras. Todas estas permitem uma panorâmica geral e não apenas de uma pequena área. Todas elas normalmente levam a que quem a ocupe fique incluído nas deliberações e nas discussões no topo, nem que seja entre a audiência silenciosa, ou como alguém que vai fazer um recado. Cada uma destas posições é uma posição «perto do topo», por muito humilde e mal paga que seja.

A grande maioria dos trabalhos de principiante é na base, onde começam por um departamento ou numa linha de trabalho na função mais baixa e pior paga e onde se espera que vão progredindo na carreira, à medida que vão adquirindo maior capacidade e julgamento.

Diferentes pessoas pertencem a estes dois tipos de trabalho. Em primeiro lugar, o trabalho «junto ao topo» é inseguro. Ficam expostos à visão pública. A vossa posição é ambígua; não são nada em si mesmos, mas refletem o estatuto do chefe; dentro de relativamente pouco tempo, poderão mesmo falar pelo chefe. Poderão ter verdadeiro poder e influência. Nas empresas e nas organizações públicas atuais, a mão que escreve o memorando comanda a comissão; e em geral é o jovem empregado quem escreve os memorandos, ou pelo menos o primeiro esboço. Mas, por essa mesma razão, é invejado por toda a gente. É o jovem que foi admitido na companhia cá em cima e, portanto, espera-se que mostre uma capacidade invulgar e, sobretudo, uma invulgar discrição e capacidade de julgar. O bom desempenho numa tal posição é frequentemente a chave para um rápido progresso. Mas a queda pode significar o fim de todas as esperanças de alguma vez chegar a algum lado dentro da organização.

Na base, por outro lado, há muito poucas oportunidades para se cometerem erros graves. Estão amplamente protegidos por todo o dispositivo da autoridade. O trabalho em si é normalmente simples, exigindo pouca capacidade de julgamento, discrição ou iniciativa. Mesmo um desempenho excelente num tal trabalho terá baixa probabilidade de acelerar uma promoção. Mas será também preciso um falhanço espetacular para se ser notado por alguém que não seja o seu superior imediato.

Especialista ou Generalista

Há muitas grandes carreiras em que o foco está cada vez mais na especialização. Encontram-se estas carreiras na engenharia e na contabilidade, na produção, no trabalho estatístico e no ensino. Mas há uma procura crescente por pessoas que sejam capazes de abarcar uma grande área com uma vista de olhos, pessoas que talvez não saibam muito acerca de uma área — embora deva haver sempre uma área de verdadeira competência. Há, por outras palavras, procura por pessoas que sejam capazes de ver a floresta em vez das árvores, ou de fazer juízos generalizados. E estes «generalistas» são particularmente necessários nas posições administrativas, que tenham como tarefa ver se as outras pessoas fazem o seu trabalho, planear para outras pessoas, organizar o trabalho dos outros, iniciá-lo e avaliá-lo.

Os especialistas compreendem uma área. A sua principal preocupação é com a técnica, com as ferramentas, com os meios. Os especialistas são «treinados» e a sua formação educacional é adequadamente técnica ou profissional. O generalista — e, especialmente, o administrador — lida com pessoas. A principal preocupação do generalista é a liderança, o planeamento, a orientação e a coordenação. Os generalistas são «educados» e a humanidade é o seu alicerce mais forte. Muito raramente um especialista é capaz de ser um administrador. E muito raramente um bom generalista é também um bom especialista numa área em particular. Qualquer organização precisa de ambos os tipos de pessoa, embora diferentes organizações precisem delas em proporções diferentes. Cabe-vos descobrir, durante a vossa aprendizagem, em qual das categorias laborais encaixam e planear a vossa carreira de acordo com isso.

O vosso primeiro trabalho poderá revelar-se o trabalho certo — mas isso será uma pura casualidade. Claro que não deverão andar sempre a mudar de emprego, ou as pessoas ficarão desconfiadas — acertadamente — acerca da vossa capacidade para manter um emprego. Ao mesmo tempo, não deverão encarar o vosso primeiro emprego como o emprego final; é primeiramente um emprego de treino, uma oportunidade para se analisarem, bem como à vossa adequação para serem empregados.

A Importância de Ser-se Despedido

De facto, há bastante a dizer acerca de alguém ser despedido do seu primeiro emprego. Uma das razões é que raramente é uma vantagem ter começado num serviço de escritório numa organização; muitas pessoas continuarão a considerar um «miúdo inexperiente» alguém que lá está há vinte e cinco anos. Mas a principal razão é que ser despedido do primeiro emprego é a forma menos dolorosa e menos prejudicial de aprender a aceitar um desaire. «E aquele que o Senhor ama, o Senhor ensina a aceitar um desaire.»

Não há ninguém, atrevo-me a dizer, que não tenha atravessado um período em que tudo parece ter caído em ruínas, e em que anos de trabalho e de vida parecem ter-se evaporado. Ninguém pode ser poupado a esta experiência, mas pode preparar-se para ela. Alguém que já tenha passado por desaires terá aprendido que o mundo não acaba por se perder o emprego, nem por se ter uma depressão. A lição é que é possível sobreviver. A lição é que a forma de alguém se comportar perante um desaire não é ir-se abaixo. Mas a pessoa que o enfrenta pela primeira vez aos quarenta e cinco anos terá a probabilidade de se ir abaixo para sempre, porque as coisas que as pessoas estão aptas a fazer quando recebem o primeiro golpe impiedoso podem destruir uma pessoa madura, especialmente alguém com uma família, ao passo que um jovem de vinte e cinco anos recupera.

Obviamente, não podem fazer com que sejam despedidos. Mas podem sempre demitir-se. E talvez seja ainda mais importante demitirem-se do que terem sido despedidos uma vez. A pessoa que se vai embora por vontade própria adquire uma independência interior que nunca perderá por completo.

Quando Se Devem Demitir

Saber a altura em que deve demitir-se é, assim, uma das coisas mais importantes — particularmente para o principiante —, pois, em geral, os jovens têm uma tendência para se agarrarem ao primeiro emprego muito para lá da altura em que se deviam ter-se demitido para o seu próprio bem.

Uma pessoa deve demitir-se quando se autoanalisa e verifica que o emprego é o emprego errado — que, por exemplo, não oferece a segurança e a rotina que se deseja, que é um emprego numa pequena empresa e não numa grande organização, que é na base e não perto do topo, que é de especialista e não de generalista, e assim por diante. Uma pessoa deve demitir-se se o trabalho exigir um comportamento que se considere moralmente indefensável, ou se toda a atmosfera do lugar é moralmente corruptora — quando, por exemplo, apenas são toleradas pessoas que concordam e bajulam.

A pessoa também deverá demitir-se se o emprego não lhe oferecer a formação de que precisa numa especialidade ou na administração e da visão da totalidade. O principiante não tem só o direito de esperar formação durante os seus primeiros cinco ou dez anos num trabalho; tem a obrigação de obter o máximo de formação possível. Um emprego em que os jovens não recebem formação real — embora, evidentemente, a formação não tenha de ser um «programa de formação» formal — não está à altura daquilo que tem o direito e o dever de esperar.

Mas a razão mais comum pela qual alguém se deve demitir é a ausência de oportunidades de promoção na organização. Esta é uma razão premente.

Não acredito que a possibilidade de promoção seja a essência de um trabalho. Na realidade, não há forma mais segura de matar um trabalho e a sua própria utilidade do que considerá-lo apenas como mais um degrau na escada promocional e não como uma tarefa em si mesma que merece um esforço sério e que oferecerá satisfação, um sentimento de realização e orgulho. E uma pessoa pode ser um membro importante e respeitado de uma organização sem nunca ter recebido uma promoção; há pessoas assim em praticamente todos os escritórios. Mas a própria organização deve oferecer oportunidades de evolução justas. Caso contrário, estagna, torna-se corrompida e, por sua vez, corrompe. A ausência de oportunidades de progressão é desmoralizadora. E, quanto mais cedo alguém sai de uma situação desmoralizadora, melhor. Há três situações a que estar atento.

O grupo inteiro poderá ser tão jovem que, durante anos, não haverá lugares vagos. Esta era uma situação bastante comum há trinta anos, como consequência da depressão financeira. Os cargos da gestão média e inferior, em muitas empresas, estavam solidamente preenchidos por homens de quarenta e cinquenta e poucos anos — homens que eram muito jovens para se reformar, mas que estavam demasiadamente envelhecidos, durante os sombrios dias dos anos 30, para serem promovíveis. Em resultado disso, os jovens abaixo deles ficavam asfixiados, pois é rara a organização que promove um jovem em detrimento de um superior mais velho. Se alguém se vir preso em tal situação, deve sair rapidamente. Ficar à espera só o derrotará.

Outra situação sem oportunidades promocionais é aquela em que o grupo à vossa frente é uniformemente velho — tão velho que terá de ser substituído muito antes de serem considerados prontos para subir. Mantenham-se afastados de organizações que têm uma estrutura de idades uniforme em todo o seu grupo executivo — jovens ou velhos. A única organização que oferece oportunidades de promoção justas é aquela em que existe um equilíbrio de idades.

Quem É Promovido?

E, finalmente, há a situação em que todas as promoções são destinadas a membros de um grupo em particular — a que a pessoa não pertence. Algumas companhias químicas, por exemplo, exigem um mestrado em Química para qualquer cargo acima de varredor. Há empresas que promovem apenas licenciados em Engenharia, algumas agências governamentais apenas sobem pessoas com formação em Economia, algumas companhias ferroviárias apenas o fazem com estenógrafos masculinos, e algumas companhias de seguros britânicas fazem-no apenas com membros da associação dos atuários. Ou todos os bons cargos podem estar reservados para membros da família. Poderão existir oportunidades de progressão adequadas numa tal organização — mas são para os outros.

No geral, existem proporcionalmente mais oportunidades na grande organização do que na pequena. Mas há um perigo muito real de alguém ficar perdido numa grande organização — ao passo que serão sempre visíveis numa pequena. Um jovem deverá, portanto, permanecer numa grande organização apenas se esta tiver um programa promocional definido, que garanta que será considerado e tido em conta. Isto poderá tomar várias formas: poderá ser uma avaliação formal e um programa de desenvolvimento; poderá ser uma promoção automática por antiguidade, como no exército antes da guerra; poderá ser uma estrutura organizacional que, na realidade, transforma uma grande empresa num número de pequenas organizações em que todos são claramente visíveis (o termo técnico para isto é «descentralização»).

Mas as técnicas não nos interessam aqui. Aquilo que importa é que deverão existir oportunidades adequadas e também uma garantia justa de que serão elegíveis e considerados para uma promoção. Deixem que repita: ser promovido não é essencial, nem para a felicidade, nem para a utilidade. Ser considerado para promoção, é.

A Vossa Vida Fora do Emprego

Tenho mais uma coisa a dizer: para se ser empregado, não basta que o emprego seja o certo e que sejam a pessoa certa para o emprego. É também necessário que tenham uma vida com significado fora dele.

Estou a falar de terem um interesse genuíno em algo em que possam ser, se não um mestre, pelo menos um especialista-amador. Poderá ser em botânica, ou na história do vosso país, ou música de câmara, carpintaria, cultivo de árvores de Natal, ou milhares de outras coisas. Mas é importante, nesta nossa «sociedade de empregados», ter um interesse genuíno fora do trabalho e levá-lo a sério.

Não estou a pensar, como poderão suspeitar, em algo que vos mantenha vivos e interessados durante a vossa reforma. Estou a falar de se manterem vivos, interessados e felizes durante a vossa vida ativa e de terem uma permanente fonte de respeito próprio e de reputação junto da comunidade fora, e para lá, do vosso trabalho. Precisarão de um interesse desses quando chegarem aos quarenta anos, aquela altura em que a maioria de nós percebe que nunca atingirá os objetivos a que se propôs quando era mais novo — quer sejam objetivos de realização quer de sucesso mundano. Precisarão disso, porque deverão ter uma área em que imponham padrões de desempenho ao vosso próprio trabalho. Finalmente, precisarão disso porque encontrarão reconhecimento e aceitação por parte das outras pessoas que trabalhem nessa área, quer sejam profissionais ou amadores, como indivíduos e não como membros de uma organização e como empregados.

Esta é uma filosofia herética, nestes dias em que tantas empresas acham que o melhor empregado é o homem que vive, bebe, come e dorme com o emprego e a empresa. Na verdadeira experiência, essas pessoas que não têm vida fora dos seus empregos não são realmente as pessoas bem-sucedidas, nem sequer do ponto de vista da empresa. Vi muitas delas descolarem como foguetões, por não terem outros interesses para lá dos empregos; mas também caem como foguetes sem rastilho. Quem fará a maior contribuição para uma empresa será a pessoa madura — e não poderá ter maturidade se não tiver vida ou interesses fora do trabalho. As nossas grandes empresas estão a começar a perceber isto. O facto de muitas delas encorajarem as pessoas a terem «interesses lá fora», ou a desenvolverem *hobbies* como preparação para a reforma é o primeiro sinal de mudança em direção a uma atitude mais inteligente. Mas, independentemente do interesse do empregador, o vosso próprio interesse como empregado exige que desenvolvam um interesse externo. Tornar-vos-á mais felizes, mais efetivos e dar-vos-á resistência contra os desaires e as pancadas que são o destino de toda a gente; e tornar-vos-á empregados mais eficazes, mais bem-sucedidos e mais maduros.

Com certeza que perceberam que não falei sobre como ser um empregado. Falei daquilo que há a saber antes de alguém se tornar empregado — o que é algo bastante diferente. Talvez «como ser um empregado» só possa ser aprendido quando se é um empregado. Mas há uma coisa que pode ser dita: ser empregado significa trabalhar com pessoas; significa viver e trabalhar numa sociedade. A inteligência, em última análise, não é a qualidade mais importante. O que é decisivo é o carácter e a integridade. Se trabalharem sozinhos, a inteligência e a habilidade poderão ser suficientes. Se trabalharem com pessoas irão falhar se não possuírem uma integridade básica. E a integridade — o carácter — é a coisa mais importante, se não for a única, que os empregadores consideram.

Há muitas competências que poderão aprender para serem empregados, muitas capacidades que vos são exigidas. Mas, fundamentalmente, a qualidade que vos será exigida não será nenhuma capacidade, nenhum conhecimento, nenhum talento, mas carácter.

PARTE VI

A Gestão na Sociedade e na Cultura

CAPÍTULO VINTE E TRÊS

Gestão e Qualidade de Vida

AS «RESPONSABILIDADES SOCIAIS DA EMPRESA» têm sido discutidas desde há um século. Na verdade, podemos encontrar um ou dois capítulos sobre responsabilidade social — ou um título semelhante — em quase todos os textos sobre gestão geral.

Mas, desde o início da década de sessenta, o sentido da expressão «responsabilidade social da empresa» mudou radicalmente.

As discussões anteriores acerca das responsabilidades sociais da empresa centravam-se em três áreas. Uma era a questão perene da relação entre a ética privada e a ética pública. Até que ponto alguém, enquanto gestor encarregado de uma organização, está obrigado à sua ética individual, e até que ponto a sua responsabilidade perante a organização lhe permite — ou mesmo talvez obrigue — recorrer a um comportamento privadamente antiético pelo bem da organização? O texto para esta discussão, conscientemente ou não, é um velho epigrama dos políticos: «Que patifes seríamos se fizéssemos nas nossas vidas privadas aquilo que fazemos pelos nossos países na nossa capacidade pública.»

O segundo principal tópico era a responsabilidade social dos empregadores para com os empregados, em virtude do seu poder e riqueza.

Finalmente, a responsabilidade social era o termo usado para exprimir — ou atribuir — a responsabilidade da empresa em relação à «cultura» da comunidade; apoio às artes, aos museus, à ópera, à orquestra sinfónica; o serviço como provedor das administrações de instituições educativas e religiosas e também o financiamento de filantropias e outras causas comunitárias. E, em particular nos Estados Unidos, a disponibilidade para servir em posições governamentais ou semigovernamentais tornou-se, neste século, uma importante responsabilidade social do executivo.

Em termos gerais, a análise tradicional não estava preocupada, como afirmava estar, com a responsabilidade social da empresa, mas com a responsabilidade social das pessoas da empresa. E a maior ênfase era colocada naquilo com que deveria, ou poderia, contribuir fora das horas de trabalho e fora da empresa.

Depois da Segunda Guerra Mundial, a contribuição da empresa ganhou importância. Isto resultou das leis fiscais que, por um lado, abrandavam a acumulação de grandes fortunas por parte dos indivíduos e, por outro, encorajavam e tornavam altamente atraentes contribuições para a caridade por parte de uma companhia. A ênfase, nos outros aspectos, manteve-se inalterada. Enquanto, há uma geração, se esperava que o «rico empresário» financiasse o hospital, depois da Segunda Guerra Mundial esperava-se que a grande empresa apoiasse causas louváveis. A ênfase continuava a estar nas «causas» exteriores, e não no comportamento e ações da própria empresa.

Quando as responsabilidades são discutidas hoje em dia, porém, a ênfase é muito diferente. Está naquilo que a empresa deveria ou poderia *fazer* para enfrentar e resolver os problemas da sociedade. Está na contribuição que a empresa pode dar para enfrentar problemas como a discriminação racial e a integração social nos Estados Unidos, ou pela conservação e recuperação do ambiente físico. Um dos melhores exemplos desta nova atitude vem da Suécia.

Várias grandes empresas suecas, especialmente a ASEA, a grande fabricante de aparelhos elétricos, foram severamente atacadas na imprensa sueca, no final dos anos 60, por participarem num importante projeto de energia elétrica em África. O projeto era financiado pela ONU e pelo Banco Mundial; fora também apoiado pelo governo socialista da Suécia. O seu propósito era elevar os padrões de vida de uma região desesperadamente pobre da África negra, mas estava localizado numa colónia portuguesa. E assim, como era veementemente argumentado, as companhias suecas que nele participavam estavam a «apoiar o colonialismo» ao ajudarem a elevar os padrões de vida da população nativa. Era seu dever, continuava o argumento, contribuir para a «queda do colonialismo», o que seria melhor conseguido mantendo os nativos desesperadamente pobres, em vez de os fazer prosperar sob o «explorador imperialista».

A afirmação mais extrema das responsabilidades sociais da empresa talvez tenha sido uma declaração feita durante os anos 60 pelo presidente da Câmara de Nova Iorque, John Lindsay.

O presidente da Câmara apelava às grandes empresas de Nova Iorque para que «adotassem» um bairro negro do gueto e que se certificassem de que as pessoas nesse bairro tivessem asseguradas as necessidades de vida, obtivessem educação e conseguissem empregos. E, depois, acrescentava que esperava que essas grandes empresas se certificassem também de que cada família negra tivesse um homem em casa que fosse marido da sua mulher e pai dos seus filhos.

Apenas dez anos antes, ninguém teria imaginado, nem mesmo o maior dos «esquerdistas» ou «progressistas», em censurar as empresas pela sua recusa em anular a política externa do seu próprio governo (e ainda mais um governo socialista), ou por evitar o controlo paternalista da vida sexual de cidadãos que nem sequer eram seus empregados.

Este novo conceito de responsabilidade social já não pergunta quais são as limitações da empresa, ou aquilo que a empresa deveria fazer por aqueles que estão sob a sua autoridade imediata. Exige que aquela assuma a responsabilidade por problemas sociais, questões sociais, objetivos sociais e políticos e que se torne a guardiã da consciência da sociedade e a solucionadora dos problemas da sociedade.

Mas, cada vez mais, está a ser exigida responsabilidade social a instituições não-empresariais na sociedade. Universidades, hospitais e agências governamentais, mas também sociedades eruditas, quer sejam de médicos, historiadores ou linguistas, estão a ser cada vez mais confrontadas com exigências semelhantes e atacadas por não assumirem a responsabilidade pelos males e problemas da sociedade.

No início dos anos 60, os motins contra a universidade foram originados por queixas estudantis. Mas os motins de estudantes de 1968, que quase destruíram a Universidade de Columbia, na cidade de Nova Iorque, foram desencadeados por queixas de que a universidade não assumira a responsabilidade completa pela vizinha comunidade negra do Harlem e que falhara ao não subordinar os seus próprios objetivos educativos às alegadas necessidades dos desempregados de longa data do Harlem.

Qual É a Explicação?

A explicação mais popular e mais óbvia é a errada. Não é a hostilidade em relação à empresa que explica o surto de exigências de responsabilidade social; pelo contrário, é o sucesso do sistema empresarial que conduziu a novas e, em muitos casos, exageradas expectativas. A exigência de responsabilidade social é, em grande medida, o preço do sucesso.

Nos países desenvolvidos, tomamos agora o desempenho económico como garantido. Isto levou à crença de que existe, ou deveria existir, uma capacidade universal de desempenho económico. Levou-nos a acreditar que os mesmos esforços que, no período de um século, levaram um terço da humanidade da pobreza à abundância, poderão, em menos tempo, levar os restantes dois terços à abundância ou, pelo menos, conduzi-los a um rápido desenvolvimento económico.

Há menos de duas gerações, nos anos da Primeira Grande Guerra, a pobreza ainda era considerada condição universal. Ninguém partia do princípio de que o desenvolvimento económico era a regra. Era a exceção. Aquilo que era considerado surpreendente em 1900, ou mesmo em 1950, não era que a Índia continuasse pobre. Na verdade, qualquer pessoa que na altura tivesse falado acerca do desenvolvimento económico da Índia teria sido considerado insano. O que era excecional, e verdadeiramente surpreendente, era que o Japão tivesse conseguido escapar à pobreza universal da humanidade e iniciado a via do desenvolvimento. Hoje em dia, a falta de desenvolvimento é considerada a exceção e o «problema». E, por muito rápido que um desenvolvimento seja — por exemplo, no Brasil, depois da Segunda Guerra Mundial —, é considerado desadequado por não levar um país inteiro, no espaço de uma geração, da miséria extrema a uma confortável abundância.

Ninguém, há duas gerações apenas, esperava que a pobreza desaparecesse, mesmo nos países desenvolvidos e ricos dessa altura. Poucas pessoas acreditariam nas descrições e nas ilustrações do primeiro inquérito sistemático aos pobres, naquela que é hoje a mais rica das cidades, Londres, que Charles Booth publicou mesmo antes do virar do século. Apenas as histórias de terror que hoje nos chegam vindas de Calcutá se lhes comparam. No entanto, para os contemporâneos, a Londres pobre da década de 1890 parecia abastada em comparação com as condições descritas e ilustradas vinte anos antes, em relação às quais o companheiro de Marx, Friedrich Engels, ao reeditar em 1896 o seu anterior *As Condições das Classes Trabalhadoras em Inglaterra*, era forçado a reconhecer que a sua, e de Marx, anterior profecia do crescente «pauperismo» do «proletariado» já não poderia ser mantida.

Em particular, a pobreza que nos é hoje mais escandalosa, ou seja, a pobreza no meio da abundância, era tomada como garantida. Ninguém, no século XIX ou no início do século XX, esperava que os imigrantes pré-industriais nas cidades industriais fossem mais do que pobres, destituídos, incompetentes e desgraçados. Ninguém esperava uma rápida transformação dos bairros de lata do Lancashire industrializado, nem da Viena de Áustria em industrialização, por volta de 1900. Tudo o que alguém poderia esperar era alguma humanidade para aliviar os piores sofrimentos, e um pouco de caridade. Na melhor das hipóteses, havia tentativas para ajudar um talento invulgar ou uma ambição pessoal a elevar-se acima da destituição abjeta. Para o marxista ortodoxo, mesmo isto, era um romantismo sentimental. Seguindo o mestre, estas pessoas eram o *Lumpenproletariat* e incapazes de melhorar, quer individual, quer coletivamente.

Nada, na anterior história social e económica, iguala o recente desenvolvimento económico e social do negro americano. No período de vinte anos, entre 1950 e 1970, dois terços do grupo de imigrantes menos preparado e menos favorecido entre os imigrantes pré-industriais da civilização moderna tinham deixado a pobreza extrema e ascendido à classe média. Tinham adquirido competência e empregos. Uma maior proporção dos seus filhos adquiriu educação superior face aos filhos dos grupos de imigrantes mais antigos na cidade, como os italianos ou os polacos, que não encontraram barreira «racial».

O negro americano é reconhecidamente um problema muito especial. Mas, apesar disso, a diferença entre aquilo que era considerado sucesso apenas há meio século e aquilo que é agora considerado um sombrio fracasso ilustra até que ponto o sucesso mudou as expectativas. Mesmo as pessoas da «classe média» abastada de ontem tinham menos qualidade de vida do que aquela que agora vulgarmente esperamos.

Os edifícios de apartamentos do final do século XIX ainda estão de pé na maioria das cidades europeias. Dificilmente constituem uma «boa habitação» — com pouco arejamento e escuras, com divisões exíguas, cinco andares sem elevador, com aquecimento a carvão ou lenha apenas na «sala» e uma minúscula e sombria casa de banho para uma família de sete pessoas. No entanto, foram construídos para as novas classes médias. Os cuidados de saúde eram praticamente inexistentes, a educação além do nível elementar um privilégio de alguns, o jornal era um luxo. E, por muito sério que seja o problema ambiental que o carro coloca hoje em dia, o cavalo era mais sujo, cheirava pior, matava e feria mais pessoas e congestionava as ruas da mesma maneira.

E a vida na quinta, ou seja, a vida da grande maioria, conseguia ser ainda mais pobre, mais suja, mais perigosa e mais animalesca.

Ainda em 1900 ou 1914, a qualidade de vida era uma preocupação de apenas alguns que eram ricos. Para todos os outros, só o «escapismo» era permitido, através dos romances cor-de-rosa que se vendiam aos milhões. A realidade, contudo, era a entorpecedora luta diária por um pouco de comida, um trabalho horrível e dinheiro suficiente para pagar o prémio do seguro de um funeral.

Podermos preocupar-nos com a qualidade de vida é, portanto, um enorme sucesso. E é apenas certo e natural que se espere que os mesmos grupos de liderança que foram responsáveis pelo sucesso providenciando «quantidades de vida» assumam agora a responsabilidade pela qualidade de vida.

A mesma razão explica a exigência de responsabilidade social por parte da universidade, pois a universidade é também uma história de sucesso do século XX.

«Se a ciência nos pode dizer como pôr um homem na Lua», diziam repetidamente os ativistas estudantis dos anos 60, «com certeza que nos pode dizer como criar um ambiente decente, como salvar as nossas cidades das drogas, como tornar os casamentos felizes e fazer com que as crianças gostem da escola. A única razão para não o fazer está nas "prioridades de valores erradas", ou numa pérfida conspiração».

Claro que estes argumentos são ingénuos, mas não são irracionais. O clamor pela responsabilidade social espera demasiado, ainda que espere as coisas certas. A sua raiz não é a hostilidade em relação à autoridade, mas a confiança excessiva nos gestores e na gestão.

O Desapontamento com o Governo

Em cima disto tudo, surge um crescente desapontamento com o governo, a crescente descrença na capacidade governativa para resolver problemas sociais fundamentais.

Há apenas uma geração, os mesmos que agora exigem responsabilidade social por parte das empresas (ou das universidades) esperavam que o governo fosse capaz de tomar conta de todos os problemas da sociedade, se não também de todos os problemas individuais. Ainda existe, em todos os países, pressão para que existam cada vez mais programas governamentais — apesar de também haver uma crescente resistência a mais e mais despesas e impostos. Mas mesmo o mais ardente defensor de um governo ativista já não espera verdadeiramente resultados, mesmo em países onde o respeito e a crença no governo ainda são elevados, como no Japão, na Suécia ou na Alemanha. Mesmo o mais ardente defensor de um governo forte já não acredita que um problema fica resolvido no momento em que é entregue ao governo. Em resultado disso, as pessoas mais preocupadas com estes problemas, os liberais e os progressistas que, há uma geração, se manifestavam sob a bandeira de «mais governo», agora olham cada vez mais para grupos de liderança, para outras instituições e, acima de tudo, para a empresa, para que se encarreguem dos problemas que o governo deveria resolver, mas não é capaz.

Robert Kennedy, e não a Associação Nacional dos Fabricantes, propôs que a reabilitação dos bairros de lata nas grandes cidades americanas fosse realizada pelas empresas. E um dos mais sólidos e respeitados defensores do ativismo governamental, o falecido Frank Tannenbaum, da Universidade de Columbia, mesmo no final da sua vida, na primavera de 1968, proclamou que a empresa multinacional era «a última grande esperança» e o único alicerce de um mundo pacífico.

Os Novos Grupos de Liderança

Tudo somado, é a sucessão da gestão à posição de liderança na sociedade que realça estas exigências de responsabilidade social.

Neste século, os gestores das nossas principais instituições tornaram-se líderes em todos os países desenvolvidos e também na maioria dos países em desenvolvimento. Os velhos grupos de liderança, quer fosse a aristocracia quer o clero, ou desapareceram por completo, ou tornaram-se insignificantes. Mesmos os cientistas, os sacerdotes do período pós-Segunda Guerra Mundial, perderam grande parte do seu prestígio. Os únicos novos grupos de liderança que surgiram foram os gestores, os gestores do sector empresarial e das universidades, das agências governamentais e dos hospitais. São eles que comandam os recursos da sociedade. Mas comandam também a competência.

É, assim, perfeitamente lógico que se espere que assumam o papel de liderança e a responsabilidade por importantes problemas sociais e importantes matérias sociais.

Face a estas mudanças — a emergência dos gestores como o principal grupo de liderança; o crescente desapontamento com o governo; e a deslocação de foco das «quantidades de vida» para a qualidade de vida —, surgiram as exigências para que os gestores e, em especial, os gestores empresariais, tornassem a preocupação com a sociedade o centro da condução da própria empresa. A perspetiva tradicional coloca a pergunta: «O que podemos fazer para que o fabrico de carros (ou de sapatos) não colida com os valores e as crenças sociais, os indivíduos e a sua liberdade e o bem da sociedade como um todo?» A nova exigência é que a empresa *construa* os valores e as crenças sociais, crie liberdade para o indivíduo e produza a boa sociedade.

Esta exigência requer um novo pensamento e uma nova ação por parte dos gestores. Não pode ser conduzida da forma tradicional. Não pode ser conduzida pelas relações públicas.

As relações públicas perguntam se as pessoas «gostam» ou «compreendem» uma atividade empresarial. As relações públicas deveriam, assim, preocupar-se por os defensores do *Black Power* apontarem aos lucros as culpas pelos guetos, e por, presumivelmente, gostarem tão pouco das empresas como de outra qualquer parte do sistema branco. Mas aquilo que realmente importa é que os líderes do *Black Power* esperam que as empresas operem milagres quanto ao emprego no gueto, à educação no gueto, à habitação no gueto; e esperam virtualmente que esses milagres se dêem da noite para o dia. As questões relevantes são: «Poderão as empresas lidar com estes enormes problemas? Como? Deverão as empresas encarregar-se deles?» Estas não são perguntas com que as relações públicas consigam lidar.

Três Contos Morais

Os livros e as revistas, hoje em dia, estão cheios de histórias de terror sobre a «irresponsabilidade empresarial». Não há dúvida de que existem gestores e empresas irresponsáveis, gananciosos e incompetentes. Os gestores, afinal de contas, são humanos. No entanto, os verdadeiros problemas da responsabilidade social não são a irresponsabilidade, a ganância e a incompetência. Se assim fosse, o problema seria fácil. Poderiam ser estabelecidos padrões de conduta e uma obrigatoridade para as empresas os cumprirem. Infelizmente, os problemas básicos da responsabilidade social são diferentes. São problemas de boas intenções, conduta honrosa e elevada responsabilidade que correm mal.

Isto pode ser ilustrado através de três «contos morais».

A Union Carbide e Vienna, na Virgínia Ocidental

A Virgínia Ocidental, que nunca foi uma das áreas mais prósperas dos Estados Unidos, entrou num rápido declínio económico no final dos anos 20, quando a indústria do carvão, durante muito tempo o principal garante do Estado, começou a contrair. O declínio da indústria do carvão foi acelerado pela preocupação crescente com os acidentes nas minas e com as doenças dos mineiros — porque muitas das minas de carvão da Virgínia Ocidental eram pequenas e marginais e não conseguiam assegurar as precauções de segurança e de saúde adequadas.

No final da década de 1940, a principal empresa industrial do Estado ficou alarmada com a contínua contração económica da região. A Union Carbide, uma das maiores indústrias químicas da América, tinha a sua sede em Nova Iorque, mas as instalações originais tinham tido como referência o carvão da Virgínia Ocidental e a empresa continuava a ser a maior empregadora do Estado, juntamente com algumas grandes minas de carvão. Assim sendo, a gestão de topo da companhia pediu a alguns jovens engenheiros e economistas contratados que preparassem um plano de criação de oportunidades de emprego na Virgínia Ocidental e, especialmente, de localização de novas instalações para a empresa em áreas de grande desemprego no Estado. Para a área mais afetada, contudo, o extremo ocidental do Estado, na fronteira com o Ohio, os assessores não conseguiram arranjar um plano atrativo. No entanto, esta área era a que mais precisava de empregos. Na pequena cidade de Vienna e em seu redor, existia um desemprego total e nenhuma perspetiva de novas atividades. A única fábrica que poderia ser colocada na área de Vienna era uma fábrica de ligas de ferro, que usava um processo que já se tornara obsoleto e que tinha pesadas desvantagens de custo em comparação com processos mais modernos, como aqueles que as concorrentes da Union Carbide já usavam.

Mesmo para o velho processo, Vienna era basicamente uma localização não-económica. O processo exigia grandes quantidades de carvão de considerável qualidade, mas o único carvão disponível na área era carvão com um conteúdo de enxofre tão alto que não poderia ser usado sem um dispendioso tratamento e depuração. Mesmo assim — ou seja, após um pesado investimento de capital —, o processo era intrinsecamente ruidoso e sujo, libertando grandes quantidades de cinzas e gases venenosos.

Além disso, os únicos meios de transporte, tanto ferroviários como rodoviários, não se situavam na Virgínia Ocidental, mas do outro lado do rio, no Ohio. Colocar ali a fábrica, contudo, significava que os ventos prevalecentes do oeste soprariam a fuligem das chaminés e o enxofre libertado pelas fornalhas diretamente para a cidade de Vienna, na outra margem do rio.

No entanto, a fábrica em Vienna forneceria 1500 empregos para a própria cidade e mais quinhentos a mil numa nova mina de carvão não muito distante. Além disso, a nova mina seria a céu aberto, por isso o trabalho dos mineiros estaria protegido dos acidentes e dos prejuízos para a saúde que se tinham tornado cada vez mais graves nas velhas e exploradas minas da área. A gestão de topo da Union Carbide chegou à conclusão de que a responsabilidade social exigia a construção da nova fábrica, apesar da sua economia marginal.

A fábrica foi construída com o equipamento antipoluente mais inovador conhecido na altura. Enquanto mesmo as fornalhas das grandes cidades se contentavam em aprisionar metade da cinza que escapava das suas chaminés, a fábrica de Vienna instalou depuradores para reter 75% — embora alguém pouco pudesse fazer acerca do dióxido de enxofre emitido por aquele carvão com elevado teor de enxofre.

Quando a fábrica foi inaugurada, em 1951, a Union Carbide foi uma heroína. Políticos, figuras públicas, educadores: todos louvaram a companhia pela sua responsabilidade social. Mas, dez anos depois, a antiga salvadora rapidamente se transformou no inimigo público. À medida que a nação se tornava consciente do problema da poluição, os cidadãos de Vienna começavam a queixar-se cada vez mais amargamente da cinza, da fuligem e dos fumos que deslizavam sobre o rio até à sua cidade e às suas casas. Em 1961, foi eleito um novo presidente da Câmara na plataforma «Luta contra a poluição», o que significava «Luta contra a Union Carbide». Dez anos depois, a fábrica tornara-se um «escândalo nacional». Mesmo a *Business Week* — que dificilmente poderia ser considerada uma publicação hostil às empresas — repreendia a Union Carbide (em fevereiro de 1971), num artigo intitulado «Uma Poluidora Empresarial Aprende à Sua Custa».

Não há dúvida de que a gestão da Union Carbide não se comportou com muita inteligência. Deveriam ter percebido, no início dos anos 60, que estavam em maus lençóis, em vez de adiarem e procrastinarem, fazerem e quebrarem promessas — até os cidadãos, o governo estadual, a imprensa, os ambientalistas e o governo federal apontarem todos as suas maiores armas à companhia. Não foi muito inteligente defender, durante anos, que não havia nada de errado com a fábrica e depois, quando as autoridades governamentais começaram a ser agressivas, anunciarem que a fábrica teria de ser encerrada, por não satisfazer os padrões ambientais.

No entanto, não é esta a principal lição deste conto moral. A partir do momento em que foi tomada a decisão de empregar um processo obsoleto e de construir uma fábrica economicamente marginal para aliviar o desemprego numa área gravemente deprimida, o resto seguiu-se mais ou menos automaticamente. Esta decisão significava que a fábrica não conseguiria ganhar dinheiro suficiente para modernizar o seu equipamento. Há muito poucas dúvidas de que, só pela lógica económica, a fábrica nunca teria sido construída. A opinião pública forçou a Union Carbide a investir substanciais somas nessa fábrica para remediar os maiores problemas de poluição — embora fosse questionável se existiria tecnologia para fazer mais do que um trabalho de remedeio. A publicidade forçou também a Union Carbide a manter a fábrica aberta.

Mas, assim que os holofotes se virarem para outro lado, a maioria dos empregos da fábrica de Vienna, na Virgínia Ocidental, provavelmente voltará a desaparecer, se é que a fábrica se manterá sequer aberta.

A Swift Do Argentina e a Deltec

A fábrica de processamento de carne da Swift, no bairro portuário de Buenos Aires, foi a maior fábrica de carne processada na Argentina durante muitos anos. Foi também uma importante empregadora numa área pobre de Buenos Aires. Originalmente uma filial da Swift de Chicago, a companhia tornou-se independente, embora sob propriedade americana, pouco depois da Segunda Guerra Mundial.

Após o conflito mundial, contudo, a indústria de carne processada argentina conheceu dias difíceis — em parte, porque as medidas governamentais tinham feito subir os preços do gado argentino, ao mesmo tempo que afastavam a procura, tornando assim a carne de vaca argentina não competitiva no mercado mundial e privando os processadores de carne da sua matéria-prima. A Swift tornou-se cada vez menos lucrativa. Os proprietários acabaram por vendê-la em 1968 a uma «multinacional» com sede no Canadá, a Deltec, uma empresa ativa em muitas partes da América Latina, sobretudo nas empresas de serviços financeiros. A Deltec começou rapidamente a modernizar a fábrica da Swift, para que fosse de novo competitiva. Mas a indústria de processamento de carne argentina prosseguiu o seu declínio.

As duas principais concorrentes da Swift, ambas propriedade estrangeira, decidiram, no final dos anos 60, fechar. Indemnizaram os trabalhadores de acordo com a lei argentina e saíram da atividade. A Deltec, contudo, decidiu que não iria fazê-lo em virtude dos seus muitos outros interesses na América Latina. Tinha de conservar os empregos numa área em que o desemprego era, já de si, demasiado elevado. A empresa chegou a um acordo com os sindicatos, segundo o qual o emprego era substancialmente cortado e a produtividade muito aumentada. A empresa investiu substanciais quantias na fábrica e usou as suas ligações financeiras para obter, para isso, empréstimos de bancos estrangeiros. Porém, o negócio da carne na Argentina não melhorou.

Em 1971, a Swift empregara todo o capital que a Deltec tinha conseguido disponibilizar e, mesmo assim, não atingira uma base rentável e competitiva. Assim, a Swift alcançou um acordo voluntário com os credores, incluindo os trabalhadores da companhia, em relação ao pagamento completo de todas as dívidas relativas a um período prolongado — com a Deltec a ser o último credor a receber qualquer pagamento. Oitenta e seis por cento dos credores, muito mais do que era exigido por lei, aceitaram este acordo. Mas, para surpresa de todos, o juiz argentino, cuja aprovação era esperada como uma mera formalidade, rejeitou o acordo. Decidiu que a Deltec o obtivera impropriamente, declarou a Swift do Argentina falida, ordenou a sua liquidação e pediu ao governo argentino que nomeasse um liquidatário. Na verdade, expropriou a companhia e a sua propriedade. Não só recusou reconhecer quaisquer direitos da Deltec como credora, como decidiu que todos os interesses da Deltec em outras empresas argentinas seriam resgatados como penhor das dívidas da Swift para com os credores argentinos.

Não houve pressão pública para esta decisão — e também não houve qualquer pressão legal. Os trabalhadores da Swift, embora membros dos sindicatos argentinos mais militantes, apoiaram completamente a Deltec. No entanto, a decisão encontrou uma tremenda aprovação na Argentina, mesmo entre as pessoas, que, por mais imaginação que se tivesse, não poderiam ser consideradas antiempresariais, nem mesmo antiamericanas. «As outras processadoras de carne estrangeiras», diziam muitas pessoas, «fizeram bem em fechar as fábricas e pagar aos trabalhadores, quando deixaram de conseguir operar economicamente. A Deltec, ao tentar continuar, aumentou as expectativas que depois teve cruelmente de desapontar».

Direitos Civis e a Consciência *Quaker*

No final da década de 1940, uma importante companhia de aço americana nomeou um novo diretor geral para a sua grande divisão no sul, localizada numa das áreas de maior «supremacia branca» do Sul. Tradicionalmente, todas as posições de gestão de topo nessa divisão tinham sido ocupadas por sulistas. O recém-nomeado era do Norte. Além disso, era o rebento de uma das velhas famílias *quakers* de Filadélfia, ativo em várias organizações de direitos civis.

Na altura da sua nomeação, a gestão de topo chamou-o e disse-lhe: «Sabemos o que tem feito e a razão pela qual estamos a nomeá-lo. É claro que o seu desempenho mereceu esta promoção. Mas é também um homem do Norte e empenhado na igualdade de trabalho para todos os negros. E isto, claro, é aquilo que tanto o Governo dos Estados Unidos como o nosso contrato sindical exigem de nós. Contudo, como todos sabemos, a nossa divisão do Sul nunca deu oportunidades de trabalho aos negros. Nenhum negro, por muito qualificado que fosse, independentemente do seu trabalho, teve salário superior ao de um "ajudante". Nunca conseguimos contrariar esta situação no Sul. Mas sabemos que não poderemos continuar durante muito mais tempo a defender e a conservar estas práticas. Esperamos, assim, que seja capaz de garantir o mais depressa possível os direitos civis dos nossos empregados negros, como as leis do país e o nosso contrato sindical exigem. Tente obter o apoio e a cooperação dos líderes sindicais que representam os nossos trabalhadores. Sabemos que tem trabalhado com eles em várias organizações de direitos civis.»

O novo diretor geral passou um ano a ser aceite pelos seus novos associados, a ser conhecido na comunidade local e a estabelecer relações amistosas com os líderes sindicais da fábrica. Depois, viu a sua oportunidade. Estava prestes a ser inaugurada uma importante extensão da fábrica e algumas novas fornalhas tinham de ser equipadas. O novo diretor geral aplicou estritamente as regras de contratação do contrato sindical. Em resultado disso, um pequeno, mas mesmo assim substancial número de trabalhadores negros, com elevadas competências laborais e considerável antiguidade, obteve posições nas novas equipas. Em nenhum caso foi algum trabalhador branco privado dos seus direitos de antiguidade, nem colocado sob a alçada de um supervisor negro.

Na manhã após terem sido afixadas as novas tabelas de pessoal, como era exigido pelo contrato sindical, uma delegação de líderes sindicais locais convocou-o. «Sabe que existem várias centenas de queixas», disseram-lhe, «que estão pendentes há demasiado tempo sem acordo. A paciência dos nossos homens está esgotada. Vamos fazer greve daqui a trinta e seis horas. Mas não queremos parecer intolerantes. Se a companhia fizer um gesto de boa vontade, adiaremos esta greve. Tudo o que têm de fazer é suspender essas tabelas de pessoal que acabaram de fixar e, juntamente com os supervisores, iremos proceder à composição das equipas para as novas fornalhas. Entretanto, aqui está o aviso prévio de greve, como exigido pelo nosso contrato».

O diretor geral tentou, em primeiro lugar, contactar o presidente e o conselho geral do sindicato. Inexplicavelmente, não conseguiu encontrar nenhum deles, nem as suas secretárias sabiam onde podiam ser contactados, nem quando regressariam. Então, recorreu a um velho amigo, um dos «sábios» dos *quakers* e um «radical» em questões de raça e, especialmente, em oportunidades de trabalho para os negros. Mas, para sua imensa surpresa, o «sábio» não pareceu simpatizar minimamente com a sua aflição. «Concordo por completo contigo, como sabes, em considerar a discriminação laboral contra os negros ilegal, imoral e um pecado», disse o sábio. «Mas aquilo que fizeste, embora legal, é igualmente imoral. Usaste o músculo económico de uma grande empresa para impores os teus costumes e valores à comunidade em que opera. Os vossos são os costumes certos e os valores certos. Mas, apesar disso, estão a usar o poder económico de uma empresa, o poder do empregador e a autoridade do vosso cargo para ditar à comunidade. Isto é "imperialismo económico" e não pode ser tolerado, por muito boa que seja a causa.»

O diretor geral despediu-se e aceitou outro trabalho no Norte. A empresa retirou silenciosamente as tabelas de pessoal. As fábricas continuaram abertas e, alguns anos mais tarde, escusado será dizer, a companhia sofreu amargos ataques — a que se juntou ruidosamente o conselho geral do sindicato — pela sua falha em assumir a liderança em questões raciais. Sendo a maior empregadora da comunidade, apontavam os críticos, a companhia tinha a responsabilidade social de não tolerar práticas que deveria saber serem tanto ilegais como imorais.

Gestores: o Grupo de Liderança para a Responsabilidade Social

Claramente, a exigência de responsabilidade social não é tão simples quanto a maioria dos livros, artigos e discursos sobre a matéria dão a entender. Mas não é possível menosprezá-la, como distintos economistas, nomeadamente Milton Friedman, de Chicago, incitaram a fazer. É verdade que o argumento de Friedman de que uma empresa é uma instituição económica e que deverá limitar-se à sua tarefa económica está bem construído. Há o perigo de a responsabilidade social corromper o desempenho económico e, com ele, a própria sociedade. Claro que existe um perigo ainda maior de que a responsabilidade social signifique a usurpação de poder por parte de gestores empresariais em áreas sobre as quais não têm autoridade legítima.

Mas é também claro que a responsabilidade social não pode ser evitada. Não se trata apenas de uma exigência do público. Não se trata apenas de uma necessidade da sociedade. Mantém-se o facto de que, na sociedade moderna, não existe outro grupo de liderança que não seja o dos gestores. Se os gestores das nossas principais instituições e, especialmente, das empresas, não assumirem a responsabilidade pelo bem comum, não haverá mais ninguém que o faça. O governo já não é capaz, como as teorias políticas ainda dizem, de ser o «soberano» e o «guardião do bem comum» numa sociedade pluralista de organizações. Os grupos de liderança nesta sociedade, e isto significa os gestores das instituições essenciais, quer queiram, quer não — na verdade, quer sejam competentes quer não —, têm de pensar nas responsabilidades que podem e devem assumir, em que áreas e para que objetivos.

Se existe alguma moral nestas histórias não é que a responsabilidade moral é ambígua e perigosa; é que os impactos sociais e as responsabilidades sociais são áreas que obrigam as empresas — e não apenas as grandes empresas — a refletir sobre o seu papel, definir objetivos, e cumprir. *Os impactos sociais e as responsabilidades sociais têm de ser geridos.*

CAPÍTULO VINTE E QUATRO

Impactos Sociais e Problemas Sociais

AS RESPONSABILIDADES SOCIAIS — de uma empresa, de um hospital ou de uma universidade — podem surgir em duas áreas: poderão resultar dos impactos sociais da instituição, ou de problemas da própria sociedade. Ambas são matéria de preocupação para a gestão porque a instituição que os gestores gerem vive necessariamente na sociedade e na comunidade. Mas, de resto, as duas áreas são diferentes. A primeira trata daquilo que uma instituição faz *para* a sociedade; a segunda trata daquilo que a instituição pode fazer *pela* sociedade.

A organização moderna existe para providenciar um serviço específico à sociedade, portanto, tem de estar na sociedade. Tem de estar numa comunidade, tem de ser uma vizinha, tem de fazer o seu trabalho dentro de um enquadramento social. Mas tem também de empregar pessoas para fazer o seu trabalho. Os seus *impactos sociais* vão inevitavelmente para lá da contribuição específica para que foi criada.

O propósito do hospital não é empregar enfermeiros e cozinheiros — é cuidar dos pacientes. Mas, para cumprir este propósito, são precisos enfermeiros e cozinheiros. E, de imediato, estes formam uma comunidade laboral com as suas próprias tarefas e problemas de comunidade.

O propósito de uma fábrica de liga de ferro não é provocar ruído, nem libertar fumos venenosos. É produzir metais de alto desempenho que servem o cliente. Todavia, para o fazer, produz ruído, cria calor e liberta fumos.

Ninguém quer criar um engarrafamento de trânsito. Mas, se muitas pessoas estiverem empregadas no mesmo sítio e tiverem de entrar e sair ao mesmo tempo, o engarrafamento de trânsito será um efeito colateral totalmente involuntário e, contudo, inescapável.

Estes impactos são incidentais para o propósito da organização, porém, em grande medida, são efeitos colaterais inevitáveis.

Os problemas sociais, em contrapartida, são disfunções da sociedade, e não impactos da organização e das suas atividades.

A fábrica de aço discutida no capítulo anterior praticava, evidentemente, discriminação racial, mas esta não era causada pelas suas atividades; não era um impacto. Pelo contrário, o problema racial do velho Sul tem sido desde sempre considerado pelas empresas um grande obstáculo para a industrialização e desenvolvimento económico. Tem sido uma condição externa à qual qualquer instituição que opere na sociedade sulista tem de se moldar. De modo semelhante, a Swift da Argentina — ou as processadoras de carne argentinas na sua totalidade — não causou o secular declínio da indústria do gado argentina e o resultante desemprego no porto de Buenos Aires. Pelo contrário, combateram as políticas governamentais responsáveis por isso.

Ainda assim, a companhia de aço dos EUA que opera no Sul e a Swift da Argentina não conseguiram escapar aos problemas. Estas são as doenças degenerativas ou os desperdícios tóxicos da sociedade e da comunidade em que uma empresa existe. Uma vez que esta apenas pode existir dentro de um ambiente social — é, na verdade, um órgão da sociedade —, esses problemas sociais afetam a instituição. Dizem-lhe respeito, apesar de, como no caso da companhia do aço, a própria comunidade não ver o problema e resistir a qualquer tentativa para a sua solução.

Uma empresa saudável, uma universidade saudável, um hospital saudável não podem passar bem numa sociedade doente. A gestão tem um interesse próprio numa sociedade saudável, mesmo que a causa da doença social não seja provocada pela gestão.

Responsabilidade pelos Impactos

É-se responsável pelos impactos, quer sejam voluntários ou não. Esta é a regra número um. Não há dúvidas sobre a responsabilidade da gestão pelos impactos sociais da sua organização. São uma atribuição da gestão.

Na história da Union Carbide, no capítulo anterior, a principal razão pela qual a comunidade ficou tão revoltada contra a empresa não foi, provavelmente, por causa da poluição que causou. A comunidade sabia, tão bem como a Union Carbide, que a poluição era incidental para a produção e, portanto, para os empregos de que a comunidade dependia. Mas aquilo de que a comunidade se ressentia amargamente, e com razão, era da recusa da Union Carbide, durante tantos anos, em aceitar a responsabilidade. Isso é verdadeiramente irresponsável.

Quando alguém é responsável pelos seus impactos, minimiza-os. Quanto menores forem os impactos que uma instituição tem para lá do seu propósito e missão específicos, mais complacentes serão os cidadãos, vizinhos e contribuintes. Os impactos que não são essenciais, e que não são resultado de um propósito e de uma missão específicos, deverão ser reduzidos ao mínimo. Mesmo que pareçam ser benéficos, estão fora das fronteiras próprias da função e da vontade e, por isso, mais tarde ou mais cedo, serão ressentidos, resistidos e considerados imposições.

Uma das principais razões pelas quais a gestão deve, no seu próprio interesse, incentivar a autogovernação da comunidade laboral, é precisamente porque as funções comunitárias na instalação são incidentais para o propósito da empresa. Não lhe são essenciais. A empresa existe para produzir sapatos ou rebuçados, ou para realizar apólices de seguros. Qualquer controlo que vá para lá daquilo que é estritamente necessário para realizar o trabalho, é incidental para a função principal. É um impacto, e deverá, portanto, ser minimizado, se não puder ser eliminado.

Os impactos são, na melhor das hipóteses, um estorvo; na pior, são prejudiciais. Na verdade, acarretam sempre um custo e uma ameaça. Os impactos gastam recursos, consomem ou desperdiçam matérias-primas ou, pelo menos, implicam esforços de gestão. No entanto, não acrescentam nada ao valor do produto, nem à satisfação do cliente. São «fricção», ou seja, um custo improdutivo.

Mas mesmo os impactos menores podem transformar-se em «crises» e «escândalos» e resultar em graves prejuízos para a empresa — ou para qualquer instituição que menospreze os seus impactos. Aquilo que ainda ontem parecia inofensivo — e, na verdade, mesmo popular —, de repente transforma-se em ofensa, em indignação pública, num problema grave. A menos que a gestão tenha assumido a responsabilidade pelo impacto, refletido sobre ele e descoberto a solução ideal, o resultado será uma legislação punitiva ou restritiva e um protesto contra a «ganância da empresa», ou a «irresponsabilidade da universidade».

Não basta dizer: «Mas o público não objeta.» Não basta sobretudo dizer que qualquer ação para enfrentar o problema será «impopular», será «ressentida» pelos colegas ou associados e que não é exigida. Mais tarde ou mais cedo, a sociedade virá a considerar esse impacto como um ataque à sua integridade e cobrará um elevado preço àqueles que não procuraram responsavelmente eliminar o impacto ou encontrar uma solução para o problema.

Seguem-se alguns exemplos.

No final dos anos 40 e princípio dos anos 50, uma fabricante automóvel americana tentou consciencializar o público dos perigos: a Ford introduziu carros com cintos de segurança. Mas as vendas caíram catastroficamente e a empresa teve de retirar os carros com cintos de segurança e abandonar a ideia por completo. Quando, quinze anos mais tarde, o público condutor americano tomou essa consciência, os fabricantes de automóveis foram severamente atacados pela sua «total ausência de preocupação com o perigo» e por serem «mercadores da morte». E as regulações resultantes foram escritas tanto para punir as empresas como para proteger o público.

Várias grandes companhias elétricas tentaram durante anos que as várias comissões reguladoras de serviços públicos aprovassem combustíveis com baixo teor de enxofre e dispositivos de limpeza em chaminés de fábricas. As comissões desencorajaram-nas repetidamente com o argumento de que o público tinha direito à energia pelo preço mais baixo possível. Observaram que nem um combustível mais caro, nem o investimento de capital para limpar o fumo poderiam ser permitidos na taxa básica como um custo legítimo segundo as leis estaduais. No entanto, quando a poluição do ar se tornou uma matéria de preocupação pública, as mesmas companhias elétricas foram completamente culpadas por «degradar o ambiente».

As instituições de serviço público, de modo semelhante, pagaram o preço por negligenciarem os impactos ou por os menosprezarem como triviais. A Universidade de Columbia foi quase destruída por não ter assumido a responsabilidade por um impacto, tendo-se confortado com a ideia de que o impacto era trivial. A explosão que abalou a Columbia até aos seus alicerces em 1968 surgiu por causa de uma questão perfeitamente inofensiva e mínima: um plano para construir um novo ginásio universitário que seria acessível, simultaneamente, pelos estudantes universitários e pelos residentes do gueto negro junto a Columbia. Mas as causas para a explosão eram muito mais profundas: residiam na convicção, por parte da Columbia e da sua faculdade, de que uma instituição de educação liberal não tem de se preocupar com as suas relações com o vizinho gueto negro.

Um outro exemplo de impacto é a empresa que é «grande demais» para o seu próprio bem e para o da comunidade. A empresa que é grande demais, em especial aquela que é grande demais para a comunidade local, é uma ameaça para a comunidade, mas, acima de tudo, para si própria. Cabe à gestão corrigir a situação no interesse da empresa (ou da universidade, ou do hospital). Ignorar o problema é colocar o ego, o desejo de poder e a vaidade à frente do bem da instituição e da comunidade. E isso é irresponsável.

Identificar Impactos

A primeira tarefa da gestão, portanto, é identificar e antecipar impactos — fria e realisticamente. A pergunta não é «O que fazemos está certo?», mas «Aquilo que fazemos é aquilo para que a sociedade e o cliente nos pagam?» E se uma atividade não for integral com o propósito e a missão da instituição, deverá ser considerada um impacto social e indesejável.

Isto parece fácil. Na verdade, é muito difícil. A melhor ilustração é o problema da «avaliação da tecnologia», ou seja, a identificação dos impactos sociais e económicos de uma nova tecnologia, no momento da sua introdução.

Hoje em dia, existe um grande interesse na avaliação da tecnologia, isto é, na antecipação do impacto e dos efeitos secundários de uma nova tecnologia *antes* de se avançar com ela. O Congresso dos EUA estabeleceu até um Gabinete de Avaliação de Tecnologia. Esta nova agência deverá prever quais as novas tecnologias que virão a ser importantes e que efeitos a longo prazo provavelmente terão. Espera-se então que aconselhe o governo em relação a quais as tecnologias que deverá encorajar e aquelas que deverá desencorajar, se não mesmo proibir.

Esta tentativa só pode terminar em fiasco. Uma avaliação de tecnologia deste tipo provavelmente incentivará o desenvolvimento das tecnologias erradas e desencorajará as tecnologias de que precisamos, pois os impactos *futuros* da nova tecnologia estão quase sempre para lá de qualquer imaginação..

O DDT é um exemplo. Foi sintetizado durante a Segunda Guerra Mundial para proteger os soldados americanos dos insetos transmissores de doenças, especialmente nos trópicos. Alguns cientistas consideraram então o uso do novo químico para proteção das populações civis. Mas nenhuma das muitas pessoas que trabalharam no DDT pensou em aplicar o novo pesticida no controlo das pestes de insetos que infestavam os cereais, as florestas, ou o gado. Se o DDT fosse restringido ao uso para o qual foi desenvolvido, ou seja, a proteção dos humanos, nunca se teria tornado uma ameaça ambiental; uma utilização com esta finalidade não constituiria mais de 5% ou 10% do total do pico do DDT, em meados dos anos 60. Os agricultores e os silvicultores, sem grande ajuda dos cientistas, perceberam que aquilo que matava os insetos no homem também os mataria nas plantas e tornaram o DDT numa arma de destruição contra o ambiente.

Outro exemplo é a explosão demográfica nos países em desenvolvimento. O DDT e outros pesticidas tiveram o seu papel, tal como os novos antibióticos. Contudo, os dois foram desenvolvidos de forma independente; e ninguém que «avaliasse» uma destas tecnologias poderia ter previsto a sua convergência — na realidade, ninguém previu. Mas, mais importantes para a brutal queda da mortalidade infantil, que desencadeou a explosão demográfica, foram duas antiquíssimas «tecnologias», às quais ninguém prestou qualquer atenção. Uma delas foi a medida elementar de saúde pública de manter a latrina separada do poço — conhecido pelos macedónios antes de Alexandre, o *Grande*. A outra foi a rede de malha metálica para portas e janelas, inventada por um americano desconhecido, por volta de 1860. Ambas foram subitamente adotadas mesmo nas atrasadas aldeias tropicais, após a Segunda Guerra Mundial. Em conjunto, foram provavelmente as principais causas da explosão da população.

Ao mesmo tempo, os impactos da tecnologia que os especialistas preveem quase nunca acontecem. Um exemplo é a «explosão dos voos privados», que os especialistas anteciparam pouco depois do final da Segunda Guerra Mundial. O avião privado, pilotado pelo proprietário, tornar-se-ia tão comum, diziam-nos, como o Modelo T da Ford se tornara depois da Primeira Grande Guerra. Na verdade, os especialistas, entre os quais urbanistas engenheiros e arquitetos, aconselharam a cidade de Nova Iorque a não prosseguir com o segundo tubo do túnel Lincoln, nem com o segundo tabuleiro da ponte

George Washington e, em vez disso, construir-se um pequeno número de pequenos aeroportos ao longo da margem ocidental do rio Hudson. Não seriam precisos grandes cálculos matemáticos para invalidar esta avaliação da tecnologia — pura e simplesmente, não existiria espaço aéreo suficiente para este tráfego. Mas tal não ocorreu a nenhum dos especialistas; ninguém percebeu como o espaço aéreo é finito. Ao mesmo tempo, quase nenhuns especialistas previram a expansão do tráfego aéreo comercial nem anteciparam, quando o avião a jato começava a ser desenvolvido, que conduziria ao transporte aéreo em massa, com tantas pessoas a atravessarem o Atlântico em jatos jumbo num dia, como aquelas que costumavam fazê-lo numa semana nos grandes transatlânticos. Naturalmente que se esperava que a viagem transatlântica crescesse depressa, mas claro que seria de barco. Foi durante esses anos que todos os governos ao longo do Atlântico Norte subsidiaram fortemente a construção de novos e luxuosos navios transatlânticos, precisamente quando os passageiros abandonavam os navios e se mudavam para o novo avião a jato.

Alguns anos mais tarde, toda a gente nos dizia que a automação teria tremendos impactos económicos e sociais — não teve praticamente nenhuns. O computador conta uma história ainda mais estranha. No final dos anos 40, ninguém previa que o computador viesse a ser usado pelas empresas e pelos governos. Embora fosse uma «grande revolução científica», todos «sabiam» que a sua principal utilização seria na ciência e na guerra. Perante isto, o estudo de mercado mais extenso realizado nessa altura chegou à conclusão de que o mercado mundial dos computadores seria capaz de absorver, no máximo, mil computadores no ano 2000. Agora, apenas trinta anos depois, existem cerca de 250 000 computadores instalados no mundo, a maioria a realizar o mais mundano trabalho contabilístico que existe. Então, alguns anos mais tarde, quando se tornou evidente que as empresas compravam computadores para resolver folhas de pagamentos e faturação, os especialistas previram que o computador anularia a gestão intermédia, de forma que não sobrasse ninguém entre o Presidente Executivo e o supervisor de primeira linha. «A gestão intermédia está obsoleta?», perguntava um artigo largamente citado da *Harvard Business Review*, no início dos anos 50; e respondia a esta pergunta retórica com um ressonante «sim». Exatamente nesse momento, começou a tremenda expansão dos empregos de gestão intermédia. Em todos os países desenvolvidos, os empregos de gestão intermédia, tanto nas empresas como no governo, cresceram três vezes mais depressa do que o emprego total, nos últimos vinte e cinco anos; e o seu crescimento tem sido paralelo ao crescimento da utilização do computador. Qualquer pessoa que dependesse da avaliação da tecnologia no início da década de 1950 teria eliminado as escolas superiores de Gestão, pois estas provavelmente iriam produzir licenciados que não teriam possibilidade de arranjar emprego. Felizmente, os jovens não ligaram e acorreram em números recorde às escolas superiores de Gestão para obterem os bons empregos que o computador ajudava a criar.

Mas, embora ninguém previsse o impacto do computador nos empregos de gestão intermédia, todos os especialistas previram o seu tremendo impacto na estratégia de negócios, na política empresarial, no planeamento e na gestão de topo — nas quais, contudo, o computador não teve o mínimo impacto. Ao mesmo tempo, ninguém previu a verdadeira revolução na política e na estratégia das empresas nos anos 50 e 60: a onda de fusões e os conglomerados empresariais.

Não se trata apenas do facto de o ser humano não possuir o dom da profecia também no que respeita à tecnologia, como acontece em relação a todas as outras coisas. Os impactos da tecnologia são realmente mais difíceis de prever do que a maioria dos outros desenvolvimentos. Em primeiro lugar, como mostra o exemplo da explosão demográfica, o impacto social e económico é quase sempre um resultado da convergência de um substancial número de fatores, nem todos eles tecnológicos. Cada um deles tem as suas próprias origens, o seu próprio desenvolvimento, a sua própria dinâmica e os seus próprios especialistas. O especialista numa área — por exemplo, em epidemiologia — nunca pensa em pestes nas plantas. O especialista em antibióticos está preocupado com o tratamento da doença, enquanto a verdadeira explosão de nascimentos resultou, em grande parte, de medidas públicas de saúde elementares e conhecidas há muito.

Mas, igualmente importante, é que aquilo em que a tecnologia provavelmente se tornará importante e em que terá impacto, e aquilo em que a teoria será um malogro — como o «modelo T voador» —, ou em que terá impactos sociais ou económicos mínimos — como a automação —, é impossível de prever. E qual a tecnologia que terá impactos sociais e aquela que permanecerá apenas tecnologia, é ainda mais difícil de prever. O profeta da tecnologia mais bem-sucedido, Jules Vernes, previu uma grande parte da tecnologia do século XX há cem anos (embora poucos cientistas ou tecnólogos dessa altura o levassem a sério). Mas não antecipou rigorosamente quaisquer impactos sociais ou económicos, apenas uma imutável sociedade e uma imutável economia de meados da era vitoriana. Os profetas económicos e sociais, por sua vez, possuem o mais desapontante registo como prognosticadores da tecnologia.

O único e singular efeito do Gabinete de Avaliação da Tecnologia será, assim, provavelmente, o de garantir emprego a tempo inteiro a uma série de escritores de ficção científica de quinta categoria.

A Necessidade de Monitorizar a Tecnologia

A ilusão de que conseguimos prever os impactos de uma nova tecnologia poderá levar-nos ao grande perigo de desvalorizar a tarefa mais importante. Porque a tecnologia tem de facto impactos, e sérios, tanto benéficos como prejudiciais. Não são precisas profecias. É preciso uma cuidadosa monitorização do verdadeiro impacto de uma tecnologia, a partir do momento em que esta se torna efetiva. Em 1948, praticamente ninguém previu com precisão os impactos do computador. Cinco ou seis anos depois, já era possível e foi feito. Nessa altura, podia dizer-se: «Qualquer que seja o impacto tecnológico, *social* e *económico*, não constitui uma grande ameaça.» Em 1943, ninguém conseguia prever o impacto do DDT. Dez anos depois, o DDT tornara-se uma ferramenta de escala global para o plantador e criador de gado e, como tal, um elemento ecológico determinante. Nessa altura, deveria ter-se começado a pensar na ação a tomar, deveria ter sido iniciado um trabalho de desenvolvimento de pesticidas sem o profundo impacto ambiental do DDT e deveriam ter sido confrontados os difíceis prós e contras da produção alimentar face ao prejuízo ambiental — para os quais nem o uso ilimitado, nem a presente proibição absoluta do DDT foram suficientes.

A monitorização da tecnologia é uma tarefa séria, importante e vital. Mas não é profecia. A única coisa possível perante uma *nova* tecnologia é a especulação, com uma probabilidade de acertar de cerca de um para cem — e uma probabilidade muito maior de causar prejuízos, ao encorajar a nova tecnologia errada, ou desencorajar uma mais benéfica. Aquilo que tem de ser observado é a tecnologia «em desenvolvimento», ou seja, o tipo que já teve impactos substanciais, suficientes para serem julgados, medidos e avaliados.

Mas igualmente importantes — e completamente ignorados pelos defensores desta avaliação — são os impactos das inovações e desenvolvimentos não-tecnológicos, ou seja, socioeconómicos. São, do mesmo modo, difíceis de prever até terem emergido e poderem ser identificados, avaliados e medidos. Também eles, portanto, precisam de ser monitorizados. E também isso é da responsabilidade da gestão.

Como Lidar com os Impactos

Identificar impactos incidentais de uma instituição é o primeiro passo. Mas como é que a gestão lida com eles? O objetivo é claro: os impactos sobre a sociedade e a economia, a comunidade e o indivíduo que não são, em si, o propósito ou a missão da instituição, devem ser reduzidos ao mínimo e, de preferência, completamente eliminados. Quanto menos impactos, melhor, quer sejam no interior da instituição, no meio social, ou no ambiente físico.

Sempre que um impacto possa ser eliminado desistindo da atividade que o provoque, essa será a melhor — na verdade, a única boa — solução.

A autoridade da gestão sobre as matérias da comunidade laboral e o seu controlo talvez seja a única área em que isto pode ser feito — e com um benefício direto para a própria instituição e gestão.

Na maioria dos casos, porém, a atividade não pode ser eliminada. Por isso, surge a necessidade de um trabalho sistemático para eliminar o impacto — ou, pelo menos, para o minimizar —, conservando, ao mesmo tempo, a atividade subjacente.

A atuação ideal é tornar a eliminação dos impactos numa oportunidade de negócio lucrativa. Um exemplo é a forma como a Dow Chemical, uma das maiores indústrias químicas dos EUA, tem lidado há quase vinte anos com a poluição do ar e da água. A Dow decidiu, pouco depois da Segunda Guerra Mundial, que a poluição do ar e da água era um impacto indesejável que tinha de ser eliminado. Muito antes da indignação pública em relação ao ambiente, a empresa adotou uma política de poluição zero nas suas fábricas. Estabeleceu, então, um sistema de transformação das substâncias poluidoras que removia das chaminés e afluentes aquíferos em novos produtos, criando utilizadores e mercados para eles.

Uma variante é o Laboratório de Toxicidade Industrial Du Pont. A Du Pont, na década de 1920, tomou consciência dos efeitos secundários de muitos dos seus produtos industriais e equipou um laboratório para testar a sua toxicidade e desenvolver processos de eliminação dos venenos. A Du Pont começou por eliminar um impacto que, nessa altura, todas as outras fábricas químicas tomavam como inevitável. Mas decidiu desenvolver o controlo de toxicidade de produtos industriais numa empresa separada. O Laboratório de Toxicidade Industrial trabalha não apenas para a Du Pont, mas também para um amplo leque de clientes para os quais desenvolve compostos não venenosos, cujos produtos testa, e assim por diante. Mais uma vez, foi eliminado um impacto e criada uma oportunidade de negócio.

Quando a Regulação É Necessária

Deve sempre tentar-se transformar a eliminação de um impacto numa oportunidade de negócio. Mas, em muitos casos, isso não é possível. Na maior parte das vezes, eliminar um impacto significa aumentar os custos. Aquilo que era um «fator externo» pelo qual o público em geral pagava, torna-se um custo empresarial. Torna-se assim uma desvantagem concorrencial, a menos que toda a indústria aceite a mesma regra. E isto, na maior parte dos casos, apenas pode ser conseguido através de regulação — o que significa através de uma forma de ação pública.

Sempre que um impacto não possa ser eliminado sem um aumento de custo, a gestão é obrigada a ponderar e estabelecer a regulação que, com maior probabilidade, possa resolver o problema com um custo mínimo e com o maior benefício, tanto para o público como para a empresa. Igualmente, cabe à gestão trabalhar para conseguir a publicação da regulação certa.

A gestão — e não apenas a empresarial — tem fugido a esta responsabilidade. A atitude tradicional tem sido que «a ausência de regulação é a melhor regulação», mas isto só se aplica quando um impacto pode ser transformado numa oportunidade de negócio. Quando a eliminação de um impacto exige uma restrição, a regulação surge no interesse da empresa e, especialmente, no interesse da empresa por ele responsável. Caso contrário, será penalizada como «irresponsável», enquanto aquelas que não têm escrúpulos, são gananciosas, estúpidas e fraudulentas, lucrarão.

E esperar que não haja regulação é uma cegueira intencional.

Sempre que existe uma crise como a que afectou a indústria automóvel a respeito da segurança rodoviária, ou as centrais de energia a respeito da poluição aérea, a penalização imposta à empresa foi, no final, elevada. Uma crise como essa leva sempre a um escândalo. Leva à inquisição governamental, aos editoriais indignados e, eventualmente, à perda de confiança numa indústria inteira, na sua gestão e nos seus produtos por parte de um público abrangente. Finalmente, chega a legislação punitiva.

O facto de o público, hoje em dia, não ver a questão é irrelevante. Na verdade, nem sequer é relevante que o público atual — como aconteceu em cada um dos exemplos acima — resista ativamente a quaisquer tentativas por parte dos líderes empresariais de fazer vistas larga para evitar uma crise. No fim, há um escândalo.

Um dos exemplos é o fracasso por parte das companhias petrolíferas internacionais para pensarem preventivamente e desenvolverem a sucessora da «concessão do petróleo», cujos impactos podiam ser claramente antecipados no final da Segunda Guerra Mundial. Outro exemplo é o fracasso da indústria dos EUA para refletir sobre a regulação do investimento estrangeiro que o Canadá poderá adotar para preservar tanto a identidade política como o acesso ao capital.

A indústria farmacêutica americana sabia, já em 1955, que as regras e os procedimentos existentes para a testagem de novos medicamentos precisavam de uma revisão e de uma atualização críticas. Tinham sido escritos muito antes do surgimento dos maravilhosos modernos medicamentos e dos seus — igualmente potentes — efeitos secundários. Os EUA sempre tiveram os regulamentos farmacêuticos mais restritivos entre as nações mais importantes, mas continuariam a ser adequados a uma situação muito diferente de farmacologia e de utilização dos medicamentos por parte dos médicos? No entanto, qualquer companhia farmacêutica que tentasse que a indústria encarasse o problema era silenciada pelos outros membros do clube. «Não abanem o barco», era dito à potencial inovadora. Uma das companhias, diz-se, apresentou mesmo uma nova perspetiva compreensiva e novos procedimentos regulamentadores. Foi aconselhada a guardá-los nos seus arquivos.

Depois, surgiu o escândalo da talidomida. Na verdade, *provou* a efetividade do sistema de controlo americano, pois, enquanto a talidomida foi aprovada para a prática médica nos países europeus, as autoridades reguladoras dos EUA rapidamente se preocuparam com os tóxicos efeitos secundários da droga e retiraram a sua aprovação. Em resultado disso, não existem bebés deformados por talidomida nos EUA como existem na Alemanha, na Suécia e em Inglaterra. Mesmo assim, o escândalo provocou uma enorme onda de ansiedade acerca da testagem dos medicamentos e da segurança dos medicamentos nos EUA e, como a indústria não tinha enfrentado o problema, refletido e encontrado a solução correta, o Congresso entrou em pânico e aprovou legislação que ameaçava seriamente impedir o desenvolvimento e a introdução no mercado de novos medicamentos — e, contudo, paradoxalmente não teria se calhar evitado uma nova talidomida.

As Soluções de Compromisso

Qualquer solução para um problema de impacto exige compromisso. Para além de um certo nível, a eliminação de um impacto custa mais em dinheiro ou em energia, em recursos ou em vidas, do que o benefício alcançável. Tem de ser tomada uma decisão tendo em visto um equilíbrio entre custos e benefícios. Isto é algo que as pessoas de qualquer indústria compreendem, como regra, mas ninguém fora dela compreende — e, por isso, a solução do exterior tende a ignorar por completo a solução de compromisso.

Onde está a solução de compromisso entre a devida preocupação pelo meio ambiente ameaçado pela mineração de carvão a céu aberto e as vidas salvas quando se muda da mineração subterrânea para a mineração a céu aberto? A mineração subterrânea nunca pode ser verdadeiramente segura. Será sempre um perigo para a saúde por causa do pó do carvão e do ar contaminado em que o trabalho subterrâneo tem de ser realizado. A mineração a céu aberto, por outro lado, deverá ser uma ocupação bastante segura e tem poucos perigos para a saúde. Mas qual é a solução de compromisso entre as vidas e a beleza natural e os rios limpos e impolutos?

Existe também, na questão da mineração a céu aberto, uma solução de compromisso entre os custos ambientais e o custo do emprego, padrões de vida e o perigo para a saúde em casas frias e a segurança das ruas escuras, implícitos numa energia cara e escassa.

O que acontece quando a gestão não consegue enfrentar um impacto e refletir sobre a solução de compromisso é exemplificado pela experiência americana com as emissões automóveis.

Desde o final da Segunda Guerra Mundial, quando a palavra *smog* se tornou vulgar em Los Angeles, que a necessidade de se controlarem as emissões é conhecida. A indústria automóvel, contudo, confiou nas relações públicas, que lhe disseram que o público não estava preocupado com o *smog*. Até que, subitamente, nos anos 60, o público entrou em pânico e forçou uma drástica legislação de controlo de emissões. Se os novos controlos diminuirão verdadeiramente a poluição, é muito duvidoso, pois, enquanto diminuem a poluição devida aos velhos poluentes — desde que o equipamento de controlo seja conservado cuidadosamente —, os novos controlos também causam uma nova poluição substancial. Aumentam grandemente a energia necessária para deslocar o carro que, assim, terá de usar mais gasolina. Isto implicará mais refinação de petróleo — uma das atividades industriais mais poluidoras. Ao mesmo tempo, acrescentam substancialmente ao custo do carro e da assistência automóvel. Não sabemos quais seriam as soluções de compromisso certas — porque a indústria não fez o seu trabalho. Mas tanto a indústria como o público pagarão e sofrerão.

O público saúda uma solução inteligente para um tal problema se a gestão nela insistir antes do escândalo. Foi esta a experiência da Comissão para o Desenvolvimento Económico durante os seus vinte anos de existência e de qualquer outra empresa ou grupo industrial que tenha assumido a responsabilidade por um impacto e que dele tenha encarregado o conhecimento, a competência e a seriedade dos seus melhores.

A maioria dos gestores sabe isto. E, no entanto, esperam, sem esperança, que o problema desapareça. Adiam a reflexão acerca dele, quanto mais fazerem alguma coisa. Na melhor das hipóteses, proferem discursos. E lutam com uma ação de retaguarda depois de terem perdido.

A responsabilidade pelos impactos sociais é uma responsabilidade da gestão — não por ser uma responsabilidade social, mas por ser uma responsabilidade empresarial. O ideal é transformar a eliminação desse impacto numa oportunidade de negócio. Mas, quando isso não puder ser feito, a conceção de uma regulação adequada com o equilíbrio de uma solução de compromisso ideal — e a discussão pública do problema e a promoção da melhor solução reguladora possível — é tarefa da gestão.

Problemas Sociais como Oportunidades de Negócio

Os problemas sociais são disfunções da sociedade e, pelo menos potencialmente, doenças degenerativas do corpo político. São males. Mas, para a gestão de instituições, acima de tudo para a gestão empresarial, representam desafios. São grandes fontes de oportunidade, pois é função da empresa — e, em menor grau, das outras principais instituições — satisfazer uma necessidade social e, ao mesmo tempo, servir a instituição, transformando a solução de um problema social numa oportunidade de negócio.

É tarefa da empresa converter a mudança em inovação, ou seja, num novo negócio. E é um fraco gestor empresarial aquele que pense que a inovação se refere apenas à tecnologia. A mudança social e a inovação social têm sido, ao longo da história empresarial, pelo menos tão importantes como a tecnologia. Afinal de contas, as principais indústrias do século XIX eram, em grandíssima medida, o resultado da conversão do novo ambiente social — a cidade industrial — numa oportunidade de negócio e num mercado empresarial.

É isto que suporta o aparecimento da iluminação, primeiro a gás e depois a eletricidade, do carro elétrico e do *trolley* interurbano, do telefone, do jornal e dos armazéns de venda ao público — para apenas nomear alguns.

As oportunidades significativas para converter problemas sociais em oportunidades de negócio poderão, assim, residir não nas novas tecnologias, nos novos produtos e nos novos serviços, mas na *solução* para o problema social, ou seja, na inovação social que depois, direta e indiretamente, beneficia e fortalece a empresa ou a indústria.

O sucesso de algumas das mais bem-sucedidas empresas é, em grande parte, resultado dessa inovação social. Seguem-se alguns exemplos americanos.

Julius Rosenwald, o empresário citadino que construiu a Sears, Roebuck, inventou e, durante muitos anos, financiou o County Farm Agent. O problema social que identificara fora a pobreza, a ignorância e o isolamento do lavrador americano que, ainda nos primeiros anos deste século, constituía metade da população dos EUA. O conhecimento que permitiria que os agricultores produzissem mais, produzissem as coisas certas e obtivessem mais dos seus esforços estava disponível, mas era inacessível ao agricultor. O County Farm Agent — mais do que a nova tecnologia, as novas máquinas, ou as novas sementes — tornou-se uma importante força por detrás da «explosão da produtividade» da propriedade agrícola americana. Rosenwald viu um verdadeiro problema social, mas também viu uma genuína oportunidade de negócio. Porque a pobreza, a ignorância e o isolamento dos agricultores eram grandes obstáculos para a Sears. E a Sears passou a ser identificada pelos agricultores como a «amiga do lavrador».

Lidar com um problema social como uma oportunidade de negócio desempenhou também um papel substancial na ascensão meteórica da Ford nos seus primeiros dias.

O período que se seguiu logo à Primeira Grande Guerra foi de anos de grande perturbação laboral nos Estados Unidos, de uma crescente raiva laboral e elevado desemprego. Os salários à hora dos trabalhadores especializados chegaram a descer até 15 cêntimos em muitos casos. Foi neste cenário que a Ford Motor Company, nos apertados dias de 1913, anunciou que pagaria garantidamente um salário de 5 dólares por dia a todos os seus trabalhadores — duas a três vezes o que era então a norma. James Couzens, o diretor geral da empresa, que impusera esta decisão ao seu relutante sócio, Henry Ford, sabia perfeitamente que a despesa salarial da sua empresa quase triplicaria da noite para o dia. Mas estava convencido de que o sofrimento dos trabalhadores era tão grande que apenas uma ação radical e altamente visível poderia resultar. Couzens esperava também que o custo salarial real da Ford, apesar da triplicação dos vencimentos, acabaria por descer — e os acontecimentos cedo provaram que tinha razão. Antes de a Ford mudar toda a economia laboral dos Estados Unidos apenas com um anúncio, a rotatividade laboral na Ford Motor Company fora tão elevada que, em 1912, tiveram de ser contratados

60 000 trabalhadores para reter 10 000 deles. Com o novo salário, a rotatividade praticamente desapareceu. A poupança resultante foi tão grande que, apesar de arriscar gravemente os custos para todos os materiais durante os anos seguintes, a Ford conseguiu produzir e vender o seu Modelo T a um preço inferior e, mesmo assim, obter um grande lucro com cada carro vendido. Foi a poupança no custo do trabalho, produzido por um salário drasticamente mais elevado, que deu à Ford o domínio do mercado. Ao mesmo tempo, a sua ação transformou a sociedade industrial americana ao estabelecer o trabalhador americano como na classe média.

A IBM também deve grande parte da sua ascensão ao enfrentar de um problema social. Durante os anos da Grande Depressão, a IBM era uma pequena empresa, com pouca visibilidade. Por isso, a sua ação não teve um impacto comparável com os salários diários de 5 dólares da Ford, vinte anos antes. Contudo, ao dar aos seus empregados segurança no emprego e atribuindo-lhes um salário mensal em vez de lhes pagar à hora, a IBM foi tão ousada e inovadora como a Ford tinha sido. Também a ação da IBM visava um importante problema social da altura, que era o medo, a insegurança e a perda de dignidade que a Depressão infligira aos trabalhadores na América. Também ela transformou uma doença social numa oportunidade de negócio. Foi a sua ação, acima de tudo, que criou potencial humano para o rápido crescimento da IBM e, uma década mais tarde, para a sua agressiva deslocação para a totalmente nova tecnologia informática.

E eis um exemplo europeu:

O crescimento da Olivetti até se tornar uma das maiores produtoras mundiais de equipamento de escritório deve-se a duas visões do falecido Adriano Olivetti, o qual, na década de 1920, herdou uma pequena empresa familiar, desconhecida e quase inviável, na pequena cidade de Ivrea, no norte de Itália. Adriano Olivetti viu a oportunidade de dar à sua empresa e aos seus produtos distinção através de bom *design*. O *design* da Olivetti deu-lhe reconhecimento no mercado passada uma década. Viu também no corrosivo ódio de classe em Itália uma oportunidade. A comunidade em que tentava fundir gestão e trabalhadores em Ivrea deu-lhe uma excecional produtividade laboral, produção de alta qualidade e uma força laboral disposta a aceitar nova tecnologia e mudanças — e, com elas, força competitiva e rentabilidade.

Na sociedade atual, uma das áreas onde um sério problema social poderia ser resolvido transformando-o numa oportunidade, é o da fadiga, frustração e esgotamento dos trabalhadores do conhecimento e a sua necessidade de uma segunda carreira. O custo oculto dos trabalhadores do conhecimento de meia-idade — gestores e profissionais do conhecimento — que se «reformaram do trabalho», perderam o interesse e se limitam a deixar-se ir, poderá muito bem ser superior à rotatividade laboral da Ford em 1913. Ao mesmo tempo, a frustração e o silencioso desespero destes homens e mulheres poderá tornar-se um perigo social para a sociedade tão grande como a miséria, a raiva e o desespero do sofredor trabalhador manual de ontem. Nada é tão corrosivo como o sucesso transformado em frustração. A primeira empresa a lidar com este problema enquanto problema social e, simultaneamente, enquanto oportunidade poderá bem colher os frutos na mesma medida em que a Ford colheu há 65 anos, e a Olivetti e a IBM há 50 anos.

Curar os males sociais transformando-os em oportunidades para a contribuição e o desempenho não é de forma alguma um desafio apenas para a empresa comercial. É também responsabilidade de outras instituições da nossa sociedade de organizações.

Há muita conversa hoje em dia acerca da crise da universidade; e a crise é real. Em alguns sítios, porém, foi tomada como uma oportunidade. Na Grã-Bretanha, existe a Universidade Aberta, que usa a televisão para tornar a educação universitária disponível a quem desejar ter esse trabalho. Na Califórnia, a Universidade do Pacífico, em Stockton, de média dimensão e pouco conhecida, está a construir um novo tipo de universidade: utiliza o desejo dos jovens para aprender, mas também para serem participantes responsáveis na sua aprendizagem.

Rosenwald, Ford, Watson da IBM e Olivetti foram todos inicialmente ridicularizados por serem visionários. Ninguém conseguia resolver os problemas que enfrentavam, era-lhes dito. Dez ou quinze anos mais tarde, as suas soluções eram desprezadas como «óbvias». Quando se olha para trás solução certa é sempre óbvia. Aquilo que importa é que estes homens e as suas empresas identificaram um importante problema social e perguntaram: «Como pode ser resolvido como uma oportunidade de negócio?»

Qualquer empresa e, na verdade, qualquer instituição, precisa de se esforçar para converter problemas sociais em oportunidades de melhoria de desempenho e de contribuição.

No último quarto de século, a pesquisa tecnológica organizada tornou-se um lugar-comum. A inovação social continua, em grande medida, a ser deixada ao acaso e ao empreendedor individual, que tropeça numa oportunidade. Isto já não é adequado. Na sociedade de organizações, cada instituição tem de organizar o seu departamento de investigação e desenvolvimento para a sociedade e para a comunidade, da mesma forma que o tem organizado para a tecnologia. A gestão tem de se organizar para identificar as questões, as crises e os problemas da sociedade e da comunidade, e trabalhar nas inovações que tornarão a sua solução numa oportunidade rentável.

As «Doenças Degenerativas» da Sociedade

Os problemas sociais que a ação da gestão converte em oportunidades depressa deixam de ser problemas. Os outros, porém, provavelmente tornar-se-ão «queixas crónicas», se não «doenças degenerativas».

Nem todos os problemas sociais podem ser resolvidos transformando-se em oportunidades. Na verdade, os mais sérios problemas tendem a desafiar esta interpretação.

Nenhuma empresa poderia ter feito, por exemplo, grande coisa a respeito da mais grave das doenças degenerativas da América ao longo da nossa história — o problema racial. Não poderia ser tratado até que toda a sociedade tivesse mudado de consciência e de convicções — altura em que já seria muito tarde, se não demasiado tarde. E mesmo que uma gestão consiga resolver o problema, as outras poderão não a seguir. Poderá haver uma solução, mas, embora conhecida e visível, não está a ser usada: o problema continua a ser agudo e por resolver.

O sector empresarial americano teve de seguir a liderança da Ford entre 1914 e 1920 — embora a falta de força de trabalho da Primeira Grande Guerra contribuísse tanto para isso como o exemplo da Ford. Mas poucas empresas americanas imitaram a IBM, assim como as empresas italianas não imitaram a Olivetti, apesar do seu sucesso.

Qual é então a responsabilidade social da gestão em relação a estes problemas sociais que se tornam doenças crónicas ou degenerativas?

São problemas de gestão. A saúde da empresa é responsabilidade da gestão. Uma empresa saudável e uma sociedade doente dificilmente serão compatíveis. As empresas saudáveis exigem uma sociedade saudável ou, pelo menos, a funcionar. A saúde da comunidade é um pré-requisito para uma empresa bem-sucedida e em crescimento.

De facto, é um disparate esperar que estes problemas desapareçam se olharmos para o lado. Os problemas desaparecem quando alguém faz algo em relação a eles.

Com qualquer destes problemas, o melhor que a gestão tem a fazer é verificar se alguém fez, de facto, alguma coisa que resultasse. O facto de poucas, se é que algumas, empresas dos EUA terem seguido a IBM e poucas empresas italianas terem seguido a Olivetti é um fracasso da gestão. Basicamente, não é muito diferente do fracasso da gestão para manter a tecnologia e os produtos competitivos. E as razões também não são muito diferentes: visões curtas, indolência e incompetência.

Contudo, permanecem grandes, duras e perigosas disfunções da sociedade, os problemas sociais para os quais ninguém encontrou solução e os quais, ao que parece, não podem ser resolvidos, talvez nem mesmo aliviados, pela sua transformação em oportunidades de desempenho.

A que extensão devemos esperar que as empresas — ou quaisquer outras instituições de propósitos específicos da nossa sociedade — sejam capazes de lidar com um problema que não resultou do seu impacto e que não pode ser convertido numa oportunidade para o propósito e missão da instituição? A que extensão deverá sequer ser permitido que estas instituições — empresas, universidades, ou hospitais — assumam a responsabilidade?

A retórica atual tende a ignorar essa questão. «Aqui está», disse Lindsay, o antigo presidente da Câmara de Nova Iorque, «o gueto negro. Ninguém sabe o que se há de fazer com ele. Independentemente do que tentem o governo, os trabalhadores sociais, ou a ação comunitária, as coisas parecem apenas tornar-se piores. Portanto, o melhor será que as grandes empresas assumam a responsabilidade».

É compreensível que o presidente da Câmara Lindsay procurasse freneticamente alguém que se encarregasse das coisas; e o problema, que continua por resolver, é na verdade desesperante e uma grande ameaça para esta cidade, para a sociedade americana e para o mundo ocidental como um todo. Mas será suficiente fazer do problema do gueto negro uma responsabilidade social da gestão? Ou existirão limites para a responsabilidade social? E quais serão?

CAPÍTULO VINTE E CINCO

Os Limites da Responsabilidade Social

O GESTOR É UM SERVIDOR. Como gestor, a sua senhora é a instituição que gere e a sua primeira responsabilidade deverá, portanto, ser para com ela. A primeira tarefa é fazer com que a instituição, quer seja empresa, hospital, escola, ou universidade, desempenhe a sua função e contribua para o fim a que se destina. Qualquer pessoa que use a sua posição de chefe de uma importante instituição para se tornar figura pública e assumir a liderança em relação a problemas sociais, enquanto a sua empresa ou universidade se desmorona por negligência, não é um líder. Esses gestores são irresponsáveis e atraiçoam a confiança que neles é depositada.

O cumprimento da missão específica da instituição é também a primeira necessidade e o primeiro interesse da sociedade. A sociedade não suporta ganhar e perder, se a capacidade de desempenho da instituição na sua tarefa específica for diminuída ou impedida. O desempenho da sua função é a primeira responsabilidade social da instituição. Se não cumprir a sua responsabilidade social, não pode cumprir mais nada. Uma empresa falida não é uma empregadora desejável e será improvável que se torne uma boa vizinha na comunidade. Nem criará o capital para os empregos do amanhã e as oportunidades para os trabalhadores do amanhã. Uma universidade que não consiga preparar os líderes e os profissionais do amanhã não é socialmente responsável, por muitas «boas obras» em que se empenhe.

A primeira «limitação» à responsabilidade social é, portanto, a responsabilidade mais elevada da instituição que é senhora do gestor. Isto precisa de um realce especial a respeito da empresa comercial, a instituição económica da sociedade. Qualquer solução para um impacto social ou para um problema social, a não ser para os transformar numa oportunidade de desempenho e resultados, cria custos sociais acrescidos. Estes custos não podem ser apoiados pelos lucros, independentemente do que a retórica popular possa dizer. Ou são pagos pelos custos correntes — ou seja, pelo consumidor ou pelo contribuinte —, ou são pagos pelo capital — ou seja, por menos e piores empregos futuros e padrões de vida diminuídos. A única forma de se cobrir custos e acumular capital é através do desempenho económico. Todas as outras satisfações da sociedade são pagas, de uma ou de outra forma, pelo excedente entre a produção e o consumo correntes, ou seja, o excedente da economia.

Isto, mais uma vez, sublinha a responsabilidade dos gestores para antecipar problemas e para refletir nos compromissos envolvidos nas suas soluções. Até que ponto uma solução se torna proibitivamente dispendiosa para a sociedade por impedir a capacidade de desempenho das instituições existentes e necessárias, quer sejam económicas, de cuidados de saúde, educativas ou militares? Qual é o equilíbrio ideal entre a necessidade de cuidar de um problema social e a necessidade de preservar a capacidade de desempenho das instituições sociais existentes? E até que ponto se arrisca perder o desempenho social — criando assim novos e maiores problemas — sobrecarregando as instituições existentes? Em que ponto alcançamos o melhor equilíbrio entre os velhos custos e os novos benefícios?

Os gestores têm de ser capazes de refletir sobre os limites da responsabilidade social impostos pelas obrigações de desempenho das empresas que dirigem.

No caso da empresa comercial, tal exige o conhecimento dos objetivos em áreas determinantes, pois estes estabelecem os níveis de desempenho *mínimos* para o cumprimento da missão da empresa. Desde que possam ser atingidos, a empresa poderá funcionar. Se o objetivo em qualquer das áreas for seriamente ameaçado, o desempenho de toda a empresa fica ameaçado.

Acima de tudo, a gestão precisa de conhecer a *rentabilidade mínima* exigida pelos riscos da empresa e pelos seus compromissos com o futuro. Precisa deste conhecimento para tomar as suas próprias decisões, mas também para explicar as suas decisões aos outros — os políticos, a imprensa, o público. Enquanto a gestão estiver prisioneira da sua ignorância em relação ao objetivo e função necessários para o lucro — isto é, enquanto pensarem e argumentarem de acordo com «motivos de lucro» — nunca será capaz de tomar decisões racionais em relação às responsabilidades sociais, nem explicar estas decisões a outros, dentro e fora da empresa.

Há um trocadilho muito popular hoje em dia: «Não basta uma empresa fazer o bem; também tem de estar bem.» Mas, para «estar bem», uma empresa tem primeiro de «fazer bem» (e, na verdade, «muito bem»).

Sempre que uma empresa menosprezou os limites da *performance* económica e assumiu responsabilidades sociais que não podia suportar economicamente, depressa se viu em apuros. A Union Carbide não foi socialmente responsável quando abriu a sua fábrica em Vienna, na Virgínia Ocidental, para aliviar o desemprego local. De facto, foi irresponsável; a fábrica mal conseguia manter a cabeça fora de água. E isto, inevitavelmente, significava uma fábrica incapaz de assumir a sua responsabilidade social, mesmo pelos seus próprios impactos. Pelo facto de a fábrica não ser economicamente viável logo à partida, a Union Carbide resistiu demasiado tempo a todas as exigências para ser mais limpa. Esta exigência em particular não poderia ter sido prevista no final da década de 1940, quando a preocupação com os empregos se sobrepunha em muito a qualquer preocupação ambiental. Mas podem sempre ser esperadas exigências de algum tipo. Fazer algo por responsabilidade social que seja economicamente irracional e inatingível nunca é, portanto, responsável; é sentimental. O resultado é sempre um mal maior.

De modo semelhante, a Deltec em Buenos Aires pode ser vulnerável à acusação de que manter uma fábrica aberta quando as outras grandes processadoras de carne tinham chegado à conclusão de que o negócio não podia sobreviver foi mais sentimentalismo do que verdadeira responsabilidade social. Foi uma assunção de responsabilidade para lá dos limites suportáveis. As intenções eram boas e honrosas — como no caso da Union Carbide. Poderá defender-se que a Deltec assumiu um risco calculado. Além disso, o desfecho foi muito mais resultado da política interna argentina do que de qualquer coisa que a Deltec tenha feito ou não. No entanto, a gestão da Deltec assumiu um risco maior do que aquele que seria compatível com uma verdadeira responsabilidade social.

A mesma limitação à responsabilidade social aplica-se às instituições não económicas. Também aqui os gestores estão obrigados a zelar pela capacidade de desempenho das instituições de que cuidam. Pô-la em perigo, por muito nobre que seja o motivo, é irresponsabilidade — também estas instituições são bens capitais da sociedade, de cujo desempenho esta depende.

Como é evidente, trata-se de uma posição muito impopular. É muito mais popular ser-se «progressista». Mas os gestores, e especialmente os gestores de instituições essenciais da sociedade, não são pagos para serem heróis da imprensa popular. São pagos para o desempenho e a responsabilidade.

Os Limites da Competência

Assumir tarefas para as quais se é incompetente é um comportamento irresponsável. É também cruel. Eleva expectativas que depois serão logradas.

Uma instituição e, em especial, uma empresa comercial, tem de adquirir a competência necessária para assumir a responsabilidade pelos seus impactos. Mas, em áreas de responsabilidade social fora da resolução de impactos, o direito e o dever de agir são limitados pela competência.

Em particular, uma instituição fará melhor em evitar implementar tarefas que não se enquadram no seu sistema de valores. As competências e o conhecimento adquirem-se com bastante facilidade. Mas não se muda facilmente a personalidade. Provavelmente, ninguém se sairá bem em áreas que não respeitem. Se uma empresa, ou qualquer outra instituição, enveredar por uma tal área por existir uma necessidade social, é pouco provável que coloque os seus bons empregados nessa tarefa e que os apoie adequadamente. É improvável que compreenda o que a tarefa envolve, é quase certo que fará as coisas erradas. Por isso, fará mais mal do que bem.

Aquilo que não se deve fazer ficou demonstrado quando as universidades americanas, nos anos 60, se apressaram a assumir a responsabilidade social pelos problemas da grande cidade. Os problemas eram suficientemente reais. E, dentro da universidade, encontravam-se académicos, numa variedade de áreas, com capacidade para os resolver. No entanto, as tarefas eram sobretudo políticas. Os valores envolvidos eram os do político, e não os do académico. As capacidades necessárias eram as do compromisso, da mobilização de energias e, acima de tudo, do estabelecimento de prioridades. E estas não são capacidades admiradas e respeitadas pelos académicos e muito menos em que se destaquem. São quase o oposto da objetividade e «descoberta da verdade», que constituem a excelência na academia. Estas tarefas excediam a competência da universidade e eram incompatíveis com o seu sistema de valores.

O resultado da ansiosa aceitação destas tarefas por parte das universidades foi assim, inevitavelmente, a ausência de desempenho e resultados. Foi também prejudicial para o prestígio e a posição da universidade e para a sua credibilidade. As universidades não ajudaram com os problemas da cidade; mas impediram seriamente o seu próprio desempenho e capacidade na sua própria área.

As principais empresas da cidade de Nova Iorque teriam agido de forma totalmente irresponsável se tivessem respondido ao apelo do presidente da Câmara Lindsay para «adotarem o gueto negro». Tudo aquilo que poderiam ter feito (como aparentemente perceberam) era prejudicial — para o gueto e para elas próprias.

Os limites de competência dependem em parte das circunstâncias. Se um membro de uma equipa de escalada desenvolver uma apendicite aguda nos altos Himalaias, e quase de certeza morrer a menos que ali seja operado, qualquer médico no grupo o operará, mesmo que seja um dermatologista que nunca tenha feito uma única operação. O dermatologista, embora seja um médico qualificado, seria considerado irresponsável e alvo de queixa judicial por má conduta e uma condenação por homicídio, se operasse um apêndice num sítio onde estivesse disponível um cirurgião qualificado, ou mesmo um médico formado em medicina geral.

Deste modo, a gestão precisa de saber, pelo menos, juntamente com a sua instituição, em que é que é verdadeiramente *incompetente*. A empresa, em regra, encontrar-se-á numa posição de absoluta incompetência numa área «intangível». A força da empresa é a responsabilização e a mensurabilidade. É a disciplina do teste do mercado, as medições da produtividade e a exigência de rentabilidade. Quando estas faltam, as empresas estão completamente fora da sua área de competência. Encontram-se também fora da simpatia fundamental, ou seja, fora dos seus próprios sistemas de valores. Quando os critérios de desempenho são intangíveis, como as opiniões «políticas» e as emoções, a aprovação ou a desaprovação da comunidade, a mobilização das energias da comunidade e a estruturação das relações de poder, não existirá qualquer probabilidade de a empresa se sentir confortável. Não será provável que tenha respeito pelos valores que importam. Por isso, não haverá, de certeza, hipóteses de ter competência.

No entanto, nestas áreas, é frequentemente possível definir objetivos clara e mensuravelmente para *tarefas parciais específicas*. É frequentemente possível converter partes de um problema que, em si mesmo, se encontram fora da competência da empresa, num trabalho que se adeqúe à competência e ao sistema de valores da empresa comercial.

Ninguém na América se saiu muito bem a formar adolescentes negros sistematicamente desempregados para o trabalho e tarefas. Mas as empresas saíram-se bastante menos mal do que quaisquer outras instituições: escolas, programas governamentais, agências comunitárias. Esta tarefa pode ser identificada, pode ser definida, os objetivos podem ser estabelecidos, e o desempenho pode ser medido. Então, a empresa pode ter desempenho.

Antes de se aceder à exigência de assumir esta ou aquela responsabilidade social, e de trabalhar neste ou naquele problema, a gestão deverá refletir sobre qual é a parte da tarefa, se houver alguma, que se possa adequar à competência da sua instituição. Existe alguma área que possa ser definida de forma tangível e com uma *performance* mensurável — da forma que os gestores empresariais entendam estes escorregadios termos? Se a resposta for sim, justifica-se que uma pessoa pense seriamente acerca da sua responsabilidade social. Mas, quando a resposta é não — e será esta a resposta em muitíssimas áreas —, a empresa comercial fará melhor em resistir, independentemente da importância do problema ou da urgência do apelo para que intervenha. Só pode prejudicar a sociedade e a empresa. Não pode agir e, por isso, não pode ser responsável.

Limites da Autoridade

A limitação mais importante à responsabilidade social é a limitação da autoridade. O advogado especializado em direito constitucional sabe que não existe a palavra «responsabilidade» no dicionário político. O termo é «responsabilidade *e* autoridade». Quem reivindica autoridade assume através disso a responsabilidade. Mas quem assume a responsabilidade reivindica assim a autoridade. As duas são lados diferentes da mesma moeda. Assumir a responsabilidade social significa, portanto, reivindicar sempre a autoridade.

Mais uma vez, a questão da autoridade como limite da responsabilidade social não surge em ligação com os impactos de uma instituição, porque o impacto é o resultado de um exercício da autoridade, apesar de puramente incidental e involuntário; e então segue-se a responsabilidade.

Mas, quando é pedido a qualquer instituição da nossa sociedade de organizações que assuma a responsabilidade social por um dos problemas ou males da sociedade e da comunidade, a gestão precisa de refletir sobre se a autoridade implicada na responsabilidade é legítima. Caso contrário, é uma usurpação irresponsável.

De cada vez que é pedido a uma empresa que assuma a responsabilidade por isto ou por aquilo, deverá perguntar-se: «A empresa tem a autoridade e deverá tê-la?» Se a empresa não tem nem deve ter a autoridade — e em muitíssimas áreas não deverá ter —, então a responsabilidade por parte da empresa deverá ser tratada com uma séria desconfiança. Não é responsabilidade; é cobiça pelo poder.

A posição do economista de Chicago, Milton Friedman, de que a empresa deverá limitar-se ao seu negócio, ou seja, à esfera económica, não é uma negação da responsabilidade. Poderá argumentar-se, com grande força, que qualquer outra posição só poderá corroer e comprometer uma sociedade livre. Qualquer outra posição apenas poderá significar que a empresa absorverá o poder, a autoridade e a tomada de decisão em áreas fora da esfera económica, em áreas que são, ou devem ser, reservadas ao governo, ou ao indivíduo, ou a outras instituições. Repitamos: a quem assume a responsabilidade cedo terá de ser dada autoridade. A história prova-o amplamente.

Deste ponto de vista, os atuais «críticos» das grandes empresas poderão ser acusados, com razão, de obrigarem as grandes empresas a serem os nossos senhores.

Ralph Nader, o consumerista americano, considera-se sinceramente um inimigo das grandes empresas e é aceite como tal pelas mesmas e pelo público em geral. Na medida em que Nader exige que as empresas assumam a responsabilidade pela qualidade e pela segurança do produto, estará com certeza preocupado com a legítima responsabilidade empresarial, isto é, com a responsabilidade pelo desempenho e pela contribuição. A única questão — além da precisão dos seus factos e do estilo da sua campanha — é se a exigência de perfeição por parte de Nader não iria custar ao consumidor muito mais do que as limitações e as deficiências que ele ataca. As únicas questões são as soluções de compromisso.

Mas Ralph Nader exige, acima de tudo, que as grandes empresas assumam responsabilidade numa multiplicidade de áreas além dos produtos e serviços. Isto, se fosse aceite, apenas poderia conduzir as gestões das grandes empresas a um derradeiro poder num vasto número de áreas que são, adequadamente, o campo de atuação de outras instituições.

E esta é, na verdade, a posição para a qual Nader — e outros defensores da responsabilidade social ilimitada — se está rapidamente a deslocar. Um dos grupos de intervenção de Nader publicou, em 1972, uma crítica à Du Pont Company e ao seu papel no pequeno Estado do Delaware, onde a empresa tem a sua sede e é uma importante empregadora. O relatório nem sequer discutia o desempenho económico; considerava irrelevante que a Du Pont, num período de inflação geral, tivesse consistentemente baixado os preços dos seus produtos, que são, em muitos casos, materiais básicos para a economia americana. Em vez disso, criticava severamente a Du Pont por não usar o seu poder económico para forçar os cidadãos do Estado a enfrentarem uma variedade de problemas sociais, da discriminação racial aos cuidados de saúde e às escolas públicas. A Du Pont, por não assumir a responsabilidade pela sociedade do Delaware, pela política do Delaware e pela lei do Delaware, era considerada grosseiramente relapsa na sua responsabilidade social.

Uma das ironias desta história é que a crítica tradicional liberal ou de esquerda da Du Pont tem sido, durante muitos anos, exatamente o oposto. Isto é, que a Du Pont, pela sua proeminência num pequeno Estado, «interfere e domina» em Delaware e exerce uma «autoridade ilegítima».

A linha de Nader não passa da mais publicitada das posições, a coberto da retórica antiempresarial, que, na verdade, defende uma sociedade em que a grande empresa é a instituição mais poderosa, dominante e derradeira. Claro que este resultado é o oposto daquilo que Nader pretende. Mas não seria a primeira vez que uma exigência de responsabilidade social teria o resultado oposto ao pretendido.

O resultado mais provável da linha de Nader não seria pretendido nem por ele, nem pela gestão. É a total destruição de toda a autoridade, ou seja, a completa irresponsabilidade; ou é o totalitarismo — outra forma de irresponsabilidade.

No entanto, a posição «pura» de Milton Friedman — relegar toda a responsabilidade social — também não é sustentável. Existem grandes, urgentes e desesperados problemas. Acima de tudo, há a «doença do governo», que está a criar um vácuo de responsabilidade e desempenho — um vácuo que se torna mais forte à medida que o governo se torna maior. As empresas e as outras instituições da nossa sociedade de organizações não podem ser puras, por muito desejável que tal possa ser. É só o seu próprio interesse que as força a preocuparem-se com a sociedade e a comunidade e a estarem preparadas para assumir a responsabilidade para lá das suas próprias áreas de intervenção e responsabilidade.

Mas, quando o fizerem, terão de estar cientes do perigo — para si próprias e para a sociedade. Terão de estar conscientes do risco. Nenhuma sociedade pluralista, como a nossa se tornou, alguma vez funcionou sem que as suas principais instituições assumissem a responsabilidade pelo bem comum. Mas, ao mesmo tempo, a perene ameaça a uma sociedade pluralista é a confusão, demasiado fácil, entre o bem comum e a cobiça pessoal pelo poder.

Em algumas áreas, podem ser desenvolvidas linhas de orientação. Não é tarefa da empresa (nem da universidade) substituir a autoridade do soberano político devidamente eleito — o governo — pela sua, em áreas que são claramente de política nacional. Numa sociedade livre, uma empresa, claro, tem o direito de não se empenhar em atividades, mesmo que isso seja sancionado, ou encorajado, pela política governamental. Pode ficar de fora. Mas certamente não tem o direito de se colocar no lugar do governo e não tem direito a usar o seu poder económico para impor os seus valores à comunidade.

Segundo estes critérios, o sábio *quaker* que censurou o seu amigo gestor da fábrica de aço por usar o poder económico de uma grande empresa para impor um pouco de justiça racial numa cidade sulista dos EUA, na década de 1940, tinha razão. O fim era certamente correto, mas a moral não sanciona o meio, que é o exercício de uma autoridade que a empresa não possui. Isto é «imperialismo», na mesma medida que é denunciado pelo mais fervoroso crente na igualdade racial. A companhia de aço pode ser censurada — merecidamente, diria — por não ter feito nada, durante muitos anos, para contribuir para a justiça racial em que professa acreditar. Pode ser censurada, e com razão, por não ter encontrado as possibilidades existentes para a justiça racial que poderiam ter sido postas em prática. Mas dois erros não somam uma boa ação, dois exemplos de irresponsabilidade não somam responsabilidade.

Quando Dizer Não

As exigências de responsabilidade social em relação a uma empresa — ou a qualquer outra instituição — que usurpem a autoridade devem ser rejeitadas no interesse da própria empresa: o poder do usurpador é sempre periclitante. Devem ser rejeitadas com fundamento na verdadeira responsabilidade social, pois são, na verdade, exigências de irresponsabilidade. É irrelevante se são sinceras e provocadas por uma honesta angústia, ou retóricas para disfarçarem a cobiça pelo poder. Sempre que uma empresa, ou qualquer outra das nossas instituições, é chamada a assumir uma responsabilidade social além da sua própria área de atuação e do seu impacto, fará melhor em perguntar a si mesma: «Detemos autoridade nessa área e devemos detê-la?» E se a resposta for não, então o que há de socialmente responsável a fazer é não aceder ao pedido.

Contudo, em muitos casos, poderá não ser suficiente dizer que não. A gestão deverá resistir à responsabilidade por um problema social que poderá comprometer ou impedir o desempenho da sua empresa (ou da sua universidade, ou do seu hospital). Deverá resistir quando o pedido vai além da competência da instituição. Deverá resistir quando a responsabilidade constituiria, na realidade, uma autoridade ilegítima. Mas, depois, se o problema for real, deverá refletir e oferecer uma alternativa. Se o problema for grave, algo acabará por ter de ser feito a seu respeito. E se a gestão, nessa altura, tiver sido puramente obstrucionista e tiver bloqueado qualquer atuação — mesmo que a sua objeção a qualquer curso de ação proposta tenha sido legítimo e, na verdade, responsável —, a solução derradeira, provavelmente, será ainda mais prejudicial.

Numa sociedade pluralista, a responsabilidade pelo bem comum é um problema central que nunca está resolvido. A única forma pela qual a preocupação com a responsabilidade social poderia desaparecer seria se a sociedade se tornasse totalitária, pois é da definição de um governo totalitário ter autoridade sobre tudo e responsabilidade por nada.

Por esta razão, as gestões de todas as grandes instituições, incluindo a empresa comercial, têm de se preocupar com os males da sociedade. Se for possível, convertem a solução destes problemas numa oportunidade para melhor desempenho e mais contribuição. Pelo menos, refletem sobre o problema e como poderá ser tratado. Não podem escapar à preocupação, porque esta sociedade de organizações não tem mais ninguém para se preocupar com problemas reais. Nesta sociedade, os gestores das instituições são o grupo de liderança.

Mas sabemos também que uma sociedade desenvolvida precisa de instituições com desempenho, com a sua própria gestão autónoma. Não pode funcionar como uma sociedade totalitária. Na verdade, aquilo que caracteriza uma sociedade desenvolvida — e que, na realidade, a desenvolve — é o facto de a maioria das suas tarefas sociais serem realizadas pelas instituições organizadas, cada uma com a sua gestão autónoma. Estas organizações, incluindo a maioria das agências do nosso governo, têm propósitos especiais. São órgãos da nossa sociedade com uma atividade adaptada a uma área específica. A maior contribuição que podem fazer, a sua maior responsabilidade social, é o cumprimento da sua função. A maior irresponsabilidade social é impedir a capacidade de desempenho destas instituições ao lidarem com tarefas para lá da sua competência, ou pela usurpação da autoridade em nome da responsabilidade social.

CAPÍTULO VINTE E SEIS

A Ética da Responsabilidade

TÊM SIDO PREGADOS E PUBLICADOS numerosos sermões sobre a ética empresarial ou sobre a ética dos empresários. A maioria nada tem que ver com empresas e muito pouco com ética.

Um dos principais tópicos é a simples e trivial honestidade. As pessoas no mundo dos negócios não deviam aldrabar, roubar, mentir, subornar, nem ser subornadas. Mas as outras pessoas também não. Os homens e as mulheres não estão isentas das regras normais do comportamento pessoal devido ao seu trabalho ou emprego. Nem, contudo, deixam de ser seres humanos quando são nomeados vice-presidentes, ou presidentes da câmara, ou reitores universitários. E sempre houve um certo número de pessoas que aldrabou, mentiu, roubou, subornou ou foi subornado. O problema é de valores morais e educação moral, do indivíduo, da família, da escola. Mas não há nenhuma ética separada para as empresas, nem precisa de haver.

O que é preciso é aplicar rigorosos castigos àqueles — quer sejam executivos empresariais ou outros — que cedem à tentação. Em Inglaterra, os magistrados continuam a tender a aplicar um castigo mais severo se o acusado de condução sob efeito de álcool frequentou uma das bem conhecidas universidades de Oxford ou Cambridge. E a condenação ainda merece destaque no jornal: «Formado em Eton condenado por conduzir embriagado.» Ninguém espera que uma educação em Eton produza líderes sóbrios. Mas continua a ser uma marca de distinção, se não de privilégio, e não tratar o portador dessa marca mais severamente do que um trabalhador vulgar que bebeu um copo a mais ofenderia o sentimento de justiça da comunidade. Mas ninguém considera isto um problema da «ética do formado em Eton».

O outro tema comum na discussão da ética empresarial não tem que ver com ética. Aspectos como a contratação de acompanhantes para entreterem os clientes não são questões de ética, mas de estética. «Quero ver um proxeneta quando olho para o espelho enquanto me barbeio?», esta é a verdadeira questão.

Seria com certeza simpático ter líderes parcimoniosos. Infelizmente, a parcimónia nunca prevaleceu entre os grupos de liderança, quer fossem reis ou condes, sacerdotes ou generais, e nem mesmo «intelectuais», como os pintores e humanistas do Renascimento, ou os «literatos» da tradição chinesa. Tudo o que uma pessoa parcimoniosa pode fazer é retirar-se pessoalmente das atividades que violem o seu respeito próprio e sentido de gosto.

Nos últimos tempos, os velhos tópicos de sermão foram acrescidos, especialmente nos EUA, de um terceiro: os gestores, dizem-nos, têm a «responsabilidade ética» de desempenhar um papel ativo e construtivo na sua comunidade, de servir as causas da comunidade, de dar o seu tempo às atividades da comunidade, e assim sucessivamente.

Existem muitos países onde essa atividade comunitária não se coaduna com os hábitos tradicionais; o Japão e a França são exemplos disso. Mas nos sítios onde a comunidade tem uma tradição de «voluntarismo» — ou seja, especialmente os Estados Unidos —, os gestores devem de facto ser encorajados a participar e a assumir uma liderança responsável nas questões e nas organizações comunitárias. Essas atividades, contudo, nunca devem ser forçadas, nem estes devem ser avaliados, recompensados ou promovidos de acordo com a sua participação em atividades voluntárias. Ordenar ou pressionar os gestores para esse trabalho é abuso do poder organizacional e é ilegítimo.

Uma exceção poderá ser feita aos gestores de empresas onde as atividades comunitárias são parte da sua obrigação para com a empresa. Os gestores locais da companhia telefónica, por exemplo, que participam nas atividades da comunidade, fazem-no como parte dos seus deveres de gestão e como relações públicas locais da sua companhia. O mesmo se aplica ao gestor de uma loja local da Sears, Roebuck. E os agentes imobiliários locais que pertencem a uma dúzia de diferentes atividades comunitárias e almoçam todos os dias num diferente «clube de serviços» sabem perfeitamente bem que não estão a servir a comunidade, mas a promover a sua própria empresa e a caçar possíveis clientes.

Mas, embora desejável, a participação comunitária dos gestores não tem nada que ver com ética e não tem grande coisa que ver com responsabilidade. É a contribuição de um indivíduo, na sua capacidade de vizinho e cidadão, e é algo que se situa fora do seu emprego e da sua responsabilidade como gestor.

Grupos de Liderança, Mas Não Líderes

Um problema de ética que é peculiar ao gestor surge do facto de os gestores de instituições serem *coletivamente* os grupos de liderança da sociedade de organizações, mas, *individualmente*, um gestor é apenas mais um colega empregado.

Isto é claramente reconhecido pelo público. Mesmo o mais poderoso diretor da maior das empresas é desconhecido do público. Na verdade, a maioria dos empregados da empresa conhece o seu nome e não reconheceria o seu rosto. Poderá dever inteiramente a sua posição ao mérito pessoal e a um desempenho comprovado, mas deve a sua autoridade e a posição inteiramente à sua instituição. Toda a gente conhece a GE, a Telephone Company, a Mitsubishi, a Siemens e a Unilever. Mas quem dirige estas empresas — ou a Universidade da Califórnia, a École Polytechnique, ou o Guy's Hospital, em Londres — só tem interesse direto e diz principalmente respeito ao grupo de gestão dentro destas instituições.

É por isso desadequado falar de gestores como líderes. São «membros do grupo de liderança». O grupo, porém, ocupa de facto uma posição de visibilidade, proeminência e autoridade; portanto, tem responsabilidade. Mas, quais são as responsabilidades e qual é a ética do gestor individual, como membro do grupo de liderança?

Essencialmente, ser membro de um grupo de liderança é aquilo que se queria dizer tradicionalmente com a palavra «profissional». A pertença a um grupo destes confere estatuto, posição, proeminência e autoridade. Também confere deveres. Esperar que todos os gestores sejam líderes é fútil. Existem, numa sociedade desenvolvida, milhares, se não milhões, de gestores — e a liderança é sempre a rara exceção e está confinada a muito poucos indivíduos. Mas, como membro de um grupo de liderança, um gestor está sob as exigências da ética profissional — as exigências de uma ética de responsabilidade.

Primum Non Nocere

A primeira responsabilidade de um profissional foi claramente expressa, há 2500 anos, no juramento hipocrático do médico grego: *primum non nocere* — «Acima de tudo, não fazer voluntariamente o mal.»

Os profissionais, quer sejam médicos, advogados, ou gestores, não podem prometer fazer bem a um cliente. Tudo o que podem fazer é tentar. Mas podem prometer que não farão voluntariamente mal. E o cliente, por seu lado, deverá poder confiar que o profissional não lhe fará voluntariamente mal. Caso contrário, o cliente não poderá confiar minimamente nele. Os profissionais têm de ter autonomia. Não podem ser controlados, supervisionados, nem dirigidos pelo cliente. O profissional tem de ser privado no seu conhecimento, e ao julgamento tem de ser confiada a decisão. Mas é o alicerce desta autonomia e, na verdade, a sua lógica, que o profissional se veja a si próprio como «investido no interesse público». Os profissionais, por outras palavras, são privados, no sentido em que são autónomos e não estão sujeitos ao controlo político ou ideológico, mas são públicos no sentido em que o bem-estar dos seus clientes estabelece limites às suas ações e às suas palavras. E *primum non nocere*, «não fazer voluntariamente o mal», é a regra básica da ética profissional, a regra básica de uma ética de responsabilidade pública.

Existem áreas importantes em que os gestores e, especialmente, os gestores empresariais, continuam a não perceber que, para que lhes seja permitido conservarem-se autónomos, têm de impor a si próprios a responsabilidade da ética profissional. Terão ainda de aprender que é sua tarefa escrutinar as suas ações, palavras e comportamento para se certificarem de que não fazem voluntariamente o mal.

Os gestores que não refletem e trabalham na solução apropriada para um impacto da sua empresa por acharem que isso os torna «impopulares no clube» fazem voluntariamente o mal. São conscientemente cúmplices do crescimento de um cancro. Que isto é estúpido, já foi dito. Que isto, no fim, acaba sempre por prejudicar a empresa ou a indústria mais do que apenas uma temporária «sensação desagradável» teria prejudicado, já foi dito. Mas é também uma grosseira violação da ética profissional.

Há ainda outras áreas. Os gestores americanos, em particular, tendem a violar a regra de não fazer o mal voluntariamente a respeito de:

- compensação executiva;
- uso de planos de benefícios para impor «grilhões dourados» às pessoas empregadas na empresa;
- na sua retórica do lucro.

As suas ações e as suas palavras nestas áreas tendem a causar perturbação social. Tendem a ocultar a realidade saudável e a criar doença ou, pelo menos, hipocondria social. Tendem a orientar mal e a evitar a compreensão. E este é um grave mal social.

Compensação Executiva e Desigualdade Social

Contrariamente à crença difundida, os rendimentos tornaram-se muito mais equilibrados nos países desenvolvidos do que em qualquer outra sociedade de que haja registo. E têm tendido a tornar-se mais iguais à medida que os rendimentos nacionais e pessoais aumentam. E, também ao contrário da retórica popular, a maior igualdade de rendimentos verifica-se nos Estados Unidos. A distância entre os rendimentos depois de impostos dos que ganham mais, por exemplo, os gestores de empresas, e os rendimentos médios, não só, é mais pequena nos EUA do que em qualquer outro país — quanto mais de qualquer país em desenvolvimento —, como a proporção de pessoas com rendimentos no topo e base da tabela é muito menor do que o grupo com rendimentos médios.

A forma mais confiável de medir a igualdade de rendimentos é através do coeficiente de Gini, em que um índice de zero representa a completa igualdade de rendimentos e um índice de 1 a total desigualdade, em que uma única pessoa da população recebe todo o rendimento. Quanto mais baixo o coeficiente Gini, mais próxima uma sociedade está da igualdade de rendimentos. Nos EUA, o Gini, no início da década de 1970, andava por volta dos 0,35 — sensivelmente o mesmo número do Canadá, da Austrália e da Grã-Bretanha e, provavelmente, também do Japão. A Alemanha Ocidental e a Holanda andavam nos 0,40. A França e a Suécia nos 0,50.

Especificamente, na empresa típica americana, a desigualdade de rendimentos entre as pessoas com salários inferiores e os cargos de topo — ou seja, entre o operador de máquinas e o gestor de uma grande fábrica — é, no máximo, de um para quatro, se tivermos em conta os impostos. O salário líquido do operador de máquinas, depois de impostos, em 1975, era de cerca de 8000 dólares por ano; o salário, depois de impostos, de muito poucos gestores ultrapassava os 28 000 dólares, incluindo todos os prémios. Se os benefícios adicionais forem incluídos, o rácio é ainda inferior, isto é, um para três (ou 14 000 dólares para 38 000, no máximo). E rácios semelhantes são prevalecentes noutros países desenvolvidos, por exemplo, no Japão. Isto, deverá ser dito, representa uma muito maior igualdade económica do que a existente em qualquer país comunista, pela simples razão de que o nível económico de um país comunista é inferior.

Na Rússia soviética, onde não existem praticamente impostos sobre o rendimento, o diferencial de rendimentos entre o trabalhador industrial e o gestor de fábrica anda à volta de 1 para 7, sem se ter em conta os benefícios não monetários do gestor russo. E os gestores russos operam num extremo da maximização dos lucros; o seu sistema de prémios baseado no lucro assim o dita. Na China, o diferencial entre operários e gestores de fábrica parece andar à volta de 1 para 6.

Se o grau de desigualdade de rendimentos que atualmente prevalece na economia dos EUA é «muito alto» ou «muito baixo» é uma questão de opinião. Mas é claramente muito inferior àquilo que a grande maioria do público americano aceita, ou considera desejável. Todos os inquéritos mostram que «um rácio de 1 para 10 ou 12» entre o operário da fábrica e o «grande chefe» seria considerado «mais ou menos correto». Isso fixaria o «rendimento líquido depois dos impostos» do «grande chefe» algures entre os 75 000 e os 100 000 dólares anuais, o que seria igual a um salário pré-impostos de, pelo menos, 200 000 dólares. E apenas uma mera mão-cheia de executivos ganha isso, incluindo os prémios. Se for feita a comparação — e deverá ser feita — entre os rendimentos totais incluindo ganhos adicionais, compensação deferida, opções de ações e todas as outras formas de compensação extra, um rácio de 1 para 12 resultaria num número pós-impostos de topo de 150 000 dólares. E não mais do que cerca de uma dúzia de executivos de topo nas empresas muito grandes têm um «pacote de compensação total» pré-impostos de 300 000 dólares ou mais, aquilo que é necessário para produzir um valor pós-impostos de 150 000 dólares. Os «extremamente ricos» não são empregados executivos — o sistema tributário toma conta deles (como deverá); são alguns herdeiros dos milionários dos dias pré-impostos, ou donos de pequenas empresas.

E, em relação aos trabalhadores manuais e de escritórios, a compensação dos executivos pós-impostos, e em especial o rendimento dos executivos do topo extremo, tem baixado consistentemente durante cinquenta anos ou mais.

Os factos relativos à crescente igualdade de rendimentos na sociedade dos EUA são bastante claros. Contudo, a impressão popular é de uma desigualdade em rápido crescimento. É uma ilusão, mas é uma ilusão perigosa. Corrói. Destrói a confiança mútua entre grupos que têm de viver juntos. Só poderá levar a medidas políticas que, sem realizarem qualquer bem, podem prejudicar seriamente a sociedade, a economia e também o gestor.

Numa considerável medida, a crença na crescente desigualdade de rendimentos nos EUA reflete, evidentemente, o problema racial da América. O surgimento tornado visível, ou seja, nas grandes cidades, de uma população de negros desempregada e sem direitos criou um grupo marginal, mas altamente visível, que sofre de extrema desigualdade de rendimentos. O facto de o rendimento do negro empregado ter vindo a crescer rapidamente, e que provavelmente, dentro de cerca de uma década, venha a ser igual ao do empregado branco que faça o mesmo tipo de trabalho — e de quatro quintos dos negros americanos estarem empregados e a trabalhar —, tende a ser obscurecido pela pobreza abjeta dos grupos muito mais pequenos, mas altamente concentrados, de desempregados, ou não empregáveis, nos guetos negros das principais cidades.

Outra das razões para a crença alargada na crescente desigualdade é a inflação. A inflação é um veneno social corrosivo precisamente porque faz com que as pessoas procurem um vilão. A explicação dos economistas de que ninguém beneficia com a inflação, ou seja, que ninguém obtém o poder de compra que a inflação retira aos que recebem rendimentos, simplesmente não faz sentido para a experiência vulgar. Alguém há de ter beneficiado, alguém «há de ter roubado aquilo que é meu por direito». Toda a inflação na história criou assim ódio entre classes, desconfiança mútua e a crença de que, de algum modo, o «outro» ganha ilicitamente à «minha» custa. É sempre a classe média que fica paranoica num período inflacionista e que se vira contra o «sistema». As inflações dos anos 60 nos países desenvolvidos não foram exceção.

Mas a principal causa da perigosa ilusão da crescente desigualdade de rendimento são os enormes rendimentos *pré-impostos*, largamente publicitados, de algumas pessoas no topo de umas poucas gigantes empresariais e os — igualmente largamente publicitados — «extras» das compensações dos executivos, por exemplo, opções de compra de ações.

Os 500 000 dólares anuais que o presidente executivo de uma das empresas gigantes ganha são, em grande parte, «dinheiro falso». A sua função é mais de estatuto do que de rendimento. A maior parte, por mais lacunas tributárias que os advogados consigam descobrir, é imediatamente levada pelos impostos. E os «extras» são simplesmente tentativas para colocar uma parte do rendimento do executivo num escalão de algum modo inferior. Economicamente, por outras palavras, nenhuma delas tem um grande objetivo. Mas, social e psicologicamente, «fazem voluntariamente mal». Não podem ser defendidas.

Uma das formas para eliminar a ofensa é as empresas emprenharem-se com um nível máximo de compensação *pós-tributária*. O rácio de 1 para 10 que a grande maioria dos americanos considerariam perfeitamente aceitável seria, de facto, maior do que o verdadeiro âmbito da maioria das empresas. (Contudo, deveria haver lugar, defendo, para uma ocasional exceção: o raro «prémio especial», muito grande e «uma vez na vida» para alguém, cientista de investigação, gestor, vendedor, que tenha feito uma contribuição extraordinária.)

Mas igualmente importante é a aceitação da responsabilidade social por parte dos gestores para trabalharem para um sistema racional de tributação, que elimine a tentação de «ginástica tributária» e a sua necessidade. Sabemos quais são as especificações de um tal sistema e são simples: *nenhuma* taxa tributária preferencial para *nenhum* rendimento pessoal, quer de salários quer de capital, e um limite da taxa máxima — por exemplo, 50% do rendimento total recebido.

Existe um forte argumento a favor de incentivos adequados para executivos com bom desempenho. E a compensação em dinheiro é muito preferível a uma compensação oculta, como gratificações. O receptor pode escolher aquilo em que gastar o dinheiro em vez de, como no caso dos «privilégios», aceitar o que a empresa dá, seja um automóvel com motorista, uma grande casa, ou (como no caso de algumas empresas suecas) ou uma governanta para as crianças. Na verdade, poderá bem acontecer que a compressão dos diferenciais de rendimento nos anos desde 1950 tenha sido social e economicamente prejudicial.

O que é pernicioso, porém, é a ilusão de desigualdade. A causa básica são as leis tributárias. Mas a disponibilidade dos gestores para aceitar, e na verdade apoiar, uma estrutura tributária antissocial é uma grande causa contribuidora. E, a menos que os gestores percebam que isto viola a regra de «não fazer voluntariamente o mal», serão eles, no fim, os principais prejudicados.

O Perigo dos «Grilhões Dourados»

Uma segunda área na qual o gestor atual não está à altura do compromisso do *primum non nocere* está intimamente ligada à compensação.

Desde a Segunda Guerra Mundial, a compensação e os benefícios têm sido crescentemente mal-usados para criar «grilhões dourados».

Os benefícios da aposentação, a compensação extraordinária, os prémios e as opções de compra de ações, são todos formas de compensação. Do ponto de vista da empresa — mas também do ponto de vista da economia —, estes são «custos do trabalho», independentemente de como sejam etiquetados. São tratados como tal pelas gestões, quando se sentam para negociar com o sindicato. Mas, cada vez mais, quando mais não seja por causa do enviesamento das leis tributárias, estes benefícios estão a ser utilizados para prender o empregado ao seu empregador. Estes tornam-se dependentes para permanecer com o mesmo empregador, muitas vezes, durante muitos anos. E estão estruturados de tal modo que deixar o emprego da companhia acarreta penalizações drásticas e a perda real de benefícios que já foram ganhos e esses, com efeito, constituem salários relacionados com o emprego passado.

Isto poderá ser apropriado numa sociedade que, como a do Japão, seja construída por empregos para a vida e exclua a mobilidade. Mesmo no Japão, os «grilhões dourados» já não são aceitáveis para empregados profissionais e técnicos que, cada vez mais, deverão ter mobilidade em prol do seu interesse, e não da economia e das próprias empresas japonesas. No Ocidente, e especialmente nos Estados Unidos, estes grilhões são claramente antissociais.

Eles não fortalecem a empresa. Conduzem a uma «seleção negativa». As pessoas que sabem que não estão a ter desempenho no seu presente emprego — isto é, pessoas que estão claramente no lugar errado —, muitas vezes não se vão embora e, em vez disso, permanecem onde sabem que não pertencem adequadamente. Mas, quando ficam porque a penalização por se irem embora é demasiadamente pesada, resistem e ressentem-se. Sabem que foram subornadas e que foram demasiado fracas para dizer que não. Provavelmente, ficarão deprimidas, ressentidas e amarguradas para o resto das suas vidas profissionais.

O facto de os próprios empregados procurarem ansiosamente estes benefícios não é desculpa. Afinal de contas, a servidão medieval também começou como uma procura ansiosa de «benefício de emprego».

Assim, cabe aos gestores refletir sobre quais destes benefícios deverão ser adequadamente — pela sua própria lógica — ligados a um emprego contínuo. As opções de compra de ações, por exemplo, fazem parte. Mas, os direitos de aposentação, os prémios de desempenho, a participação nos lucros e coisas do género foram «ganhos» e deveriam ser disponibilizados aos empregados sem restringir os seus direitos como cidadãos, indivíduos e pessoas. E, mais uma vez, os gestores terão de trabalhar para obter as mudanças nas leis tributárias que são precisas.

A Retórica do Motivo do Lucro

Os gestores, finalmente, através da sua retórica, tornam impossível que o público compreenda a realidade económica. Isto viola a regra de que os gestores, sendo líderes, não façam voluntariamente o mal, aplicando-se particularmente aos Estados Unidos, mas também à Europa Ocidental, porque, no Ocidente, os gestores continuam a falar constantemente do «motivo do lucro». Não sublinham a função objetiva do lucro. Não falam de riscos — ou muito raramente. Não sublinham a necessidade de capital. Quase nunca mencionam sequer o custo do capital e muito menos que uma empresa tem de produzir o lucro suficiente para obter o capital de que precisa a um custo mínimo.

Os gestores queixam-se constantemente da hostilidade geral para com o lucro. Raramente compreendem que a sua própria retórica é uma das principais razões para esta hostilidade, pois, na verdade, nos termos que a gestão usa quando fala ao público, não há justificação possível para o lucro, nenhuma explicação para a sua existência, nenhuma função para ele. Existe apenas o motivo do lucro, ou seja, o desejo de alguns capitalistas anónimos — e a razão pela qual esse desejo deverá ser admitido pela sociedade mais do que, por exemplo, a bigamia, nunca é explicado. Mas a rentabilidade é uma *necessidade* crucial da economia e da sociedade.

A prática da gestão na maioria das grandes empresas americanas é perfeitamente racional. É a retórica que obscurece e, assim, ameaça prejudicar, ao mesmo tempo, as empresas e a sociedade. É verdade que poucas empresas americanas tratam a rentabilidade como um requisito *mínimo*. Em resultado disso, a maioria provavelmente subestima a rentabilidade que a empresa requer, para não falar da erosão inflacionista do capital. Mas, conscientemente ou não, baseiam o seu planeamento de lucros nos objetivos de assegurar acesso ao capital necessário e minimizar o custo do capital. No contexto americano, quando mais não seja pela estrutura do mercado de capitais dos EUA, um elevado «rácio preço/rendimentos» é realmente essencial para a minimização do custo do capital; e a «otimização dos lucros» é, portanto, uma estratégia perfeitamente racional que tende a diminuir, a longo prazo, o verdadeiro custo do capital.

Mas isto torna ainda menos justificável continuar a usar a retórica do «motivo do lucro». Não serve qualquer propósito que não seja confundir e hostilizar.

Estes exemplos de áreas em que os gestores não se submetem à regra «não fazer voluntariamente o mal» são sobretudo exemplos americanos. Aplicam-se, até certa medida, à Europa Ocidental. Mas pouco se aplicam ao Japão. O princípio, contudo, aplica-se a todos os países e tanto aos desenvolvidos como aos países em desenvolvimento. Estes casos foram retirados da gestão empresarial. O princípio, porém, aplica-se a gestores de todas as instituições na sociedade das organizações.

Em qualquer sociedade pluralista, a responsabilidade pelo bem público tem sido o problema e a questão central; a sociedade de organizações pluralista não será exceção. Os seus líderes representam «interesses especiais», ou seja, instituições concebidas para preencher uma necessidade específica e parcial da sociedade. Na verdade, os líderes desta sociedade pluralista das organizações são os serviçais dessas instituições. Ao mesmo tempo, são o principal grupo de liderança que essa sociedade conhece ou provavelmente produzirá. Têm de servir tanto a sua instituição como o bem comum. Para a sociedade funcionar, e mais ainda para permanecer livre, as pessoas a que chamamos gestores permanecerão «privadas» nas suas instituições. Independentemente de a quem pertencem e como, manterão a autonomia. Mas terão também de ser «públicas» na sua ética.

Nesta tensão entre o funcionamento privado do gestor — a necessária autonomia da instituição do gestor e a sua responsabilização para com a sua própria missão e propósito — e o carácter público do gestor reside o problema ético específico da sociedade das organizações. *Primum non nocere* poderá parecer pouco em comparação com os gritantes apelos à «liderança política» que abundam nos atuais manifestos da responsabilidade social. Mas, como os médicos descobriram há muito tempo, não é fácil viver à altura desta regra. É o facto de ser tão modesta e pessoalmente restritiva que a torna a regra apropriada para a ética de que os gestores precisam: a ética da responsabilidade.

DEFINIÇÕES DE PALAVRAS-CHAVE

Administração de pessoal Função da gestão que trata da contratação e formação de empregados e da conservação dos seus registos.

Administração de remunerações e salários Função empresarial que determina as taxas de remuneração e os salários e os ajusta em resposta às condições de mercado e atribuições modificadas.

Administradores Pessoas que administram. Designação também usada para certas posições de gestão, como a administração de um hospital.

Administrar Gerir, em especial num ambiente que realça a aplicação de procedimentos fixos e mínima turbulência ambiental.

Alargamento da função Inclusão de novas tarefas ou outros tipos de tarefas numa determinada função para tornar esse emprego mais satisfatório.

Alocação orçamental Quantia a ser gasta numa categoria particular, especificada no orçamento.

Alocação Quantidade de um recurso alocado a um item particular. Tratando-se de dinheiro, a alocação para uma viagem será a quantidade de dinheiro colocada de parte para essa mesma viagem.

Alocar Dividir recursos por interesses concorrentes. Alocar recursos financeiros através de um processo orçamental é um excelente exemplo dessa divisão. Outros recursos, como pessoas e tempo, são alocados por um certo mecanismo se existirem várias formas de empregá-los.

Ambiente Cenário externo em que uma empresa opera. Os fatores de maior importância que poderão ter grande impacto no sucesso da empresa são a concorrência, as condições do mercado laboral, o clima económico geral, a regulação governamental, etc.

Análise custo-eficácia O método de análise que compara o custo de soluções alternativas para um problema com os benefícios fornecidos por cada uma delas.

Análise em rede Análise usada no planeamento e na calendarização, por exemplo a análise do caminho crítico.

Analistas de mercado Especialistas que tentam definir, mapear, quantificar e desenvolver informação acerca dos mercados.

Antropologia industrial Ciência do homem no local de trabalho. Conceitos de sociologia, psicologia e fisiologia são aplicados para compreender a vida num cenário industrial.

Árvore da decisão Da teoria da decisão, um diagrama que se parece muito com uma árvore e que permite que sejam representadas de forma ordenada decisões alternativas.

Associações comerciais Organizações que reúnem as empresas de uma dada indústria com o propósito de trocar informação e promover em conjunto os seus interesses.

Atividade da gestão de topo Atividade que consiste em realizar as tarefas da gestão de topo, que incluem refletir acerca da missão da empresa, o estabelecimento de padrões, a construção e a conservação da organização humana, as principais relações que apenas as pessoas no topo da empresa podem estabelecer e manter, as funções «cerimoniais» e a disponibilização de um órgão para responder às crises importantes.

Atividades de «consciência» Atividades dirigidas para dar visão e para estabelecer padrões e capacidade de fiscalização em relação a eles.

Atividades de limpeza e higiene Atividades que não contribuem para os resultados básicos da empresa, mas que, se mal executadas, podem prejudicá-la, por exemplo, mantendo as instalações limpas, os empregados alimentados, apresentando relatórios ao governo, etc.

Atividades de suporte As atividades de suporte incluem atividades de «consciência» (pessoal) e funções como aconselhamento jurídico e atividades laborais. São comparadas com atividades produtoras de resultados, atividades de higiene e gestão interna e atividades de gestão de topo.

Atividades essenciais Atividades nas áreas mais essenciais de uma empresa: *marketing*, inovação, organização humana, recursos financeiros, recursos físicos, produtividade, responsabilidade social e requisitos de lucro.

Ativos Itens de valor detidos por uma companhia ou pessoa. Correspondem aos itens que surgem do lado esquerdo do balanço, opostos aos passivos.

Automação Sistema de produção que usa máquinas autocontroladas para realizar uma determinada tarefa. Quando são incorporados mais dispositivos autocontrolados, diz-se que há uma maior automatização de processos.

Autonomia Capacidade de operar independentemente de outras unidades. Um gestor poderá ter uma grande autonomia no seu trabalho; ou poderemos referir-nos à autonomia limitada de uma subsidiária de um grupo económico.

Autoridade funcional Autoridade baseada numa função empresarial cujo exercício poderá exigir obediência por parte das pessoas que não são subordinadas da pessoa que exerce a autoridade. Por exemplo, um departamento de compras poderá exigir a pessoas de outro departamento que sigam os seus procedimentos para encomendar equipamento.

Autoridade Direito de usar recursos atribuídos à discrição para realizar uma tarefa designada, incluindo o direito de dirigir pessoas e outros recursos.

A autoridade está sempre limitada pelas políticas e procedimentos da organização e pelas regras da sociedade mais alargada.

Avaliação de pessoal Avaliação do desempenho do empregado e da interação entre um chefe e o subordinado para discutir o desempenho e os futuros objetivos do subordinado, um processo que corre conjuntamente com a gestão por objetivos (GPO).

Avaliação tecnológica Função de tentar determinar os impactos de utilizar uma tecnologia particular previamente à sua introdução. Os proponentes defendem que a avaliação tecnológica é possível e o Congresso estabeleceu um gabinete para a realizar. Os opositores defendem que é impossível a avaliação tecnológica antes da sua introdução.

Avaliar Calcular o valor de uma propriedade, do desempenho de um trabalhador ou de outro item de valor.

Balança de pagamentos Diferença entre os ganhos com exportações e os custos com importações de um dado país, num dado período de tempo. A noção pode ser aplicada a um grupo de países ou a um país em relação a todos os outros. Também é usado o termo «balança comercial».

Capacidade de gestão Característica inerente a uma organização que pode ser gerida, em princípio relacionada com a sua complexidade e dimensão. Por exemplo alguns comentadores questionaram a capacidade de gestão das grandes cidades.

Capacidade Quantidade máxima de produto ou serviço que poderá ser fornecido por um dado mecanismo.

Capital de apoio Capital de trabalho, ou seja, capital usado para levar bens e serviços ao mercado, ou para financiar o tempo entre a sua produção e a altura em que o comprador paga. Frequentemente contrastado com o capital «produtivo».

Capital de trabalho Capital de apoio.

Capital fixo Dinheiro investido permanentemente em edifícios, maquinaria e equipamento.

Capital produtivo Capital investido em terra, edifícios e equipamento usado para produzir o produto ou serviço.

Capital Riqueza que uma organização pode empregar na realização dos seus objetivos.

Centralização Método de organização que concentra a tomada de decisão no topo da hierarquia de uma organização.

Centro de avaliação Método de avaliação de candidatos para uma posição de gestão que envolve levar os candidatos para um local específico para a realização de uma série de testes, entrevistas e exercícios. Os recrutadores avaliam o desempenho dos candidatos e fazem recomendações à pessoa ou às pessoas que farão a escolha final.

Centro de custos Num negócio, os custos ou são atribuídos exclusivamente à empresa como um todo, ou a empresa é dividida em partes, cada uma das quais responsável por certos custos. No último caso, as partes são centros de custos. Numa empresa com múltiplas divisões, estas poderão ser os centros de custos.

Chefe A pessoa que está no comando ou que detém a autoridade.

Ciência comportamental aplicada à gestão Escola de pensamento que dá primordial importância às disciplinas da psicologia, da sociologia e da antropologia para explicar e tentara melhorar a prática da gestão.

Ciência da gestão Perspetiva da gestão que realça a aplicação de métodos científicos para a melhoria da sua compreensão e a prática.

Cliente Consumidor de uma empresa de produtos ou serviços.

Comandante Pessoa com poder para dar ordens e esperar resultados, geralmente utilizado em contexto militar.

Comissão Grupo de pessoas designadas para realizarem determinada tarefa em grupo.

Compensação Algo que é dado em troca do trabalho realizado. A compensação assume geralmente a forma monetária, mas poderá incluir outros aspectos, como privilégios.

Compra de intervenção Processo de obter a aprovação para fornecer um produto ou serviço subestimando o custo total.

Computador Dispositivo eletrónico que pode realizar variados cálculos complexos ou operações lógicas.

Comunicação Transferência de significado de um elemento (emissor) para outro (recetor). O emissor e o recetor poderão ser pessoas, entidades corporativas, ou outros grupos de pessoas.

Concorrência Negócios que podem prestar um serviço alternativo aos consumidores ou clientes de uma dada empresa.

Conflito Desacordos ou choques de sentimentos dentro de uma organização.

Conglomerado Grupo constituído por várias empresas em diversas indústrias. Muitas dessas empresas foram formadas no final da década de 1960.

Consumerismo Movimento social que insiste em que os produtos e serviços sejam de qualidade irrepreensível e sem qualquer possibilidade de efeitos secundários perigosos.

Consumidor Utilizador do produto ou serviço produzido.

Consumidores Pessoas ou organizações que consomem o produto ou serviços fornecidos por outra empresa.

Contabilidade de ativos humanos Conjunto de métodos que tentam avaliar os recursos humanos de uma empresa.

Contabilidade de gestão Área da contabilidade de uma empresa que se dedica à produção de relatórios que contribuirão para as decisões de gestão. Contrasta com a contabilidade fiscal ou com a contabilidade financeira.

Contabilidade fiscal Subdivisão da contabilidade que trata de manter e sintetizar registos para fins tributários.

Contabilidade Sistema de registo de transações financeiras e de sintetização desses dados em relatórios apropriados para gestores, as instituições financeiras ou as agências governamentais.

Contabilista de custos Técnico de contabilidade cuja principal responsabilidade é determinar os custos de bens e serviços. Os valores dos custos deverão ser usados para determinar os níveis de lucro e para satisfazer outras exigências, para se poderem fazer juízos sobre o que são custos.

Contribuidores profissionais individuais Pessoal da gestão que poderá não supervisionar ninguém (exceto, possivelmente, uma secretária e um assistente), mas que faz contribuições importantes para os resultados da empresa aplicando a sua competência profissional, por exemplo, um especialista em publicidade.

Controlo Função da gestão que garante que as atividades dirigidas visam a concretização dos objetivos. A monitorização do desempenho é o ponto de partida de todo o controlo. Caso o desempenho se desvie do que é esperado, deverá adotar-se uma ação corretiva para colocar de novo o processo no seu devido lugar.

Cooperação Esforço conjunto para atingir um resultado desejado.

Coordenação Integrar os próprios esforços com os de outros para se alcançar o resultado desejado. Frequentemente, fala-se de coordenação de esforços em várias partes de uma organização, na medida em que um gestor está a coordenar os seus esforços e os de pessoas noutros departamentos.

Crédito Capacidade para obter fundos, ou os fundos assim disponibilizados.

Custo direto do trabalho Custo atribuível ao processo de produção e que é aportado aos resultados da empresa. Os custos do trabalho diretos são frequentemente contrastados com os custos do trabalho indiretos, que são contabilizados na determinação dos resultados, mas que não fazem parte das despesas da produção.

Custo do capital Taxa de retorno que deverá ser usada como o mínimo aceitável para considerar uma dada despesa de capital; custo de «aluguer» do dinheiro. Assim, os projetos deverão render mais do que aquilo que custaria «alugar» o dinheiro requerido, ou então não foi produzido qualquer benefício financeiro.

Custo marginal Custo de produção e venda de uma unidade adicional.

Custos de detenção Custos gerados por se guardar inventário.

Custos fixos Custos incorridos independentemente do nível de produção. Por oposição aos custos variáveis, que dependem da quantidade produzida.

Custos variáveis Custos de um processo de produção que variam com o nível de produção.

Decisão de investimento Decisão sobre como empregar porções substanciais de recursos de uma empresa, especialmente capital.

Decisão irreversível Decisão cujo impacto não pode ser removido nem revertido, por exemplo, a introdução de uma tecnologia completamente nova (o segredo da tecnologia não pode ser reposto).

Decisão Determinação para realizar uma dada ação.

Decisões de investimento de capital Decisões respeitantes à utilização do capital de uma empresa. Uma vez que o capital é geralmente usado em instalações ou equipamento de longa duração, é de máxima importância que as decisões sejam tomadas com o maior conhecimento possível acerca da possível taxa de retorno do capital. Assim, existe um vasto corpo de literatura deste tipo de análise e de tomada de decisão.

Défice A quantia pela qual as despesas excedem os fundos disponíveis (ou alocados) para as cobrir.

Delegar Processo utilizado por um gestor para atribuir uma tarefa, ou parte de uma tarefa, a um dos seus subordinados.

Demografia Estudo das populações no que concerne à sua dimensão, nascimentos, mortes, etc., e as estatísticas assim produzidas.

Departamentalização Processo de agrupar atividades organizacionais em subunidades básicas, o que é geralmente feito usando uma característica comum, como a função, o produto, ou a geografia.

Departamento Subunidade básica de uma organização, frequentemente usada no título formal de algumas subunidades.

Departamento de pessoal Unidade de uma organização que desempenha o papel da administração de pessoal.

Depreciação Processo de desvalorização de equipamento ou instalações, devido a deterioração, obsolescência, ou outras considerações.

Depressão Período de baixa atividade económica marcado por elevado desemprego e extremas diminuições da procura.

Descentralização federal Modo de organizar uma grande empresa com múltiplas divisões, descentralizando a autoridade e centralizando o controlo.

Descentralização Método de organização que dispersa a tomada de decisão por múltiplas localizações e níveis, em vez de concentrá-la no topo da hierarquia da organização.

Descrição da função Exposição dos deveres e responsabilidades que são inerentes a uma função específica.

Desempenho Resultados reais obtidos. Por vezes usado para denotar a realização de resultados positivos.

Desenho organizacional Princípios de desenho incorporados na organização formal de uma empresa, ou a disciplina que estuda formas alternativas de desenhar organizações.

Desenvolvimento da gestão Meios pelos quais uma organização contribui para o desenvolvimento das capacidades do seu grupo de gestão.

Desenvolvimento económico Processo pelo qual a economia de uma nação cresce e se torna capaz de fornecer à sua população um padrão de vida mais elevado.

Diagrama de Gantt Diagrama usado no planeamento e coordenação de uma atividade que envolve várias subatividades paralelas. Uma linha temporal é representada horizontalmente no topo do diagrama. Abaixo da linha temporal encontram-se barras horizontais para a atividade, em que o comprimento de cada uma representa a sua duração, e o extremo esquerdo representa o início do período da atividade.

Diagrama organizacional Representação pictórica da organização formal.

Diagrama PERT (Program Evaluation Review Technique) Técnica de planeamento, criada pela Marinha, que usa diagramas para ajudar no planeamento de um projeto e na avaliação do progresso depois de estar em curso.

Dirigir Indicar que uma certa ação deverá ser realizada; comandar.

Distribuição Função de distribuir os bens fabricados ou armazenados pelos locais onde serão consumidos ou recebidos pelos consumidores. As escolhas dos modos de transporte a serem usados e os seus prazos e custo são elementos importantes da função de distribuição.

Distribuidor Empresa ou agente empresarial que é intermediário entre o fabricante e o utilizador final.

Dividendo Lucro relativo a determinado período, devolvido acionista de uma empresa cotada.

Divisão do trabalho Método de dividir uma tarefa em subtarefas especializadas, com pessoas diferentes a desempenhar cada uma, para se tornarem mais eficientes e, assim, contribuírem para a tarefa geral com menos custo.

Economia de gestão Subdivisão da economia que realça noções de relevância direta para os gestores; decisões como aquelas sobre investimento e preços merecem especial atenção.

Economia do trabalho Ramo ou disciplina da economia estuda a oferta e a procura do mercado laboral numa economia.

Eficácia Ponto a que o resultado desejado é alcançado. Frequentemente comparada com a eficiência.

Eficiência Resultado dividido pelo investimento, ou o ponto a que o resultado produzido foi produzido ao custo mais baixo.

Eficiências marginais Eficiências que, se forem adotadas, resultarão em mudanças muito pequenas nos resultados gerais.

Empreendedor Pessoa que inicia e desenvolve um negócio.

Empreendimento comum Empreendimento empresarial financiado por mais de uma empresa. Por exemplo, a SST europeia foi um empreendimento comum de empresas britânicas e francesas.

Empresa de produção Empresa cujo papel central é produzir um item, por exemplo, a indústria química. A produção surge em oposição ao retalho ou outras indústrias de serviços.

Empresa multiproduto, multimercado, ou multitecnologia Empresa que produz múltiplos produtos, opera em muitos mercados, ou emprega uma larga variedade de tecnologias nas suas operações.

Empresa não-produtora Empresa cuja principal função é vender, ou outra função empresarial.

Empréstimo para compras a prestações Concessão de crédito em troca da promessa de devolução do dinheiro com juros em pagamentos iguais em intervalos especificados até que esteja saldado.

Encarregado Gestor encarregado de uma das unidades básicas de uma instalação de produção.

Engenharia industrial Disciplina que inclui os princípios científicos e a pesquisa que o engenheiro industrial aplica no local de trabalho.

Engenheiro industrial Engenheiro que aplica métodos científicos para resolver problemas relacionados com o trabalho, em especial numa fábrica ou num ambiente de produção.

Enriquecimento do trabalho Alteração de alguns aspectos de um emprego para satisfazer mais necessidades do indivíduo.

Entidade não-lucrativa Entidade, como uma universidade, cuja missão não passa pela criação de lucro a partir das suas operações.

Equipa Grupo de pessoas que se espera que trabalhem juntas num projeto.

Equipamento essencial Equipamento ou instalações de uma companhia ou organização cuja compra exigiu a utilização de um capital substancial.

Equipamento Maquinaria e aparelhos que podem ser utilizados para produzir os resultados que a empresa pretende.

Especialista em publicidade e promoção Uma pessoa versada no custo e na adequação de diferentes modos de publicitar e promover um produto ou serviço e, assim, capaz de aconselhar acerca dos melhores meios para gerar interesse nesse produto ou serviço.

Estudos de tempo e movimento Métodos desenvolvidos pela primeira vez pela escola de gestão. Incluem o estudo do trabalho físico usando cronómetros para dividir uma tarefa em segmentos que são redesenhados para serem realizados mais rapidamente, para que a produtividade da tarefa seja melhorada.

Excedente Lucros e outras reservas resultantes de um desempenho bem-sucedido.

Executivo Gestor. Usado com maior frequência para referir os níveis médios e superiores da hierarquia organizacional.

Exportações Bens e serviços fornecidos por um país a outro. Surgem por oposição às importações, que são bens consumidos num país, mas produzidos no estrangeiro.

Extrapolação Método de previsão que assume que o futuro continuará a refletir tendências já estabelecidas.

Fábrica Instalações que uma empresa pode usar como unidade de produção.

Psicologia comportamental A escola da psicologia que confia exclusivamente na análise do comportamento observado empiricamente para explicar a razão pela qual as pessoas agem.

Fatores de higiene Construção da teoria da motivação de Hertzberg, fatores que não motivam positivamente, mas que podem desmotivar se forem mal-executados.

Fatores de produção Elementos necessários para produzir bens e serviços numa economia, por exemplo, capital e trabalho.

Faturação Função empresarial de apresentar aos compradores ou clientes um aviso formal de que é devido pagamento até certa data por bens ou serviços fornecidos.

Filial Empresa que trabalha de perto com outra empresa para servir um determinado mercado. Subsidiária de uma empresa multinacional que serve um país diferente daquele onde a empresa-mãe tem sede.

Fisiologia industrial Subdivisão da fisiologia que trata do impacto de práticas industriais específicas sobre o corpo humano e o seu funcionamento.

Fluxos de caixa atualizados Método de permitir que um fluxo de fundos que irá ocorrer durante um período de anos seja sintetizado num único número, para que fluxos alternativos sejam comparados.

Folha de pagamentos Função empresarial que calcula a quantia devida a cada empregado lhe atribui esses fundos através de cheque, ou meios alternativos.

Formação de capital Processo pelo qual o capital é criado numa economia.

Fundo de pensões Investimento de contribuições dos trabalhadores com vista ao pagamento de pensões ou reformas.

Fundo mútuo Veículo de investimento que permite que os investidores tenham interesses em muitas empresas sem que detenham diretamente as suas ações.

Gerir Num cenário organizacional, mobilizar recursos para a realização de um propósito humano.

Gestão aplicada aos recursos humanos Análise à gestão através da prática que insiste na primazia das relações entre os empregados de uma firma como determinante do sucesso.

Gestão de linha Tarefa de gestão que inclui a supervisão e funções de gestão centrais, como a venda ou a produção. Por oposição a tarefas de pessoal.

Gestão de pessoal Gestão dos recursos humanos de uma empresa. Por vezes chamada gestão de recursos humanos.

Gestão de topo Gestores que ocupam as posições superiores na hierarquia organizacional.

Gestão participativa Função de melhoria das práticas de gestão através da participação de todas as partes afetadas nas decisões.

Gestão por objetivos (GPO) Gestão orientada para o cumprimento de objetivos de cada unidade de uma organização e para cada contribuidor individual. Destaca o autocontrolo como consequência da existência de objetivos claros para cada indivíduo.

Gestor de operações Gestor cuja primeira responsabilidade está centrada nas operações.

Gestores intermédios Gestores que ocupam posições na organização formal acima dos supervisores de primeira linha e abaixo da gestão de topo.

Gestores Pessoas numa organização cujo trabalho inclui responsabilidades de gestão.

Grupo de interesse Grupo formado para perseguir um objetivo particular.

Grupo de trabalho Grupo nomeado para realizar uma tarefa. As comissões poderão limitar a sua atenção a fazer recomendações, ao passo que se espera que os grupos de trabalho desempenhem uma tarefa.

Grupo multinacional Grupo que tem uma produção significativa, mercados e operações em muitos países.

Hierarquia de necessidades Construção da teoria da motivação de Maslow. A teoria postula que as necessidades humanas consistem na seguinte hierarquia: fisiológicas, de segurança, afiliação, estima e autoatualização. A teoria sugere que as necessidades de nível inferior têm de ser satisfeitas antes das de nível superior e que, assim que as primeiras são satisfeitas, perdem a sua importância motivacional.

Impacto multiplicador Impacto que provoca múltiplos outros impactos, como o impacto multiplicador da construção de infraestruturas numa nação em desenvolvimento.

Impacto Consequências de uma ação além daquelas que constituem a sua razão de ser, por exemplo uma ação realizada num departamento pode ter consequências muito além desse departamento, ou um processo produtivo pode ter como impacto desperdícios poluentes.

Incentivos Itens atribuídos como prémio, as «cenouras», de acordo com a teoria da motivação da cenoura e do pau.

Indústria de capital intensivo Indústria que, em comparação com outras, exige grandes investimentos de capital por dólar de vendas ou produção. Frequentemente em contraste com a indústria de trabalho intensivo.

Indústria de processamento Indústria que nem fabrica, nem fornece um serviço intangível; em vez disso, sujeita certos recursos a um processo, por exemplo, a indústria de refinação de petróleo.

Indústria de trabalho intensivo Indústria que, em comparação com outras, exige um forte investimento produtivo por cada dólar de vendas ou produção. Por oposição a indústria de capital intensivo.

Inflação Processo pelo qual o dinheiro perde algum do seu valor.

Informação Factos ou dados que podem ser comunicados.

Inovação Atividade ou desenvolvimentos numa empresa que resultam na adoção de um novo produto, negócio, ou forma de atuar.

Insolvência Termo legal ou económico que significa falência financeira ou incapacidade para pagar as dívidas.

Instalações Edifícios e estruturas que podem ser usados nas operações de uma empresa.

Instituição de base orçamental Organização que recebe um rendimento relativamente assegurado em vez de estar sujeita a um mercado imediatamente reativo. As agências governamentais e as organizações não-lucrativas são exemplos deste tipo de instituições.

Instrumentos de investimento Veículos que podem ser usados para investir fundos, por exemplo ações, obrigações, fundos mútuos, certificados de depósito.

Integrar Processo através do qual o gestor mistura o seu trabalho com o de outros (na sua unidade, noutras unidades, acima dele, abaixo ou lateralmente) para assegurar o desempenho.

Interessados Vários grupos de interesse que disputam a atenção de uma organização. A faculdade, os estudantes, os pais, as fundações e as agências governamentais constituem os diferentes interessados de uma universidade.

Invenção Avanço tecnológico, quer seja um produto, quer um meio de fazer algo.

Inventário Fornecimento de bens ou recursos disponíveis na altura.

Inventor Uma pessoa que cria ou produz uma invenção.

Investidores institucionais Investidores que representam grandes entidades e, em consequência, compram e vendem grandes blocos de ações e obrigações, por exemplo, fundos mútuos, fundos de pensões, fundos de empréstimo universitário. Desde o final da década de 60, estes investidores passaram a dominar o mercado, enquanto os investidores pessoais constituíam antes uma grande parte do mercado.

Investimento bancário Função desempenhada pelas instituições financeiras, que subscrevem e vendem ações e obrigações de empresas e aconselham os empresários nessas questões.

Investimento de capital Investimento ou utilização do capital de uma empresa num projeto específico.

Investimento Aplicação dos recursos (especialmente dinheiro) de uma empresa num meio que se espera compensar em resultados futuros.

Jogos de soma zero Jogos em que o total de todos os ganhos é igual ao que é perdido, ou seja, em que tudo o que é ganho resulta da perda total de um dos participantes.

Leis da concorrência Legislação que evita a formação e operação de monopólios empresariais. A Sherman Antitrust Law é a base da lei da concorrência norte-americana.

Liderança Função da gestão que consiste em prestar orientação para a concretização de objetivos empresariais ou padrões de qualidade.

Liquidar Encerrar uma operação dispondo de todos os bens e inventário, entregando as receitas aos proprietários da operação.

Logística Função de deslocar, armazenar e distribuir recursos ou bens.

Matemática probabilística Subdivisão da matemática que modela situações com resultados que possuem probabilidades relativas de ocorrência.

Mecanismo de reação O que permite o reconhecimento de desvios inesperados num processo e aplica uma ação corretiva para que o processo prossiga ao nível necessário para obter os resultados pretendidos.

Meios de comunicação Veículos de comunicação, por exemplo, televisão, rádio, jornais, etc.

Mercado Comum Grupo de países da Europa Ocidental que se juntaram para criar um mercado mais abrangente e aberto a todos os seus membros, ou a qualquer mercado formado deste modo.

Mercado Espaço em que compradores e vendedores se juntam, ou área de procura (independentemente da forma como for definida).

Método do caminho crítico Método de analisar a calendarização de um projeto com múltiplas subatividades. O método pressupõe a utilização de diagramas em rede que representam as atividades. O tempo exigido para completar cada atividade é analisado e a data de início mais próxima e mais afastada para cada atividade é especificada. Finalmente, a via mais longa através da sequência de atividades (o caminho crítico) é identificada e essa via recebe especial atenção, para que o projeto seja finalizado a tempo.

Métodos analíticos Métodos de análise que utilizam a matemática e a lógica para a resolução de problemas de gestão. Destacam-se como principais exemplos a análise do coeficiente financeiro e a análise de investigação de operações.

Métodos econométricos Métodos usados por um ramo da economia que faz uso extensivo de modelos e simulação matemáticos.

Missão O derradeiro objetivo de uma organização para o seu futuro a médio prazo.

Mobilidade lateral Capacidade de se deslocar de uma área de negócios para outra, por exemplo da produção para as vendas. Frequentemente comparada com a mobilidade vertical.

Modelo Réplica simplificada de uma situação problemática, que pode ser manipulado para explorar o âmbito e a qualidade de soluções para o problema.

Modelos de inventário Modelos que poderão ser usados para determinar quando os *stocks* deverão ser reabastecidos.

Monitorização tecnológica Acompanhamento do impacto de uma tecnologia à medida que é introduzida, para identificar e combater os impactos nocivos, se existirem. Este processo é recomendado por alguns que pensam que a avaliação tecnológica é difícil, se não impossível.

Motivação Mecanismos pessoais que levam um indivíduo à ação.

Objetivo estratégico básico Principal meta de uma empresa ou grupo para cumprimento dos seus objetivos financeiros gerais ou outros. Por exemplo, o objetivo estratégico básico da Sears Roebuck, nas primeiras décadas de operação, foi comercializar verdadeiros valores com os agricultores e as suas famílias através de encomendas postais.

Objetivos Níveis de resultados a serem procurados dentro de um período de tempo específico.

Objetivos Objetivos básicos de uma empresa.

Obsolescência planeada Perspetiva do *design* que utiliza a expectativa de que o produto concebido sairá de moda antes se tornar fisicamente invendável; inclui *designs* subsequentes para que os anteriores se tornem fora de moda.

Também o *design* deliberado para que os produtos se tornem obsoletos mais cedo do que o necessário para se poderem introduzir novos *designs*.

Obsoleto Sem uso; ultrapassado.

Operações Atividades associadas à produção de resultados correntes. Por oposição aos preparativos para futuras oportunidades de negócio.

Orçamentação de base zero Orçamentação que parte do princípio de que cada projeto ou atividade deve justificar quaisquer despesas (acima de zero) para cada novo ano, mesmo que o projeto ou atividade tenha sido previamente justificado.

Orçamentar Processo de calcular um orçamento.

Orçamento Esquema aprovado que especifica quanto deverá ser gasto em cada categoria da despesa durante um dado período de tempo. O esquema é geralmente compilado num documento a que se chama de orçamento.

Organização em equipa Modo de organização que cria e distribui equipas para uma sucessão de projetos que constituem a maioria da atividade de uma empresa.

Organização em matriz Modo de organizar, especialmente grandes projetos tecnológicos, incluindo pessoas que têm, ao mesmo tempo, atribuições de tarefa e de função e, consequentemente, ficam ligadas a duas unidades da organização a determinada altura (com a possibilidade de terem dois chefes). A «matriz» é sugerida por um diagrama que tem unidades funcionais no topo e unidades de tarefa ao lado, com entradas que indicam pessoas funções atribuídas a cada tarefa.

Organização formal Estrutura que indica a quem reporta cada elemento da hierarquia, frequentemente apresentada em diagrama num «mapa organizacional».

Organização funcional Modo de organizar uma empresa que toma o fabrico, a venda, a engenharia, a contabilidade e outros departamentos definidos pelas funções empresariais como as subunidades básicas da organização.

Organização informal Conjunto de relações que refletem interações reais dentro de uma empresa, em contraste com a estrutura organizacional formal.

Organizações de grande escala Organizações que requerem enormes investimentos ou empregam milhares de trabalhadores, em contraste com pequenas empresas, propriedades, ou empresas com limitado pessoal de gestão.

Organizar Processo de criar uma estrutura organizacional formal, ou de separar uma tarefa para ser executada em subtarefas.

Órgãos de Gestão Grupos de pessoas que gerem uma organização. Refere-se à disciplina que trata de compreender e melhorar o conhecimento do ato de gerir.

Otimização Processo para encontrar a solução ideal para um problema de gestão, geralmente através de um modelo de pesquisa operacional.

Padrão de procura Distribuição relativa da procura entre os vários mercados servidos ou que poderiam ser servidos.

Países desenvolvidos Países com os mais elevados padrões de vida, em geral as nações industrializadas.

Países em desenvolvimento Nações que iniciaram a industrialização, mas cujas economias continuam a ser dominadas por pequenas unidades agrícolas e baixos níveis de rendimento.

Parâmetros Meios de medir resultados em áreas essenciais de uma empresa.

Parceria Estrutura legal de uma empresa que inclui especificações do papel e da responsabilidade de cada parceiro.

Partilha de tempo Método de dispor as características operativas de um computador para que vários utilizadores possam trabalhar com ele ao mesmo tempo. O termo refere-se também à computação que uma pessoa faz enquanto o computador é disponibilizado desta forma.

PDE (processamento de dados eletrónico) Processamento de dados feito por computador.

Pensamento sistémico Análise que usa sistemas e as suas dinâmicas para examinar problemas e possíveis soluções.

Período de retorno Período para que os ganhos de um investimento igualem a quantia investida.

Pesquisa de mercado Pesquisa realizada por especialistas de mercado.

Pesquisa de operações Disciplina que estuda a aplicação de ferramentas matemáticas e lógicas para a solução de problemas industriais.

Planeamento de longo prazo Ato de planear num horizonte de vários anos. Por oposição aos planos anuais ou outros planos de curto prazo.

Planeamento A função da gestão que inclui decisões e ações para assegurar futuros resultados.

Planos Visão do futuro como especificada nas decisões resultantes do planeamento.

Poder Capacidade de influenciar, de fazer os outros agir da forma desejada pelo detentor do poder.

Política Modo especificado de tratar uma área particular no futuro, por exemplo, uma política de *marketing*.

Ponto de equilíbrio Nível de vendas ou produção que é necessário para que se atinja um equilíbrio financeiro, isto é, o momento em que nem se perde nem se ganha dinheiro. A análise cujo objetivo é determinar este nível chama-se análise do ponto de equilíbrio.

Posição no mercado Posições relativas de várias empresas num único mercado, por exemplo, primeiro, segundo, etc.

PPBS (Planning Programming Budgeting System) Metodologia de planeamento compreensiva utilizada por algumas agências públicas.

Prazo de entrega Tempo que deve passar entre a decisão e a concretização de algo, por exemplo o número de anos entre a decisão de construir uma nova fábrica de aço e a altura em que esta entrará em operação

Pressões inflacionistas Condições económicas que, se não forem contrariadas, provocarão inflação, por exemplo, continuados aumentos salariais sem as correspondentes melhorias na produtividade.

Pressupostos ou hipóteses de planeamento Pressupostos ou hipóteses usados em planos.

Previsão Calcular o valor de uma certa variável no futuro, como as vendas do próximo ano.

Prioridades Ordem relativa pela qual uma organização pretende tratar de uma lista de questões ou áreas.

Procedimentos Métodos de tratar situações pré-definidas, por exemplo os procedimentos para registar uma venda.

Processamento de dados Função de lidar com as massas de dados envolvidos nas múltiplas transações relacionadas com o negócio de uma empresa. Uma vez que a maioria das grandes empresas usam computadores nesta função, o departamento informático é frequentemente chamado departamento de processamento de dados. De modo semelhante, a função é frequentemente referida como processamento de dados eletrónico (PDE).

Procura efetiva Procura que será realizada se o produto ou serviço for disponibilizado.

Produção Aquilo que resulta de um processo produtivo.

Produto de marca Produto vendido com a marca da empresa ou um nome específico, em vez de ser vendido apenas com um nome genérico.

Produto intermédio Produto feito para ser usado no fabrico de outro bem e não para ser usado pelo utilizador final, por exemplo, um produto químico básico como o dióxido de carbono.

Produto Nacional Bruto (PIB) Soma dos valores de todos os produtos e serviços produzidos por uma economia nacional durante um único ano.

Programa informático Conjunto integrado de instruções para um computador realizar uma tarefa particular.

Programação linear Técnica de pesquisa de operações que pode ser usada para determinar o *mix* de produtos ou ingredientes certo para maximizar os lucros, ou outra qualquer dimensão de interesse para a gestão.

Programador informático Pessoa que cria programas informáticos.

Psicologia industrial Ramo da psicologia que estuda o comportamento humano em cenários organizacionais, com especial atenção ao comportamento nas empresas comerciais.

Psicologia organizacional Ramo da psicologia que estuda o comportamento humano nas organizações; inclui a psicologia industrial.

Receita marginal Receita que seria obtida produzindo e vendendo uma unidade adicional.

Reforma/Pensão Quantia regular recebida por um trabalhador reformado, com base em descontos feito por este durante a vida ativa.

Relações industriais Perspetiva sobre gestão, promovida por alguns cientistas comportamentalistas. O tema central é o alívio ou a prevenção da insatisfação dos empregados.

Relações interpessoais Relações entre pessoas, baseadas em interações contínuas cara a cara.

Relações sindicais Função empresarial que se ocupa das interações com os sindicatos a que pertencem os trabalhadores da empresa.

Rendimento pessoal Remunerações e salários pagos aos indivíduos. Por oposição a rendimentos de investimento.

Rentabilidade mínima O menor nível de rentabilidade que uma indústria em particular deverá aceitar para assumir o risco inerente a essa atividade.

Responsabilização Responsabilidade pelos resultados.

Riqueza Soma de todos os valores económicos possuídos por um indivíduo, um país, ou uma sociedade.

Satisfação do empregado Grau em que as necessidades do empregado são satisfeitas, uma medida relativa.

Seguro de responsabilidade limitada Seguro que cobre apenas certos tipos de perdas, ou apenas perdas de determinada dimensão.

Seguro Método de proteger os indivíduos contra os efeitos de um tipo específico de perda, tendo cada indivíduo do grupo segurado pago uma taxa em troca da promessa de ser compensado em caso de perda.

SIG (Sistema de Informação de Gestão) Termo criado para descrever mecanismos de gestão para obter, processar, armazenar, recuperar e usar informação, frequentemente sugere o uso de computadores.

Sindicatos trabalhistas União de trabalhadores para a promoção dos seus interesses laborais, especialmente salários mais altos, mais benefícios e melhores condições de trabalho.

Sistema de distribuição de massa Sistema de distribuição de bens ou serviços para um grande número de consumidores dispersos numa determinada área.

Sistema de livre iniciativa Sistema económico em que existe propriedade privada de unidades empresariais operadas com um mínimo de interferência governamental.

Sistema de produção de massa Sistema de produção que é posto em marcha para produzir grandes quantidades.

Sistema distributivo Mecanismo estabelecido para cumprir a tarefa de distribuição.

Sistema Conjunto de partes interrelacionadas. Podemos falar acerca de um sistema de distribuição, que poderá consistir numa rede de armazéns que serão servidos de certa forma por um dado número de fábricas, as quais, por sua vez, enviarão para os clientes de acordo com procedimentos determinados.

Sociedade de capitais Entidade legal formada por pessoas que pretendem juntar-se a um negócio, ao mesmo tempo que limitam a sua responsabilidade em relação às verbas com que contribuíram para essa atividade.

Sociologia industrial Estudo das instituições e grupos humanos e das suas características operativas num ambiente industrial.

Solução ideal Melhor solução possível para um problema

Subproduto Substância, produto ou condição gerados por um processo produtivo em adição ao item primário produzido.

Subsidiárias integrais Empresas cujas ações são detidas por uma empresa-mãe. Em oposição a uma subsidiária que é controlada por uma empresa maior, mas que não é a sua única acionista.

Supervisor de primeira linha Gestor que supervisiona outros empregados no nível mais baixo da hierarquia organizacional. Estas pessoas são também geralmente referidas como gestão de primeira linha.

Táticas Técnicas básicas utilizadas para executar uma determinada estratégia.

Tecnologia Forma ou meio de executar uma tarefa. A tecnologia poderá, ou não, incluir o uso de máquinas.

Teoria da decisão Corpo de ferramentas analíticas que inclui a lógica, os modelos matemáticos (especialmente modelos que usam a teoria da probabilidade) e diagramas para serem usados na tomada de decisão.

Teoria X e Teoria Y Teorias sobre o comportamento humano formuladas por Douglas McGregor. A Teoria X parte do princípio de que as pessoas são preguiçosas, não gostam de trabalhar e evitam-no, têm de ser motivadas e precisam tanto da cenoura como do pau. Parte do princípio de que as pessoas são incapazes de assumir a responsabilidade por si próprias e que é preciso tomar conta delas. A Teoria Y assume que as pessoas têm necessidade psicológica de trabalhar e que desejam a realização e a responsabilidade e que as encontrarão sob as condições certas.

Tomada de decisão Processo de chegar a decisões.

Trabalhador do conhecimento Empregado cuja principal contribuição depende de empregar o seu conhecimento em vez do seu poder e da sua coordenação musculares. Por oposição aos trabalhadores das áreas de produção, que empregam o poder e a coordenação musculares na operação de máquinas.

Trabalhador manual Trabalhador cuja principal contribuição é resultado do seu poder e da sua coordenação musculares.

Unidade de comando Noção de gestão realçada por pensadores antigos. O conceito afirma que cada empregado deve ter um, e apenas um, chefe.

Unidade de produção piloto Unidade construída para testar um novo processo, geralmente numa escala muito menor à proposta para a subsequente implementação. Frequentemente, um teste da unidade-piloto, se for bem-sucedido, sugerirá formas de aperfeiçoar a fábrica maior que será construída depois.

Utilidade Proveito ou valor intrínseco de algo tal como é percebido por um indivíduo ou empresa. Ramo da economia que tenta empiricamente medir e comparar utilidades.